明德文化概论

《明德文化概论》编写组　编著

陕西师范大学出版总社　西安

图书代号　JC24N2545

图书在版编目(CIP)数据

明德文化概论 /《明德文化概论》编写组编著.
西安：陕西师范大学出版总社有限公司，2024. 12.
ISBN 978-7-5695-5354-3

Ⅰ. K203

中国国家版本馆 CIP 数据核字第 2024U48H26 号

明德文化概论

MINGDE WENHUA GAILUN

《明德文化概论》编写组　编著

出 版 人	刘东风	
策 划 人	雷永利	
责任编辑	王东升　崔胜强	
责任校对	王丽敏	
封面设计	飞铁广告	
出版发行	陕西师范大学出版总社	
	（西安市长安南路 199 号　邮编 710062）	
网　　址	http://www.snupg.com	
印　　刷	陕西信亚印务有限公司	
开　　本	720 mm × 1020 mm　1/16	
印　　张	26.75	
字　　数	483 千	
版　　次	2024 年 12 月第 1 版	
印　　次	2024 年 12 月第 1 次印刷	
书　　号	ISBN 978-7-5695-5354-3	
定　　价	54.00 元	

读者购书、书店添货或发现印装质量问题,请与本社高等教育出版中心联系。
电话:(029)85303622(传真)　85307864

西安明德理工学院
《明德文化概论》教材编写组

主　编：王志刚

副主编：白秦川　孔润年

成　员：（按撰写章次排序）

豆阿敏　徐　凯　武美妤　刘恒涛

党淑敏　王婉菲　贺伶辉　康　娜

冯诗淇　宏　莹　惠　斌　张启云

杨　帆　王君涛　高翠茹　景怡欣

李维维　吴梦茜

前　言

在新的历史条件下，我们应该坚持用"明德"引领风尚，包括党风、学风、文风、民风等建设。也就是应该增强文化自信，传承中华优秀传统文化，弘扬革命文化，发展社会主义先进文化，不断提高人民的思想觉悟、道德水平、文明修养，提高全社会的文明程度，激励人们向上向善、孝老爱亲，忠于祖国、忠于人民。作为青年学生，更应该具有崇高理想和家国情怀，把个人的追求、理想同国家前途、民族命运紧紧联系在一起，努力做对国家、对民族、对人民有贡献的人。

习近平总书记非常重视传承弘扬中华优秀传统文化，他提出了"两个结合"的著名论断，其中"第二个结合"就是把马克思主义基本原理同中华优秀传统文化相结合。他指出，这是推进马克思主义中国化、时代化的必由之路。习近平总书记还指出"用明德引领风尚"，这与他讲的大学的根本任务是"立德树人"的重要论述是完全一致的。学习研究、传承弘扬明德文化，就是推进"两个结合"和落实"立德树人"根本任务的重要体现。

"明德"作为价值观、道德观的一种理念，与精神文化、物质文化、制度文化、行为文化等形成的结合体，就是明德文化。"明德"和明德文化是中国传统文化，尤其是中国传统伦理文化的核心和精华。中国传统文化被认为是伦理型文化，因为无论在文史哲文化，还是家庭文化、职业文化和国家的政治文化中，都广泛深入地渗透着儒家的伦理思想和道德观念，即使与儒家不同的其他学术流派，也深受儒家伦理观的影响，或者不得不对儒家的伦理观做出自己的评论。可以说,"明德"和明德文化体现了中华民族最深沉的精神追求和最根本的精神基因。正因为如此,以"明德"和明德文化为切入点,学习研究、解读传授中华优秀传统文化,也就抓住了核心和重点。

明德文化博大精深,其核心内容可概括为:尊道贵德,亲民至善;格物致知,诚意正心;自强不息,厚德载物;仁义礼智,孝悌忠信;为人处世,恪守正道;自强不息,厚德载物;修身养性,明理尚能;忠于职守,敬业乐业;公勇为国,清正廉洁;胸怀天下,协和万邦;天人合一,和谐共生;等等。将这些内容进一步凝练归纳,即是对人生美德、人间正道和人类正义的执着追求。将明德文化的内涵要义与古今中外的实际情况联系起来,可不断丰富和发展,使之更具时代性和现实性。

明德文化理念,是源远流长、博大精深的中华文明的智慧结晶,是中国人民在长期生产生活实践中形成的宇宙观、天下观、社会观、道德观的重要体现,同中国特色社会主义及中国式的现代化具有高度契合性。

从历史上看,"明德"一词在《尚书》《礼记》等儒家经典中早有使用。司马迁在《史记·五帝本纪》中说:"天下明德皆自虞帝始。"据《尚书·君陈》记述,周成王对大臣君陈说:"我闻曰:'至治馨香,感于神明。黍稷非馨,明德惟馨。'"《礼记·大学》更是提出了"大学之道,在明明德,在亲民,在止于至善"的著名观点。

我们从《尚书·周书》的《康诰》《梓材》《多方》《君陈》《文侯之命》等篇目中,都能看到"明德"一词。周人所说的"德"或"明德",可能来源于殷商时代的"天帝"或"天意"信仰。换言之,"明德"就是"天意"的代名词。周人的"明德"概念主要指美德和德政,其中美德是相对于个人而言的,德政是相对于诸侯和国家而言的。儒家学派产生以后,把周人的"美德"说,改成了"仁德"说,把周人的"德政"说,改成了"仁政"说。也就是说,周人的"明德"一词,后来被儒家的"仁德"和"仁政"所取代。这正是后来"明德"一词为什么使用得比较少的原因。至于秦汉之际出现的《礼记·大学》中出现"明明德"一说,很可能只是传统说法的余音。

无论从古义看,还是从今用看,"明德"都是美德和德政("为政以德")的统一,主要表现为"善"的理念,而明德文化则是明德理念与各种文化形式的结合体。在这个结合体中,文化是其外在形式,明德是其内在灵魂。中国传统文化中有明德文化,中国革命文化和社会主义先进文化中也有明德文化。作为价值标准的明德和明德文化,体现了道德标准与历史标准的统一,也在学理上体现了伦理学与价值哲学的结合。因此,明德文化是对人生美德、人间正道和人类正义的概括,也是中国优秀传统道德、革命道德和社会主义先进道德的总和。就其关系而言,人生美德是基础,人间正道是条件,人类正义是理想。从古义看,"明德"是美德与德政的统一,其中美德为本义,德政为引申义。明德作为美德,以个人为主体,以言人生美德为重点;明德作为德政,以社会群体和国家为主体,以言人间正道和人类正义为重点。在新的历史条件下,只有做到"明明德"和"用明德引领风尚",人民才有美德,社会才有正气,世界才有太平。

　　明德文化的"德",还可以做狭义和广义两种诠释:在传统意义上,明德文化的"德"取狭义,也就是"道德"的"德";在现代意义上,或者说在转化发展的意义上,明德文化的"德"取广义,即"德育"的"德"。这就包括了道德教育、思政教育、法治教育、心理教育、大学文化建设等内涵。

　　在本书编写过程中,我们采取了"四个结合"的方法论原则:

　　第一,史论结合。本书理论部分阐述了明德文化的内涵和要义、地位和价值、理念和实践。在历史部分,分别考察了上古时期、夏商周时期、春秋战国时期、秦汉时期、魏晋南北朝时期、隋唐时期、宋元时期、明清时期和中国近代的明德文化。这个体系结构,显然体现了史论结合的特点。同时还体现了价值观与历史观相统一、道德标准与历史标准相统一的深刻意蕴。史论结合也符合"两个结合",尤其是"第二个结合"的要求,也就是将辩证唯物主义和历史唯物主义的世界观、方法论和人民立场贯穿其中。

　　第二,理实结合。明德文化的实践领域非常广泛,可以涉及经济、政治、文化、社会、生态、外交等领域。但限于篇幅,本书主要探讨了明德文化在高校党建、管理、教学、服务等方面的实践。这无疑可以起到举一反三、触类旁通的启发作用。理实结合还体现在明德文化概念体系的建构上。例如,本书从明德引出明德文化,再引出人生美德、人间正道和人类正义。在对这三个概念的阐释中,又引申出美德范畴、人格类型、道德境界、道德原则、道德规范、国际正义、外交政策、人类和平、文明发展等一系列概念。这些概念或范畴,从宏观到微观,从抽象到具体,从理论到实践,层层推进,步步深入,环环相扣,逻辑严密,内容丰富,信息量大,具有很强的知识性、思想性、教育性和启发性。这也是从文化哲学和价值哲学高度进行的学术体系和话语体系建构。

第三,纵横结合。明德文化是传统的,也是现代的;是中国的,也是世界的。所谓纵横结合,就是指在学术视野上做到古与今、中与西的结合。例如,本书将中华优秀传统文化所蕴含的丰富哲学思想、人文精神、道德理念和政治智慧与习近平新时代中国特色社会主义思想相联系,与"两个结合","尤其是"第二个结合"相联系,努力激活中华优秀传统文化的生命力,实现中华优秀传统文化的创造性转化、创新性发展。又例如,本书不仅探讨了中国传统伦理思想史中的德性论流派及其与当代中国思想品德教育的逻辑关系,还探讨了西方伦理思想史中的德性论流派及其演变过程。特别是第一章明德文化的内涵和要义,第四个大问题:明德文化的"西学"维度,探讨了西方伦理思想史和哲学史上的德性论、价值理性、交往理性、人文精神等问题。这无疑有助于扩大读者的学术视野。当然,由于本书是以研究中华优秀传统文化中的明德文化为主的,因而对西方明德文化涉及不多,但是在研究明德文化的整体视野、思路和方法论原则上,必须有纵横结合,即古今中外结合的开放意识。我们对明德文化的理解和传扬,既要立足个体和群体,又是面向全国,放眼世界。

第四,继创结合。本书有对中华优秀传统文化中的明德文化的挖掘和整理,也有推陈出新、古为今用、转化发展和继承创新。截至本书编写前,在中国知网等数据库,用关键词"明德"能检索到的论文数量非常有限,用关键词"明德文化"能检索到的论文几乎为零。当然,间接性资料不在此例。这说明学术界对此问题的关注度还不很高,是社科研究的一个薄弱点。这样的研究状况决定了编写本书必须具有很强的创新性,从整体框架结构的设计,到具体问题的提出和回答,再到全部内容的展开和系统化,都充满了挑战。

对"明德"和明德文化的研究,是个多学科的交叉性课题。首先应该是个文化学问题,然后才是与伦理学和价值哲学最为接近的问题。从学理上看,学习和研究明德文化,既与基础(理论)伦理学中的美德伦理学(又称"德性论伦理学")相关,又与作为应用伦理学分支的"文化伦理学"相关,还与历史哲学、文化哲学和价值哲学相联系。因此,深入研究明德文化,需要深厚的文史哲知识基础,也需要扎实的文化学、伦理学和哲学的专业背景。当然,对非专业的学习者和爱好者来说,也没有必要用太专业的标准去要求。学习和研究明德文化,还要弃糟取精、转化发展、推陈出新、古为今用。要将历史视野、理论眼光和实践关怀相结合,这是学习和研究明德文化的必由之路。

从历史文化学角度研究"明德"和明德文化,与伦理学研究"道德现象"有一定区别。"伦理"一词,侧重于指处理人际关系的道理和秩序;"道德"一词,侧重于指人们的行为表现和内在品质,也指道德关系、道德意识、道德规范、道德活动的总和,即整个道德现象。由此可见,伦理与道德的关系,既有相对区别的一面,也有相近相通的一面。因此,大多数学者认为,"伦理学"是哲学的一个分支学科,早在孔子和亚里士多德的时代已经产生了。而"道德"或"道德现象"则是这门学科的研究对象。简言之,伦理学是对社会道德现象的理论升华和深入论证,是从哲学高度研究和论述社会道德现象的一门学科,而不是有些人所理解的那种简单说教。

作为伦理学研究对象的"道德"或"道德现象",既包括"善"的现象,也包括"恶"现象,还包括介于善恶之间的模糊现象。与此不同,"明德"则仅仅是指"善"的现象,这就是"明德"与"道德"的区别和联系。简言之,"明德"不是中性词语,更不是贬义词语,而是褒义的、赞美的、激励的词语。正是从这个意义上说,"明德"是社会主体的美德理念和文明状态,是对具有正价值、正能量的道德意识、道德规范和道德活动的统称,是对文明高尚的道德品质、道德行为和道德文化的概括。

中国传统文化源远流长,博大精深,可以从不同角度进行研究。我们从明德文化角度研究中国传统文化,不失为一个视角创新。作为以人生美德、人间正道和人类正义为核心内容的明德文化,遍及中国传统文化的各个方面并构成了其灵魂,而一切优秀传统文化都是明德理念的载体。在中国数千年来形成的物质文化、制度文化、观念文化、行为文化中,无不渗透着明德理念及其文化,将文史哲融为一体的诸子百家的经典著作,尤其是以"四书五经"为代表的儒家的经典著作,无不是明德理念的文化载体。中国历史上的文史哲不分家,皆为明德之载体。文学传播明德,历史记载明德,哲学论述明德。明德是文史哲的灵魂,也是中国传统文化和中华民族的灵魂。例如,宋明时期的张载关学、程朱理学、陆王心学,无不是对"明德"的哲学论证。宋元明清时期的优秀文艺作品,也无不是对"明德"的承载和传播。那些经典文艺作品都体现了艺术家们对明德善和崇高美的追求。宋元明清时期的科学技术也是探索精神、创新精神、民族精神等"明德"内涵的体现。而且活字印刷术的发明促进了书籍的大量出版,从而让更多的人有机会接触古代文献,起到了传播明德文化的作用。

明德作为民族魂,贯穿中华民族数千年文明史,成为中华各族人民的共同信仰。我们今天学习中国传统文化,学习文史哲知识,更要学习其中的明德文化。要将中国魂、民族魂转化为单位魂、企业魂、个人魂。要以明德修身,以明德立业。青年学生更应该有"为天地立心,为生民立命,为往圣继绝学,为万世开太平"的远大抱负。这个"心",这个"命",这个"学",都包括了明德。有此,天地才有生气,人生才有灵魂,世界才有芬芳。

"明德"和明德文化是中国传统道德文化的精华。中国传统道德文化,是中华民族在长期生活实践中孕育出来的道德心理、道德观念、道德准则、人生理想和伦理思想的总和。它是以儒家伦理学说为主体,同时兼收道家、墨家、法家等诸子百家道德学说精华的文化综合体。中华传统明德文化以对"天理"和"良心"的信仰为总依据,经过数千年历史沧桑的磨炼,已经成为中国人潜意识中普遍认可的明德信仰,至今熠熠生辉,值得发扬光大。

我们要科学认识历史上的明德人物,就要历史地看待明德人物。首先要从当时的历史条件和主流价值观、道德观出发来定义明德人物。其次要辩证地看待明德人物,对一个人的评价有整体与部分之分。常言说,"金无足赤,人无完人"。当我们将某个历史人物作为明德人物来讲述的时候,并不意味着对其人生的全面肯定。正如我们对中华传统文化要辩证分析、去糟取精一样,我们对历史人物也要辩证分析、存善去恶,弘扬正能量。

对一所高校来说,学习和传扬明德文化,要与教学、科研、管理、服务等相融合。具体讲,就是要与落实立德树人根本任务联系起来,与引导师生树立正确世界观、人生观、价值观、道德观联系起来,与强化人文素质教育、丰富学生文史哲知识联系起来。要聚焦明德文化育人这个目标,优化学习内容,创新学习方式。要着力深化对明德文化内涵及其现代意义的理解。要把学习和传扬明德文化与学习和传扬中华优秀传统文化、革命文化和社会主义先进文化结合起来。

我们学习和传扬"明德"和明德文化,虽然要以"德"为重点,但也不能脱离对"道"的理解。在中国传统文化中,"道"与"德"是可分可合的概念。在《周易》中就包含着"道"与"德"的深刻意蕴。《易传》曰:"天行健,君子以自强不息;地势坤,君子以厚德载物。"这两句话中的前句是讲天地之"道",后句是讲君子之"德",它体现了中华先民将"德"奠基于"道"的哲学思维,这就是"明德"的文化基因。儒家还认为,明德是对人的善本性加以发扬光大并彰显于天下的大德,这种大德是对天地万物之道的秉承和体现,因而明德乃是与天地万物相通之德、天人合一之德。儒家和道家都以"尊道贵德"而著称,但相比较而言,道家在论"道"方面的贡献更大,儒家在论"德"方面的贡献更大。无论道家,还是儒家,都认为,德以道为体,道以德为用。换言之,道是形而上者,德是形而下者;道有客观性、外在性和他律性,德有主观性、内在性和自律性。

明德文化是在中华民族长期历史发展中逐步形成和发展起来的。炎黄二帝是中华民族的人文始祖,也是中华民族的明德始祖。劳动人民的社会实践是明德文化形成发展的根本来源,历史上的统治阶级及其思想家对明德的提炼概括和倡导,也是明德文化形成发展的重要原因。传扬明德文化,就要聚焦明德文化的核心要义,倡导人生美德、人间正道和人类正义,就要深入研究明德文化的理论问题和历史发展;就要广泛开展群众性的明德文化学习、宣传和创建活动,发挥明德文化在推动社会文明建设中的引领作用,就要贯通古今、融合中西,努力拓展学习、研究和推广明德文化的认识空间,就要用中和、尚同、和合的思想观念来化解不同主体的价值观矛盾。

明德文化凝结了中华优秀传统文化的核心价值,在中国历史上发挥了非常重要的作用。它培养和造就了一代代志士仁人和民族精英,促进了中国社会优良道德风气的形成,使中华民族成为世界上的"礼仪之邦",塑造了中华民族的共同体意识,增强了中国人的自尊心、自信心、自豪感和凝聚力,对祖国统一和发展起到了重要促进作用。我们今天要培养德才兼备的合格人才,要实现中华民族的伟大复兴,要维护世界和平和发展,要构建人类命运共同体,都离不开对明德文化的传承和弘扬。

目 录

第一章
明德文化的内涵和要义

我们今天为什么要讲文化自信？因为文化自信关乎我们的"三观"（世界观、人生观、价值观）自信和精神信仰。我们要树立文化自信，就要找到文化的"根脉"和"魂脉"。如果不搞清楚这个问题，那就成不知文化之根的精神流浪者了，还何谈文化自信！我们认为，"明德"和明德文化是中国文化，乃至人类文明的"根脉"和"魂脉"。

一、什么是"明德"？

（一）"明德"的古义与今用

中华传统文化中的"明德"概念，在儒家经典中使用得很早。例如，《尚书·君陈》篇说："我闻曰：'至治馨香，感于神明。黍稷非馨，明德惟馨。'"① 这是周成王对大臣君陈说的话。意思是，我听（圣人）说过："至善完美的政治，不但飘香四溢，还能感天动地。而那感召神明的香气，供人温饱的稻谷也是散发不出来的，唯有明德才能散发出如此神奇的芬芳。"可见明

_____

① 《尚书》，王世舜、王翠叶译注，中华书局 2012 年版，第 475 页。

德之宝贵。又例如，《尚书·梓材》篇也记载周公对康叔说："今王惟曰：先王既勤用明德，怀为夹，庶邦享作，兄弟方来。亦既用明德，后式典集，庶邦丕享。皇天既付中国民越厥疆土于先王，肆王惟德用，和怿先后迷民，用怿先王受命。"意思是：当今的君主（即周成王）说先王既已辛勤地推行了完美的德政，前来营建洛邑，众多邦国都来进贡服役，友好的兄弟邦国也来了。这也是因为施行了完美的德政，所以各诸侯国君就依照常例前来会集朝拜，各邦国才来进献更多的贡物。上天既已把中国的臣民和疆土交给了先王，现在的君王也只有施行德政，和悦那些尚未顺服的殷商遗民，用以完成先王从上帝那里所接受的使命。①《尚书·康诰》篇说："王若曰：'孟侯，朕其弟，小子封。惟乃丕显考文王，克明德慎罚，不敢侮鳏寡，庸庸，祗祗，威威，显民。'"②武王伐纣后，周代替了商，但是周对商的后裔还是很优待的，给予封地，就是春秋战国时期的宋国。周公代表周成王命令康叔去治理商朝的后裔封地，《康诰》就是对他的指示和安排。上述引文的意思是，周公对大家说："诸侯之长，我的弟弟，年幼的（康叔）封啊！我们伟大英明的父亲文王，能够崇尚德政，慎用刑罚，不敢欺辱无依无靠的人，任用当用的人，敬重可敬的人，惩罚当罚的人，并将这种治国的方法显示给人民。"这段话中的"明德慎罚"，也可以理解为以道德教育为主，以法律惩罚为辅的治国方略。这也就是后来儒家所推崇的"仁政""德治"的由来。《尚书·多方》篇也有"罔不明德慎罚"③的说法。《尚书·文侯之命》篇，是周平王表彰晋文侯功绩的册命，其中说："王若曰：'父义和！丕显文、武，克慎明德，昭升于上，敷闻在下，惟时上帝，集厥命于文王。'"④意思是："周平王这样说：'伯父义和啊！伟大光明的文王和武王，能够谨慎地努力推行德政，他们的光辉上升到天上，他们的名声广布在下民之中，因此上帝便把大命降给文王。'"由以上可知，当时使用的"明德"一词，多指周王施行的德政。

　　成书于秦汉之际的《礼记·大学》开头就说："大学之道，在明明德，在

---

① 《尚书》，广州出版社2001年版，第149—150页。
② 《尚书》，广州出版社2001年版，第120页。
③ 《尚书》，广州出版社2001年版，第209—210页。
④ 《尚书》，广州出版社2001年版，第267页。

亲民，在止于至善。"这里的"明明德"三个字，第一个"明"字，是动词，可以理解为彰明、传扬、建设之意；第二个"明"字，是形容词，有文明、光明、明智、高尚的意思，是用来修饰"德"这个名词的。"德"作为名词，既指个人品德，也指社会道德规范。因此，"明明德"这个词组，就是指要传扬全人类共同的道德文明及价值观。

"在先秦思想史上，明德具有悠久的传统。在金文中，已经出现了'明德'：梁其肇帅井（型）皇祖考，秉明德，虔夙夕。（《梁其钟》）不（丕）显皇考叀（惠）叔，穆穆秉元明德，御于厥辟。（《虢叔旅钟》）癲不敢弗帅井（型）祖考，秉明德，恪夙夕。（《癲钟》）翼受明德，以康奠协朕或（国）。（《秦公钟》）余小子司（嗣）朕皇考，肇帅井（型）先文祖，共（恭）明德，秉威义（仪）。（《叔向父禹簋》）周人眼中，明德承自先祖，是一种威仪、勤政、恭恪的政治品德。这一特点与传世文献中的记载是一致的，在《尚书》《左传》《国语》等早期文献中，明德与君道密不可分，它的实质是明德之政。"① 《大学》中的明德概念是由早期明德观念发展而来的。早期明德是贵族性的政治道德，其行为主体为上古圣王——尧、舜、禹、文、武、周公，它以天命信仰为依据，但具有理性化的特点。在春秋战国之际产生的儒家，在继承传统明德概念的基础上，将明德由政治道德改造为平民性的人伦道德，在行为主体、内涵要义的层面建立起明德的普遍性。春秋战国之际的社会流动十分剧烈，平民阶级奋力登上历史舞台，争夺着从未触及过的社会权力。在这一波澜壮阔的历史运动中，孔子"有教无类"的平民教育起到了重要作用。儒家平民教育的实质，是为更为广阔的阶级争取文化权力。从孔子到曾子，先秦儒家人文重建的实质是对王官之学的扬弃，一面承续先王之道的思想内涵，为之寻求新的依据；一面将其改造为超阶级、超时代、超身份的普遍文化体系——普遍性是儒家的一贯追求，无论"达道"还是"常道"，都必须为每一个人所能实现。

我们从《尚书》的很多篇目都提到"明德"一词来看，周人所说的"德"或"明德"，可能来源于殷商时代的"天"或"天意"观念。换言之，

---

① 孟琢:《明德的普遍性——〈大学〉"明德"思想新探》，载《中国哲学史》2019 年第 2 期。

"明德"就是"天意"的代名词。周人的"明德"概念主要指美德和德政，其中美德是相对于个人而言的，德政是相对于诸侯和国家而言的。儒家学派产生以后，把周人的"美德"说，改成了"仁德"说，把周人的"德政"说，改成了"仁政"说。也就是说，周人的"明德"一词，后来被儒家的"仁德"和"仁政"所取代。这就是后来"明德"一词为什么使用得比较少的原因。至于秦汉之际的出现的《礼记·大学》篇中出现"明明德"一说，很可能只是传统说法的余音。所以，我们今天对"明德"一词的续用和推陈出新，将其诠释为人生美德、人间正道、人类正义，也就相当于"为往圣继绝学，为万世开太平"。

"明德"是个很好的概念，我们不仅应该继承，还应该创新发展，正如中国共产党人对"实事求是"一语，既有继承，也有创新发展一样。我们对"明德"一词进行阐释，首先考察其古义是必要的，但又不能拘泥于古义，而应该进行推陈出新、古为今用的创新发展。正是从这样的认识出发，我们认为，"明德"既有美德之义，也有德政之义；既是一种价值理念，又是一种思想文化；既是一种相对独立的精神现象，又是广泛渗透于各种文化现象和社会领域的普遍存在。

无论从古义看，还是从今用看，"明德"都是美德和德政的统一，也就是个体美德、群体美德和国家美德的统一。国家美德也就是古人所说的德政，主要体现为国家内外政策及活动的道德合理性。正是基于这个理解，我们才将"明德"的要义概括为人生美德、人间正道和人类正义。就这三者的关系而言，"明德"是以人生美德为本义，以人间正道和人类正义为引申义的统一。明德作为美德，以个人为主体，以言人生美德为重点；明德作为德政，以群体或国家为主体，以言人间正道和人类正义为重点。合而言之，明德就是对人生美德、人间正道和人类正义的统称。这也是从个人层面、国家层面和世界层面，对明德内涵要义的提炼和概括。在新的历史条件下，只有做到"明明德"和"用明德引领风尚"，人民才有美德，社会才有正气，世界才有太平。

与"明德"最近的学科是伦理学和价值哲学，因为伦理学以道德现象为研究对象，价值哲学以价值观念为研究对象。伦理学意义上的"明德"，就是指主体美德之理念或主体文明之状态，就是对具有正价值、正能量的道德意识、道德规范和道德活动的统称，就是对文明高尚的道德品质、道德行为和道德文化的概括。

"德"，有公德与私德之别。公德者，处理公共关系之品德；私德者，处理个人关系之品德。看人，既要看公德，也要看私德。公德看公私，私德看恩义。重私轻公者，不可重托；忘恩负义者，不可深交。"德"，也有智德与愚德之区别。智德，是明智的善良；愚德，是迂腐的善良。

"德"作为伦理学概念，在中国出现于殷周之际，但"德"的观念源远流长，在《周易》中就包含着"道"与"德"的深刻意蕴。《易传》曰："天行健，君子以自强不息；地势坤，君子以厚德载物。"这两句话中的前句是讲天地之"道"，后句是讲君子之"德"，它体现了中华先民将"德"奠基于"道"的哲学思维，这种哲学思维和伦理观念就是"明德"的文化基因。儒家认为，明德是对人的善本性加以发扬光大并彰显于天下的大德，这种大德是对天地万物之道的秉承和体现，因而明德乃是与天地万物相通之德、天人合一之德。

儒家推崇的明德范畴很多，其中比较重要的可概括为 25 个字：天、地、人、道、德；仁、义、礼、智、信；温、良、恭、俭、让；孝、悌、忠、勇、毅；心、性、清、廉、耻。这些明德范畴，以对"天理"和"良心"的信仰为总依据，经过数千年历史沧桑的锤炼，已经成为中国人潜意识中普遍认可的信仰，至今熠熠生辉。

从价值哲学的角度看，明德也是中国传统价值观和现代价值观的共有内核，它体现在中国不同时代的核心价值观之中。至于具体的美德范畴，不同的时代、国家、阶级或学派，会依据不同的哲学思想和人格理想，建构出不尽相同的美德范畴体系。因此，对美德范畴体系的建构及理解，必有一定的阶级性、民族性和时代性。仅就其功能而言，美德范畴体系的建构，应该做到协调性与进取性的统一、规约性与启智性的统一。相比较而言，中国传统伦理文化更强调协调性和规约性的美德，而西方伦理文化则更强调进取性和启智性的美德。

(二)"德"是"道"的体现

"明德"的重点是"德",但我们也要知道"德"是"道"的体现,"道"是"德"的依据。

在中国传统文化中,"道"与"德"是可分可合的概念,古代分用较多,近现代合用较多。道家和儒家都以"尊道贵德"而著称,但相比较而言,道家在论"道"方面的贡献更大,儒家在论"德"方面的贡献更大。

记载老子言论的版本很多,有三个著名版本:一个是通行本,也就是人们通常所说的《道德经》五千言。另外两个是考古发掘出来的版本,距今已经两千多年了,分别是:长沙马王堆汉墓帛书本和湖北郭店楚墓竹简本。马王堆汉墓帛书本在1973年发掘,简称帛书本;郭店楚墓竹简本在1993年发掘,简称楚简本。在众多通行版中,西汉河上公版为最早的注解本,还有魏晋时王弼版也比较流行。河上公版《老子》,是汉文帝向隐居河滨的河上公请教,得授《老子章句》二卷,分为《道经》《德经》两篇,其中《道经》37章为上篇,《德经》44章为下篇,全书81章。帛书本《老子》出土后,人们发现"德经"在前、"道经"在后,而且有很多内容也与通行本不一致。因此,老子这部著作应该是《道德经》,还是《德道经》,即《德经》在前,还是《道经》在前,经文内容的校订又应该以哪个版本为依据判断真伪是非,至今是有争论的。

无论道家还是儒家,都认为德以道为体,道以德为用。相对而言,道是形而上者,德是形而下者;道有客观性、外在性和他律性,德有主观性、内在性和自律性。当然,道家更多从哲学上论述"道",儒家更多从伦理学上论述"道"。这个区别也不是绝对的。例如,汉儒董仲舒把道德规范的根源归结为"天",宋儒二程、朱熹把道德规范的根源归结为"天理",就是从哲学高度对社会道德规范的论证。他们不屑于对人们进行简单的道德说教,但却给当时社会的主流价值观、道德观提供了更为深刻的哲学和世界观依据。

老子说:"道生一,一生二,二生三,三生万物;人法地,地法天,天法道,道法自然。"在道家看来,"道"是先天一炁,混元无极,其大无外、其小无内、至简至易、至精至微、至玄至妙的自然之始祖、万殊之大宗,是本源于形而上，贯穿于形而下之宇宙万物的总和。"道"不只是形而下的"物质""精神"及其"规律"，更是造成这一切形而上的依据，是无形无象、至虚至灵的宇宙本根。"物质""精神""规律"皆是"道"的派生物。"德"也是"道"的派生物，是"道"在人身上的体现。

儒家认为：君有君道，臣有臣道；父有父道，子有子道；夫有夫道，妻有妻道。排在"唐宋八大家"之首的韩愈，是坚定捍卫儒家道统的，在唐朝儒道佛"三足鼎立"的文化背景下，为了与佛家的"法统"相抗衡，韩愈提出了儒家的"道统"说。他认为，从尧、舜、禹到文王、周公、孔子、孟子，形成了一条倡导美德的传统，但是到孟子以后就中断了。韩愈的抱负是把儒家的"道统"延续起来，传扬下去，因此，他主张"文以载道"，也就是说，无论写理论文章，还是搞文艺创作，都只是工具和载体，其内容和意义在于要传承弘扬儒家道统。儒家道统的核心理念是以人为本，以德为贵，而不是以商为本，也不是以官为贵。因此，修身第一，齐家第二，治国平天下第三。

在宋明时期的儒家内部，周敦颐侧重于论"诚"，张载侧重于论"气"，二程、朱熹侧重于论"理"，陆九渊、王阳明侧重于论"心"。"诚"这一哲学范畴是儒家经典《中庸》提出来的："诚者，天之道也。"孟子说："思诚者，人之道也。"诚的理论至宋代周敦颐而有大的总结，周敦颐说："诚，五常之本，百行之源也。"（《通书》）这就是说，诚是仁、义、礼、智、信五常及一切德行的基础，不诚则一切德行皆属虚无不实。"诚"是周敦颐关于天道、人道、天人合一之道最高境界的表达。"诚"主要分为天道本体论和心性本体论两方面。可以说，周敦颐以"诚"为道。学界认为，张载以气化为道，程朱以理为道，陆王以心为道。这样理解虽有道理，但会导致关学、理学、心学的对立。应该说，张载关学重在论"气"，程朱理学重在论"道"，陆王心学重在论"德"，三者不是对立关系，而是互补关系。在陆王心学派看来，德以心为本，心以道为本。"道"有总分，"德"有大小，士农工商，各有其道，各崇其德。这类似于我们今天所说的社会公德和职业道德。

综上所述，"明德"是主体美德之理念或主体文明之状态。我们理解"明德"，虽然要以"德"为重点，但也不能脱离对"道"的理解。同时，我们还要坚持古为今用，推陈出新，在继承中创新，在创新中继承。

二、什么是明德文化?

(一) 明德文化是明德理念与各种文化形式的结合体

对"明德"的讨论,既要有伦理学和价值哲学的视角,更要有文化学的视角。因为明德文化首先是个文化学问题,然后才是伦理学和价值哲学问题。无可否认,明德文化是中华优秀传统文化的一部分,而且是其中具有正价值和正能量的部分。它既属于个体和群体,也属于中国和世界。

如果说"明德"主要表现为"善"的理念,那么明德文化就是明德理念与各种文化形式的结合体。在这个结合体中,文化是其外在形式,明德是其内在灵魂。中国传统文化中有明德文化,中国革命文化和社会主义先进文化中也有明德文化。我们从考察"明德"一词,过渡到考察"明德文化"一词,就已经有转化发展和古为今用的意思了。因为中国古代有"明德"一词,但并无"明德文化"一词。"明德文化"是个现代词语,也是我们要重点研究的课题,它又是从中国古代的"明德"一词转化发展而来的,是古义与今用的统一。

"文化"一词,有广义、中义和狭义的用法。广义的文化现象,包括物质文化、制度文化、观念文化和行为文化;中义的文化现象,大致等同于"意识形态"或"精神文明"的概念;狭义的文化,就是指国家文化行政部门所管辖的范围。如前所述,明德理念与各种文化形式的结合体,就是明德文化。与"文化"概念有广义、中义和狭义的用法相对应,明德文化概念也有广义、中义和狭义之区别。一般说来,我们在哲学或伦理学层面上使用的明德文化概念应该是广义的;如果在社会意识形态或精神文明的层面上使用明德文化的概念,那就是中义的;至于狭义的明德文化概念,使用率应该是比较低的。

明德文化是一种强调品德修养、道德实践和人格完善的文化。它代表着化育生命、明晓道义、彰明美德、弘扬传统、德艺双馨的文化追求;它可以表现为人文理念、核心价值和精神风貌;它不仅有助于个人成长,也为单位及社会的发展进步提供精神动力。作为观念形态的明德文化,可以体现在人的思想观念和行为实践中,也可以渗透和体现在社会的经济、政治和文化中。

　　明德理念与文化载体是一种体用关系。"体"与"用"，是中国哲学思想中的一对基本概念，很早就出现在历史典籍之中。先秦时期，中国人还没有特别明确地使用体用范畴表达思想，而是更多使用"本末"表达本根思维。至魏晋时期，体用成为重要的哲学范畴，受到广泛关注和研究阐释。宋代以后，体用已成为不同学派普遍使用的概念，宋明理学更是将体用关系的探讨发展到一个新高度。

　　北宋思想家胡瑗对传统体用观的一个创造性用法，即"体用文"。在他看来，文化并不是一个混沌的整体，而是有层次的学问，有体、有用、有文。"体"，是指文化的核心理念和价值原则，具有一定的超越性和普遍性；"用"，是指由这些核心理念和价值原则转化而成的行为规范；"文"，是指对这些核心理念和价值原则的传播方式和文化载体。

　　受此方法论启发，我们也可以从"体""用""文"三个层次出发，来分析明德文化的整体结构。也就是说，在"体"的意义上，明德文化是指具有普遍性、恒久性的核心道德理念，即人生美德、人间正道和人类正义；在"用"的意义上，明德文化是指能正确调整人与人、人与社会、人与自然关系的行为规范；在"文"的意义上，明德文化是指能渗透和体现一定道德价值的物质产品、社会制度、文化典籍和行为方式等。从这个分析可以看出，"明德"理念是狭义的明德文化，明德文化是广义的"明德"理念。

　　也就是说，作为观念形态的明德文化，可以融入行为文化、制度文化、物质文化，或以各种非伦理的文化形式为载体，得以传播和发展，并由此获得其生命力和影响力。作为行为形态的明德文化，更强调知行合一，尤其是实践活动。观念形态的明德文化是抽象和无形的，实践形态的明德文化是具体和有形的。作为制度形态的明德文化，可以表现为宏观的发展道路和体制机制，也可以表现为微观的规章制度和行为规范。作为物质形态的明德文化，既可以是指精神力量向物质力量的转化，也可以是指蕴含或支撑精神价值的物质产品。

　　明德文化的"德"，还可以做狭义和广义两种诠释：在传统意义上，明德文化的"德"取狭义，也就是"道德"的"德"；在现代意义上，或者说在转化发展的意义上，明德文化的"德"取广义，即"德育"的"德"。这就包括了道德教育、思政教育、法治教育、心理教育、大学文化建设等内涵。

（二）明德文化是人类精神文明的共有核心

明德文化是人类文化现象的一部分，也是人类精神文明的共有核心。常言道："不谋全局者，不足以谋一域。"因此，为了深入理解明德文化这个部分，还必须对"文化"和"文明"这两个整体有所理解。

考察人类文明的起源，要分别考察观念文明、行为文明、制度文明、物质文明的起源，而不能以点带面。有人说，人类文明起源于钻木取火或使用石器工具的时候，这是以物质文明为本位的文明起源论；还有人说，人类文明起源于国家或城市产生的时候，这是以制度文明为本位的文明起源论；也有人说，人类文明起源于道德行为或文字产生的时候，这是以行为文明或精神文明为本位的文明起源论。从时间上说，人类的道德觉醒和道德文明起源最早，大约在原始社会晚期就产生了。天下为公、合理分工、互助合作、集体观念、自由平等的观念和行为，在原始社会晚期，即中国的上古时期就已经存在了。

文化的最高本质是"人化"，即被人加工或创造的东西，都可以称为文化。从人们对文化概念的使用来看，有广义和狭义之分。广义的文化，是指人类创造的一切文明成果，包括物质的、制度的、精神的成果在内，也包括人的心灵文化和行为文化。狭义的文化，一般是指精神文化。也就是相对于经济、政治而言的人类全部精神活动及其产品。文化作为一种精神力量，能够在人们认识世界、改造世界的过程中转化为物质力量，对社会发展产生深刻的影响。这种影响，不仅表现在个人的成长历程中，而且表现在民族和国家的历史中。

文化作为历史地凝结成的稳定的生存方式，集中表现为人的价值观念、生活态度、行为习惯、心理状态等。文化由人生产，而人不是一个抽象的概念，总是处于一定的社会关系之中，表现为一定时代、民族、阶级的人。由人所创造的政治和法律思想、道德、文学、艺术、哲学和宗教等文化形式都直接或间接地反映着一定时代、民族、阶级的利益、感情和思想。先进的、革命的、科学的文化对社会发展起积极的推动作用，落后的、反动的、非科学的文化则对社会发展起阻碍作用。当今世界，文化作为软实力在各种社会主体的竞争中越来越重要，而文化自信则是"更基本、更深沉、更持久的力量"，这也是文化反作用力的体现。

文明是有史以来沉淀下来的，有益于增强人类对客观世界的适应和认知、符合人类精神追求、能被绝大多数人认可和接受的人文精神、发明创造以及公序良俗的总和。它是指社会发展到较高阶段表现出来的状态，是人类脱离野蛮状态的所有社会行为和自然行为构成的集合。这些集合至少包括以下要素：家族观念、工具、语言、文字、信仰、宗教观念、法律、城邦和国家等等。由于各种文明要素在时间和地域上的分布并不均匀，因而产生了具有显著区别的多种文明形态。从总体上看，世界文明是多样性与共同性的统一，是传承性和创新性的统一，是相通相融与共生共进的统一，因此，我们主张不同文明之间要互尊互敬、互学互鉴，要为创造人类文明新形态、构建人类命运共同体而团结奋斗。

从以上分析可以看出，文化与文明既相互联系，又相互区别。文明是文化的内在价值，文化是文明的外在形式。文明的内在价值通过文化的外在形式得以实现，文化的外在形式借助文明的内在价值而有其实际意义。一般说来，文明的内在价值总要通过文化的外在形式体现出来，而文化的外在形式之中又总会蕴含文明的内在价值。从本质上看，"文化"是相对于"自然"而言的，"文明"是相对于"野蛮"和"蒙昧"而言的。人类走向文明的过程，是一个脱离自然状态、野蛮状态和蒙昧状态的过程，也是一个追求精神文明、物质文明、制度文明和行为文明的过程。相比较而言，文化的产生早于文明的产生，文明是文化发展到一定阶段才出现的；文化概念是描述性的，使用范围较大；而文明概念是评价性的，使用范围较小。

换言之，文化概念，以客体为本位，只涉及事实判断，可以不涉及价值立场和价值判断，而文明概念，以主体为本位，必须涉及价值立场和价值判断。一种文化现象，是不是文明现象，与其评判者所持的阶级立场、民族立场、国家立场、宗教立场等是有关系的。

随着近现代历史的演变和熏陶，中国人的文明观格局已经大大扩展了。如今的中国人，不仅懂得继承中华优秀传统文化及其道德文明的重要性，而且懂得了发展物质文明、法治文明、科教文明、生态文明等的重要性。正如习近平总书记在庆祝建党100周年大会的重要讲话中指出，中国特色社会主义正在创造"人类文明新形态"。发展哲学社会科学，是社会主义精神文明建设的重要组成部分，又是为推进社会主义社会物质文明、政治文明、精神文明建设服务的。我们不仅要大力发展自然科学，还要大力发展哲学社会科学，并用这些方面的知识来全面提高全体人民的思想道德素质和科学文化素质。

（三）明德文化是道德现象和伦理文化的一部分

明德文化是道德现象和伦理文化的一部分。我们对明德文化的研究，其实就是对具有正价值、正能量的道德现象和伦理文化的研究。这既是伦理学的研究任务，又是伦理文化学或文化伦理学的研究任务。在实践层面上，加强明德文化的传扬和建设，是开展道德建设、发展伦理文明的重要内容和中心环节。

"道德现象"是个伦理学概念，也是对伦理学研究对象的概括。其内涵主要包括道德意识、道德规范和道德活动。其中的道德意识，既指个人的道德思想、道德观念、道德品质，也指一定社会、国家或群体所推崇的道德理论和道德观念；其中的道德规范，是一定社会、国家或群体所推崇的道德原则、规范和范畴的总和；其中的道德活动，是指一定主体（个体、群体、国家等）的道德选择、道德评价、道德教育等活动。但是，道德现象是个描述性的概念，可以包括正价值、正能量的道德现象，也可以包括负价值、负能量的道德现象。而作为"明德"和明德文化内涵的道德现象，仅仅是指具有正价值、正能量的道德现象。

那么，区分一种道德现象之价值和能量的"正"与"负"，判断标准是什么？这确实是个重要、复杂并具有相对性的问题。也就是说，相对于不同时代、不同国家、不同阶级及其政党，甚至不同的学术流派来说，各有各的评判标准，甚至每个人也各有各的判断标准，对此需要进行具体考察和研究才能说清楚。在此，我们只能在超越各类道德主体特殊性的意义上，也就是在寻找最大道德共识的意义上说，只要符合一定时代和社会的主流道德观，就是具有正价值、正能量的道德现象。这样的道德现象，也就是"明德"和明德文化。正是从这个意义上说，弘扬明德文化，也就是弘扬社会的道德主旋律。

如果说"明德"是道德现象的一部分，那么明德文化也就是伦理文化的一部分。因此，"明德"和明德文化既是伦理学的研究对象，更是文化伦理学的研究对象。任何一种社会文化活动，无论是高度抽象的哲学研究，还是轻松愉快的休闲娱乐，都会涉及社会的人文精神和价值观念，并以其特殊方式告诉人们什么是真善美，什么是假恶丑。文化伦理学就是研究文化现象中的伦理意蕴和道德内容的应用伦理学分支学科。文化伦理学也是伦理学与文化学的交叉学科，是从伦理学角度研究文化现象和从文化学角度研究道德现象的有机结合。

伦理学是研究道德现象的一门古老而常新的哲学分支学科，目前已发展成为一个学科群，即包括基础（理论）伦理学与应用（实践）伦理学的诸多分支，以及中国和西方伦理思想史在内的一个学科群，并与许多门人文、社会科学，甚至自然科学有交叉、渗透的关系。伦理学的学科史，可以上溯到距今两千三百多年前的古希腊学者亚里士多德的《尼各马可伦理学》等。如果从人类道德生活史、伦理思想史的起源看，应该是先有道德生活史，后有伦理思想史，再有系统化、学科化的伦理学科史。

文化学是文化人类学进一步发展演化的产物。由人类学到文化人类学，再到文化学，历经了长期的发展演变。当代文化学是一门综合性学科，主要研究文化的起源、演变、传播、结构、功能与本质，文化的共性与个性、特殊规律与一般规律等问题。从演变序列来看，它不仅包括不同种族、民族的文化研究，还可以把不同学科的研究结合起来。它往往进行跨越民族文化的文化类型研究。文化类型是具有代表性或典型性的，这种典型性可以用黑格尔哲学中关于普遍性与特殊性、共性与个性的统一原理来说明。各民族文化是存在差异的，但这种差异并不是对立或对抗的，而是可以通过翻译与交流而达到相互理解、学习和借鉴的。也就是说，文化虽有民族性、历史性、多样性，但也有通约性和可交流性。

作为伦理学与文化学的交叉学科，文化伦理学既要研究一切伦理文化，更要研究明德文化。从研究对象看，明德文化是传统与现代相贯通、中国与世界相联系的；从研究任务看，明德文化是对实有伦理文化的归纳和概括，也是对应有伦理文化的诠释和建构；从研究方法看，明德文化是阶级性、民族性与共同性、普适性的辩证统一，也是理论研究与历史考察的统一；从研究意义看，明德文化在实现中华民族伟大复兴的历史进程中必将大有作为，其传扬可以为国家"提神""补钙"，可以为民族提振"风骨"，可以为公民强化"操守"，可以为守护人生美德、人间正道和人类正义贡献力量。

三、明德文化的内涵要义

（一）人生美德

我们要培养人生美德，就要做善良、智慧、勇敢、仁义、诚信、礼貌的人，也要做到崇古圣、敬先贤，近君子、远小人。

1. 人生美德关联人生境界

冯友兰先生曾将人生境界概括为四个层次：自然境界、功利境界、道德境界、天地境界。由低到高，前一个境界是后一个境界的基础。自然境界的人处在基于生物本能的生存状态，追求的是吃饱穿暖喝足，最基本的衣食住行用，满足的是最基本的物质需要；功利境界的人以生物人为基础，追求自我的物质需求和精神需求，急功近利，以自我的实用和提升为中心，表现为自利自立；道德境界的人，能从社会道德要求出发选择行为，乐于行侠仗义，惩恶扬善，此时的自我与道德的关系就好像地球与太阳的关系，地球是围绕太阳公转的；天地境界的人，具有宇宙胸怀，能以事天为宗旨，不仅是社会的人，还是宇宙的人，这种人能与天地比寿，与日月同辉，能做到天人合一，这就是儒家所说的圣贤境界。

2. 人生美德体现人格理想

儒家的人格理想可以分为君子、大人、贤人、圣人。

先说君子。《说文解字》曰："君，尊也。从尹，发号，故从口。""君"的最初含义是发号施令的最高统治者。《春秋左传·襄公九年》曰："君子劳心，小人劳力，先王之制也。"在孔子之前，"君子"一词主要是指有位者，即从人所处的政治、经济地位来定义，是对先秦世袭贵族、官僚的通称，与之对应的是庶民百姓，即"小人"。到孔子的时代，"君子"一词开始由原来意义上的有位者向有德者转变。尤其是孔子给"君子"一词赋予新的含义，使其成为理想化的人格模式。《论语·雍也》："质胜文则野，文胜质则史。文质彬彬，然后君子。"这句话告诉人们，文饰与质朴相得益彰，即仁礼兼备，德才兼备，才称得上真正的君子。可以看出，儒家的目标就是培养担道行义、德才兼备的君子。君子之德的核心是仁与礼的统一。《论语》所言甚广。孝悌忠信，礼义廉耻，仁义礼智信，温良恭俭让，无一不是君子的品德修养。然而要论其核心，便是仁了。"士不可以不弘毅，任重而道远。仁以为己任，不亦重乎？"（《论语·泰伯》）君子当以行仁担义为己任，以张扬仁义为己任。如果"见义不为"，便是放弃道义与责任，成为不仁不义之小人。"人而不仁，如礼何？人而不仁，如乐何？"（《论语·八佾》）孔子在此点明了仁义与礼乐的逻辑关系。仁义为人内在固有的道德，礼乐则是人外在的表现形式。一个人没有仁义的本质，即便施礼作乐，也只是徒有形式，不具备实质意义。正所谓内圣方可外王，正己方可化人。"为仁由己，而由人乎哉？"（《论语·颜渊》）君子行仁担义是一种自发自觉之行为，不需要他人命令，甚至也不需要他人鼓励。"富与贵，是人之所欲也，不以其道得之，不处也。贫与贱，是人之所恶也，不以其道得之，不去也。君子去仁，恶乎成名？君子无终食之间违仁，造次必于是，颠沛必于是。"（《论语·里仁》）求富贵是人之本能，君子也不可能置身事外，但是要取之有义，用之有道。孔子告诉我们，仁义之道是君子安身立命的基础，无论是富贵还是贫贱，无论是在仓促之间还是颠沛流离之时，都不能违背这个原则。"志士仁人，无求生以害仁，有杀身以成仁。"（《论语·卫灵公》）在孔子看来，"仁"是至高的道德境界，君子要有献身于"仁"的愿望和勇敢。因此，追求仁义，施行仁义，可谓是成为一位君子之根本德行与修养。

与君子相对的是小人。小人虽然存在于现实中，但不是理想人格，而是与君子人格相反的人格，因此，孔子讲君子的时候往往都是和"小人"对照来讲的，即君子如何，小人如何。你如果不知道什么是君子，那你一定知道什么是小人，那"小人"反面就是"君子"，同样"君子"反面就是"小人"。总而言之，儒家对君子与小人的论述，形象生动、惟妙惟肖，数千年来影响深远，已经家喻户晓、妇孺皆知。

再说"大人"。儒家还有一个"大人"的理想人格，其境界高于君子。例如，《周易·文言传》说："夫'大人'者，与天地合其德，与日月合其明，与四时合其序，与鬼神合其吉凶，先天而天弗违，后天而奉天时，天且弗违，而况于人乎？况于鬼神乎？"儒家理想人格中的"大人"，也被孟子称为"大丈夫"。他说："居天下之广居，立天下之正位，行天下之大道。得志与民由之，不得志独行其道。富贵不能淫，贫贱不能移，威武不能屈。此之谓大丈夫。"居仁由义（杀身成仁，舍生取义）、坚毅不拔（不张狂、不漂浮、不脆弱）、乐天知命（从容不迫，快乐自在），这是大丈夫的三个特点。

儒家也推崇圣贤人格。所谓古圣先贤，就是指圣人和贤人，有时也合称为圣贤，泛称道德和才智杰出者。汉司马迁《报任少卿书》："《诗》三百篇，大氐贤圣发愤之所为作也。"北齐颜之推《颜氏家训·序致》："夫圣贤之书，教人诚孝，慎言检迹，立身扬名，亦已备矣。"明王守仁《传习录》卷上："知而不行，只是未知，圣贤教人知行，正是要复那本体，不是着你只恁的便罢。"清秋瑾《同胞苦》歌："手提白刃觅民贼，舍身救民是圣贤。"张载提出："为天地立心，为生民立命，为往圣继绝学，为万世开太平。"这就是圣贤境界的体现。

圣人与贤人是有区别的。例如，人们称孔子为圣人，称孔子的优秀学生为"七十二贤人"。"贤"，是个蕴含明德的字词，古人讲希贤、尚贤、举贤，今人称先贤、敬贤、乡贤，民间还有贤弟、贤妻、贤惠之说，这都是对一个人优良品德的赞美。在儒家看来，圣人屈指可数，贤人则相对较多。从尧、舜、禹、文王、周公到孔子、孟子，都是圣人。圣人不仅有很高的道德，而且有很高的智慧，往往集哲学家、政治家和多领域的思想家于一身，甚至是建立了丰功伟绩的历史巨人。圣人可以与天地比寿，可以与日月同辉。孟子从性善论出发，乐观主义地认为"人皆可以为尧舜"。荀子虽然是性恶论者，但他也说过"涂之人可以为禹"，就是说，虽然人性趋利避害，但只要加强仁义道德的教育和修养，能做到以义制利，重公轻私，甚至是公而忘私，那满大街行走的人就都可以成为圣人。

再看现代社会的人物评价，实际上也有一定的人格理想，大致分为先进人物、模范人物、英雄人物、伟大人物这四个境界层次。需要注意的是，儒家的人格理想，更突出道德标准；而现代社会的人格理想更突出对社会的贡献，也就是功利标准。当然，这个"利"，不是指个人或家庭的私利，而是指国家或社会的公利。

如果与儒家的人格理想相比对，现代的先进人物相当于古代的"君子"；现代的模范人物相当于古代的"大人"；现代的英雄人物相当于古代的"贤人"；现代的伟大人物相当于古代的"圣人"。当然，这只是从理论模型的意义上说的，至于现实道德评选中，是不是真正做到了名实相符，那就是另一个问题了。

3. 人生美德升华为伦理范畴

在对人生境界和人格理想进行考察的基础上，就可以认识美德范畴体系了。也就是说，人生境界决定人格理想，而人格理想决定美德范畴体系的建构。

必须指出，人格理想及其美德范畴体系（或核心道德理念）是有阶级性、民族性和时代性的。也就是说，在人类历史上，不同的阶级、民族和时代的道德观念，既有共同性的一面，也有差异性，甚至对立性的一面。在那个强调阶级斗争的年代，很多人只强调道德的阶级差异性和对立性，对不同阶级的道德共识采取淡化，甚至否认的态度，这无疑是一种片面性。改革开放以后，很多人又有意无意地否认道德的阶级差异性，只强调不同阶级、不同民族，甚至不同时代的共同道德，尤其是有些文艺作品只描写以共同人性和共同利益为基础的道德观念，对道德的阶级差异性避而不谈，甚至直接否认，这就陷入了另一种片面性。其实，超越具体主体的抽象道德概念是模糊不清和软弱无力的。道德标准的复杂性就在于与各种社会主体的利益相关联，以维护共同利益为基础的道德标准能得到各相关主体的共同认可，仅以维护某个主体利益为基础的道德标准，必然得不到其他主体的认可。当然，除了利益基础以外，各民族的文化传统、社会习俗、交往方式、心理特点等也是造就人们道德观念的基础。因此，我们应该用唯物辩证的观点看待这个问题。

基于不同文化传统和思想体系的学术流派，也有不同的人格理想和美德范畴体系。例如，在中国历史上，儒家、法家、道家、佛家等，各有自己的人格理想，也各有自己的长处和短处。

儒家的人格理想和道德教育，重道义轻功利、重协调轻进取、重善良轻智慧，推向极端就会使人变得迂腐笨拙。法家的人格理想是做一个兴利除弊、开拓创新、以利为义的改革家，如商鞅、王安石之类的人。这种人具有行侠仗义、造福天下、勇于牺牲的精神。但法家之失是把智慧与功利结合太紧，轻视超功利的美德价值，具有重法治轻德治的偏颇。相比较而言，儒家的人格理想更突出道义标准，法家的人格理想更突出功利标准。在人才观上，儒家更强调德的重要性，法家更强调才的重要性。

道家的人格理想就是独爱己身，隐居山林，理想做一个超越社会、皓首苍髯的长寿神仙。道家关心个人的修身养性和福寿康宁，追求独善其身可以理解，但把握不准也可能走向精致利己主义。

儒道佛道德观都代表了中国传统文化的核心。佛家告诉人们要善良，让人以善良求幸福，换幸福。教育人要善良没有错，让人追求幸福也没有错，出发点无疑都是好的。问题在于它用唯心主义因果观解释人生的苦与乐，把实现人生幸福的期望推到虚幻的彼岸世界。也就是用"三世轮回"的因果观安抚苦难之人，让他们把受苦受难的原因归于自己的罪恶，而不是归于剥削和压迫，这正合剥削阶级的意愿，故受其支持不难理解。

（二）人间正道

"人间正道"是一个抽象的概念，也是一个带有文学色彩的词语。它可以是指一个国家走在正确的发展道路上，也可以是指一切社会群体和个体都应该遵循的正确前进方向。"人间正道是沧桑"这句话，出自毛泽东《七律·人民解放军占领南京》。"人间正道"中的"人间"，可以理解为社会；"正道"，也就是正确的道路。走好"人间正道"，可以体现在国家层面，也可以体现在各种社会组织和个人的层面。守正创新、向上向善，实现人民幸福、国家富强和民族复兴，是人间正道，营造良好风气，走正人生之路，也是人间正道。

人间正道与人生美德是统一的，二者是"道"与"德"的关系。如果说

"人生美德"属于"德"（思想品德）的范畴，那么"人间正道"就属于"道"（社会道德原则和规范）的范畴。"人间正道"作为明德文化的内涵要义，还可以理解为国家之正道、社群之正道、个人之正道，可以是指符合道德要求的政道、商道、师道、医道、艺道等等。各种社会主体，以及各行各业的人，都应遵守社会公德和职业道德，这就是"人间正道"。

人间正道也是人间大道。孟子曰："得道者多助，失道者寡助。寡助之至，亲戚畔之；多助之至，天下顺之。以天下之所顺，攻亲戚之所畔，故君子有不战，战必胜矣。"（《孟子·公孙丑下》）孟子所说的"道"，是指符合"仁义"，也就是符合人间正道。他认为，得人心者得天下，走在人间正道上，才能得人心。《礼记·礼运》曰："大道之行也，天下为公。""天下"二字，可以理解为世界，也可以理解为国家。所以，"天下为公"也可以指国家的性质，即国家应该是所有人的国家，而不应该沦为少数人的私有物，更不应该是某姓、某人的私有物。用今天的话说，国家的主人是人民，国家机关及其工作人员都应该为人民服务。国家应该姓公，而不应该姓私。践行天下为公，是人间正道、大道；践行天下为私，是人间歪道、邪道。

明末清初，有三位思想家倡导"天下为公"：一位是王夫之，他提出"天下非一姓之私"，事实上这句话是《吕氏春秋》中"天下非一人之天下也，天下之天下也"的简化；一位是黄宗羲，他主张"天下为主，君为客"；一位是顾炎武，他指出"国家"是属于一家一姓的王朝，而"天下"则应为匹夫所共有，后来梁启超把这一思想概括为"天下兴亡，匹夫有责"。

真正将"天下为公"这一思想阐释清楚并且使之产生广泛影响的是中国近代的孙中山先生。民国创立以后，"天下"被袁世凯篡夺，后来的北洋军阀也都把"天下"视为私有，彼此之间争权夺利，混战不息。因此，孙中山先生一生曾多次题书"天下为公"。他不仅大力提倡"天下为公"，而且身体力行，以国民公仆为己任。

"天下为公"也是儒家对"大同"社会的理想。《礼记·礼运》："大道之行也，天下为公。选贤与能，讲信修睦，故人不独亲其亲，不独子其子，使老有所终，壮有所用，幼有所长，矜寡孤独废疾者皆有所养，男有分，女有归。货恶其弃于地也，不必藏于己；力恶其不出于身也，不必为己。是故谋闭而不兴，盗窃乱贼而不作，故外户而不闭，是谓大同。"

紧接"大同"理想，《礼记·礼运》也阐述了对于"小康"社会的看法："今大道既隐，天下为家。各亲其亲，各子其子，货力为己，大人世及以为礼，城郭沟池以为固，礼义以为纪。以正君臣，以笃父子，以睦兄弟，以和夫妇，以设制度，以立田里，以贤勇知，以功为己。故谋用是作，而兵由此起。禹、汤、文、武、成王、周公，由此其选也。此六君子者，未有不谨于礼者也。以著其义，以考其信，著有过，刑仁讲让，示民有常。如有不由此者，在执者去，众以为殃，是谓小康。""小康"是儒家较次一级的社会理想，但也更加接近现实并具有实现的可能性。

立党为公、执政为民是由中国共产党的根本宗旨决定的，"公"位于"私"前，是对所有共产党员的基本要求。习近平总书记指出："作为共产党员，作为党的干部，只有一心为公，事事出于公心，才能有正确的是非观、义利观、权力观、事业观，才能把群众装在心里，才能坦荡做人、谨慎用权，才能光明正大、堂堂正正。"[1] "作为党的干部，就是要讲大公无私、公私分明、先公后私、公而忘私，只有一心为公、事事出于公心，才能坦荡做人、谨慎用权，才能光明正大、堂堂正正。"[2] 自古以来，道德与法律也是相通的。例如，强调"孝道"是秦代法律的一大特点。如对祖父或其他父辈不尊重，或殴打或言辞不逊，都要严刑惩处。秦代主张"以吏为师"，希望官吏在德行和才干等方面起到表率作用，为此，制定了《为吏之道》，要求公务人员"精洁正直，慎谨坚固，审悉毋私，微密纤察，安静毋苛，审当赏罚"，做到"怒能喜，乐能哀，智能愚，壮能衰，勇能屈，刚能柔，仁能忍，强良不得"，总而言之，要能"为民除害兴利"。

"人间正道"作为明德文化的内涵要义，还包括以下含义。

第一，要有正确的价值观和道德观追求："人间正道"强调人生的价值在于追求真善美，摒弃假恶丑。人们应该秉持正义、公平、诚信等原则来行事，以实现个人和社会的共同进步和发展。"正道"的反面是"邪道"，坚持人间

---

① 2013 年 9 月 23 日至 25 日，习近平在参加河北省委常委班子专题民主生活会时的讲话。
② 2014 年 1 月 14 日，习近平在第十八届中央纪律检查委员会第三次全体会议上的讲话。

正道，就要反对走邪道。

第二，要经历量变到质变的努力过程：正确战胜错误、光明战胜黑暗，往往有一个由量变到质变的努力过程。走"人间正道"，意味着要经历各种变故、困难和挑战才能实现真正的成长和进步，也蕴含着持之以恒的努力和勤奋工作的重要性，通过不断的量变积累最终实现质的飞跃。这种过程需要耐心和毅力，不能急于求成或者走捷径。

第三，要走符合自然规律和社会发展趋势的道路："人间正道"要求人们在做事时要顺应自然规律和社会发展趋势，不可逆天而行或违背客观事实。只有遵循这些规律才能取得事半功倍的效果。如果偏离"人间正道"而"反其道而行之"，就必然会遭受挫折、失败，甚至惩罚。

总之，"人间正道"是一个多维的概念，涵盖了哲学、伦理学、社会学、政治学、经济学、历史学、法学等多个学科领域的内容。其核心思想是引导人们正确处理个人与社会的关系，在坚持正确人生道路的同时，也要为捍卫或发展社会的文明进步做出积极贡献。

（三）人类正义

实现人类正义，是各国人民的共同理想。对人类正义的追求，在历史上主要表现为反对殖民主义和霸权主义。不义战争、侵略战争、种族歧视、生化武器、非人道残杀、污染和破坏生态环境、不合理的国际秩序等，都是对人类正义的践踏。纵观当今世界，实现人类正义，依然任重道远。

追求公平正义，也是伦理学、法学和政治学的共同目标。真正伟大的政治家不可能没有伦理情怀，真正伟大的伦理学家也不可能没有政治关怀。亚里士多德就是伟大的伦理思想家与伟大的政治思想家的统一。从某种意义上说，马克思主义是将道德性、阶级性、革命性和科学性有机统一的思想体系，是对科学真理、人间正道和人类正义的追求，是世界上一切劳苦大众摆脱被剥削受压迫命运的精神指南，是指导人们认识世界和改造世界的理论武器，而不是有些人所理解的那种"公说公有理，婆说婆有理"的相对主义意识形态。马克思主义创始人及其忠实继承者，既是具有政治关怀（追求公平正义）的伦理思想家，又是具有伦理情怀（致力于解放受剥削被压迫人民）的政治思想家。

一个国家的强大不能仅仅体现在经济实力上，更要关注公平与正义的实现。对于任何国家来说，要实现真正强大和人民幸福，不仅要解决好经济上的公平正义问题，而且要解决好政治、法治、文化等各方面的公平正义问题。因此，人间正道与人类正义是统一的。一个国家，能坚持公平正义的发展就是走人间正道。

追求人类正义，就要倡导全人类共同价值。2015 年 9 月 28 日，国家主席习近平在出席第七十届联合国大会一般性辩论时指出："和平、发展、公平、正义、民主、自由，是全人类的共同价值，也是联合国的崇高目标。"此后，习近平主席在许多重要双多边场合，进一步阐述了全人类共同价值的丰富内涵及其对构建人类命运共同体和美好世界的重大意义。在现代国际关系中，全人类共同价值正在具体地转化为一些国家的外交政策，体现于越来越多的国际公共政策领域。全人类共同价值是全人类共同利益和文明发展规律的体现。为了捍卫和实现这些共同价值，必须反对霸权主义、强权政治和各种野蛮行径，倡导建立人类命运共同体。世界大国和地区大国应该为其他国家做出榜样。

维护人类正义，充分体现在联合国的核心价值观和当代中国的外交方针与政策中。"安全、发展、人权与正义是联合国所倡导和追求的四大核心价值。以这四大核心价值为主体的联合国核心价值系统，是人类文明的精神结晶，是各民族核心价值的最大公约数。既为现代国际秩序的建立和维护提供了伦理基础，也为各民族国家的核心价值观建设提供了重要的借鉴和指针。""人人享有和平、正义、人权和机会平等是联合国宪章的根本原则。在各国人民的交往日益紧密、全球命运共同体呼之欲出的全球化时代，构建一个以平等、民主和人权为基础的正义的全球制度与国际秩序，已经成为联合国自觉追求的目标。""联合国的核心价值观与我国的核心价值观既存在着重叠之处，也存在着微妙的差异。""比较显著的共识是，二者都倡导民主、自由、平等、公正、法治这五个核心价值……""一个较为明显的差异是，联合国的核心价值观中没有'爱国'这样的表述。"联合国的核心价值观中也没有"富强"

"敬业"的表述。①

中国外交方针和政策中所体现的核心价值观是长期稳定的。

1954 年 6 月下旬，周恩来总理访问印度、缅甸时，在其联合声明中共同倡导了"互相尊重领土主权、互不侵犯、互不干涉内政、平等互惠和和平共处"的五项原则。此后，和平共处五项原则为世界上许多国家所接受，成为处理不同社会和政治制度国家之间相互关系的基本原则。

党的十八大以来形成的习近平外交思想，致力于维护世界和平、促进共同发展，是对新中国外交理论的继承与发展：传承发扬了新中国反对殖民主义、霸权主义、强权政治的正义立场；充分汲取中华优秀传统文化的丰富营养，赋予其新的时代印记和人文内涵，实现了创造性转化和创新性发展；在对周边、非洲和一带一路等地区的工作实际中，提出亲诚惠容、真实亲诚等重要理念，为我国同地区国家关系发展注入了新动力；提出构建人类命运共同体，倡导构建相互尊重、公平正义、合作共赢的新型国际关系，超越了传统国际关系理论崇尚实力、零和博弈的观点，蕴含的全球治理观、安全观、发展观、文明观、正确义利观等新型理念，反映了世界各国追求发展进步的共同愿望，凝聚了各国人民共同建设美好世界的最大公约数。中国外交的精神标识是和平、和睦、和谐；原则是重情谊、讲道义、谋公正，在国际上磊落坦荡。

从伦理文化的角度说，正义是指在一定的道德及文化背景下，为保证绝大多数人正当的利益和发展，而对正在以及将要对其造成负面影响的思想、行为及形成的因素进行阻止、纠正甚至消灭。正义来自与邪恶的斗争。在历史的长河中，正义往往随着时代的发展而呈现出不同的样子，我们当下习以为常的那些正义，是用无数前人的艰辛努力换来的。在正义与邪恶的斗争中，能不能做出正确选择，反映着一个人，尤其是一个政治领导人，以及一个民族、一个国家的德性。有人试图用相对主义的错误观点抹杀正义与邪恶的客观标准。唯物辩证法承认事物有相对性，但不承认相对主义。

---

① 杨通进：《联合国的核心价值建构及其对我国核心价值观建设的启示》，载《伦理学研究》2015 年第 6 期。

当代韩国学者朴炯南在《人类正义史》一书中，通过人类历史上 15 个意义重大的真实案件来谈论和思考有关正义的话题。他说："从古罗马的以牙还牙、以眼还眼到今天的法律至上成为共识，2500 多年的人类正义史中前进的每一步都十分艰难。……看苏格拉底审判，我们反思陪审团制度的合理性，思考对与错是根据个人的理性来判断，还是根据多数人的意见来判断；看塞勒姆审判，我们能更加清楚'无罪推定、疑罪从无'原则的价值所在；看德雷福斯审判，我们对'迟到的正义是否是正义'这一问题作出判断；看潘克赫斯特审判，我们回溯推进程序正义的挣扎与必要；看米兰达审判，我们理解推动保护嫌疑人权利的必要性，为避免冤假错案的发生增加一道保险……虽然荆棘遍布，艰辛无比，但人类对公平正义的追求却从未停止。"①

当代美国学者约翰·罗尔斯的《正义论》一书影响很大。此书分为理论、制度、目的三大部分，它们分别构成了该书的第一编、第二编、第三编。

第一编即理论部分，是全书的立论基础，因而也是全书的重心。罗尔斯用纯粹抽象的社会契约演绎出他的"作为公平的正义"理论，属于纯粹的理论论证。其中第二章"正义的原则"，主要阐述正义。"公平的正义"乃是两个义务原则，即平等自由的原则、机会公正平等原则和差别原则。这两个正义原则暗示着社会基本结构的两大部分，一是有关公民的政治权利部分，一是有关社会和经济利益的部分。第一个原则处理前一方面的问题，第二个原则处理后一方面的问题，第一个原则优先于第二个原则，第二个原则中的公正平等原则又优先于差别原则。

第二编即制度部分，主要说明两个正义原则如何能够得以实行。在"平等的自由"一章中，涉及政治与法学。他认为一个良好的社会应是体现自由的优先性，体现第一原则对第二原则的优先，体现平等自由对政治、法律、经济制度之优先的社会结构。在"分配的份额"一章中，主要涉及经济学。他把"公平的正义"作为"阿基米德的支点"，认为分配正义的经济是体现正义对效率、对较大利益总额的优先性原则，体现作为公平的正义对第二个原则之优先的合理经济选择。在"义务和职责"一章中，涉及个人道德行为

---

① ［韩］朴炯南：《人类正义史》，吴荣华译，文汇出版社 2022 年版，封四。

的正当性。

第三编即目的部分，主要为解决稳定性和一致性问题开辟道路，在于说明社会价值和正义感的善。罗尔斯论证正义的目的在于考察作为公平的正义是否可行，即要说明作为公平的正义的稳定性和正义与善的一致性。他将善的理论区分为两种，一种是善的弱理论，一种是善的强理论。①

总的来看，《正义论》是一部学术内容丰富、思辨难度颇大的著作，为我们了解西方社会的道德争论、思考正义问题提供了重要参考文献。

中国社会科学院俞可平教授指出："以罗尔斯为代表的新自由主义强调个人权利的优先性，保障个人权利实现的最重要规则就是正义，所以正义对于权利基础论者来说具有压倒一切的意义。社群主义者对此提出了强烈的批评。他们指出，作为公平的正义是一种正当行为的原则，而人的正当行为与其道德目的或善是不可分割的，道德原则与道德本身是不可分割的。把作为公平原则的正义视为人类社会首要的善，这就忽视了道德品格或美德本身对于人类社会的意义。对于权利优先论者这种轻视个人美德，把道德原则当作政治哲学核心范畴的做法，麦金太尔尤其不满，他的《追寻美德》一书可以说主要就是针对新自由主义的道德原则优先论的。他批评说，无论道德规则多么完美，如果人们不具备各种具体的美德，就不可能对个人的行为发生什么影响，更不用说成为人的行为规范了。只有拥有美德的人，才能更好地运用道德法则。道德的原始本义确实含有行为规则或实践训诫的意思，但它首先是指人的德行或品格。新自由主义在理论和实践上都严重扭曲了道德的正当含义，建立在扭曲的道德理论基础上的权利优先论是完全错误的。"②

我们认为，作为明德文化内涵要义之一的人类正义，应该是指符合世界人民的共同利益，顺应历史发展潮流，契合世界文明进步的一切做法。尤其

① ［美］约翰·罗尔斯：《正义论》，何怀宏、何包钢、谬申白译，中国社会科学出版社 2001 年版。

② 俞可平：《社群主义》，中国社会科学出版社 1998 年版，第 87 页。

是指国家交往，应该和平共处、互学互鉴、建立人类命运共同体。为此，必须反对各种形式的霸权主义、强权政治和野蛮行径。

明德的主体包括个人和社会群体，也包括国家。正如个人有君子与小人之分一样，国家也有"君子国"与"小人国"之分。这与国家的大小无关，但与国家的外交理念及其表现有关。有人说，国家之间没有永远的朋友和敌人，只有永远的利益。这是强调利益原则在处理国家关系中的重要性。我们认为，利益原则和道义原则都是处理国家关系的重要原则。孟子说："得道者多助，失道者寡助。寡助之至，亲戚畔之；多助之至，天下顺之。"（《孟子·公孙丑下》）这就是指道义原则的重要性。

四、明德文化的"西学"维度

"西学"这个名称是从 16 世纪末开始出现的。当时的传教士自称来自"大西"或"泰西"，利玛窦在《天主实义》中，用"西儒""西士""西哲"等称呼来代表基督教神学家和西方哲学家。在这种情况下，中国人很自然地把他们带来的学说，包括西方的神学、哲学、科学、数学等等，统称为"西学"。明末清初的西学主要是由西方传教士介绍的，少数中国人如徐光启、李之藻与他们合作翻译。到了清末，中国人自己就开始大量译介西学著作了。洋务运动时设立了两个翻译馆，即上海的江南制造总局翻译馆和北京的京师同文馆，译介了几百种西学著作。"五四"之后，中国人主动引进西方学说，从自然科学到社会科学和人文学科，并全面、深入地研究、介绍和评价这些学说。

（一）德性论

作为人生美德的"明德"，无疑是个德性论问题。德性论是伦理学研究中的一个流派。在伦理思想史上，有"道义论"与"功利论"的分野，在"道义论"内部，又有"德性论"与"义务论"（也称"规范论"）的分野。其中的"德性论"（亦称"美德论"），与明德文化是一脉相承的关系。

也就是说，"明德"问题就是美德问题。传承弘扬明德文化的过程，也就是继承发展德性论传统的过程。德性论传统所讨论的主要问题是：道德上完美的人是什么样子，如何才能实现完美的人格理想。它的理论出发点是人性、人格或人的本质。它的实践要求是更加注重道德修养和道德境界的提升。与此不同的"义务论"（也称"规范论"）传统则更加注重道德规范和道德教育。

从西方伦理思想史来看，"德性"是古希腊伦理思想的核心概念。"德性论"是希腊式道德生活与道德思考的基本范式。"德性"一词，有时译作"美德"。在希腊语中，"德性"一词的意思是"卓越"或"优秀"。它指人的各种才能及优点，而不独指道德方面的美德而言。至于在哪个方面优秀，不同的历史时期有不同的标准。英雄史诗年代，勇敢善战者，是优秀的人；文明发展后，智慧成了优秀的标志之一；道德意识觉醒了，美德是内在之真正优秀。总之，一个人的一生是否活得优秀，是否出众，是否有价值，是深深镌刻于希腊人心灵深处的。如果把人们对"德性"一词内涵的理解称为德性观，那么希腊人的德性观就经历了漫长的演变过程。

"德性"概念在经历一段历史发展之后，在亚里士多德时期有了决定性的转变。亚里士多德认为"人的德性就是一种使人成为高尚的，并使其出色地运用其功能的品质"。他还把德性分为理智德性与伦理德性。理智德性就是指人在理智上表现的卓越性，伦理德性是指个人道德品行的卓越性。理智的、沉思的德性要高于伦理的、实践的德性，这种更高的德性包括对生命意义的沉思，也包括对实践德性的反省。今天我们所说的"美德"或"德性"只是在伦理的层面上使用的，而亚里士多德的"德性"范畴，既含有伦理的内容，又含有对生活价值，即幸福的追寻，是将美好生活与伦理生活相连接的生活态度。在《尼各马科伦理学》第二卷第六节，亚里士多德总结了他的"伦理德性"的总定义："德性作为相对于我们的中道，是一种决定着对情感和行为的选择的品质，它受到理性的规定，像一个明智的人那样提出要求。"

亚里士多德认为，所有的德性以一定的自然能力为根据，但只有当它们在生活的现实活动中形成和表现时，才能成为名副其实的德性。另一方面，伦理德性基本上与生活中的行为选择相关，时刻处于选择之中。人的行动与情感都有过分、中道和不及三种可能的选择。只有合乎中道的选择才能称为美德。如"勇敢"的德性的"过"就是"鲁莽"，而"不及"就是"恐惧"；如"自重"的德性的"过"就是"虚荣"，而"不及"就是"自卑"。这表现了人的德性对其生活存在状态的整合，也表现了德性的实践价值在于行为和情感恰到好处。这种由选择做出的"恰到好处"的决定只有当它成为一种持久的气质和牢固的心理状态，才能成为一种美德。亚里士多德的德性论思想集中在《尼各马科伦理学》一书中。其主要观点有：德性的基础是理性；德性的依据是中道；德性的生成在习惯；德性的目的是幸福；等等。

美国伦理学家 A. 麦金太尔的《德性之后》和《谁的理性？何种正义？》，是 20 世纪 80 年代以来在西方伦理学界有巨大影响的德性论著作。总的说来，麦金太尔的德性论包括：（1）对当代道德实践危机和道德理论危机的深刻分析；（2）对西方德性论传统的梳理；（3）对德性论的创新诠释。

（二）价值理性

对"明德文化"的研究，不仅与中国和西方伦理思想史上的"德性论"传统相联系，而且与人类理性和社会行为中的"价值理性"相联系。

德国社会学家马克斯·韦伯在《经济与社会》《新教伦理与资本主义精神》等著作中，提出"工具理性"和"价值理性"概念，不仅在社会学领域，而且在经济学、政治学、哲学等多个领域引起了广泛讨论。工具理性强调行为的效率与手段，而价值理性则关注行为本身所承载的价值。韦伯认为，现代社会的一个显著特征是工具理性过度发展，这在一定程度上导致了人的异化和社会的失范。

"源于马克斯·韦伯理论的价值理性和工具理性已成为人们观察当今世界的一个独特视野和分析当今社会问题的一个重要框架。与西方学者相同，中国学者对现代化进程中工具理性的过度膨胀研究得较多，而对价值理性所产生的问题研究得较少，尤其是没有认真地研究价值理性异化的问题。在很多人眼里，好像一切都是工具理性惹的祸，价值理性则是褒义词，人们往往把它与神圣、崇高、理想之类的东西相联系。"韦伯从社会学的角度来诠释社会行为。他认为，社会行为是与人的意向联系在一起的举止，没有意向的"反应性"的活动如本能活动、"纯粹模仿他人的活动"等等，都不属于社会行为；社会行为必须"在意向上以别人的举止为取向"，从而必然关联着别人，宗教式的"静身养性、孤寂的祈祷"等等就不包括在社会行为之内。他指出，决定人们社会行为的四种取向：（1）"目的合乎理性的"；（2）"价值合乎理性的"；（3）"情绪的"；（4）"传统的"。他对此概括道："行为取向的这些方式当然绝没有包罗行为取向方式的全部分类，而是为社会学目的而创造的、概念上是纯粹的类型，现实的行为或多或少地接近它们，或从它们当中产生。"社会行为"仅仅以一种方式或者另一种方式为取向，是极为罕见的"，现实的社会行为"还更经常一些"是"混合类型的"。

韦伯把人们社会行为的四种取向划分为理性和非理性两大类型。"目的合乎理性"的和"价值合乎理性"的社会行为取向顾名思义地属于理性类型。对于"目的合乎理性"，韦伯说：把"业已存在的主观需要的冲动，纳入经过他有意识权衡过的轻重缓急的刻度表上"；还说，"通过对外界事物的情况和其他人的举止的期待，并利用这种期待作为'条件'或者作为'手段'，以期实现自己的合乎理性所争取和考虑的作为成果的目的"。对于"价值合乎理性"，韦伯说，"有意识地突出行为的最后基准点和通过在行为过程中、始终如一地、有计划地以此为取向"，这个最后基准点与"无条件的固有价值的纯粹信仰"相联系；还说，"通过有意识地对一个特定的举止的——伦理的、美学的、宗教的或作任何其他阐释的——无条件的固有价值的纯粹信仰，不管是否取得成就"。而与"目的合乎理性"和"价值合乎理性"的行为取向相对应的"情绪"的和"传统"的社会行为取向，分别"由现时的情绪或感情"和"由约定俗成的习惯"等来决定，由于它们"往往超越于有意识地以

'意向'为行为取向之外",因而就属于非理性类型。概言之,"价值合乎理性"亦即价值理性所要求的社会行为取向,就是主体把经过自觉设定的价值体系作为其行为一以贯之的最后基准点。①

价值理性关怀人性的世界,价值理性视野中的世界是一个人文的世界,一个有意义的世界。它不是在人之外的冰冷的客观实体,而是和人水乳交融的主客体混一的世界。价值世界是以"合目的性"的形式存在的意义世界,在这个世界,人对价值和意义的追问、人的最终归宿和终极关怀成为重心所在。

工具理性的核心是对效率的追求,所以资本主义社会在发展工业现代化的道路上,追求有用性就具有真理性。这是一种时代的需求,韦伯的理论反映了这种需求,同时也适应了这一历史性诉求。

二者关注点不同。工具理性主要关注于技术和手段的选择,强调效率和效果,追求目标的最大功效;价值理性则侧重于目的和价值的追求,强调人的价值观念和信仰对行为的影响。二者作用方式不同。工具理性是一种计算和权衡,它关注如何最有效地实现既定目标,不关心目的本身,只关心手段的优化;价值理性是一种价值判断,它遵循内心的想法和价值观念,不考虑手段和成本,只关注目标本身的价值和意义。二者应用领域不同。工具理性通常应用于技术和科学领域,关注于物质世界的理解和改造;价值理性则应用于人文和社会领域,关注于人的价值和生活的意义。二者目标不同。工具理性的目标是效率和效果的最大化,可能忽视人的情感和精神价值;价值理性的目标是实现人的自我完善和提升,即使牺牲眼前的利益也在所不惜。简而言之,工具理性更多地关注于技术和手段的选择,强调效率和效果,而价值理性则更多地关注于目的和价值的追求,强调人的价值观念和信仰对行为的影响。

马克斯·韦伯认为,人的社会行为判断有四个维度:

第一个维度是传统和经验。也就是依据"约定俗成""入乡随俗"或人

---

① 转引自陈新汉:《论价值理性及其异化》,载《学术界》2020年第1期。

生经验做出行为判断。约定俗成，说的是我们要接受传统的做法，包括遵从一些根深蒂固的习惯，这是传统理性的时间层面。在空间层面上，传统理性体现在我们对于地方风俗习惯的认同。比如，一个外国人到中国做生意，如果一定要讲究他自己国家的那一套，即便他有自己的道理，但在一个新环境中，那些做法也很可能会四处碰壁，这反而不理性了。相反，如果他入乡随俗，哪怕有些做法在他的故乡很少见，但在新环境中，这些做法就能为他做事减少很多阻力，这才是理性的做法。按照人生经验做出判断也属于此类行为。例如，你想买一种水果，因为吃过这种水果的人都知道它好吃，这就是你依据人生经验所做的决定。

第二个维度是情感和情绪。就是指人在被特定情感或者情绪左右时，遵从自己内心真实的情感做决定。比如说，你和张三相爱，你在思考和权衡之后，愿意放弃一些其他的利益，和他在一起，这就是情感理性。我们也可以把情感理性简单地理解为，情感可以促使我们思考。

第三个维度是价值理性。也就是指价值和信仰导向下的行为判断。当然这里所说的价值不是指商业价值或者利益，而是"价值观"的那个价值，也就是我们做事的动机归根到底是什么，这些动机通常源于道德、审美、宗教或者其他思想要素。一个人做事找到了价值，才能够为社会所接受，自己也才能心安理得。比如俗话讲"头顶三尺有神明"，这其实也是一种价值，是一种道德约束的理性，它能让我们放弃本能的贪欲和享受，不再放纵自己。价值理性不是天生形成的，而是后天培养的。我们常说人在年轻的时候要培养正确的"三观"，其实主要就是培养价值理性。

第四个维度是工具理性。这是我们通常意义上理解的理性。具体地讲，就是通过对周围环境、周围人的感知，根据自己的目的，对环境进行评估，对人的行为和想法进行预测，对未来有可能发生的事情进行预判，对可能产生的结果进行计算和利益的权衡等等。比如人在捕猎的时候，会判断捕猎成功的可能性和危险性，绝不会赤手空拳、贸然攻击一头狮子。然而动物捕食则是出于本能，它们只要饿了就会去捕食，没有能力评估这种行为是不是危险，有时它们食物没捕到，反倒成为人和其他动物的食物。

　　上述四个维度的判断依据，即传统习惯和人生经验、情感思维和情绪影响、价值观念和信仰导向、利益追求和功利计算，其实也可以理解为人做出意志判断和行为选择的四种心理基础。韦伯还认为，从这四个维度的判断，前两种属于非理性的判断，后两种属于理性的判断，只不过有价值理性与工具理性的分野。其实，只有把这四个维度的判断组合在一起，才能形成一个人的完整判断能力。但是，在韦伯所处的时代，人们更倾向于单纯从经济利益上判断一个决定和想法是否合乎理性，觉得能给自己带来好处的想法和做法，就是理性的。当然，这种思路现在也依然存在。但实际上，只看经济利益，其实反而会导向很多不理性的行为。例如，有些人唯利是图，在做出行为决定的时候，算计得很精明，自以为很理性，有时为了一点好处而不惜违背道德和法律，最终却上当受骗或付出了惨痛代价，这显然违背了理性。如果他们不是完全被工具理性控制，而是考虑了价值理性，或者兼顾传统和情感等非理性维度的考虑，就不会做出错误决定。

　　理性也是一种"具有充分基础"的精神状态，而"非理性"则与此相反。这个基础就是我们的感知、记忆、内省和理性直觉。如果你在思考和行动时能从这些基础出发，就会比较理性。但是，如果你的思考和行为没什么理由，只是身体的冲动，那就是非理性。当我们请别人帮忙时，如果能讲出一个理由，那我们得到别人帮助的可能性就会更大。原因很简单，人们就是喜欢为自己所做的事情找一个理由。从某种意义上说，人生就是一个不断说服自己或他人的过程。人的判断力是由多个维度和程度的基础决定的。知道冰激凌好吃，就会做出购买冰激凌的决定，这是一个维度的思考，本身是合乎理性的。只不过一个更理性的人，还会考虑到更多的维度。比如冰激凌糖分太高，吃太多不健康；或者接下来要去图书馆，在图书馆不应该吃冰激凌；等等。也就是说，即使都是理性的思考，也有"非常理性"和"有点理性"之分。真正的高度理性需要多方位的基础，而不是只从一个维度出发。要想成为一个真正理性的人，我们在做决定时就应该考虑到更多的维度，包括感知、记忆、内省和理性直觉等等，从而做出既符合利益考虑，也符合价值观信仰、传统习惯和自己情感的判断。

休谟在《人性论》中区分了事实命题和价值命题，前者以"是"或"不是"为连系词，后者以"应该"或"不应该"为连系词。他指出，与前者相比较，后者表示一种与价值相联系的"新的关系或肯定"。"从哲学认识论的高度来看，人类完整的认识内容包括两个部分：事实判断和价值判断。在认识活动中，事实判断注重实证、归纳、量化方法的使用，以事实为根据，尽量排除主体主观性因素的干扰以达到事物的本来面目；而价值判断则恰恰相反，它往往采取预设、思辨和演绎的方法，依据主体的价值立场和主观好恶对事情做出善恶评判。工具理性以求真为导向，指向事物的实然状态，是一种事实判断；而价值理性以求善为目标，指向事物的应然状态，是一种价值判断。所以，事实判断是工具理性的主旨，而价值判断则是价值理性的追求。"①

（三）交往理性

法兰克福学派第二代中坚人物、德国哲学家尤尔根·哈贝马斯提出的"交往理性"，是与马克斯·韦伯的"工具理性"和"价值理性"有内在关联的概念。工具理性讲的是人做什么事情之前，都会有算计，要根据自己的收益最大化来做出选择。比如某个人同时接到两家用人单位的录取通知书，他就会通过一番综合考量，最后选择去对他更有利的单位上班。当主体面对物质财富与个人感受冲突时，他会选择后者，这就是价值理性在起作用。价值理性在一定程度上是对工具理性的否定，只有一种情况除外，就是工具理性与价值理性相一致的时候。韦伯提出工具理性和价值理性的时代，正值资本主义大肆扩张，对物质利益不择手段的追求受到全社会的推崇，工具理性得到了充分的发挥，几乎人人都是工具理性的践行者。随着社会向前发展，财

---

① 王彩云、郑超：《价值理性和工具理性及其方法论意义——基于马克斯·韦伯的理性二分法》，载《济南大学学报(社会科学版)》2014 年第 2 期。

富积累到了一定程度，人们开始对工具理性进行反思，认识到绩效指标不是一个人的全部，价值理性开始渐渐占据上风。金钱不再是万能的，符合我的价值观和我的思维方式，我才有可能接受你提出的条件。没有价值理性只有工具理性，我们每个人都会变成物质的奴隶、金钱的仆人，社会也会缺少温情脉脉的一面。但是一旦过分宣扬价值理性，人与人之间的相互合作、相互理解、相互信任、相互依存，就变得非常困难。因为价值理性具有很强的个性化色彩，同一件事，每个人的关注点各不一样，谁都坚持自我，合作就有了障碍。

哈贝马斯继承和发展了康德哲学，为"启蒙"进行了辩护，称现代性为"尚未完成的工程"，对后现代主义思潮进行了有力批判。他看到韦伯的"价值理性"和"工具理性"概念已经不能解决社会问题后，又提出了"交往理性"的概念，这算是对韦伯的一个补充和推进。哈贝马斯的交往理性是建立在语言哲学的基础上的，它的目的是要增进人与人之间的了解，各自放弃主体性的地位来进行有效的对话，从而达成共识。如何才能做到有效沟通？哈贝马斯提供了四个原则：一是言语的可理解性。用对象能听得懂的话和他交流，便于理解。二是内容的真实性。只有内容真实，交流才有意义。三是态度要真诚。真诚才能被对方接受。四是方式的正确性。说话要讲究方式方法。做到这四点，人与人之间的矛盾才能适度化解，合作重新变得可能。不只是个人之间要懂得交往理性，个人与集体、集体与集体，乃至国与国之间，都要在遵循交往理性的原则下进行沟通。

哈贝马斯的青少年时代是在纳粹统治及第二次世界大战中度过的，这让他在成年后非常看重人与人之间的交往。20世纪80年代，在福柯、德里达等人的解构主义风行全球的同时，哈贝马斯所创造的"交往理性"学说，也引起了社会的广泛关注。

以哈贝马斯之见，"交往理性概念的内涵最终可以还原为论证话语在不受强制的前提下达成共识这样一种核心经验，其中，不同的参与者克服掉了他们最初的那些纯粹主观的观念，同时，为了共同的合理信念而确立起了客观世界的同一性及其生活语境的主体间性"①。"就此而言，交往理性就是主体在交往活动中能够表达出符合有效性要求的各种命题，并对这些命题的有效性要求进行话语论证，在论证过程中排除一切强制，排除论证有效性要求以外的一切动机，追求更好的论据的资质与能力。"② 简言之，交往理性，是指隐含在人类言语结构中并由所有能言谈者共享的理性。在传统的标准理性观看来，理性只有一个维度，它涉及命题之间的逻辑关系，并成为思想和单个主体行为的中心。与此不同，交往理性是双维度的，涉及不同言谈者之间的对话关系。传统理性观通过我们关于对象的知识范式表现出来，而交往理性则在主体间相互理解的范式中被表达，这些主体能够说话和行动，处于对一个非自我中心化的世界的理解之中。

哈贝马斯认为在现代条件下，交往应该被赋予更为重要的价值和地位。因为劳动虽然也包含着人与人的关系，但其主导取向是人与自然的关系，是以生产力的提高为尺度的。而就人自身的发展来说，平等互信的交往和沟通具有更为深远和高尚的人本主义价值，一定程度上暗合了人类是社会进步的方向。但是这种劳动与交往的总体合理关系并未建立。由于科技飞速发展，劳动的"合理化"不仅实现，而且在无以复加地迎合"科技意识形态"的需要。但是这种合理化脱离了主体间的合理关系，把人的关系降级为物的关系，使人无可挽回地沦为工具，屈从于技术社会的统治之下。劳动的工具理性结构压倒并同化了交往的价值理性结构，使人与人的交往完全成为工具理性内部的一丝默契。因而，要想避免技术社会对人的异化，就要建立主体间的理解与沟通，实现交往行为的合理化。

纵观西方哲学的历史演进，不论是柏拉图的先验理性、亚里士多德的目的理性、笛卡尔的主体理性、康德的纯粹理性、黑格尔的绝对理性，还是韦伯的价值理性和工具理性，实际上都是对理性某一方面的挖掘和把握，

---

① ［德］尤尔根·哈贝马斯：《交往行为理论：行为合理性与社会合理化》，曹卫东译，上海人民出版社 2004 年版，第 10 页。

② 胡军良：《哈贝马斯对话伦理学研究》，中国社会科学出版社 2010 年版，第 113 页。

或者说都囿于理性的某种特性，因而具有很大的片面性。哈贝马斯认为，要走出理性片面性的窠臼，"只有转向一种新的范式，即交往范式，才能避免做出错误的抉择"①。哈贝马斯"交往理性"的提出，针对的核心是工具理性的批判。他把工具理性看作一个更广范围的理性概念的一部分。哈贝马斯提出了一个比工具理性范围更广的理性概念，即交往理性概念。同时也把工具理性当作交往理性这个全方位的理性概念的内在向度之一。"与先验理性不同，交往理性不是一种排他的、独白的、单维的理性，而是一种包容的、对话的、多维的、程序的理性。它不是一种远离生活世界的、从形而上学的实在论出发的、囿于意识哲学的个人自我意识的理性，而是一种面向生活世界、能够超越特定的文化形式并通过开放性的话语论辩来建立共识的理性。"②

哈贝马斯的"交往理性"学说，为我们深入理解明德文化的内涵提供了新的维度，无疑具有很大的启发和借鉴意义。也就是说，西方学者对人类理性的长时期、多角度研究，既是对人性和人的本质的哲学探讨，也是对明德文化之内涵的伦理探讨，放在中国文化的语境中，就是对社会之"道"和人生之"德"的探讨。

（四）人文精神

人文精神是一种普遍的人类自我关怀精神，表现为对人的尊严、价值、命运的维护、追求和关切，对人类遗留下来的各种精神文化现象的高度珍视，对一种全面发展的理想人格的肯定和塑造。人文学科就是集中表现人文精神的知识教育体系，它关注的是人类价值和精神表现。从某种意义上说，人之所以是万物之灵，就在于有自己独特的精神文化。

人文精神让人联想到西方文艺复兴运动中的"人文主义"。人文主义主要

---

① ［德］哈贝马斯：《后形而上学思想》，曹卫东、付德根译，译林出版社2001年版，第41页。

② 胡军良：《哈贝马斯对话伦理学研究》，中国社会科学出版社2010年版，第114页。

针对前现代的宗教、伦理、政治对于个体的压抑，主张个性的张扬，强调感官、此岸、现实、工具的重要性，主张从宗教的神灵的彼岸的王国，回归到世俗的感官的物质的生活，认为前者是虚幻的，后者才是现实的，才是人本身。人文主义是西方走出中世纪，迈向现代社会的起点。人文主义、人文精神都是对外在于人的异化力量的否定，强调人是社会的主体，是衡量社会的尺度。从神本位到君本位（或"官本位"），到人本位（或"民本位"），是人类社会的伟大进步，是人类文明及其价值观的伟大转变。

人文精神是对人的价值追求，提倡人文精神与科学精神的相容性：它关怀现实生活中人的价值的全面实现，其核心是贯穿于人们思维与言行中的信仰、理想、价值取向、人文模式、审美情趣；它认为人文精神是一个人、一个民族、一种文化活动的内在灵魂与生命；它强调人的文化生命的弘扬和人的文化世界的开拓，促进人的进步、发展和完善；它是人类不断完善自己、拓展自己、提升自己的一种动力，是一种关注人生真谛和人类命运的理性态度；它包括对人的个性和主体精神的高扬，对自由、平等和做人尊严的渴望，对理想、信仰和自我实现的执着，对生命、死亡和生存意义的探索等。

党的十七大报告曾提出"加强和改进思想政治工作，注重人文关怀和心理疏导"，里的人文关怀和心理疏导，就是人文精神的体现。人文关怀概念起源于西方的人文主义传统。在大会报告中提出人文关怀和心理疏导，体现了执政党对人的关怀、社会对人的关爱，严肃的思想政治工作开始关心人内心的感受，引导人们正确对待自己、他人和社会，正确对待困难、挫折和荣誉，这拉近了执政党与人民的距离。党员作为社会的重要组成部分同样需要人文关怀和心理疏导。

人文主义与理性主义的比较归结为以下方面。（1）人文主义主张自由平等和自我价值，并发展成为一种哲学思潮与世界观。理性主义承认人的推理可以作为知识来源。（2）人文主义认为每个人都是有价值的。它从"人"的经验出发，始终对思想十分重视。认为思想不能孤立于它们的社会和历史背景，形成和加以理解，也不能把它们简单地归结为替个人利益、阶级利益或本能冲动做辩解。理性主义是建立在承认人的理性可以作为知识来源的理论基础上的一种哲学方法，高于并独立于人的感官对外界事物的感知。（3）人文主义是文艺复兴时期形成的思想体系。理性主义通常被认为随着笛卡尔的理论而产生，在启蒙运动时期得到了高扬。如果说人文主义高扬人文精神，那么理性主义则高扬科学精神。（4）人文主义多指文艺复兴思想，代表以人，尤其是个人的兴趣、价值观和尊严作为出发点来看待世界万物与事物的态度。理性主义则多指启蒙运动思想，代表一种哲学立场，以高扬人的理性为核心。

综上所述，西方文化及学术思想中的德性论、价值理性和人文精神的内涵，与中国文化及学术思想中的"明德"和明德文化的内涵，也是完全相通的。正是从这个意义上说，明德文化是中国的，也是世界的；是传统的，也是现代的。

本章思考题：

1. 什么是"明德"？
2. 什么是明德文化？
3. 试论明德文化的内涵要义。

第二章
明德文化的地位和价值

中国传统文化博大精深，就其核心内容来说，可概括为文史哲或以"四书五经"等为代表的诸子百家典籍文化。中国历史上的文史哲不分家，皆为明德之载体。文学传播明德，历史记载明德，哲学论述明德。明德是文史哲的灵魂，也是中国传统文化和中华民族的灵魂。我们今天学习中国传统文化，学习文史哲知识，更要学习其中的明德文化。

一、明德文化的历史地位

（一）明德文化是中国传统文化的核心

明德文化居于中国传统文化的核心地位，是中国文化的根和魂。明德文化强调政者正也、为政以德、民惟邦本、政得其民；强调礼法合治、德主刑辅、正己修身；强调治吏为先、清廉从政、勤勉奉公；强调安不忘危、存不忘亡、治不忘乱、居安思危；强调自强不息、厚德载物、执本末从、纲举目张；强调民为贵、社稷次之、君为轻、富民安民利民、足食足兵民信；强调革故鼎新、旧邦新命、改革变法、与时俱进；强调愚公移山、为民请命、除暴安良。古人认为由"内圣"到"外王"是自然而然的事情。对于为政者来讲，修养明德，就是由"内圣"走向"外王"的必经之路。

中国传统文化就其核心内容来说，可概括为文史哲或以"四书五经"为代表的典籍文化。文史哲，指文学、历史、哲学。儒释道，指儒学、佛学、道学。"四书五经"是"四书"与"五经"的合称。"四书"，即《论语》《孟子》《大学》《中庸》；"五经"，即《诗经》《尚书》《礼记》《周易》《春秋》。"四书五经"是儒家思想的核心载体，也是中国传统文化的核心典籍。无论文史哲对明德的歌颂、记载和论述，还是儒释道对人的规劝、教化和赞美，亦是"四书五经"所蕴含的核心价值观，都渗透着浓厚的明德文化色彩，正是从这个意义上说，明德文化是中国传统文化的核心。

明德文化不仅是中国传统文化的核心，而且是中国文化对人类文明的重要贡献之一。它是对社会生活秩序和个体生命秩序的深层设计，对中国人的价值观和行为准则产生了深远的影响，也构成了中国传统文化的价值基础，影响着社会的各个方面。

（二）明德文化与"大学之道"

儒家经典《大学》说："大学之道，在明明德，在亲民，在止于至善。"这里的"大学"，当时是针对"小学"而言的，"小学"即礼、乐、射、御、书、数，属于"艺"的层面，称为"六艺"，而"大学"是修身之学，使人成为道德上的完人之学，属于"道"的层面。道和艺，前者为形而上，为体；后者为形而下，为用。朱熹称"大学"为"大人之学"，即道德完善之人。"大人"这个概念，在不同的语境中含义不同。就"大人之学"而言，大人是指相对于孩童的成年人。人的"成熟"是一个相对概念，是十八岁还是三十岁，是不能用固定的标准去衡量的。所以我们只能说，在思想上、道德上有一定成熟度和独立性，能够比较正确、自如地处理各种社会关系的人，就可称为"大人"。"大学之道"的"道"字，含义也是随语境而变化的。先秦时的儒家、道家、墨家、法家等都使用"道"这个概念，但各学派往往赋予它不同的含义。儒家侧重于讲"人道"，道家侧重于讲"天道"，墨家和法家侧重于讲"世道"。

关于"明明德"，我们在前文做过解释。第一个"明"字，是动词，可以理解为彰明、传扬、建设之意；第二个"明"字，是形容词，有文明、光明、明智、高尚等意思，是用来修饰"德"这个名词的。"明明德"这三个字，就是指"传承弘扬文明高尚之美德"，相当于我们今天所说的"弘扬道德主旋律"。

"在亲民"的"亲"字，可以理解为亲近、关爱和教化民众。朱熹认为"亲民"也可以当作"新民"来理解，指使人弃旧图新，成为时代新人。人需要与时俱进、自我更新，个人进步才能推动社会进步。但是，曾参作《大学》的本意，不只是推动社会文明进步，更侧重于让大家明是非、辨善恶、知美丑。所以，"在亲民"的"亲"字，也有引导和教化民众的意思。这个引导和教化，有启民智和育民德的双重意义。

"止于至善"的"止于"，指处在；"至善"，指最高的善。"止于至善"就是指处在文明高尚的道德境界。具体说，就是"为人君止于仁，为人臣止于敬，为人子止于孝，为人父止于慈，与国人交止于信"。（《大学》）这几句话高度概括了"明明德"和"止于至善"的基本内容，指出了处理个人与父母、家庭、社会、国家等关系的主要道德要求。

《大学》的主要内容，可以概括为"三纲领"和"八条目"，也可统称为"内圣外王"之道。其中"三纲领"是指"明明德""亲民""止于至善"。"八条目"是指"格物、致知、诚意、正心、修身、齐家、治国、平天下"。"八条目"指出了实现"三纲领"的具体路径和方法。

"明德"和"明明德"都不是抽象的，它表现在许多方面。《大学》说："欲明明德于天下者，先治其国。欲治其国者，先齐其家。欲齐其家者，先修其身。欲修其身者，先正其心。欲正其心者，先诚其意。欲诚其意者，先致其知，致知在格物。"这是对"明德"内容和"明明德"路径的简要阐发。《大学》还说："仁者以财发身，不仁者以身发财。"意思是说，有仁德的人有了钱财会用于促进社会进步，缺少仁德的人会不惜以生命为代价去敛钱发财。这是教导人们：富润屋，德润身，贤者多财成其志，愚者多财增其过。

《大学》作为"四书"之首，是儒家学派重要的思想载体。它原为《小戴礼记》中的一篇，反映的是秦汉儒家的政治观，即以礼治国，偏重于为政治民，治国平天下。《大学》的版本可分为两类，一是《礼记》中的《大学》，被称为《大学》古本，二是众多的《大学》改本，最具代表性的是程颢的《明道先生改正〈大学〉》，程颐的《伊川先生改正〈大学〉》和朱熹的《大学章句》，元代有王柏改本，明代有高攀龙、王世贞改本等。《大学》的作者，说法颇多。多数人认为是曾子所著。曾子，姓曾，名参，七十二贤之一，与其父曾点（字皙），同师孔子。他孝敬父母，诚实守信，不事权贵，倡导以"孝恕忠信"为核心的儒家思想、"修齐治平"的政治观、"内省慎独"的修养观，是儒家的重要代表人物。

《大学》将"三纲"（明明德、亲民、止于至善）、"六证"（止、定、静、安、虑、得）和"八目"（格物、致知、诚意、正心、修身、齐家、治国、平天下）概括为一个思想体系。"明明德"是大学之道的根本原则，"亲民"是大学之道的根本任务，"止于至善"是大学之道的根本目的。"六证"是实现宏大目标的心理基础。"八目"中的前五目属于"内圣"范畴，后三目属于"外王"范畴。修养"内圣外王之道"是传统读书人孜孜以求的价值目标。

《大学》的思想影响了中国人千百年，在飞速发展的今天，它的智慧之光仍然透过历史的迷雾而映射出来。《大学》的知止思想、慎独思想、诚信思想是当今时代需要借鉴的。我们每个人都应该找准自己的人生定位，精益求精，止于至善；要形成良好的道德习惯，小心谨慎，严于律己；爱国治民，要以诚待人，以信率人；处世经商、为官为学，都要诚实守信。

《大学》的宗旨和目标是"明明德于天下"。就是从修养身心到仁爱他人、从独善其身到兼善天下，用自己的美德、智慧和才能去惠及他人、民众直至万物，达到"民胞物与"的崇高人生境界。

（三）明德文化与儒家德性论

明德文化与中华民族的文化史、文明史是完全贯通的。无论上古时期的炎帝、黄帝和尧、舜、禹时期的文化，还是夏商周时期的文化，都贯穿着崇尚美德和追求正义的价值观念。春秋战国时期的诸子百家，秦汉时期的法治和德治，魏晋南北朝时期的民族文化融合和外来文化中国化，隋唐时期的儒释道"三教"的并存和竞争，宋辽夏金元时期的民族文化再融合，明清时期多民族国家共同体意识的不断升华，都展现了中华民族一贯崇尚明德文化的优良传统。这是五千年中华文明传统从未间断的根脉和魂脉，也为中华民族的现代文明打下了坚实基础。

儒家伦理思想属于中国伦理思想史上的德性论流派。其特点是重视人性的人文修养，使之由自然性向人文性转变，也使人由自然人向社会人转变。

在中国伦理思想史上，孔子抓住当时已经出现的"仁"的观念，把它提升为具有人本主义和德性主义思想内涵的伦理原则和理想，并以此为核心建立了自己的伦理学体系。孟子继承了孔子的致思方向。他认为，只有具备仁德的人，才有贵于天地的人生价值，才是真正意义上的人。也正是从人之所以为人的道德理想出发，孟子才把人性理解为"善"的。在孟子看来，只有与生俱来的善良本性才能把人与禽兽区别开来。儒家的性善论还蕴含着对人的信任、尊重和激励作用。

由孔、孟开其端的德性论伦理学说，继其后者不乏其人。无论《论语》和《孟子》，还是《大学》和《中庸》，都可以视为德性主义的代表作。到了唐代，韩愈在学术思想上"柄任儒术崇丘轲"（《石鼓歌》），以继承发扬尧、舜、禹、汤、文、武、周公、孔子、孟子的"道统"自命，"抵排异端，攘斥佛老"（《进学解》）。他把人的德性状况分为上、中、下"三品"："上焉者，善焉而已矣；中焉者，可导而上下也；下焉者，恶焉而已矣。"（《原性》）这是注目于人的品性的明证。他在著名的《师说》一文中，提出了"传道、受业、解惑"的师德观和重视品德教育的思想。作为韩愈学生和挚友的李翱，在伦理思想方面突出发挥了《中庸》的"性命之道"。

北宋周敦颐以"诚"为道德之本。这个"诚"是指人的道德品性和道德信念。他说："诚，五常之本，百行之源也。"（《通书·诚下》）他还把善恶区分为刚善、柔善、刚恶、柔恶四种品行，认为这些都有偏颇，唯有"中正仁义"的"圣人之道"，才是做人的最高理想。他继承孟子"养心莫善于寡

"的修身观，吸取老、庄道家的主张，提出了"无欲""主静"的道德修养论。这些都表明，周敦颐是一位推崇儒家"德性论"的学者。

南宋陆九渊提出"心即理"的道德本源论。他认为"圣贤之所以为圣贤"，就是因为有"此心此理"。在道德修养方面，他提出了"自存本心"的"易简"修身法。明朝中期，王守仁继承和发展了陆九渊的"心学"伦理思想，提出了以"正心"为出发点的"致良知"说。他认为《大学》中提出的"修身""诚意""格物"，都是为了"正心"。而"正心"又是"致良知"的同义语。他说："吾生平讲学，只是'致良知'三字。"（《寄正宪男手墨二卷》）所谓致良知，就是要通过人的认识和修养，克去私欲对"良知"的障蔽，以复明吾心之"天理"。他强调向内用功，捉心中贼，同时又用"知行合一"的观念强调"行"的重要性，要人把省察克治和在事上磨炼作为"致良知"的主要方法。这显然是重心性、尊德性的伦理学说。

在中国伦理思想史上，无论将"道"与"德"分开使用，还是合为一个概念使用，实际上都有重"道"派与重"德"派之分。例如，在先秦儒家内部，孔子重仁，孟子重义，荀子重礼。而重仁派必然重"德"，重礼派必然重"道"。这里的"德"，主要指个人品德范畴；这里的"道"，主要指社会道德规范。也就是说，重"德"派，把构建品德范畴，尤其是把构建美德范畴体系作为研究重点，强调人性本善、人格理想、道德修养和道德境界的重要性；而重"道"派，则把构建社会道德规范体系作为研究重点，强调社会关系、社会秩序、社会理想和道德教育、道德评价的重要性。

总而言之，儒家的德性论伦理学说在中国源远流长、盛而不衰，在中国传统文化中占有重要地位。它对中国20世纪以来的伦理学发展产生了重要影响。它所倡导的思想品德教育和修养，至今受到社会各界，尤其是教育界的普遍重视。

二、明德文化的人文价值

明德文化的历史价值和现代价值都汇聚于人文价值。人文价值是以人为本的价值思维和价值评价的总和。人文价值通常是与宗教价值和科学价值相对而言的。它既反对宗教异化，也就是反对神学对人性的压抑；也反对科技异化，也就是工具理性的过度张扬。它强调人的主体性及其价值，注重关心人，爱护人，尊重人，强调人是衡量一切的尺度。人文价值表现为人类的自我关怀和相互尊重，表现为对人的尊严、价值、命运的维护、追求和关切，对人类遗留下来的各种精神文化现象的高度珍视，对一种全面发展的理想人格的肯定和塑造。从某种意义上说，人之所以是"宇宙的精华、万物的灵长"，在于有人文精神和人文价值的存在，在于有自己独特的精神文化。西方资产阶级在反宗教、反封建的过程中，曾经一度宣扬过人文价值，但在建立了资产阶级统治之后，就抛弃了对人文价值的追求，转而追求科学价值和市场价值。这就使人在价值世界中失去了主体地位，出现了日益普遍、日益严重的科技异化和经济异化，也就是人的价值的人文性沦落为工具性。人只能感受到作为工具的价值存在，而体会不到作为主体的价值存在。因此，人文价值不仅事关精神文明建设，而且影响到物质文明建设。人文价值能不能得到尊重，是衡量一个人、一个单位、一个地区乃至一个国家的文明程度的重要尺度。

（一）明德文化与道德价值

谈到弘扬明德文化的意义，还有个如何认识道德价值的问题。在这个问题上，必须摒弃道德无用论和道德绑架论的错误观点。有人把讲道德（也就是"明明德"）与讲个人利益、个人自由对立起来，与追求个体或群体的功利对立起来，动不动就说别人是道德绑架，以此来抵制道德教育。这种思想根源于西方的极端个人主义和绝对自由主义，尤其对年轻人危害很大。

在中国古代哲学中，道和德是两个概念，道是形而上的，德是形而下的。在近现代哲学中，道和德合为一个概念，但是，在实际使用中，还是有所侧重的，即有时侧重于讲道，有时侧重于讲德。如果说，"道"是对客观规律和社会规范的哲学概括，那么，"德"就是"道"在人身上的表现，就是人对"道"的认识和遵循，就是由客观规律和共同理想转化而来的行为规范。

从伦理学角度讲，这涉及道德的起源和发展，道德的本质、结构和功能，道德的作用和价值等基本理论问题。人类从野蛮时代进入文明时代的一个重要标志，就是对道德规范的自觉和遵从。恩格斯曾经对人类婚姻、家庭道德的起源和发展进行过深入研究。他认为，从群婚制向一夫一妻制每前进一步，都标志着人类向更高文明阶段的进步。进入阶级社会之后，虽然有了调节社会关系的法律规范，但道德的基础性、内在性、自律性的调节功能仍然很重要。对道德自律性、约束性的认识，还涉及道德的本质是主体性还是规范性的问题。道德既有主体性，又有规范性，是主体性与规范性的辩证统一。因为道德总是让人有所为，有所不为。对于"善"的、"正义"的、"好的"事情，当然要有所为；对于"恶"的、"非正义"的、"不好的"事情，当然要有所不为。如果不做具体分析，而是抽象孤立地谈论道德的约束性，并将包括道德、纪律、法律等一切约束性的社会规范都视为消极的，那不仅是认识上狭隘、肤浅和片面的表现，而且会陷入反文明、反社会的误区。

从社会学和文明学角度讲，道德是维护社会秩序和文明进步的行为规范。历史经验证明，在一个以人为本、让人民扬眉吐气的时代，必然是一个意气风发、斗志昂扬、团结一心、战天斗地的时代，整个社会没有萎靡颓废之气，少有自私自利之辈，更无鸡鸣狗盗之徒，团结友爱、互帮互助蔚然成风，吃苦在前、享受在后盛行社会。在一个以物为本、功利至上、道义让位，高尚和德育被轻视，甚至被敌视的社会环境中，人们必然会日益走向精神荒漠的深处，空虚、迷茫、压抑、焦虑和无助弥漫整个社会，理想被虚无掩埋，高尚被低俗取代，正义被邪恶践踏，友谊被欺诈亵渎，道德被金钱吞噬，这一切就会成为常态。我们应该坚信，真理和道义可能会被一时的风尘遮蔽光焰，但是它总能穿透各种迷雾展现出自己的光芒和力量。我们要建设人类文明新形态，尤其是社会主义精神文明，绝对离不开道德建设。没有了道德意识（观念、思想、理论）、道德规范（原则、规范、范畴）和道德活动（教育、修养、评价），社会就没有了秩序和文明。

从民族学和文化学角度讲，人们的道德观念在东西方文化中有很大差异。东方文化，尤其是中国文化中的道德观念，是以维护社会整体利益为出发点的，因而更多强调遵守道德规范是个人的责任和义务。但是，在西方文化，尤其是近代以来的资本主义文化中，道德是为维护个人权利、个人自由和个人利益而存在的，因而在更多情况下强调的是个人的道德权利，而不是道德义务。因此，我们讨论道德问题时，必须以共同的文化背景和整体利益为前提，否则就很难达成共识。

从政治学和法学的角度讲，一个阶级及政党的政治要求，每个国家的法律体系中，都渗透着或多或少的道德要求，只是每一个阶级、党派和国家，往往各有各的道德，也各有不同的作用和意义。中国共产党的政治要求与道德要求是统一的。坚持党的纪律，反对自由主义，是党组织对党员的一贯要求。在现代社会，道德和法治是公认的治国手段，其宗旨在于限制权力，保护权利。恩格斯在《反杜林论》一书中指出："自由不在于幻想中摆脱自然规律而独立，而在于认识这些规律，从而能够有计划地使自然规律为一定的目的服务。"这个观点表明，自由的实现是一个从自由到必然，再由必然到自由的不断转化过程。自由就是对必然的认识和遵循。概括起来说，道德与法律都是人类实现个体自由与社会秩序的手段。自由和秩序对于人类而言，不仅具有现实价值，也具有终极价值。人类社会的最终目的是实现自由。自由又必须是有一定秩序的自由，没有秩序的自由必然造成社会混乱，反倒使人们陷入不自由。在马克思和恩格斯的思想体系中，个人自由与社会秩序同样重要，他们主张个人自由与社会秩序的统一。要维护良好社会秩序，就不能没有道德和法律。

综上所述，我们要理直气壮地反对"道德无用论"和"道德绑架论"，树立科学道德观，做自觉传承弘扬明德文化的促进派。与此同时，我们也要善于辨别和防止道德异化现象的出现。所谓道德异化，就是指道德本来是促进人际和谐、人生幸福和社会文明进步的好东西，是自我肯定、自我激励和自我发展的一种方式，但是，有时候也会被一些心术不正的人所掌握并将其工具化，甚至成为打击别人的棍棒，这就违背了道德的本质而走向异化。讲道德，必须坚持以人为本和与人为善。在人民内部，可以循循善诱，耐心劝导，但必须慎用批评性和否定性的道德评价，少用攻击性和惩罚性的道德评价，多用表扬性和赞美性的道德评价。

（二）明德文化与人才培养

明德文化的价值还表现在人才培养方面。人的成长和成才，离不开家庭教育、学校教育和社会教育的共同参与，但学校教育始终是人才培养的主渠道。在当今世界，综合国力竞争越来越表现为经济实力、国防实力、民族凝聚力的竞争，无论其中哪一个方面实力的增强，都离不开教育的发展，教育是发展科学技术和培养人才的基础，在现代化建设中具有先导性、全局性作用。因此，国家已经把教育摆在优先发展的战略地位。

坚持教育与社会实践相结合，以提高国民素质为根本宗旨，以培养学生的创新精神和实践能力为重点，努力造就"有理想、有道德、有文化、有纪律"的，德育、智育、体育、美育等全面发展的社会主义事业建设者和接班人。这表明，德育是摆在学校教育第一位的任务。当然，这个"德"是广义的，不仅指道德教育，而且包含政治教育和心理健康教育。教育是国之大计、党之大计。培养什么人、怎样培养人、为谁培养人是教育的根本问题。育人的根本在于立德。全面贯彻党的教育方针，落实立德树人根本任务，培养德智体美劳全面发展的社会主义建设者和接班人。为此，必须加强师德师风建设，培养高素质教师队伍，并要弘扬尊师重教社会风尚。自古以来，中华民族就有尊师重教、崇智尚学的优良传统。党和国家事业发展需要千千万万德才兼备的优秀人才，也需要一支宏大的师德高尚、业务精湛、结构合理、充满活力的高素质专业化教师队伍。

为党育人、为国育才，是学校的基本任务。什么是人才？一般是指具有一定专业知识或专门技能，能够胜任岗位能力要求，进行创造性劳动并对企事业单位，乃至社会做出贡献的人，是人力资源中能力和素质较高的劳动者，包括经营型人才、管理型人才、技术型人才和技能型人才。经营型人才指企业或单位的部门负责人；管理型人才、技术型人才指具有中级及以上专业技术资格或本科及以上学历的人员；技能型人才指在生产技能岗位工作，具有高级工及以上技能等级或具有专业技术资格的人员。这个定义虽然忽视了对人才的品德要求，不过在现实操作中，思想品德一直是培养人才、招聘人才和管理人才的必备条件，甚至是不言而喻的底线要求。

在人才问题上，自古以来，就有重德轻才、重才轻德和德才兼备等不同要求。大致说来，儒家学派的人才观更强调重德，法家学派的人才观更强调重才。才德问题，即人的才能和品行的关系问题，广泛地涉及人才培养、人才选拔和人才使用的问题。理想的人才，当然是才德兼备，品学俱优。但是，在现实生活中，才德兼备、品学俱优的情况常常是不多的。相反，才德相矛盾的情况却随处可见。或者是优于德而劣于才，或者是长于才而短于德，这就造成了育人、取人、用人过程中的复杂性，产生了一个才德孰轻孰重、孰先孰后的问题。在中国古代，人们对这一问题非常关注，有不少真知灼见。这些见解即使在今天，仍然有着借鉴和参考的价值。孔子认为，士要以德为先而以才为后，就像弓要先调而后求劲、马要先服而后求良一样。德不好，即令有周公之才，亦不足观。因此，孔门四教，文、行、忠、信或德行、政事、文学、言语，皆以德教居首。孟子对才德的问题虽然论述得不多，但重德轻才的倾向是明显的。"鲁欲使乐正子为政。孟子曰：'吾闻之，喜而不寐。'"为什么呢？"'乐正子强乎？'曰：'否。''有知虑乎？'曰：'否。''多闻识乎？'曰：'否。''然则奚为喜而不寐？'曰：'其为人也好善。'"（《孟子·告子下》）善是什么？善是德行，好善即德优。在孟子看来，好善是远比能力之强、知虑之深、闻识之多重要的。故孟子论人取人，也是把德看成重于才的。

人才学的研究表明，才与德是人才不可缺少的两个方面，其中虽有重才轻德者，也有重德轻才者，但更多的人是强调德才兼备，强调"德"是第一位的，占据统率性地位。对此，古今中外的思想家、政治家、教育家多有论述。习近平总书记强调"立德树人"是学校的根本任务，这是其人才思想的重要体现。他强调，要构建德智体美劳全面培养的教育体系，把立德树人融入教育的各个环节，特别是在基础教育、职业教育、高等教育中强调德育的首要地位。这不仅体现了德育在青年成长中的重要性，也强调了其在社会主义建设者和接班人培养中的核心地位。

美德教育在人才培养中发挥着核心和主导作用，它是培育高素质、全面发展人才的关键因素。当代中国的美德教育包括伦理道德教育、政治思想教育和个性心理品质的培养，这三者相互联系、相互影响，共同促进人才的全面发展。具体来说，政治思想提供导向和保证作用，道德发挥约束和规范作用，而个性心理品质则发挥激励和调节作用。

如何将明德文化贯穿于人才培养过程中呢？这个问题在中外教育思想史、伦理思想史上多有论及，积累的思想资料是很丰富的。现在的教育方针是培养德智体美劳全面发展的社会主义建设者和接班人。对各级各类学校来说，不仅要为社会培养德才兼备的高素质人才，还要培养成千上万的普通劳动者。学校教育能不能将德育摆在首位，并贯穿于教育教学的全过程，不仅涉及人才培养问题，还涉及人的全面发展问题。人的全面发展，是指德智体美劳等素质的全面发展。这是社会发展和文明进步的必然要求。明德文化的价值既表现在人才培养上，也表现在促进人的全面发展上。

（三）明德文化与"两个结合"

党的二十大报告中强调："只有把马克思主义基本原理同中国具体实际相结合、同中华优秀传统文化相结合，坚持运用辩证唯物主义和历史唯物主义，才能正确回答时代和实践提出的重大问题，才能始终保持马克思主义的蓬勃生机和旺盛活力。"这一重大论断，精辟阐述了"两个结合"的深刻内涵和重大意义，为党在新时代新征程上坚持"两个结合"、推进理论创新指明了原则路径，提出了明确要求。我们必须深刻认识坚持"两个结合"的重大意义和重要要求，不断谱写马克思主义中国化时代化新篇章。

我们党的历史，就是一部不断推进马克思主义中国化时代化的历史，就是一部不断推进理论创新、进行理论创造的历史。党之所以能够领导人民在一次次求索、一次次挫折、一次次开拓中完成中国其他各种政治力量不可能完成的艰巨任务，根本在于坚持把马克思主义基本原理同中国具体实际相结合、同中华优秀传统文化相结合，不断推进马克思主义中国化时代化。

新民主主义革命时期、社会主义革命和建设时期，我们党把马克思列宁主义的基本原理同中国革命的具体实践结合起来，开辟了农村包围城市、武装夺取政权的正确革命道路，取得了新民主主义革命的胜利，完成社会主义革命，进行了卓有成效的社会主义建设实践，创立并丰富和发展了毛泽东思想，实现了马克思主义中国化时代化的第一次历史性飞跃。正是由于坚持把马克思主义基本原理同中国具体实际相结合，党形成了许多独创性的理论成果，提出了关于中国革命和建设的一系列重要思想，领导人民创造了新民主主义革命的伟大成就、社会主义革命和建设的伟大成就。我们党坚持马克思主义国家学说和政治学说的基本原则，立足我国具体实际，汲取中华文明的民本思想，天下共治理念，"共和""商量"的施政传统，"兼容并包、求同存异"的政治智慧，创立了人民代表大会制度、中国共产党领导的多党合作和政治协商制度。我们党顺应向内凝聚、多元一体的中华民族发展大趋势，承继九州共贯、六合同风、四海一家的中国文化大一统传统，实行民族区域自治制度，创造性地发展了马克思主义民族理论。①

中国传统文化是伦理型文化，也是崇尚人文价值的文化。从这个意义上说，马克思主义基本原理与中华优秀传统文化的结合，也就是马克思主义基本原理与中华传统伦理文化及其人文价值的结合。我们研究、传扬和建设明德文化，就是推进"两个结合"，尤其是"第二个结合"的具体体现。这既是彰显学校办学特色，厚植学校文化底蕴，推动落实"立德树人"根本任务的需要，又是深入学习贯彻党的二十大精神，结合我国高校教育实际，积极推进"两个结合"，尤其是积极推进"第二个结合"，进行中国特色社会主义理论创新并培养时代新人的需要。

明德文化是中国传统文化的核心和精华，理应得到挖掘整理、传承弘扬和创新发展。明德文化既是传统的，又是现代的；既是民族的，又是世界的。我们对明德文化的理解和传扬，既要立足个人和单位，又要面向全国、放眼世界。因为明德文化属于个人和单位，也属于中国和世界。

立足个人和单位来看，积极推动明德文化的学习、研究、推广和创建等

---

① 何雯雯：《党对"两个结合"的探索和实践历程》，https://politics.gmw.cn/2023-07/10/content_36686770.htm，2023年7月10日。

活动，有助于彰显机关、学校、企业等单位的人文底蕴，营造其人文氛围，塑造其人文精神，增强其凝聚力和软实力，激发其积极性和创造性，推动其高质量发展。作为单位的一员，也应该深入理解明德文化的内涵和价值，增强传扬明德文化的自觉性和使命感，应该在明德文化的学习、研究、传扬和创建活动中，找到自己的位置，做出自己的贡献。

面向全国来看，明德文化是中华优秀传统文化的重要组成部分。因此，传扬明德文化与传扬中华优秀传统文化是完全统一的。习近平总书记非常重视传扬优秀传统文化，他不仅提出了"两个结合"的著名论断，而且还提出了"用明德引领风尚"的要求。2019年3月4日，习近平总书记看望参加全国政协十三届二次会议的文化艺术界、社会科学界委员时指出："新时代呼唤着杰出的文学家、艺术家、理论家，文艺创作、学术创新拥有无比广阔的空间，要坚定文化自信、把握时代脉搏、聆听时代声音，坚持与时代同步伐、以人民为中心、以精品奉献人民、用明德引领风尚。"[①] 习近平总书记倡导"用明德引领风尚"，这不仅是对文艺界的要求，也是对全国、全社会的要求。

当今世界正经历百年未有之大变局，在这个过程中，我们要贡献中国智慧、中国方案和中国力量，要坚持人类正义，推动建立更加公正、更加合理的国际秩序，要维护人类和平和发展，这都是在世界范围内推广"明德"和明德文化的体现。实际上，中华民族的"明德"和明德文化一直体现在我国的外交方针和政策之中。例如，我国的和平共处"五项原则"，即互相尊重主权和领土完整、互不侵犯、互不干涉内政、平等互利、和平共处，就是对"明德"和明德文化的具体体现。该原则由中国政府首倡，并得到世界人民和所有爱好和平的国家广泛拥护。1953年12月31日，周恩来总理在接见印度谈判代表团时，首次系统地提出和平共处五项原则。和平共处五项原则是在日内瓦会议关于印度支那问题的谈判进入关键阶段时公之于世的，因而格外

---

① 《坚定文化自信把握时代脉搏聆听时代声音　坚持以精品奉献人民用明德引领风尚》，载《光明日报》2019年3月5日第1版。

引人注目并迅即引起重大国际反响。和平共处五项原则的提出具有重大的战略意义，它是新中国在国际舞台上开展活动，冲破敌对国家孤立和遏制政策，扩大对外交往的有力武器。改革开放以来，我国一直奉行独立自主的和平外交政策，把维护世界和平，促进共同发展作为最高宗旨。在处理国际关系中，我国坚持走和平发展道路，坚持相互尊重、平等相待、互利共赢的原则，既通过争取和平的国际环境来发展自己，又通过自身的发展促进和平。中国将继续推动世界多极化，倡导国际关系民主化和发展模式多样化，积极倡导多边主义和树立以互信、互利、平等、协作为主要内容的新安全观，反对霸权主义和强权政治，反对一切形式的恐怖主义，推动国际秩序向更加公正合理的方向发展，坚持与邻为善、以邻为伴的方针，加强与周边国家的友好合作关系，深化与发展中国家的互利合作，维护与发展中国家的共同利益。积极参与多边外交，维护和加强联合国及安理会的权威和主导作用，努力在国际事务中发挥建设性作用。

三、明德范畴诠释

在中国古代的哲学和伦理学文献中，"道"和"德"是两个词。各学派对"道"和"德"，单用较多，连用较少。一般说来，道在前，德在后；道为体，德为用；道贯天地自然，德主社会人文。

早在春秋战国时期，就形成了擅长讲"道"的道家和擅长讲"德"的儒家。道家讲"道"，有哲学本体论意义；儒家讲"德"，有价值论和伦理学意义。老子的《道德经》分为道经和德经，但讲道是起点，也是重点。如果说，"道"代表了中国人的世界观，那么，"德"就代表了中国人的价值观和人生观。或者说，中国人对"道"的理解推动了哲学的发展，对"德"的理解推动了伦理学的发展。

（一）"道"

就"道"的内涵而言，各家理解不很一致。儒家主要讲人道；道家主要讲天道；法家主要讲治道；佛家主要讲神道。诸道均可做必然之道与应然之道的区分。前者亦可称形而下之道，后者亦可称形而上之道。相比较而言，道家和法家对"实然"的道，即作为自然规律和社会规律的"道"思考较多、较深；儒家和佛家对"应然"的道，即作为人道和神道之本质的"道"思考较多、较深。

老子给"道"下的定义是："有物混成，先天地生。寂兮寥兮，独立而不改，周行而不殆，可以为天地母。吾不知其名，字之曰'道'，强为之名曰'大'。"（《道德经》第二十五章）在老子的概念中，"道"不能简单理解为人们行走的道路，也不只是形而下的万物运行规律，而是在天地万物诞生之前就存在的创造者，处在氤氲、混沌和运动变化的状态，是在人类对其有认识之前就已经亘古存在的。换言之，道，既先于天地万物而存在，是生化一切的本源，又蕴含在天地万物之中，是寓于万物之中的本性，即主宰万物运动变化的本质和规律。"道"所效法的"自然"，既指宇宙大自然，又指万事万物运动变化的本然状态。在道家看来，"道"是"德"的内在属性，"德"是"道"的外在体现。同时，"道"与"德"又是不可分离、互为因果的关系。在道家的理解中，"道"具有形而上的超越性，"德"具有形而下的现实性。传统观念认为"道高于势"，即道德高于权势。孟子就有这种文化自信。

"道"与儒家和道家共同推崇的古代经典《周易》是贯通的。道是客观规律，是不以人的意志为转移的。但是，只有通过人心，才能认识规律，把握规律，遵守规律。所以，"道"与"心"又是不能割裂的。"道"内化于人就形成"道心"，进而影响到人的本性和行为。《易经》讲天地人之大道，依道而思谓之义，按道而行谓之德，沿道而修则有礼，守道于心则有仁。易学家认为：易出于天，天法于道；道统三教，始治天下；天道不兴，国运衰落；天下无道，何谈复兴？孔子有"志于道，据于德，依于仁，游于艺"（《论语·述而》）的说法。老子说："道可道，非常道。"道"视之不见""听之不闻""搏之不得""惚兮恍兮""恍兮惚兮"，玄妙得很。三国时期曹魏玄学家何晏说："夫道之而无语，名之而无名，视之而无形，听之而无声，则道之全焉。"这就是说，道只能体悟和直觉，而不能用感官和理性来认识，甚至不能言说，这就有点神秘主义了。在道家和儒家看来，从"道"的玄虚到"德"

的实有，中间起到连接作用的便是阴阳与五行。"道"的存在，就体现为万物及其构成要素的阴阳变化或对立统一规律。《易经》云："一阴一阳之谓道。"整个世界存在的方式正是以阴阳的互相生化为基础的。"德"的彰显，也体现在五行的关系之中。金木水火土，并非实指构成世界万物的五种基本要素，而是从万物属性的基础上提炼出来的相生相克的道理。正是因为有生有克，所以才能保持彼此之间的平衡状态，不会使世界走向"孤阴不生，独阳不长"的极端。

（二）"德"

就"德"的内涵而言，各家理解较为一致，也就是都指人们内在的品质及其行为表现，其本质是对"道"的认识、体悟、把握和遵循。简言之，"道"是外在于人的客观规律，"德"是内在于人的主观规则。东汉许慎在《说文解字》中解释："德，外得于人，内得于己也。"南宋理学家朱熹在《论语集注》中说："德者，得也，得其道于心而不失之谓也。"

初见于金铭文中的"德"字没有双人旁，写作"悳"，直心为德，意为正直坦荡。后来加上双人旁，强调人与人之间要正直坦诚，不要求你牺牲什么，但要求你不能损害别人，这是"德"的原始含义，也是"德"的底线。人掉到这个底线以下，就叫"缺德"。如果你能舍己为人，勇于自我牺牲，那就处于"德"的高线，所以称为高尚的品德。

孔子对"立身之道""君子之德"等多有具体生动的阐释。例如，颜渊将西游于宋，问于孔子曰："何以为身？"子曰："恭敬忠信而已矣。恭则远于患，敬则人爱之，忠则和于众，信则人任之。勤斯四者，可以政国，岂特一身者哉？故夫不比于数，而比于疏，不亦远乎？不修其中，而修外者，不亦反乎？虑不先定，临事而谋，不亦晚乎？"孔子又说："君子泰而不骄，小人骄而不泰。""君子求诸己，小人求诸人。""君子坦荡荡，小人长戚戚。""君子怀德，小人怀土；君子怀刑，小人怀惠。""君子喻于义，小人喻于利。"

"道"和"德"合为一个概念，最早见于《荀子·劝学》："礼者，法之大分、类之纲纪也。故学至乎礼而止矣。夫是之谓道德之极。"荀子不但将道和德连用，而且赋予了它较为确定的意义，即指人们在社会生活实践中所形成的道德原则和规范。在中国伦理思想史上，在对"道德"一词的理解和使用中，有侧重于揭示客观之道的"道派"，也有侧重于主观之德的"德派"。前者重视社会道德规范体系的建构和教育，后者重视个人思想品德的建构和修养。"道派"强调社会的规律和秩序；"德派"强调人生的境界和品行。

在当代中国的语境中，"道德"一词，既有"调整社会关系的行为规范"之意，又有"符合社会规范的德行和德性"之意。从义理上说，道德是一种文化现象，是一种行为规范，是一种实践精神。从本质上说，道德是由经济、政治、文化等社会历史条件所决定的意识形态，是具有时代性、阶级性和民族性的价值评价标准。道德不是脱离社会历史条件的抽象观念，而是社会历史条件的必然反映。经济、政治、文化的统一与分裂，决定着人们道德观念的统一与分裂。

本章思考题：

1. 试论明德文化的历史地位。
2. 试论明德文化的现代价值。
3. 怎样理解"道"和"德"的关系？

第三章
明德文化的理念和实践

明德文化的核心理念，通常被概括为一些基本范畴或词组。这些理念与中国人的世界观、人生观和价值观相联系，也与中华民族的精神信仰相联系。对明德文化的考察、学习和研究，只有落实到社会实践层面才更有意义。明德文化的社会实践，可以体现在经济、政治、文化、社会、生态、外交等领域，其中在高校教学、科研和管理中的应用，与高校师生最为切近。

一、明德文化的核心理念

明德文化的基本范畴，就是对其核心理念的概括。前者与后者的关系，是语言形式与思想内容的关系。

人类以自己的语言形式来诠释事物或现象时，所归纳或总结的思想、观念、概念与法则，称为理念，如人生理念、哲学理念、学习理念、办学理念、投资理念、教育理念等等。简言之，"理念"就是人们对某种事物的观点、看法和信念。理念与观念相联系，上升到理性或理论高度的观念就是理念。在很多情况下，理念和观念也是可以互用的，因此，核心理念，也可以称为核心观念。理念与范畴相比较，前者更侧重于思想内容，后者更侧重于语言形式。

从语言学角度讲，词组是由两个以上的语词所构成的语言单位；短语由语词所组成，是介于词与句之间的语言单位。从语言哲学的角度讲，无论词语和词组，还是短语和句子，都是一定思想内容和价值观念的载体，它们是形式与内容的关系。所以，明德文化的重要范畴与核心理念的关系，也是形式与内容的关系。

基本范畴，也有源头性、核心性、统领性的意蕴。这里仅从中国传统文化的意义上，将明德文化的基本范畴概括为八个词组：尊道贵德，亲民至善；自强不息，厚德载物；仁义礼智，孝悌忠信；修身养性，明理尚能；尊师重教，尊老爱幼；忠于职守，敬业乐业；公勇爱国，清正廉洁；胸怀天下，协和万邦。

（一）尊道贵德，亲民至善

"尊道贵德"，语出老子《道德经》第五十一章，原文为："道生之，德畜之，物形之，势成之。是以万物莫不尊道而贵德。道之尊，德之贵，夫莫之命而常自然。故道生之，德畜之，长之育之，成之孰之，养之覆之。生而不有，为而不恃，长而不宰，是谓玄德。"这既有对"道"与"德"的解释，也有对"万物莫不尊道而贵德"原因的分析，强调了树立"尊道贵德"价值观的重要性。当然，这只是道家的一种看法和主张。如果联系到诸子百家对"道"与"德"的论述，"尊道贵德"的内涵就会更加丰富。

总的说来，道家侧重于讲天道；儒家侧重于讲人道；法家侧重于讲治道；佛家侧重于讲神道。诸道又均可做必然之道与应然之道的区分。相比较而言，道家和法家对"实然"的道，即作为自然规律和政治规律的"道"思考较多、较深；儒家和佛家对"应然"的道，即作为人文价值和信仰价值的"道"思考较多、较深。

"德"的意义，各派理解较为一致，就是指人们内在的品质及其行为表现，按其本质来说，就是对各种类型的"道"的认识、体悟、把握和遵循。简言之，"道"是外在于人的客观规则，"德"是内在于人的主观规则。因此，朱熹注解说："德者，得也，得其道于心而不失之谓也。"

在道家的理解中，"道"具有形而上的超越性，"德"具有形而下的实有性。从"道"的超越到"德"的实有，中间起到连接作用的便是道家两个非常重要的概念，阴阳与五行。"道"的存在，是以阴阳的方式来运化万物。《易经》云："一阴一阳之谓道。"整个世界存在的方式正是以阴阳的互相生化为基础的。"德"的彰显，是以五行的概念来分类万物。金木水火土，并非实指构成世界的五种基本要素，而是从万物各自属性的基础上提炼出来的相生相克的道理。正是因为有生有克，所以才能保持彼此之间的平衡状态，不会使世界走向"孤阴不生，独阳不长"的极端。

从中国古代的有关典籍来看，"道德"二字合为一个概念，始于春秋战国时的《管子》《庄子》《荀子》诸书。荀子说："故学至乎礼而止矣。夫是之谓道德之极 。"（《荀子·劝学》）荀子不但将道和德连用，而且赋予了它较为确定的意义，即指人们在社会生活实践中所形成的道德原则和规范。中国伦理思想史上，在对"道德"一词的理解和使用中，有侧重于揭示客观之道的"道派"，也有侧重于主观之德的"德派"。前者注重社会道德规范体系的建构和教育，后者注重个人思想品德的建构和修养。

道德是提升个人素质的必然要求。道德规范是在历史长河中约定俗成的，蕴含着丰富的人生经验和思想智慧。遵守道德的人，会少走弯路，少受挫折，从而保障人生的顺畅和幸福。相反，一个不守规则、不讲道德的人，必然会处处碰壁，事业上遇到重重困难。品德决定人缘，性格决定命运。一个人要提高自己的文明素养，成为一个有品质、有境界、有胸怀和远见的人，必须是一个有道德的人。

"亲民至善"，语出儒家经典《礼记·大学》："大学之道，在明明德，在亲民，在止于至善。"这句话中的"明德""亲民""至善"，是对"大学之道"的解释。这里的"大学"一词，是相对于"小学"而言的"大人之学"，即指与人的世界观、人生观、价值观相关的学问，也就是关于形而上的"道"的学问。古代的"小学"，是指以礼、乐、射、御、书、数为内容的"六艺"教育，也就是关于形而下的"术"的学问。换言之，"术"的教育相当于现代社会的"技术"教育；"道"的教育相当于现代社会的"科学"和"哲学"教育，也就是探讨自然界和人类社会的本质和规律的学问。由此可见，古人所说的"大学"，虽不能在字面上等同于现代社会的大学，但其本质内涵与现代社会的大学又是相通的。"道"这个字，内涵丰富深刻，在不同的语境中有不同解释，大约相当于事物的本质和规律。

这句话中的"明明德"一语，第一个"明"是动词，有彰明、传扬、建设之意。正如我们今天所讲"明大德"（政治道德）。第二个"明"是形容词，有文明、光明、明智、高尚之意，用来修饰名词"德"。因此，这里的"明德"一词有三层含义：一是指光明正大的高尚品德；二是指人本身具有的善良本性或良知；三是指明白做人做事的道理，内心不糊涂，有正确的世界观、人生观和价值观。《礼记·大学》的宗旨和目标，就是"明明德于天下"，就是从修养身心到仁爱他人、从独善其身到兼善天下，用自己的美德、智慧和才能去惠及他人、民众直至万物，达到"民胞物与"的人生境界。概括言之，"明德"就是人生美德、人间正道和人类正义的总和，就是对具有正价值、正能量的道德意识、道德规范和道德活动的统称，就是对文明高尚的道德品质、道德行为和道德文化的概括。

《礼记·大学》所言"大学之道"中的"亲民"，在传统典籍中有两种解释：一解为亲近和关爱人民。这显然是从政治伦理角度所做的解释。如汉郑玄注、唐孔颖达疏的《礼记正义》中解释为"亲爱于民"，明代王守仁也主张解释为"亲民"，并兼有"养民"之意。这可引申为地方官"亲近爱抚民众"或"亲自治理民众"。另一解为宋代程颐、朱熹主张"亲民"当作"新民"。北宋程颐作《大学》定本一卷，对《大学》文字做了两处更动，一是将"身有所忿懥，则不得其正"改为"心有所忿懥，则不得其正"，另一处是将"亲民"改为"新民"，"新"取"革其旧"之意。南宋朱熹也认为，"今亲民云者，以文义推之则无理；新民云者，以传文考之则有据。"其所作《大学章句》"亲民"下注曰："亲，当作新。"但反对程、朱者也不乏其人，影响较大者如明代王守仁，曾与弟子徐爱辨"宜从旧本作'亲民'"，列在《传习录》首章，认为"说'亲民'便是兼教养意，说'新民'便觉偏了"，足见二者的对立。这一问题，还涉及对《大学》的主题、论述脉络、文本呼应乃至《大学》之外的其他儒家经典的论说。近当代学者亦有讨论。徐复观认为：儒家在传统上将对民众的"养"置于对民众的"教"之前，且"养民"比"教民"更加重要；王阳明主张"亲民"而非"新民"，在"教"之外反映出"养"的意涵，"真正继承了儒家的政治思想"。牟宗三则更加重视亲民之"亲"所蕴含的尊重人格的意味。还有学者根据郭店竹简，认为"亲"与"新"本可通用，朱熹等改"亲民"为"新民"并非无据；先秦儒家虽重视"养民"，但《大学》之文主要是属于儒学内部的"明德"系统，而不是"事功"系统，从《大学》的思想性格看，仍是"新民"比"亲民"更接近原义。还有学者认为，朱熹的"新民"说和王守仁的"亲民"说都有其价值与缺陷。应该说，培养时代新人的思想具有进步性，也是时代发展的必然要求，这与中国传统文化中的"亲民"或"新民"思想是一脉相承的。因此，我们今天传承、弘扬"亲民"理念，完全可以将"亲爱民众"和"做时代新人"这两层意思统一起来。

《礼记·大学》所言"大学之道"中的"止于至善"，意思是处于最高层次的善。"至善"，一是指包含一切具体善的"总善"，或者指与多层次的善相联系的"最高善"。二是指最好的办法、选择、地方等。如《管子·幼官》："至善不战，其次一之。"意思是，条件不具备时，最好的选择是不出战，等待条件和时机成熟，才能一战取胜。很显然，这是齐法家代表人物管仲，从事功层面对"至善"的运用。汉语成语"首善之区"，是指最好的地方、模范的地方。出自《汉书·儒林传序》："故教化之行也，建首善自京师始。"太平天国谋士何震川在《建天京于金陵论》中说："建邦设都，必取至善之地。"如果把"至善"作为一个形容词来用，可以修饰地方、人物、思想、办法等，具体含义会随语境而变化。唯物辩证法认为，任何事物的发展变化都是无止境的。所以，对"至善"的理解，也不能违反辩证法。正如鲁迅说："革命无止境，倘使世上真有什么'止于至善'，这人间世便同时变了凝固的东西了。"（《而已集·黄花节的杂感》）

（二）自强不息，厚德载物

"自强不息"一语出自《周易·象传》："天行健，君子以自强不息。"意思是说天道刚健，运行不辍，君子应当效法天道，自强不息，奋斗不止。《周易》又称《易经》，原为西周时期编纂而成的占卜吉凶的筮（算卦）书，春秋时出现了解释和发挥《易经》的《易传》，"天行健，君子以自强不息"一语就出自《易传》。不仅儒家讲自强不息，墨家、道家也讲。墨子强调"强必治，不强必乱；强必宁，不强必危""强必贵，不强必贱；强必荣，不强必辱""强必富，不强必贫；强必饱，不强必饥"。（《墨子·非命下》）老子虽然认为"守柔曰强"，"柔弱胜刚强"，但同时主张"自胜者强"（《道德经》第三十三章），强调只有克服自己、战胜自我的人才算刚强，才是真正的强者。张岱年先生说："自强不息，从个人生活来说，就是努力前进、永不休止。……从民族关系来说，自强不息即是坚持民族独立、保卫民族文化，决不屈服于外来侵略。"① 张岱年先生的这番话指出了自强不息精神内涵的两个层面。自强不息由开始的个体价值追求和人格完善，逐渐升华为群体价值追求和民族精神。

"自强不息"，就要自立、自爱、自尊、自强。自立就是要有独立人格，就是孔子所说的"三军可夺帅也，匹夫不可夺志也"（《论语·子罕》），就是孟子所提倡的"富贵不能淫，贫贱不能移，威武不能屈"（《孟子·滕文公下》）的"浩然之气"和"大丈夫"精神。于是就有了"岂能为五斗米折腰"的陶渊明，就有了"安能摧眉折腰事权贵"的李白。自立就是要有远大志向，就是孔子所说的"士不可以不弘毅，任重而道远"（《论语·泰伯》），就是张载所提倡的"为天地立心，为生民立命，为往圣继绝学，为万世开太平"（《张载集·经学理窟》）的使命感。于是就有了"安得广厦千万间，大庇天下寒士俱欢颜"的杜甫，就有了"先天下之忧而忧，后天下之乐而乐"的范仲淹。一个有志向、有理想、有独立人格的人，一定是一个自重、自爱、自立、自强的人。

自古圣贤多勤奋，自古英雄多磨难。孔子"发愤忘食，乐以忘忧，不知老之将至"。（《论语·述而》）他最反感的是那些"饱食终日，无所用心"的人。孟子说："天将降大任于是人也，必先苦其心志，劳其筋骨，饿其体肤，空乏其身。"（《孟子·告子下》）荀子说："锲而舍之，朽木不折；锲而不舍，金石可镂。"（《荀子·劝学》）锲而不舍成为坚持不懈、自强不息的代名词。

① 张岱年：《中华民族精神与中华民族的凝聚力》，见《文化论》，河北教育出版社1996年版，第68页。

"路漫漫其修远兮，吾将上下而求索"，屈原为探求真知不畏艰辛，苦苦求索。司马迁在《报任安书》中说："盖西伯拘而演《周易》；仲尼厄而作《春秋》；屈原放逐，乃赋《离骚》；左丘失明，厥有《国语》；孙子膑脚，《兵法》修列；不韦迁蜀，世传《吕览》；韩非囚秦，《说难》《孤愤》。《诗》三百篇，大氐贤圣发愤之所为作也。"（《汉书·司马迁传》）儒家宣扬自强不息，并不是为了追求物质利益，满足物质欲望，而是要"修身，齐家，治国，平天下"（《大学》），要"穷则独善其身，达则兼善天下"（《孟子·尽心上》），要求仁求义，积德遵道，为天下苍生造福谋利，最终达到人格的完善，从而实现自我价值。因此，儒家所倡导的自强不息始终洋溢着伦理的精神，闪烁着理性的光辉。

自强不息不仅对士大夫阶层起着激励作用，而且已经融入广大民众的血液，渗透到广大民众的意识中，体现在广大民众的行为上，成为中华民族的文化基因。自强不是勉强，不是逞强，不是强求，不是强横，而是有理、有节、有度、有德的追求，是遵守法律、恪守道德的奋斗。自强需要"顺天应人""与时俱进""敢为人先"，需要"厚德载物""兼善天下""克己自胜"。真正能够理解并实践好自强不息精神的人，一定会成为一个成功的人；真正能够理解并实践好自强不息精神的民族，一定会成为一个伟大的民族。

"厚德载物"语出《周易·坤卦》的象传。《周易·象传》曰："地势坤，君子以厚德载物。"这是对时代精神的高度概括，成为中华民族伦理观的标志。坤卦代表大地母亲，是生命和爱情的本源。大地母亲的德性为：包容、柔顺、安静。坤卦具有大地的气势，有德性的君子应该效法大地，以包容宽厚的美德肩负天下大任，成就伟大事业。

"厚德载物"包含三层意思：其一，"厚德载物"包含对"天德"的信仰，就是"以德配天""乃顺承天"，表现为柔顺、恭顺、敬事，这是"厚德载物"伦理观的信仰前提。其二，"厚德载物"包含主体的"明德"道德操守，就是作为主体自身的美德，表现为诚信、仁爱、谦虚。这是人立于天地之间，区别于禽兽的一种本质规定性。这是"厚德载物"主体的内在素质。其三，"厚德载物"包含"盛德"，乃是人通过自己的活动，将主体的美德外化为事业，创造出"盛德广业""崇德大业"。这是人的本质力量的对象化结果，是"厚德载物"产生的客观效果。"厚德载物"伦理观呈现的中国古代伦理观的文化意义，是决定天下之所以为天下、国家之所以为国家、人之所以为人的文化根基。

"厚德载物"高度概括了中国文化的"重德"特征。这和古希腊的"重智"、古希伯来的"重神"相比，是完全不同的文化性格。这种"厚德载物"的"重德"文化，是中国古代先哲界定天下之所以为天下的信仰之源、国家之所以为国家的合法性之源、人之所以为人的人性之源。从国家伦理来说，无论是诸侯之国或卿大夫之家，其存在的合法性基础是"明德"，这是国家之所以为国家的合法性之源。从个人伦理来说，君子安身立命的根据是"德性"，只有具备"德性"，才能成就"大业"。这是人之所以为人的人性之源。特别是"德性"之人，通过努力创业、敬业、合作，为天下人带来恩惠幸福，从而实现人之所以为人的至善价值，乃是显现一个大写的"人"——君子之所以为君子的本质规定。所以，"厚德载物"是中华民族伦理的重要内容之一，是中华民族精神的重要特征之一，是中国哲学价值观的核心内容之一。

"厚德载物"的伦理观有一个产生、发展、完善的长期历史演变过程。这一伦理观从殷商时代萌芽产生，西周时代发展形成，到春秋战国时代已经逐步完善。在殷商时代的文化观念中，人们把一切事情的发生都看成上帝意志的表现。在伦理观上，人们是"以得为德"，把财富的获得看成上帝和祖先的美德。这是一种宗教神意论意义上的"厚德载物"伦理观。在西周时代的文化观念中，上帝被赋予某种道德本质，人们只要"以德配天"，就会得到上帝的青睐。所以敬天保民的"明德"就成为获得天下国家统治合法性的根据。这是一种政治道德意义上的"厚德载物"伦理观。在春秋战国时代，宗法制逐渐式微，官僚制逐渐兴起。诸侯之间的竞争，使得社会生活朝着理性化的方向发展，智者阶层主体意识的觉醒，使得伦理观逐渐从宗教的、政治的领域向个人内在品质领域转变，以敬业精神、创新精神、合作精神成就"盛德大业"的"厚德载物"的伦理观成为新兴阶级的精神支柱。春秋战国时代，完成了从注重族群及其统治者的"明德"向注重君子品德操守之"德性"的转变。宗法政治伦理意义上的"敬德保民""明德慎罚"，逐渐演变到将个人内在的品德、操守也称为"德性"。例如，优良的品德操守被称为盛德、懿德、嘉德等，不良的品德被称为凶德、昏德、败德等。

"厚德载物"的"德"一定是主体之"明德"。对此，《逸周书》有"九德"之说：孝、悌、慈惠、忠恕、中正、恭逊、宽弘、温直、兼武。《周礼》有"三德"之说：至德、敏德、孝德。《论语》有"三达德"之说：仁、智、勇。《孟子》有"四德"之说：仁、义、礼、智。这些都是对主体"明德"的界定。北京大学教授张岱年在《道德与文明》1992年第3期上发表文章，概括了中国传统明德的主要规范：公忠、仁爱、诚信、廉耻、礼让、孝慈、勤俭、勇敢、刚直，简称为"九德"。

内在于人的"明德"，在一定条件下就会转化为外在于人的"盛德广业"。也就是人通过自己的活动，将主体的美德外化为繁荣兴盛的事业。《周易·系辞上》曰："盛德大业至矣哉！富有之谓大业，日新之谓盛德。"这是说，隆盛的美德伟大的事业，可以说是达到极限了。极其富有就是伟大的事业，每天创新就是隆盛的美德。在这里，只有盛德才能和大业相配。如果主体不能自昭明德，自厚其德，进入盛德的境界，那就不能承担天下的大业广业。人的隆盛明德外化为伟大的事业，伟大的事业又由具有隆盛明德的人来承担。于是就会具备几个特征：（1）"盛德大业"可以保持长久，永续发展。"盛德大业"不是谋一时之利，而是谋万世之业，所以，必须目光长远，志向远大。（2）"盛德大业"可以含容广大，包容一切。"盛德大业"不是求一事之成，而是求万事亨通，所以，必须视野开阔，胸怀宽广。（3）"盛德大业"与天地同大同久，也就达到了天人合一的至德境界。

（三）仁义礼智，孝悌忠信

"仁义礼智"是儒家所倡导的明德范畴中最重要的内容。孔子、孟子、董仲舒等对此都有很多论述。

何谓仁？"仁"的基本含义就是孔子所说的"爱人"，孟子所说的"恻隐之心""不忍之心"。用今天的话来说，就是人对于同类生命的基本同情和关怀。提倡"仁"的道德，就是要以人为本，把人当作人来对待，就是在确认自己是人的同时也承认他人是人，而人与人在天命之性和生命价值上是平等的。简言之，人与人相处时，能做到融洽和谐，亲爱团结，相互关照，这就是"仁"的表现。

何谓义？在别人有难时能出手相助，即为义。所谓"见义勇为""仗义执言""重情重义"，就是指乐于助人。"义"，还有坚守公认为适宜的、应该的道德行为准则的意涵。例如，不能"见利忘义"，不能违反"公平正义"。因此，"义"的道德原则往往也会以法律的形式体现出来。

何谓礼？礼者，示人以曲也。对他人弯腰鞠躬，即为有礼。因此，敬人即为礼。古代所谓"礼"，是一系列程式化、仪式化的行为规则，内容十分庞杂，既包括国家的典章制度，也包括宗教仪式、社会习俗、礼仪规范。在封建时代，礼的许多具体内容有强化上下尊卑等级观念的功能，这是应该被破除的封建糟粕，但是，礼也有维护社会秩序和稳定、促进人对人的恭敬与尊重、促进人际关系和睦、倡导言谈举止文明礼貌的合理功能。今天讲"礼"，就是要辩证分析、批判继承其合理因素，为现代社会的精神文明服务。

何谓智？"智"，也译作"知"，既作动词指认知，又作名词指知识、智慧。《礼记·中庸》曰："知、仁、勇三者，天下之达德也。"这个"知"，当"智"来理解。儒家的"三达德"，即三大美德。其中智者，知也，无所不知也。明白是非、曲直、正邪、真假，是为智也。古代中国人讲"智"，侧重于道德之知、义理之知。北宋思想家张载将人的认知区分为"德性之知"和"见闻之知"。近代西方人也讲"智"德，更侧重于崇尚科学，追求真理，反对蒙昧。今天，我们讲"智"，就是要在中西文化、古今文化的比较中，博采众长，也就是要将"义理之知"与"科学之知"结合起来，既要善于区分善恶、美丑，又要善于区分是非、真假。众所周知的寓言故事《农夫和蛇》《东郭先生和狼》等，就是启发我们，善良也罢，忠孝也罢，都要与智慧相结合，而不能与愚昧相结合。孔子说："知者乐水，仁者乐山。知者动，仁者静。知者乐，仁者寿。"（《论语·雍也》）意思是，聪明的人喜爱水，仁德的人喜爱山。聪明的人好动，仁德的人好静。聪明的人活得快乐，仁德的人活得长寿。这是对"仁者"和"智者"最形象、生动的说明。仁以爱人为核心，义以尊贤为核心，礼就是仁和义的具体规定。孟子在"仁义礼"之外加入"智"，构成四德或四端。他从"性善论"出发说："恻隐之心，人皆有之；羞恶之心，人皆有之；恭敬之心，人皆有之；是非之心，人皆有之。恻隐之心，仁

也；羞恶之心，义也；恭敬之心，礼也；是非之心，智也。仁义礼智，非由
外铄我也，我固有之也，弗思耳矣。"（《孟子·告子上》）我们今天提倡
"智"德，除鼓励人们分辨道德上的是非、善恶之外，也应鼓励人们追求科学
知识和人文精神，提高创造创新能力，树立尊重知识的价值观和德才兼备的
人才观。

　　"孝悌忠信"，是儒家非常看重的道德规范。简言之，孝，就是要求为子
女者孝敬父母；悌，就是要求为弟弟者尊敬兄长；忠，就是要求为臣民者忠
于国家及其君主；信，就是要求为人者诚实不欺，能取信于朋友。《孟子·梁
惠王上》曰："壮者以暇日修其孝悌忠信"。宋代苏洵《上皇帝书》曰："臣
闻古者之制，爵禄必皆孝悌忠信，修絜博习，闻于乡党而达于朝廷以得之。"
明代周楫《西湖二集·祖统制显灵救驾》曰："凡遇人，只劝人以'孝悌忠
信'四字。"清代西周生《醒世姻缘传》第二十三回曰："人以孝悌忠信是
教，家惟礼义廉耻是尚。"

　　孝，指子女要报答父母的养育之恩；悌，泛指兄弟姐妹之间的友爱。孔
子非常重视孝悌，认为孝悌是做人、做学问的根本，是修养"仁"的起点。
他说："君子务本，本立而道生。孝弟也者，其为仁之本与!"（《论语·学
而》）《说文解字》将"孝"解释为"善事父母"，即子女善于侍奉父母，承
继长辈之意，这是家庭伦理中调整子女与父母关系的道德规范。《礼记·曲
礼》开篇就说"毋不敬"，对人要敬，对事、对物也要敬，这是礼的总纲。除
了禽兽，凡是人类无不皆有礼敬，不过精粗之分而已。人有礼敬必吉，家有
礼敬能昌，国有礼敬自强，若无礼敬必乱。"毋不敬"也有先后轻重区别。至
亲者、位尊者、有德者，自然居先。父母亲而又尊，更要先之又先，必须孝
敬。兄长同胞，又先我生，必尽悌道。此是天经地义丝毫不许懈怠。然后推
及一切皆加礼敬。凡侵犯侮慢等事，概不能作。礼敬一切名曰行"仁"。这是
修身、齐家、治国、平天下的一贯路线，从始至终，有先有后。人知礼敬，
才行孝悌，人皆有父母，彼此以礼，自然礼敬一切，普遍行仁。既行孝悌，
是知礼敬之理，那侵犯长上的事，是无礼不敬动作，孝悌的人，深以为耻，
就少有这样的事了。

　　忠，就是指忠诚于人，忠诚于事，忠诚于国家和人民。《左传·成公九

年》曰："无私，忠也。"《说文解字》曰："忠，敬也。"指下对上敬畏恭敬。宋代司马光在《四言铭系述》中说："尽心于人曰忠，不欺于己曰信。"《论语·卫灵公》曰："言忠信，行笃敬，虽蛮貊之邦，行矣。"《史记·秦始皇本纪》曰："此四君者，皆明知而忠信，宽厚而爱人，尊贤重士，约从离衡。"宋代欧阳修《朋党论》曰："君子则不然，所守者道义，所行者忠信，所惜者名节。"20 世纪 50 年代中期，冯友兰认为，对于古代某些哲学命题，可以把它区分为抽象意义和具体意义，而抛弃其具体意义继承其抽象意义。具体到"忠"这个范畴，也有具体意义和抽象意义。忠君，是"忠"的具体意义，应该被抛弃；忠诚于人、忠诚于事，是"忠"的抽象意义，具有超越阶级性和时代性的价值，因而能够继承。当时，有人将此概括为"抽象继承法"，并批判为修正主义，但冯先生本人并不认可这样的概括和批判。现在看来冯先生的分析是不无道理的。

"信"，指忠于职责，诚实守信。董仲舒在"仁义礼智"基础上增加了"信"，称为"五常"，意指具有恒常不变之价值的道德规范。他说："仁义礼智信五常之道"。（《贤良对策》）信，是儒家"五常"之一，也是优秀传统道德规范之一。信者，不疑也，诚实也。以诚居心，言出由衷，始终不渝，必然诚实。处世端正，不诳妄，不欺诈者，是为信也。诚信，就是对自己承诺过的事情负责任。儒家把诚信作为人的基本道德，主张与人交往要"言而有信"，治理国家要"敬事而信"，君子要言行一致，诚实笃信。今天，我们在启民智的环境下，传承忠信道德，已不同于封建道德，而是社会主义道德的一部分，有利于培养忠诚于党、忠诚于国家、忠诚于人民的好干部、好军人、好公民。大力倡导忠诚和信誉，也是弘扬优秀传统文化和改善道德生态的基础工程。建立对自然法则和社会文明秩序的忠信，确立忠信的世界观、人生观和价值观，更是修养人生美德、守护人间正道和弘扬人类正义的必由之路。

（四）修身养性，明理尚能

凡是人，就都有身，有心，有性。身心要修，心性要养，方能成人、成才、成贤，这是千古不变的定律。中华优秀传统伦理文化的内容之一，就是提倡人们修身养性。先秦儒家、道家等都有关于道德修养的思想。这在中国古代一直受到人们的高度重视，可惜部分现代人热衷于追求身外之物，对于自身心性的关注和修养似乎不大重视。从传统伦理文化中吸取一些修身养性的思想和方法，也许更有助于我们清醒地面对人生和社会。限于篇幅，在此仅介绍儒家的部分修养方法。

儒家主张为仁由己，推己及人。孔子认为，善或不善，仁或不仁，皆由自己主观努力决定。他说："为仁由己，而由人乎哉？"（《论语·颜渊》）"仁远乎哉？我欲仁，斯仁至矣。"（《论语·述而》）"君子求诸己，小人求诸人。"（《论语·卫灵公》）孟子认为，人性中就有善端，只要立志自强，均可走向圣贤。他明确提出人性本善，人皆有仁、义、礼、智"四端"，"仁义礼智，非由外铄我也，我固有之也"（《孟子·告子上》）。因而，只要自己奋发努力，皆可为尧舜。孟子谴责那些主观不努力，不能发展人的善性的人为"自贼者"，他说："有是四端而自谓不能者，自贼者也。"（《孟子·公孙丑上》）有仁、义、礼、智四种善的萌芽而不能达到仁、义、礼、智的道德境界，这是自己伤害自己，自甘堕落，自暴自弃。性善论是道德修养、人性化管理和民主政治的理论基础。儒家的性善论与修养论是统一的。孔子讲仁者爱人，讲"忠恕之道"，包含着推己及人的道德修养方法。他认为有"仁"德的人将心比心：一方面，仁者能做到"己欲立而立人，己欲达而达人。能近取譬，可谓仁之方也已"（《论语·雍也》）。意思是，自己希望做到、达到的，也要容许和帮助别人做到、达到。要近取诸身，推己及人，以己所欲推知他人所欲，这是仁爱的重要方法。另一方面，仁者能做到"己所不欲，勿施于人"（《论语·卫灵公》）。意思是，不愿让别人加诸自己者，自己也不要加诸别人。总之，人要是能从正、反两方面达到仁的要求，就会修养到圣人或君子的道德境界。孟子还把"仁"和"义"结合起来，认为有"仁"德之人就会讲"义"，而且认为"仁"源于人的"恻隐之心"，仁者推己及人，是道德立足的根本所在。孔、孟这一思想和方法十分宝贵，只可惜它与"亲亲""爱有差等"的血缘亲情、宗法等级制相结合，没有迈向人际平等。

儒家还主张自省慎独。自省，即自我反省、自我克制的方法，也称"内省""自讼""思过"等。孔子说："见贤思齐焉，见不贤而内自省也。"（《论语·里仁》）孔子对有过错而不能自省自责的人感到失望。他说："已矣乎！

吾未见能见其过而内自讼者也。"(《论语·公冶长》)慎独,是指一个人独处时也能防止不符合道德的念头和行动。也就是在没有外在监督的情况下,自己仍能自觉地按照道德要求来规范自己的思想和行动。它既是道德自觉的境界,更是道德修养的方法。"慎独"作为一种重要的道德修养方法,最早在《大学》《中庸》中得到较为具体的说明,后为宋明理学家所重视和发挥。《大学》说:"所谓诚其意者,毋自欺也,……此谓诚于中,形于外,故君子必慎其独也。"《中庸》也说:"君子戒慎乎其所不睹,恐惧乎其所不闻。莫见乎隐,莫显乎微,故君子慎其独也。"

儒家也主张知耻改过,寡欲节制。儒家推崇知过、思过、补过、改过、闻过则喜等修养方法。知耻与自省、改过密切相关,知耻者常能自省,并以自己的不道德言行为耻,更要以自己知错不改为耻。知耻之心,在孟子看来,又叫"羞恶之心"。干了坏事,知道羞恶,才能积极改过而向善。孟子还把羞恶之心称为"义之端也",认为"无羞恶之心,非人也"(《孟子·公孙丑上》)。人要连羞耻之心都没有了,就丧失了做人的尊严和资格,或者说丧失了人格。做了坏事不感到愧疚的人,也许什么坏事都干得出来。《中庸》说"知耻近乎勇",只有知道什么是耻辱的人才能勇于道德实践。谈到"知耻",孔子说过一段很有名的话:"道之以政,齐之以刑,民免而无耻;道之以德,齐之以礼,有耻且格。"(《论语·为政》)这里的"道"即"导"。意思是说,若仅以刑罚治民,民虽能免于犯罪而不知犯罪是羞耻;若以德、礼教民,民便有羞耻之心且能端正自己的言行。可见,道德与人的羞耻感是密切相连的。无羞耻感,难以辨别善恶,难以有过则改,有过不改则难以进德。

儒家既重视内修心性,又推崇学习圣王,认为尧、舜、禹、周公等圣王是道德的楷模、道德理想的体现者,到宋明理学时,又把孔子、孟子等人列入圣贤,将其著作作为必须学习的经典,把"格物致知"集中于读圣贤书上,领会并按照圣贤提出的道德规范来修身行事,把外在道德规范内化为德性,力争使心性与道德规范统一起来。这样,就不仅需要内求自省,而且需要好学以读书识理。孔子指出:"好仁不好学,其蔽也愚;好知不好学,其蔽也荡;好信不好学,其蔽也贼;好直不好学,其蔽也绞;好勇不好学,其蔽也乱;好刚不好学,其蔽也狂。"(《论语·阳货》)"贼"指被人利用而害了自己；"绞"指说话尖刻而伤害别人。孔子提倡"笃信好学，守死善道"（《论语·泰伯》）、"博学而笃志，切问而近思"（《论语·子张》）。孟子在强调存心养性、"求放心"的同时，对"好学"也很重视，他曾要求人们要"博学而详说之，将反说约也"（《孟子·离娄下》）。意思是人要博学而详细地记述圣贤的教导，并能反过来说出其要领。荀子对"好学"更为重视，专门著有《劝学》篇，广播后人。

"学"与"思"必须结合，这是两个紧密相连的方法。孔子说："学而不思则罔，思而不学则殆。"（《论语·为政》）只重外在学习而不重内心思考，必然迷惑而无所得；只重苦思冥想而不看书学习，则很危险，也不能有所得。故要学思结合、外内并动，才能有所长进。博学和慎思互为基础。思而不正，胡思乱想，很难诚意正心，学也难成圣贤。所以，孔子说："《诗》三百，一言以蔽之，曰：'思无邪。'"（《论语·为政》）道德修养基于心，必须经过理性思考。思有邪则行有偏，思念正则利言行。故好学慎思，恪守善道是儒家提倡的重要道德修养方法之一。

由以上可见，儒家所提出的道德修养方法很多，归纳其基本方法是内求与外推。内求，就是向内下功夫，它的理论基础或前提是人性本善。外推，就是推己及人，即由血缘关系推及人伦关系，从个人推及家庭，由家庭到家族、社会和国家。推己及人也内含了由伦理推及政治，以德治国，实行王道，反对霸道。推己及人最后要达到推人及天，尽性知天，直至"天人合一"的境界。在内求的基础上外推，这是儒家修养论的核心。

明理尚能，由"明理"和"尚能"两部分组成。明理，即明辨是非，民间多指一个人能知书达理。汉代桓宽《盐铁论·申韩》曰："明理正法，奸邪之所恶而良民之福也。"东晋袁宏《后汉纪·灵帝纪上》曰："犯法当死，不应死自活，此明理也。"南朝梁刘勰《文心雕龙·事类》曰："此全引成辞，以明理者也。"《元史·王艮传》曰："读书务明理以致用。"清代章学诚《文史通义·原道下》曰："文章之用，或以述事，或以明理。"尚能，在此不是"尚且"或"还能"的意思，而是指崇尚实践技能的意思，多用于职业技术和劳动教育。尚能，本是技术问题、业务能力问题，何以成为道德问题？这就要从对待劳动和劳动技能的态度来理解。一个人会不会劳动，是个能力问题，愿不愿劳动，是个态度问题，是不是真心推崇和学习劳动能力，这就是思想品德问题了。所以，勤劳和热爱劳动，从来就是中国人民推崇的传统美德。一个人，既能做到明辨是非，又能做到热爱劳动并努力提升自己的劳动技能，就很优秀，也很受人喜欢了。这就是我们把"明理尚能"视为明德文化之一的原因。作为大学生，应当志存高远、仰望星空，树立远大理想和正确"三观"，更应当练就理论联系实践的过硬本领，成为"品德优、基础实、素质高、能力强"的应用型人才，成为社会主义现代化事业的合格建设者和可靠接班人。

（五）尊师重教，尊老爱幼

"尊师重教"，是中国文化的传统美德，也是中华民族的优良传统。"师"，主要指教师，也可包括师傅；"教"，主要指学校教育，也可包括家庭和社会对教育的重视。

尊师，主要指学生对老师尊敬、徒儿对师傅尊敬，同时也指整个社会风尚中对"师"的崇敬。中国历来有尊师的传统。《荀子·礼论》最早提出了"天地君亲师"思想，在西汉思想界和学术界颇为流行，明朝后期以来，崇奉"天地君亲师"更在民间广为流行。天地君亲师，成为海内外儒教信徒祭祀的对象。人们多设一"天地君亲师"牌位或条幅供奉于中堂。这是古代祭天地、祭祖、祭圣贤等民间祭祀的综合，也反映了中国传统社会敬天法祖、孝亲顺长、忠君爱国、尊师重教的价值观念和文化心理。

自孔子在山东曲阜开创第一所"学校"以来，尊师之风日兴。古人云："一日之师，终身事之。"汉明帝尊师重教，一以贯之，在这方面做出了很好的榜样。司马光《资治通鉴》"汉明帝永平二年"条记载："上自为太子，受《尚书》于桓荣，及即帝位，犹尊荣以师礼。尝幸太常府，令荣坐东面，设几杖，会百官及荣门生数百人，上亲自执业；诸生或避位发难，上谦曰：'太师在是。'即罢，悉以太官供具赐太常家。"

我国北宋著名学者杨时，年轻时非常好学，经常访师拜友，向别人请教问题。寒冬的一天，杨时在学习中遇到了不明白的问题，就和同学游酢一起去向当时著名的理学家程颐求教。当他们来到程家时，恰巧程老正在睡午觉。

为了不打扰老师，他们就在大门口静静地站立等候。天阴沉沉的，天空飘起了雪花，雪花落在他们的头上、身上，一丝丝凉意袭来，他们怕吵醒老师，仍不肯进屋，就一直这样站在门外的雪地里。雪越下越大，天也越来越冷，他们的手脚都冻得生疼，可是他们谁也不跺跺脚，搓搓手。就这样，他们不知在雪地里站了多长时间。程颐终于醒了。他打开门出来赏雪，却看见两位学生正恭恭敬敬地站在门外，都要成雪人了。程颐大吃一惊，问道："看你们身上和脚下的雪，就知道你们已经来很久了，为什么不进屋呢?"杨时连忙上前施礼，对程颐说明来意，"我们是来向老师请教问题的，中午到时您在睡午觉，我们怕吵醒您，没敢进门"。程颐听了大受感动，连忙请二人进屋。二人这才进屋，向老师请教问题。后来，"程门立雪"的故事广为传颂。这个故事告诉我们，尊重师长是一种美德，是受到人们赞扬的。这方面的故事还有很多。

尊师不仅是对教师职业的尊敬，而且也是对知识、文化、人才和人类文明进步的崇尚。古人甚至把尊师与社会盛衰联系在一起。荀子说："国将兴，必贵师而重傅。"(《荀子·大略》)唐代韩愈认为，教师的职责是"传道、受业、解惑"。宋代李觏指出："善之本在教，教之本在师。"(《广潜书》)中国古代的教育以道德教化为中心，并特别重视敦俗化民的社会教育。《汉书·地理志》说："凡民函五常之性，而其刚柔缓急，音声不同，系水土之风气，故谓之风；好恶取舍，动静亡常，随君上之情欲，故谓之俗。"风俗习惯对人们的成长和品德的形成有着重要影响，正如汉代王充所言："习善而为善，习恶而为恶。"(《论衡·本性》)当然，人也可以改变风俗习惯，社会教育的一个重要作用就是可以敦俗化民、移风易俗。

"尊师"与"重教"是联系在一起的。自古以来，中华民族就有重视教育、尊重人才的传统，并把它作为立国之本。《礼记·学记》中说："建国君民，教学为先。"这一思想来自孔子。孔子认为教育工作本身就是一种政治工作，通过教育把孝顺父母、友爱兄弟的风气等传播开来，就会对政治施加影响；一个国家，人口众多，经济富足，教育发达，那么这个国家就有希望了。他还认为在治理国家时，只靠政令、刑律，不如德治和礼教更有作用。"道之以德，齐之以礼"，才能做到"有耻且格"。(《论语·为政》)就是说，只有实行德治，才能让人们有违法犯罪的羞耻心，从而形成自律意识。因此，西汉贾谊也说："教者，政之本也。道者，教之本也。"（《新书·大政下》）"以教兴国，正风敦俗"就是这种思想的集中体现。它反映了我们的先人高度重视发展教育事业，以提高人们思想文化和道德水平，推动社会文明进步的艰苦努力。上至朝廷，下至庶民，都把"兴学崇教"视为最有意义的事情，支持教育、兴教办学也被很多人作为公益慈善事业来做，充分反映了中华民族的价值观念和文化心理。不少古代贤哲，或致力于"聚徒讲学"，或克服困难，兴办学校，或殚精竭虑探索教育规律，循循善诱、诲人不倦，表现了高尚的道德情操和社会责任感。正是由于他们的艰苦努力，中国古代教育事业有了极大的发展，曾经在很长的历史时期内遥遥领先于世界，对人类文明进步做出了重要贡献。

"尊老爱幼"也是我国的传统美德。从现代社会对道德规范的分类来看，"尊老爱幼"应该属于社会公德的范畴。当然，在家庭道德中，也有尊老爱幼的问题。孟子认为："老吾老以及人之老，幼吾幼以及人之幼"是"仁者爱人"的表现。他还提出了"父子有亲、君臣有义、夫妇有别、长幼有序、朋友有信"的"五伦"主张。在儒家所追求的大同社会理想中，就有"使老有所终，壮有所用，幼有所长，矜寡孤独废疾者皆有所养"（《礼记·礼运》）的内容。尊老爱幼，关乎一个社会总的道德状况和一个人总的道德面貌。也就是说，无论社会还是个人，如果连"尊老爱幼"这样的基本道德都做不到，那么其他方面的道德就无从谈起。

历史上"刘敏元舍身护孤老"，就是个很有意义的尊老故事。据《晋书》卷八十九《刘敏元传》记载，西晋时，有个人叫刘敏元，字道光，是北海郡（今山东潍坊一带）人。他很注意道德修养和钻研学业，不因坎坷危难而动摇。他爱好天文历法占卜，专心研究《周易》和扬雄所著的《太玄经》，但不爱读史书，经常对志同道合的朋友说："读书应当深刻体会根本的道理，何必把时间花在华而不实的文章上面！《周易》是讲根本道理的，《太玄经》是探讨《周易》深奥理论的入门书，能够帮助我明白这些高深学问的人，就是我的老师。"

永嘉五年（311年），匈奴刘曜攻破洛阳，俘虏晋怀帝。晋人又立司马邺于长安，是为晋愍帝。刘敏元从山东奔赴长安去投愍帝。同县有一个名叫管平的人，年已七十多岁了，也跟随刘敏元西行。他们走到荥阳，遇到强盗抢劫。刘敏元已经逃脱，见到管平还在贼手，便回到强盗那里对他们说："这位老大爷孤独年老，我还年轻，我愿意代替他留在你们这里，希望你们放他走吧。"强盗说："这个老头是你什么人？"刘敏元说："只不过是同县人罢了。他又穷困又没有儿子，跟我相依为命。诸位要想叫他干苦活，那么老了怎干得了？如果想把他杀了吃，也不如我肉多，恳求诸位可怜可怜他吧！"强盗中有一人睁圆眼睛大声喝道："我就是不放这个老头，还怕你逃走吗？"刘敏元拔剑说道："我难道怕死吗？我要先杀了你才死！这个老大爷又穷又老，菩萨还可怜他呢。我和他既非骨肉之亲，又无师友情谊，只不过因为他投靠我，才请求替他。你们多数人心怀慈悲，都有接受我恳求之意，你怎有脸说出这样的话来！"接着，他又转向强盗头目说："施行仁义，做有道德的事情，不是经常有这种机会的，难道你们真的愿意失去积善的机会吗？干得好就有希望成就汉高祖和光武帝那样的帝王之业，再不行难道还比不过陈胜、项羽他们吗？诸位应当取财有道，让经过你们这里的人都称颂你们的威德，怎能容留这种人损坏你们的名声呢？我一定要替诸位除掉他，以助你们成就霸王之业！"说着，刘敏元挥剑上前就要杀那个强盗。强盗头子赶忙制止，对其他强盗说："这是义士！伤害他违背了江湖上的义气。"于是把两人一起释放。后来，刘敏元在刘曜那里，做到中书侍郎、太尉长史那样的大官。

另据宋代李元纲《厚德录》记载，南宋文学家叶梦得（1077 年—1148 年），有一年在武昌，正好赶上闹水灾，人畜伤亡严重。县令拿出储备粮，赈济灾民。一般灾民都得到了救济，只有那些被遗弃的小孩，由于无人代领，没有得到救济粮。一天，叶梦得问仆人："那些没有子女的人，为什么不收养这些孩子呢？"仆人说："大家怕把孩子养大了，孩子的亲生父母会来认领。"叶梦得翻阅当时的法令条例，其中有一条明确指出：凡是因为灾荒遗弃的孩子，父母不能再来认领。叶梦得立即令人做了几千份空白文书，上面都写着这条法令，让人送交境内外各村镇。宣布：凡是拣到孩子的人到官府来说明经过，然后写成公文交给他们做凭证，官府在户籍上也做了登记。这样，那些没有子女，或子女少的人，纷纷认领被遗弃的孩子，总共救活了 3800 个孩子。这是历史上关于"爱幼"的真实故事。

在中国历史上，尊老爱幼的真实故事很多，也很感人。由于篇幅所限，我们在此只是举了两个例子。由此可见，尊老爱幼确实是中华民族的传统美德。对年老体衰的人，给予尊重，让他们有尊严地活着，有基本生活保障地安度晚年，是起码的道德要求。对年幼的小孩，给予关爱、呵护和教育，让他们健康成长，也是起码的道德要求。与尊老爱幼相联系，还要做到扶助伤残、彼此谦让、互相尊重、礼貌待人、行为文明等，这都是社会公德的要求。

（六）忠于职守，敬业乐业

《周书》曰："农不出则乏其食，工不出则乏其事，商不出则三宝绝，虞不出则财匮少。"（《史记·货殖列传》）这里的"虞"，是指虞人，即古代掌管山泽鸟兽的官吏，这里泛指开发山泽资源的人。这句话说明，古人已经认识到，人们在自己的岗位上勤奋工作，默默奉献，才创造了社会的物质财富和精神财富。这是职业道德产生的认识基础。

忠于职守，敬业乐业，是中国传统职业道德的基本要求。忠于职守，反映的是在自己的工作岗位上勤奋工作，履行自己应尽的社会义务，其精神实质就是把职业当作自己的事业，兢兢业业为之奋斗，终身不懈。因此，忠于职守，敬业乐业，表现了人们高度的社会责任感和历史使命感，是人们在职业活动中的高尚品德。"尽职尽责""诚信无欺""精益求精""勤奋严谨""团结和谐"，都是忠于职守、敬业乐业的具体表现。

"尽职尽责"是指一个人无论从事什么职业，都要全心全意履行自己的职业责任，绝不能敷衍塞责，马虎行事。职业不仅是谋生的手段，还是人们作为特定社会成员所应该承担的社会责任。努力做好本职工作，是每个社会成员应尽的道德义务。在现实社会中，每个人都从事着特定的职业，古人强调"有事而无业，事则不经"（《左传·昭公十三年》），这就是说，人们的职业活动不仅是"做事"，而且是"成业"。"成业者系于所为，不系所藉。"（《晋书·陈寿传》）意思是，一个人的成就，不在于做什么，而在于能不能尽心尽力把自己所干的事做好。因此，我们民族历来贬斥好高骛远，"大事不得，小事不为"（《晏子春秋·外篇》）的浮华习气，崇尚干一行，爱一行，专一行。

"诚信无欺"是处理从业人员与服务对象之间关系的职业道德要求。买卖公平、童叟无欺，就是职业活动中"诚信无欺"的表现。"义士不欺心，廉士不妄取"（刘向《说苑·说丛》），"内不欺己，外不欺人"（弘一《格言别录》），也都是古人对"诚信无欺"的具体理解。讲究信誉是职业道德的重要规范，在现代经济活动中，人们提出了"质量第一，信誉至上"的口号，以期树立良好的组织形象。

"精益求精"要求从业人员严格要求自己，不断提高自己的职业技能和精神境界。这也是在更高层次上反映出来的忠于职守、敬业乐业精神。技能不精不专的人，只能是一个平庸的人。俗语说："三十六行，行行出状元。"要在职业技能上精益求精、出类拔萃，就必须付出艰苦的努力。勤奋严谨也是必不可少的一个方面。

"勤奋严谨"是成就学业和事业的法宝。韩愈说："业精于勤荒于嬉，行成于思而毁于随。"水滴集多成大海，读书集多成学问。日日行，不怕千万里；常常做，不怕千万事。朱熹有诗："少年易老学难成，一寸光阴不可轻。未觉池塘春草梦，阶前梧叶已秋声。"岳飞说："莫等闲，白了少年头，空悲切。"古今中外，有无数名人都论述过勤奋的重要性，这无疑是他们走向成功人生的经验总结。与勤奋相反的是懒惰。勤奋是成功之母，懒惰乃平庸之源。勤奋的人是时间的主人，懒惰的人是时间的奴隶。西班牙小说家、世界名著《唐·吉诃德》作者塞万提斯说："不要睡懒觉，不和太阳一同起身就辜负了那一天……勤敏是好运之母，反过来，懒惰就空有大志，成不了事。"18世纪美国科学家和发明家富兰克林说："任何工作都是体面的，丢脸的是懒惰。"我国明代思想家吕坤所著《呻吟语·修身》说："'懒散'二字，立身之贼也。千德万业，日怠废而无成，千罪万恶，日横恣而无制，皆此二字为之。"著名作家茅盾说："天分高的人如果懒惰成性，亦即不自努力以发展他的才能，则其成就也不会很大，有时反会不如天分比他低些的人。"陈景润说："攀登科学的珠穆朗玛峰，要克服无数艰难险阻，懦夫和懒汉是不可能享受到胜利的喜悦和幸福的。"这些论述都告诉我们，勤奋是人的美德，懒惰是人的不良习惯，欲求成功，就必须培养勤奋的美德。严谨，就是严肃谨慎的意思。人们常夸赞某人"治学严谨""做事严谨"等，就是指能严肃认真对待自己的学习、研究和工作，能够注意细节，一丝不苟，绝不马马虎虎。人们常说"细节决定成败""千里之堤毁于蚁穴"等，都是讲严谨的重要性。严谨是一种作风，也是一种高度负责的美德。勤奋和严谨连在一起，是有逻辑性的。也就是说，要取得各方面的成就，不仅要勤奋努力，而且要严肃谨慎，不能因一时的马虎或放弃而功亏一篑。

"团结和谐"也是至关重要的。一个人要成就事业，不仅要有勤奋严谨的美德，还要有善于团结同事并与他人和谐相处的能力。这是因为：第一，一个人做任何事情都离不开别人的支持和帮助；第二，人生活在社会关系之中，做任何事都会受制于各种社会关系，不可能脱离社会环境；第三，很多事情本身就是集体的事业，需要很多人合作才能完成，单打独斗是成不了大事的。总而言之，善于团结、合作是事业成功的必然需要。"合作共赢"，也是经济工作、外交工作的重要原则。"和谐"是社会主义核心价值观的内容之一，也是创造良好生活或工作环境的必然需要。辩证唯物主义认为，和谐是对立事物之间在一定的条件下动态、相对、辩证的统一，是不同事物之间互助合作、互利互惠、互促互补、共同发展的关系。"和谐"既是一种个人美德，又是一种社会理想。中外历史上产生过不少有关社会和谐的思想。进入21世纪后，中国共产党将"社会更加和谐"作为社会建设的重要目标提出来。2006年10月召开的十六届六中全会审议通过了《中共中央关于构建社会主义和谐社会若干重大问题的决定》，深刻阐述了中国特色社会主义和谐社会的性质定位、指导思想、目标任务、工作原则和重大部署。2007年10月召开的党的十七大再次强调了构建社会主义和谐社会的重要性，并对以改善民生为重点的社会建设做了全面部署。2012年11月，党的十八大报告明确提出"三个倡导"，即"倡导富强、民主、文明、和谐；倡导自由、平等、公正、法治；倡导爱国、敬业、诚信、友善，积极培育和践行社会主义核心价值观"。要将作为社会理想的"和谐"转化为现实，就要从培育弘扬作为个人美德的"和谐"做起。作为个人美德的"和谐"，是指善于沟通协调、配合默契、持中平和、包容友善、和解和好。当代中国，"和谐"是培育和践行社会主义核心价值观的任务之一，也是每个人创造良好的生活环境和工作环境的必然要求。传统社会的职业，主要是人们谋生的手段，与其相关的职业道德也有行会性、保守性和等级性等历史局限性。现代社会的职业活动，已不再只是谋生的手段，而是人们自由发挥其才能、完善自我、为社会做贡献的重要途径，因此传统职业道德也要克服历史局限性，与先进的社会主义道德融为一体。

（七）公勇爱国，清正廉洁

公勇爱国，首先提倡"公"德，即具有急公好义、公而忘私、大公无私、天下为公的思想和品行。"天下为公"，出自西汉戴圣《礼记·礼运》，原句为："大道之行也，天下为公。"这句话的意思是天下是人们所共有的，把品德高尚的人、有才能的人选出来，人人讲求诚信，培养和睦气氛，表达的是一种大同的理想社会。马克思主义唯物史观认为，人的本质是一切社会关系的总和。因此，人的公心或私心，都不是与生俱来的，也不是永恒不变的，而是在后天的社会关系，尤其是生产资料所有制的经济关系中形成的。也就是说，在生产资料私有制条件下，人的思想道德观念就会变得自私；相反，在生产资料公有制条件下，人的思想道德观念就会变得急公好义，乃至大公无私。

公勇爱国，也提倡"勇"德。在儒家思想体系中，"勇"受到格外重视，它是成就君子人格的道德内驱力，"勇者不惧""知耻近乎勇"至今仍是人们耳熟能详的修身之要。其实，勇作为一种德目，乃是中西方共有的思想传统。柏拉图在《普罗泰戈拉》篇中把"勇敢"列为"古希腊四主德"之一，中世纪哲学家托马斯·阿奎那将"勇敢"视为四种基本美德之一。但"勇"何以成为具体德目，何以"安天下"，其真正奥义未明。中国学者对"勇"德的研究多集中于对孔子之勇和孟子之勇的梳理。孔子曾提出了人生智、仁、勇"三达德"。子曰："知者不惑，仁者不忧，勇者不惧。"（《论语·子罕》）"知、仁、勇三者，天下之达德也。"（《中庸》）先秦儒家重视"勇"观念的探讨，"勇"作为成人之达德，从众多德目中脱颖而出，居于崇高的地位。但与仁、义、忠、恕等德目不同的是，"勇"并不能作为独立的德性，只有在仁、义的规范和限定下才能成为高尚的道德。孔子说："仁者必有勇，勇者不必有仁。""君子有勇而无义为乱，小人有勇而无义为盗。"（《论语·宪问》）强调仁、勇二德目之间的联系相容，颇有德行一体论的色彩。孟子对"勇"

进行了辩证分析：第一种是北宫黝之"勇"，肌肤被刺不后退，眼睛被刺不转动，但他觉得，若是受了一点委屈，就好像在大庭广众之下被人鞭笞了一样。他既不受平民百姓的羞辱，也不受大国君主的羞辱，听到了恶言，一定会回击。北宫黝的"勇"是打在身上不回击，不畏权贵，一旦遭到冒犯就会反击。第二种是孟施舍之"勇"，是打仗不管能否取胜，都像必胜一样向前冲，此乃"守气"的无惧之勇。第三种是曾子的"反求诸己"之"勇"。孟施舍像曾子，北宫黝像子夏，这两个人的勇，难分强弱，但是孟施舍把握了要领。从前，曾子对子襄说：你喜欢勇敢吗？我曾经在孔子那里听到过关于大勇的道理：反省自己觉得理亏，那么即使对普通百姓，我也不去恐吓；反省自己觉得理直，纵然面对千万人，我也勇往直前。孟施舍保持勇气，又不如曾子能把握住要领。曾子通过自省，发现如果真理不在自己这边，即使面对的是普通人，也会自觉惭愧而害怕，反之，若确定掌握着真理，那么虽对着千军万马也要义无反顾地向前冲。孟子根据勇敢行为的不同特点进行了类型学上的划分，认为要树立一个标准，否则就会造成大、小勇不分。孟子以古代圣王之勇为最高标准，将"勇"区分为两类：圣王之勇和匹夫之勇，也即大勇和小勇。在孟子看来，北宫黝的"不动心"是因为其坚勇，不因刀剑加身而选择逃避，也不因对方身份地位的高低而改变行为方式。北宫黝之勇完全受血气力量的驱使，不是德性的勇敢。孟施舍之勇较之北宫黝之勇更得要领，即不计虑成功、失败的可能性，只注重面对敌人的无惧状态。"子夏笃信圣人，曾子反求诸己。"子夏笃信圣人言说，并躬行实践，曾子则是"虽千万人，吾往矣"。孟子认为美德的实现要通过"勇"，它促使行为主体以非凡的道德力量挺进高层次道德序列，是构成儒家自我强大的内在生命力。孟子从心性论高度证明勇之为德的道德形而上学基础，使得儒家的勇德观念呈现新内涵、新气象。

在我国近现代以来的革命、建设和改革中，志气和勇气都是不可或缺的。"公"德也罢，"勇"德也罢，最重要的是体现在"爱国"上。公勇爱国，最重要的是爱国、报国。为国尽忠、以勇报国的道德价值，就在于"为公""为民"。例如，在国际战略斗争中要有勇气和胆略。老一辈革命家在对敌斗争中表现了大无畏的胆略，我们这一代人也需要更大的胆略。

　　清正廉洁，是为国尽忠，即公勇报国的必然要求，也是官德建设的重要内容。官德，就是指为官从政者应该具有的道德品质和必须遵循的道德规范的总和。道德规范、纪律要求和法律法规等，都是广义的官德规范。官德对党风和民风有重要导向和示范作用。官德建设的内容包括道德意识、道德规范和道德活动三个方面。加强官德建设，要批判地汲取传统官德中具有现代意义的成分，继承中国革命道德传统中具有现实价值的因素，学习借鉴别国开展官德建设的有益经验和做法，对各级领导干部提出切近实际的新要求。我们现在所说的"廉政"，一般解释为"廉洁的政治"，主要指为官从政者在履行其职责时不以权谋私，办事能公正廉洁。其实，古代的"廉政"是"廉正"的意思。"廉正"意蕴深厚，体现了儒家为政以德、正己正人的核心价值理念，是今天廉政建设的根本，需要我们正本清源，发扬光大。古代"政"与"正"相通，可以互训。对"廉正"的具体表述，可以追溯到《周礼·天官·小宰》："以听官府之六计，弊群吏之治：一曰廉善，二曰廉能，三曰廉敬，四曰廉正，五曰廉法，六曰廉辨。"这是古代考察官吏的六项内容，"廉善""廉敬""廉正"是针对品德的考核，"廉能""廉法""廉辨"则是针对能力的考察。这六个方面内容不同，都以廉为本。《论语·颜渊》中季康子问政于孔子。孔子对曰："政者，正也。子帅以正，孰敢不正？"什么是政治，孔子用一个"正"字概括，告诫季康子为政时自己首先要"正"，为政者起到表率作用，谁敢不正？这就言简意赅地阐明了正直、公正的为政理念和为官之道。

　　为官从政人员在义与利、情与理、情与法、公与私等矛盾的考验面前，能不能做出正确选择，是官德高低的试金石。为官从政人员对自身和他人的道德行为，能不能做出正确评价，对道德教育和道德修养是不是重视，自觉不自觉，虚心不虚心，也是官德素养的直接体现。官员的政治信仰、道德信念、情感和行为习惯的树立与养成，不可能一蹴而就，需要一个过程，而且容易出现反复，不能靠某一阶段的教育终身受用。因此，对官员的道德教育必须长期、规范、深入地开展下去，实现官德教育终身化。官德教育应做到经常性、针对性、灵活性和多层次、多形式、多渠道相结合，生动活泼、富有成效。官德教育的方法有：理论教育法、实践锻炼法、自我教育法。领导干部自觉接受官德教育，就要自觉加强学习，激活内因，启发自觉，立足于自我教育、自我剖析、自我监督、自我提高，使精神世界得到净化和升华。对丧失官德的领导要及时进行组织处置，对道德败坏、蜕化变质的坚决清除出干部队伍。要坚决反对自由主义、好人主义，下大力解决党内生活不经常、不认真、不严肃的问题。自觉"修身"是官德的基础。所谓"修身"或"道德修养"，就是指一个人在修炼自身道德、人格、情操方面所下的功夫，以及在道德境界、道德人格和道德情操方面达到的水平。儒家所提倡的"修身"与我们现在所倡导的干部修养的具体内容虽有所不同，但古人的很多修养方法和修养经验是有借鉴价值的。

（八）胸怀天下，协和万邦

1. 胸怀天下，就要志存高远

中国古人强调"立志"的重要性。立志，就是要确立高尚、远大而明确的奋斗目标和理想，并在行动上努力追求其实现。立志对一切社会主体都有很重要的意义。对个人来说，更值得重视。志乃人之本，犹如舟之舵、水之源、木之根。一个人只有立志，其人生才有明确的方向和奋斗目标，这样才有立足点和出发点，不至于成为碌碌无为的庸人。立志可以激发积极进取的精神，是人之成长和事业成功的保证。先哲们说"有志者事竟成""志不立则天下无可为者"，无志乃是人生的大忌、大患。志有大小、高下之分。尤其是青年人，应该立大志，以天下为己任，以圣贤自期。虽然古人的志向、抱负、理想与今人有很大区别，但是，古人重立志，提倡立大志的思想，对今人自觉树立远大理想，激励奋发有为的精神，仍有重要参考价值。

孟子曰："夫志，气之帅也；气，体之充也。夫志至焉，气次焉。故曰：持其志，无暴其气。"（《孟子·公孙丑上》）这是说，学者不患才之不足，而患志之不立。

"或问入道之功。子曰：'立志。志立则有本。譬之艺术，由毫末拱把，至于合抱而干云者，有本故也。'"（《二程粹言·论学篇》）意思是，有人问入道的方法，二程回答，立志。因为志立则有本。譬如种植树木（"艺术"），从两手合围的幼苗开始（"毫末拱把"），到长成粗壮、高大、直冲云霄的树木（"合抱而干云"），皆因有本之故。这是告诉人们，做任何事情，都要从立志开始，有志者事竟成。

王守仁曰："夫学莫先于立志，志之不立，犹不种其根而徒事培壅灌溉，劳苦无成矣。世之所以因循苟且，随俗习非，而卒归于污下者，凡以志之弗立也。""夫志，气之帅也，人之命也，木之根也，水之源也。源不浚则流息，根不植则木枯，命不续则人死，志不立则气昏。是以君子之学，无时无处而不以立志为事。"（《王阳明全集·示弟立志说》）

又有人曰："身为圣人之徒，志任天下之重。"（唐甄《潜书·思愤》）"世，海也；身，舟也；志，舵也。世之溺人久矣，吾之志所以度吾之身，不与风波灭没者也。操舟者，舵不使去手，故士莫要于持志。"（祝世禄《祝子小言》）"凡人志有所专，则杂念自息。"（王时槐《论学书·答周守甫》，《明儒学案》卷二十）"志不可一日坠，心不可一日放。"（胡居仁《居业录》）"心无日月之明，志无雷霆之奋，不可与言学。"（魏象枢《庸言》）"志为气之帅，有志则气不衰。"（申涵光《荆园进语》）"有志不在年高，无志空长百岁。"（石成金《传家宝》三集卷四《俗谚》）

2. 胸怀天下，就要协和万邦

中华民族爱好和平的精神不仅表现在民族大家庭内部的和睦相处、携手共进上，而且也表现在与毗邻异族或国家的友好团结、和平共处上。"协和万邦"自古以来就是中华民族的传统美德和伦理精神。西汉"张骞出使西域"开丝路，明代"郑和七次下西洋"，标志着中华民族从陆路和海路架起了通往亚、非、欧国家的桥梁。唐代高僧"玄奘印度取经"、唐代僧人"鉴真为传经东渡扶桑"、明清之际"朱舜水日本传中学"，体现了中华民族不仅善于和勇于吸收外来文化，而且也积极主动向外传播中华文化的开放精神。近代中国，西方文化传入中国，很多有识之士纷纷开展学习、介绍、传播西方文化的工作，包括对马克思列宁主义的引入和宣传。这些工作极大地改变了中国的发展方向和社会面貌。现在中国人民奉行和平共处五项原则，注重发展同世界其他国家的外交关系和文化交流，在经济上将"引进来"与"走出去"相结合，将国际大循环与国内大循环统一起来，提出共建"一带一路"和人类命运共同体的倡议，这正是对中华民族"协和万邦"传统美德的继承和发扬。

鉴于篇幅所限，我们在此只介绍三位代表人物。

（1）张骞出使西域

张骞（约前164年—前114年），字子文，汉中郡成固县（今陕西汉中城固）人，中国汉代杰出的外交家、旅行家、探险家，丝绸之路的开拓者。张骞出使西域，打通了汉朝通往西域的南北道路，即赫赫有名的丝绸之路，汉武帝以军功封其为博望侯。史学家司马迁称赞张骞出使西域为"凿空"，意思是"开通大道"。

建元二年（前139年），张骞奉汉武帝之命率领100多名随行人员，以匈奴人堂邑父为向导从长安出发前往西域。西行进入河西走廊，这一地区已为匈奴人所控制。正当张骞一行匆匆穿过河西走廊时，不幸碰上匈奴的骑兵队，一行人全部被抓获。张骞这次出使的目的是到大月氏，希望说服大月氏和汉朝一起夹击匈奴。匈奴人当然不容许汉使通过此地。因此，张骞一行被扣留和软禁达十年之久。在此期间，匈奴单于为软化、拉拢张骞，打消其出使大月氏的念头，进行了种种威逼利诱，但均未达到目的。张骞"不辱君命""持汉节不失"，始终没有忘记汉武帝交给自己的神圣使命，没有动摇为汉朝通使大月氏的意志和决心。元光六年（前129年），匈奴监视渐有松懈，张骞趁匈奴人不备带领其随从，逃出了匈奴人的控制区。

这是一次极为艰苦的行军。大戈壁滩上，飞沙走石，热浪滚滚；葱岭高如屋脊，冰雪皑皑，寒风刺骨。沿途人烟稀少，水源奇缺。加之匆匆出逃，物资准备不足，张骞一行，风餐露宿，备尝艰辛。干粮吃尽了，就靠射杀禽兽以充饥。不少随从或因饥渴倒毙途中，或葬身于黄沙、冰窟之中。

归途中，张骞为避开匈奴势力，改变了行军路线。计划走塔里木盆地南部，昆仑山北麓的"南道"，从莎车，经于阗（今新疆和田）、鄯善（今新疆若羌），通过青海羌人地区后归汉。但出乎意料，羌人也已沦为匈奴的附庸，张骞等人再次被匈奴骑兵所俘，又扣留了一年多。元朔三年（前126年）初，匈奴为争夺王位发生内乱，张骞趁机和堂邑父逃回长安。从武帝建元二年（前139年）出发，至元朔三年（前126年）归汉，共历十三年。出发时是一百多人，回来时仅剩下张骞和堂邑父二人。

张骞这次远征，虽然未能达到说服大月氏建立联盟以夹攻匈奴的目的，但产生的实际影响和所起的历史作用是巨大的。张骞被誉为伟大的外交家、探险家，是"丝绸之路的开拓者""第一个睁开眼睛看世界的中国人""东方的哥伦布"。他将中原文明传播至西域，又从西域诸国引进了汗血马、葡萄、苜蓿、石榴、胡麻等物种到中原，促进了东西方文明的交流。汉武帝元鼎三年（前114年），张骞病逝于长安，归葬汉中故里。

（2）鉴真东渡扶桑

鉴真原姓淳于，十四岁时在扬州出家。他刻苦好学，中年以后便成为有学问的和尚。唐天宝元年（742年），他应日本僧人邀请，先后六次东渡，历尽千辛万苦，终于在754年到达日本。

鉴真等人第一次东渡前，将要和鉴真同行的徒弟跟一个和尚开玩笑，结果那个和尚恼羞成怒，诬告鉴真一行造船是与海盗勾结。地方官员闻讯大惊，派人拘禁了所有僧众，首次东渡因此未能成行。其后接连失败，第五次东渡最为悲壮。那一年鉴真已经六十岁了，船队从扬州出发，刚过狼山（今江苏南通）附近，就遇到狂风巨浪，船队一行人只得在一个小岛避风。一个月后再次起航，走到舟山群岛时，又遇大浪。第三次起航时，风浪更大，向南漂流了十四天，鉴真等人靠吃生米、饮海水度日，最后抵达海南岛南部上岸。归途中，鉴真因长途跋涉，过度操劳，不幸身染重病，双目失明。鉴真最后一次东渡也并非一帆风顺。正当船队扬帆起航时，一只野鸡忽然落在一艘船的船头。鉴真认为江滩芦苇丛生，船队惊飞野鸡不足为怪，而日本遣唐使却认为不是吉兆，于是船队掉头返回，第二天才重新起航，历尽艰险终于到达日本，并带去了很多佛经和医书。

鉴真到达日本后留居十年。他主持重要佛教仪式，系统讲授佛经，成为日本佛学界的一代宗师。他指导日本医生鉴定药物，传播唐朝的建筑技术和雕塑艺术，设计和主持修建了唐招提寺。这座以唐代结构佛殿为蓝本建造的寺庙是世界的一颗明珠，保存至今。

高僧鉴真不畏艰险，东渡日本，讲授佛学理论，传播博大精深的中国文化，促进了日本佛学、医学、建筑和雕塑水平的提高，受到中日人民和佛学界的尊敬。

（3）郑和七次下西洋

明代永乐、宣德年间，明成祖（朱棣）及宣宗（朱瞻基）派遣郑和担任正使，率领船队出使"西洋"的海上远航活动，首次航行始于永乐三年（1405年），末次航行结束于宣德八年（1433 年），共计七次。其中第七次下西洋人数达 27550 人，先后和平造访了三十多个国家和地区，最远到达东非和红海。

郑和下西洋是明朝初年的一场海上远航活动，也是中国古代规模最大、船只最多（240 多艘）、海员最多（每次 27000 多人）、时间最久（共 28 年）的海上航行。郑和航行远远早于葡萄牙、西班牙等国的航海家，如麦哲伦、哥伦布、达伽马等人，堪称是"大航海时代"的先驱，是唯一的东方人。

明成祖朱棣希望通过郑和下西洋，去宣传他的天下秩序的理想，建立天朝礼制体系，最终实现共享太平之福。所以郑和的船队所到之处没有侵略别人的土地，没有掠夺别人的人口，没有抢夺别人的财物。恰恰相反，中国当时实行的政策叫"厚往薄来"，这个思想是明太祖朱元璋提出来的，明成祖朱棣仍然坚持了这个思想，所以郑和每到一地都要给当地大量的赏赐。这一举措所达目的首先是有很多国家随着郑和的出使纷纷到明朝访问，当时叫作"朝贡"，我们把它叫作"朝贡贸易"，就是明朝和很多国家之间建立了朝贡贸易关系，即："威德遐被，四方宾服"。郑和下西洋既加强了中国与亚非各国的友好往来和经济交流，也带动了人口迁移（华人移居南洋），促进了南洋地区社会经济的发展。

3. 胸怀天下，就要天下为公

中华民族创造了灿烂的古代文明，包括大道之行、天下为公的大同理想，亲仁善邻、协和万邦的外交之道，以和为贵、好战必亡的和平理念，等等。这些思想中的精华是中华优秀传统文化的重要组成部分，体现出"坚持胸怀天下"具有中华文明的历史积淀和文化基因。

在中华民族悠久的历史文化中，"天下"意识一直深入人心。古人眼中的"天下"，是天底下所有的土地、所有的人民和所有的文明。正如《诗经·小雅·北山》所说："溥天之下，莫非王土。率土之滨，莫非王臣。"这也是中华文明与世界上其他古老文明的主要区别。其他古文明受民族局限性影响，一般是为了本民族求生存求发展，唯有中华文明才有"为天下苍生计"的博大胸襟。几千年来，中华民族数经朝代更替，江山易主，但其独特的"天下观"源远流长，从未改变，从而成就了从未断层的中华文化和从未割裂的中华民族。

《礼记·礼运》曰："大道之行也，天下为公。"后世据此引申出成语"天下为公"。自古中华文化强调"民为贵，社稷次之，君为轻"（《孟子·尽心下》），以人民为中心是中华文化"天下观"的核心内容，对中国历史的发展起到了深刻的影响。"得民心者得天下""水能载舟亦能覆舟"，自古以来，开明的统治者无不以此为戒，先后成就了"文景之治""贞观之治""康乾盛世"等，这是中华传统文化的根基和灵魂，它生生不息，周而复始地滋养着这片土地，哺育着这里的人民，为中华民族的发展壮大提供了丰厚营养。

在中华文化几千年的延续浸润中，"大道之行，天下为公"逐渐成为中华民族的文化基因，而"先天下之忧而忧，后天下之乐而乐"则寄托着有识之士的人生抱负和使命担当。康有为，近代著名思想家、政治家和书法家，先后七次上书光绪皇帝，请求变法图强。他在《大同书》中说：这是一种对理想社会的全新展望。然而，戊戌变法失败，康有为流亡海外，他的思想渐渐变得保守。而真正将"天下为公"这一思想阐释清楚并且使之产生广泛影响的则是孙中山先生。

民国创立后，"天下"被袁世凯篡夺，后来的北洋军阀也都把"天下"视为私有，彼此之间争权夺利，混战不息。因此，孙中山大力提倡"天下为公"，他首先身体力行，以国民公仆为己任并多次题书"天下为公"。

中国共产党作为中国工人阶级的先锋队，同时作为中国人民和中华民族的先锋队，天然地具有这个基因和理想，中国共产党人也更鲜明地体现着这样的抱负和情怀。

中国共产党是中华优秀传统文化的坚定传承者，始终从中华民族的文化基因中汲取思想智慧，提出构建人类命运共同体理念和"一带一路"伟大倡议。习近平总书记指出，今天人类生活的关联前所未有，同时人类面临的全球性问题也前所未有。世界各国人民前途命运越来越紧密地联系在一起。世界各国人民应该秉持"天下一家"理念，彼此理解、求同存异，共同为构建人类命运共同体而努力。在中华优秀传统文化的滋养下，中国共产党顺应时代发展潮流、把握人类进步大势、顺应人民共同期待，志存高远、敢于担当，为世界和平安宁、共同发展、文明交流互鉴做出重要贡献。

党的十九届六中全会审议通过的《中共中央关于党的百年奋斗重大成就和历史经验的决议》，把"坚持胸怀天下"作为党百年奋斗的十条历史经验之一，对于我们坚持走和平发展道路，正确认识和处理同外部世界的关系，具有重要指导意义。

"坚持胸怀天下"，这是对中国共产党百年奋斗历史经验的总结，也是对中华优秀传统文化的继承和发扬。它充分彰显了将中国发展同世界发展相关联的全球视野和大国担当，彰显了中国外交致力于推动世界和平发展、促进人类共同进步的坚定信念。

作为马克思主义政党，中国共产党自创立之日起就以推动人类解放和进步为己任。新中国成立后，毛泽东指出"中国应当对于人类有较大的贡献"，这也是几代领导集体的共同理想。党的十八大以来，我们党胸怀天下，面对"世界怎么了，我们怎么办"的时代之问，从人类社会的整体发展和共同命运出发，提出构建人类命运共同体主张，凝聚了各国人民共建美好世界的最大公约数，为人类发展指明了方向。新时代中国推进构建新型国际关系，摒弃冷战思维和零和博弈，不搞"以邻为壑"和"赢者通吃"，而是通过国际合作共享机遇。在国际治理中，中国始终是世界和平的建设者、全球发展的贡献者、国际秩序的维护者。面对世界经济的复杂形势和全球性问题，任何国家都不可能独善其身、一枝独秀，这要求各国和衷共济，增进人类共同利益，在追求本国利益时兼顾他国合理关切，在谋求本国发展中促进各国共同发展，共同建设一个更加美好的地球家园。

新时代中国在全球治理实践中对解决关系全人类的共同问题进行了全方位努力。一是维护现行国际体系和多边机制，维护以联合国为核心的国际体系，维护以国际法为基础的国际秩序，坚持以联合国宪章宗旨和原则为基础的国际关系基本准则。二是引领全球发展，坚持共商共建共享的全球治理观，积极推进"一带一路"高质量共建，推动落实全球发展倡议，构建开放型世界经济，共创普惠平衡、协调包容、合作共赢、共同繁荣的全球发展格局，欢迎世界各国共享中国发展机遇。三是推动国际社会秉持风险共担精神，共同应对人类面临的全球风险和挑战。四是坚持人类文明进步的总体方向，经历现代文明的洗礼，人类从各自的民族历史走向了全球融合和普遍交往的世界历史阶段，各种文明都生发出不同形态但兼具全人类共同价值的现代文明，中国共产党坚持推动与世界各国主要政党进行治国理政经验对话和亚洲文明对话。五是走绿色发展之路。以经济高质量发展和升级转型为人与自然生命共同体贡献了中国力量。六是让数字文明造福世界各国人民。数字技术和数字经济已经成为人类社会发展的新生力量，我国数字社会建设已经取得显著成果，积累了可与世界各国分享的丰富经验。

二、明德文化的高校实践

明德文化的一些基本理念或核心理念，只有落实到社会实践层面才更有意义。明德文化的社会实践领域极为宽广，可以体现在经济、政治、文化、社会、生态、外交等广阔领域。其中在教育领域，尤其是高校教学、科研和管理中的应用，与高校师生最为切近。我们在此只论述明德文化的高校实践。

（一）明德文化与高校党建

1. 传扬明德文化是高校党建的重要抓手

以传扬、建设明德文化为抓手开展党的各项工作，更具优势和特点。从学理上深化对"明德"理念和明德文化的研究，并将其融入办学理念和实践，可以增强工作的驱动力和软实力。

在当代中国，传扬和建设明德文化，既是教育工作的一部分，也是党的工作的一部分。党的工作包括党的建设，也包括党的领导。为党育人，为国育才，离不开德育为先。党的思想建设、精神文明建设、组织工作、宣传工作、统战工作、纪检工作、群团工作，都与道德问题、明德问题、公平正义问题等，存在着密切联系。因此，我们对明德文化的认识、传扬和建设，既要立足于本校和教育事业，又要面向全国，放眼世界。

明德和明德文化都不是抽象的，总是与具体的人和事相联系，总是与一定的主体及其活动相联系。明德文化与党的思想建设、组织建设、作风建设、纪律建设等有密切联系，与党的纪检工作也有密切联系。明德文化与党的统战工作，包括民主党派、工商界、文艺界、科技界、教育界的工作，都有联系。与民族问题、宗教问题、祖国统一问题，也有密切联系。明德文化与党的群团工作，即工会、共青团、妇联的工作都有密切联系。明德文化与党的宣传思想工作、意识形态工作，如政治思想工作、精神文明建设工作、培育和践行社会主义核心价值观和爱国主义教育工作，都有密切联系。

2. 明德文化建设可以融入和赋能党的工作

明德文化建设与党的建设可以相互融合、相互赋能、相互促进、互为特色。我们可以倡导：读经典，学明德；深研究，探明德；进课堂，讲明德；搞推广，传明德；抓创建，扬明德。具体一点讲，我们可以从"为党育人、为国育才"的大原则出发，也可以从落实"立德树人"的根本任务出发，在培养德智体美劳全面发展的时代新人的过程中，推动中华优秀传统文化中的明德文化创造性转化和创新性发展。在依法治国与以德治国相结合的大背景下，大力开展明德文化的传承、弘扬和创建活动，也是激活中华优秀传统文化，并将其融入现代教育和学校高质量发展的创新之举。我们可以推动形成党政企校齐抓共管"明明德"，各职能部门、业务部门积极支持"明明德"，各二级学院密切配合"明明德"，全体师生员工主动参与"明明德"的生动局面。可以把"明明德"作为核心理念、办学特色和形象工程，真正抓在手上，落到实处。可以将明德文化融入教学、科研、管理、服务等各项工作，与校园文化和精神文明建设、思想政治工作、思政课程和课程思政同向同行，营造师生员工人人学习明德文化、个个践行明德文化的浓厚氛围。可以发挥具有文史哲专业背景教师、思政课教师和学生辅导员在传承、弘扬和创建明德文化中的主力军作用；可以发挥好学工处、团委、学生会和学生社团组织在传承、弘扬和建设明德文化中的生力军作用；可以将明德文化融入校园环境建设、"三风"建设和师生员工的评先奖优工作。总之，学校各部门、各单位，都可以结合自身特点和本职工作，积极参与明德文化创建和支持活动。

我们也可以设立明德文化建设协调机制和研究机构，开展明德文化的科研立项和学术研讨、学术讲座，加强明德文化的舆论宣传，营造校园文化氛围。为此，也可制订总体方案，落实保障条件，采取有力举措。明德文化是带有理念性、灵魂性和形象性的精神元素，具有亦隐亦显、亦柔亦刚的特点。

应该将其有机地、辩证地、创新地融入学校各部门、各单位的本职工作，使之成为阳光雨露般的存在，成为推动学校高质量、快速度发展的精神动力和"形象标识"。

（二）明德文化与教学和科研

1. 明德文化与高校教学

明德文化在高校教学中占据着举足轻重的地位，并发挥着多方面的作用。首先，明德是高校教育的灵魂和基石。高等教育不仅是知识的传授和技能的培养，更是塑造学生健全人格和道德观念的重要阶段。道德教育是高校教育不可或缺的一部分，它关注学生的道德成长和道德修养，引导学生树立正确的价值观和道德观，为他们的未来发展奠定坚实的基础。其次，明德在高校教学中发挥着重要的导向作用。在教学过程中，教师不仅传授知识，还通过言传身教、榜样示范等方式，将道德规范和道德准则传授给学生。这些道德规范不仅引导着学生的行为举止，还影响着他们的思维方式和价值观念，使他们能够更好地适应社会、服务社会。再次，明德在高校教学中还有助于培养学生的社会责任感和公民意识。通过道德教育，学生可以认识到自己在社会中的责任和义务，明确自己的社会角色和定位，从而更好地履行公民职责，为社会的发展和进步做出贡献。最后，明德在高校教学中也有助于提高学生的综合素质和竞争力。在现代社会，人才竞争日益激烈，道德素质已成为衡量一个人综合素质的重要标准之一。具备良好的道德素质的学生，不仅能够在学习和工作中表现出色，还能够赢得他人的尊重和信任，为自己的未来发展创造更多的机会。总之，明德在高校教学中具有非常重要的地位和作用。高校应重视道德教育，将其贯穿于教学的始终，努力培养出既具有专业技能又具备高尚品德的优秀人才。

教学中的明德规范主要涵盖了教师在教学过程中的行为准则和职业操守。这些规范旨在确保教师以高尚的道德标准为指导，为学生提供优质的教育服务，同时维护教育的公正、公平和尊严。

教学中的明德规范主要有：（1）爱国守法。教师应热爱祖国，遵守国家法律法规，全面贯彻国家教育方针，依法履行教师职责权利，不得有违背党和国家方针政策的言行。（2）爱岗敬业。教师应忠诚于人民教育事业，勤恳敬业，对工作高度负责，认真备课上课，认真批改作业，认真辅导学生，不得敷衍塞责。（3）关爱学生。教师应关心爱护全体学生，尊重学生人格，平等公正对待学生，做学生良师益友。保护学生安全，关心学生健康，维护学生权益，不讽刺、挖苦、歧视学生，不体罚或变相体罚学生。（4）教书育人。教师应遵循教育规律，实施素质教育，循循善诱，诲人不倦，因材施教。培养学生良好品行，激发学生创新精神，促进学生全面发展。（5）为人师表。教师应坚守高尚情操，知荣明耻，严于律己，以身作则，作风正派。（6）廉洁奉公。自觉抵制有偿家教，不利用职务之便谋取私利。（7）终身学习。教师应树立终身学习的理念，不断更新知识结构，提升教育教学能力，以适应教育发展的需要。

这些明德规范是教师在教学过程中的基本行为准则，有助于建立积极、健康、和谐的教学环境，促进学生的全面发展。同时，教师也应不断反思自身行为，努力提升自己的道德修养，以更好地履行教育职责。

2. 明德文化与高校科研

明德文化在高校科研中占据着至关重要的地位，并发挥着多方面的作用。首先，明德是科研活动的基石。高校科研作为学术活动的重要组成部分，其本质是对知识的探索和创新。在这个过程中，道德起到了规范和引导的作用，确保科研活动的方向正确、方法科学、结果可信。只有遵循道德原则，科研工作者才能在追求真理的道路上不断前行，为人类社会的进步做出贡献。其次，明德有助于维护科研诚信和学术声誉。高校科研的诚信是学术界的核心价值之一，而道德则是保障科研诚信的重要手段。通过遵守道德规范，科研工作者能够避免学术不端行为的发生，维护学术界的清正廉洁。同时，道德也能够提升高校和科研工作者的学术声誉，增强其在国内外学术界的影响力和竞争力。再次，明德对于促进科研合作与交流具有重要意义。高校科研往往需要跨学科、跨领域的合作与交流，而道德则是促进这些合作与交流的重要保障。通过遵循道德原则，科研工作者能够建立起相互信任、尊重和理解的关系，推动科研合作的深入开展。同时，道德也有助于促进科研成果的共享和传播，推动学术界的共同进步。最后，明德对于培养高素质科研人才具有积极作用。高校作为培养科研人才的重要基地，其科研道德建设对于培养具有高尚品德和创新能力的人才具有重要意义。通过加强科研道德教育和实践，高校能够引导学生树立正确的科研价值观和道德观，培养他们的科研素养和创新能力，为未来的学术研究和科技创新奠定坚实基础。总之，明德文化在高校科研中具有不可替代的地位和作用。高校科研工作应自觉融入明德文化建设，加强科研道德教育和实践，推动科研活动的健康发展。

科研中的明德规范是确保科学研究活动公正、诚实、透明和负责任进行的基础。这些规范旨在保护学术研究的纯洁性，维护科研人员的声誉，以及促进科学知识的积累和传播。科研中的明德规范主要有：（1）诚实与透明。科研人员必须诚实地报告他们的研究结果，不得篡改或伪造数据。他们应该公开分享他们的实验方法、数据和结论，以便同行能够验证和重复他们的实验。（2）知识与产权。科研人员应尊重他人的知识产权，包括专利、著作权和商业秘密。他们应该避免未经授权使用他人的研究成果，并在引用他人的工作时给予适当的承认和致谢。（3）合作与尊重。科学研究通常需要团队合作完成，因此科研人员应该尊重合作者的贡献，保持公正和平等的合作关系。他们应该遵循约定的分工和权益分配，并及时分享实验数据和研究成果。（4）调查与审查。科研人员有责任对研究主题进行尽职调查，确保其合理性和道德性。他们还应该遵守学术期刊的投稿规范和伦理审查要求，确保研究成果的真实性和可信度。（5）尊重与竞争。科研人员应该尊重他人的学术成果和不同的研究观点。在学术讨论和辩论中，应保持冷静和客观，用事实和论据进行争论，避免人身攻击或贬低他人的工作。（6）遵纪与守法。科研人员应遵守政治纪律、工作纪律和国家的法律法规，不得从事任何违法或违背伦理道德的研究活动，应该时刻保持对科学的敬畏之心，以推动科学知识的进步和人类社会的发展为己任。

这些道德规范不仅适用于科研人员个人，也适用于科研机构、学术期刊和资助机构等各方。只有共同遵守这些规范，才能确保科研活动的健康发展，从而为人类社会带来更多的福祉。

（三）明德文化与管理和服务

1. 明德文化与高校管理

明德文化在高校管理，尤其是人事管理中的作用是多方面的。首先，明德文化能够塑造高校的组织文化和形象。一个注重道德的高校，将秉持诚信、公平和责任等价值观，进而建立起正直和可靠的品牌形象。这种文化氛围不仅影响着教职工的工作态度和行为，也能对学生的道德观念和行为习惯产生积极引导作用。其次，明德文化在高校人事管理中有助于提升教职工的积极性和工作满意度。在一个以道德为基础的工作环境中，教职工会感受到公正和尊重，从而更加投入地工作，提高工作效率。同时，这种环境也有助于增强教职工的凝聚力和向心力，形成积极向上的团队氛围。再次，明德文化对于杜绝高校腐败现象、提高管理水平也具有重要意义。高校管理是建立在一定的社会道德原则、规范以及道德理想基础上的，所有活动都会经过道德论证与道德监督。这也有助于确保高校活动的合规性和正当性，降低非道德行为的风险，进而提升整体管理水平。最后，明德文化在高校人事管理中，也能够帮助管理者在面对复杂的人事问题时，坚持公平与正义，以道德手段协调各方关系，降低冲突和矛盾。例如，在处理教职工之间的利益冲突或纠纷时，管理者可以依据道德规范进行公正裁决，维护校园的和谐稳定。总之，明德文化在高校人事管理中发挥着不可替代的作用。通过加强道德建设，高校可以塑造良好的组织文化，激发教职工的积极性，提高管理水平，为培养优秀人才、推动高校发展奠定坚实基础。

那么，在高校管理中，如何发挥明德文化建设的作用呢？首先，要发挥明德文化在塑造高校良好形象方面的软实力作用。一个注重明德文化建设的高校，会强调诚信、公平和责任，从而建立起一个正直和可靠的品牌形象。这有助于提升学校的声誉和吸引力，为学校的长期发展奠定坚实基础。其次，要发挥明德文化在提高员工荣誉感和积极性方面的激励作用。在一个以明德文化为基础的工作环境中，员工会感受到公正和尊重，这有助于增强他们的归属感和忠诚度。同时，道德氛围还能激发员工的工作动力和创造力，提高整体工作绩效。为此，可以建立有效的激励机制，鼓励员工积极践行明德文化。对于表现优秀的员工，应及时给予表彰和奖励，并树立道德榜样，激发更多员工向善向美的动力。再次，要发挥明德文化在协调高校内部关系、降低非道德行为风险的重要作用。利用道德手段来协调各层面关系，可以在道德规范的指导下进行活动，减少不当行为的发生，确保高校的稳定和持续发展。最后，为了发挥明德文化在高校管理中的积极作用，需要建立明确的道德规范和准则，确保员工了解并遵守这些规定。还可加强明德文化的学习和培训，提高员工的道德意识和素养。通过定期举办明德文化讲座、明德文化沙龙、明德文化学术研讨会等活动，让员工深入理解明德文化的内涵和意义，并学会在日常工作中践行明德文化的原则和范畴。总之，在高校人事管理中发挥道德的作用，有助于塑造积极向上的校园文化，激发员工的工作热情和创造力，为学校的长期发展提供有力保障。

2. 明德文化与高校服务

明德文化在高校后勤服务工作中具有举足轻重的作用。首先，明德文化是做好后勤服务工作的基石。高校后勤员工是服务广大师生的重要力量，他们的职业道德水平直接关系到服务质量的高低。具备高尚职业道德的后勤员工，能够全心全意地投入工作，积极为师生提供优质的服务，满足他们的需求。这种服务精神不仅能够赢得师生的信任和尊重，也能够提升后勤服务工作的整体形象。其次，明德文化有助于建立和谐的人际关系。在高校后勤服务工作中，后勤员工需要与师生进行频繁的互动和沟通。具备良好职业道德的后勤员工，能够尊重师生、理解师生，积极与他们建立良好的关系。这种和谐的人际关系不仅能够提高后勤服务工作的效率，也能够增强师生对后勤服务工作的满意度和认同感。再次，明德文化能够推动后勤服务工作的创新和发展。具备职业道德的后勤员工，不仅关注眼前的服务任务，更能够积极思考如何改进和创新服务方式，提高服务质量和效率。他们勇于探索、敢于创新，不断推动后勤服务工作的进步和发展。最后，明德文化建设还能够提升后勤员工的个人素质。通过加强明德文化建设，后勤员工能够不断提升自己的思想境界、文化素养和业务能力，使自己成为一名更加优秀的服务者。这种个人素质的提升不仅能够促进后勤服务工作的发展，也能够为员工的个人成长和职业发展打下坚实的基础。

我们应该高度重视后勤员工的明德文化建设，通过多种途径和方式加强他们的明德文化培训，提高他们对明德文化的知晓度和参与意识，这样才能为高校后勤服务工作的健康发展提供有力的保障。首先，要培养后勤员工的明德文化素质。这包括加强道德教育，提升员工对道德规范和职业操守的认知。通过举办明德文化讲座、分享优秀案例等方式，激发员工对道德行为的认同和追求。同时，建立道德激励机制，对表现出色的员工进行表彰和奖励，形成积极向上的道德氛围。其次，要将道德理念融入后勤服务流程。在后勤服务的各个环节中，都要强调道德的重要性，确保服务过程符合道德规范。例如，在采购、分配、维修等环节，要坚持公平、公正、透明的原则，避免出现不道德的行为。同时，建立健全的规章制度，规范员工的行为，防止道德风险的发生。再次，要注重与学生的互动和沟通。后勤服务部门应该积极与学生建立联系，了解他们的需求和意见，及时改进服务。在沟通过程中，要注重诚信和尊重，树立良好的人格形象。同时，通过举办互动活动、提供咨询服务等方式，增强学生对后勤服务的信任和支持。最后，要加强后勤服务部门的内部管理。通过优化组织结构、提高管理效率等方式，提升后勤服务部门的整体形象和明德水平。同时，要建立有效的监督机制，对员工的道德行为进行监督和约束，确保后勤服务工作的规范性和道德性。

总之，在高校后勤服务工作中发挥明德文化的作用，需要注重员工道德素质的培养、道德理念的融入、与学生的互动和沟通以及内部管理的加强。通过这些措施的实施，可以推动后勤服务工作的规范化和道德化，为高校师生提供更好的服务。

（四）明德文化的传扬方法

1. 读经典，学明德

可以组织师生读《大学》，知明德；读《老子》，悟道德；读《论语》，思君子；读《孟子》，学大人；读《中庸》，尚中和；读《尚书》，仰五帝；读《周易》，植厚德；读《诗经》，思无邪；读《礼记》，知大同；读《春秋》，重功德。正可谓："读诗书明德知礼，尊圣贤养性修身。"

2. 深研究，探明德

可以开展明德文化的学术研究、学术会议、学术沙龙、学术讲座、文化交流、有奖征文等活动，建立相关机构，申报相关基地、项目和奖项等。

3. 进课堂，讲明德

可以编教材，开课程。立足高校开展明德文化建设，是促进优秀传统文化教育落地生根的重要方面，也是落实"立德树人"根本任务，坚持"为党育人、为国育才"重要原则的必然要求。明德文化作为中华优秀传统文化的核心内容，理应得到挖掘整理、传承弘扬。积极推动明德文化的研究、教学和建设工作，有助于彰显学校特色，厚植学校文化底蕴，推动落实"立德树人"根本任务。这对于营造校园文化氛围，塑造校园精神，增强学校的价值引导力、文化凝聚力、精神推动力，进一步激发师生员工的积极性和创造性，推动素质教育、精神文明建设和学校高质量发展，都具有重要意义。明德文化与理工思维相互补充、相得益彰，符合现代文明的发展要求，也有助于培养出中国式现代化所需要的合格人才。从这个意义上说，抓好明德文化的研究、教学和建设工作，是具有战略性的任务。我们应该大力支持明德文化的研究、推广和教学工作，可以组织学生开展明德文化社会实践活动，在进行自我教育的同时，也向社会各界群众宣传推广明德文化。要让明德文化进教材、进课堂、进头脑。在学术研究方面，可以设立校内明德文化研究专项，同时鼓励申报相关的校外纵向和横向研究项目。与此同时，还可以申报政府支持的明德文化社科研究基地。

4. 搞推广，传明德

我们可以发起成立相应层级的明德文化研究会，与有意愿的学校、单位乃至国际组织建立明德文化传承推广联盟，也可以鼓励学生开展弘扬推广明德文化的社会实践活动，让明德文化走出校门，走向社会。要让明德文化进机关、进学校、进企业、进社区、进乡村。从长远设想，还应该以"胸怀天下"为己任，为把明德文化的积极影响力推向全国乃至世界做出贡献。为此，我们可以组织学生创作和展演弘扬明德文化的文艺节目；可以成立明德文化宣讲团、艺术团和明德文化知行社等社团组织；举办明德文化演讲大赛；可以将明德文化融入思想政治工作、精神文明建设工作，以及校风、教风和学风建设之中，在对外交往、交流和宣传中，要将明德文化渗透其中；可以将明德文化纳入师资聘用、培训和考核评优之中；可以将传承、弘扬和建设明德文化的内容渗透到校园环境建设和校园文化宣传的各种形式之中；可以将明德文化融入廉政建设及其教育宣传；可以将明德文化教育纳入校园安全和网络安全工作；可以将明德文化建设纳入合格评估、审核评估等工作。

5. 抓创建，扬明德

我们要坚持"为党育人、为国育才"的办学原则，在培养德智体美劳全面发展的时代新人的过程中，要对"明明德"进行创造性转化和创新性发展。在依法治国、以德治教的背景下，大力开展明德文化的传承、弘扬和创建活动，这也是激活中华优秀传统文化，并将其融入现代教育和学校高质量发展的创新之举。明德文化是带有理念性、灵魂性和形象性的精神元素，具有亦隐亦显、亦柔亦刚的特点，应该将其有机地、辩证地、创新地融入学校各部门、各单位的本职工作，使之成为阳光雨露般的存在，成为推动学校高质量发展的"灵魂工程"和精神动力。

本章思考题：

1. 试论明德文化的核心理念。
2. 试论明德文化的高校实践。
3. 试论明德文化的传扬和推广。

第四章
上古时期的明德文化

　　本章所说的"上古时期"，是指中国历史进入夏朝之前的传说阶段。所谓传说，既指民间的口头传说，也指一些古老文献中所记载的传说。具体来说，就是指传说中的"三皇五帝"时期。由于很多传说人物扑朔迷离、说法不一，其可靠性不好把握。所以，本章只选择了炎帝、黄帝、尧帝、舜帝、禹帝这五位传说人物的资料，旨在展示上古社会及其明德文化的总体风貌。概括言之，上古时期是国家产生之前的原始社会末期，明德文化的特点是具有创新性、权威性和实践性。也就是说，当时的明德文化主要表现为物质文明、制度文明和精神文明方面的大量创造，表现为道德性的风俗习惯是调节社会关系的唯一准则，表现为社会关系和人们行为方式由野蛮状态向文明状态的转变。大多数中国人都以"炎黄子孙"自居（有部分少数民族另有说法），因此，炎帝、黄帝都被奉为中华文明的人文始祖，也是中华民族血缘认同、文化认同和政治认同的象征，中华民族的凝聚力和共同体意识也由此而产生。

一、上古时期的社会状况

（一）上古时期的社会制度

　　从传说中的盘古氏开天辟地、燧人氏钻木取火、有巢氏上树栖居，到

"三皇"（伏羲、女娲、神农）、"五帝"（黄帝、颛顼、帝喾、尧、舜），直到启建立夏朝之前的部落联盟首领大禹时期，是中华民族的上古时期。用历史唯物主义观点来看，中国的上古时期，也就是奴隶制国家建立之前的原始社会末期，这是中华文明的始创期。由于当时还没有文字记载，很多社会状况都是以传说方式流传后世的，即使距今三千年上下流传下来的文献记载，相对于五千年上下的历史而言，依然属于传说。因此，以炎帝、黄帝、尧、舜、禹为主要代表的中国上古时代，实际上是一个传说时期。这个阶段，还没有国家和政治，以血缘为纽带的氏族是社会的基础，在氏族联盟基础上形成的部落联盟主宰着人们的生活。传说中的炎帝、黄帝和尧、舜、禹，其实都是部落联盟的首领。历史唯物主义认为，人类最早的社会形态是原始社会。全人类的原始社会大约有三百万年之久，而有文字记载的文明史还不到一万年。中华民族传说中的炎帝、黄帝时代，距今约五千年，所以，已经到了原始社会的末期，与其紧接的是第一个奴隶制社会，是由大禹奠定一定基础，并由其儿子启正式建立的夏朝。

学者叶万松在《中国文明起源"原生型"辩正》一文中指出，"发达的农业经济以及与经济基础相适应的父系氏族制度，必然促使中原地区仰韶时期的社会结构继续发生深刻的变化"[1]。发端于旧石器晚期的母系氏族社会，生产力极不发达，此时整个氏族实行共产制经济，氏族之间人人平等、自由，因而不存在私有的观念。随着农业和畜牧业不断发展，财富不断积累，在家庭形式的母系氏族社会内部开始出现社会分化，开始出现了财富的观念。由于财富观念的出现，逐渐衍生出了个人占有的萌芽，迫使母系氏族逐渐按照血缘的亲疏分为若干个母系家族分支，母系家族是一个共同生产生活、共同占有财产的小单位，于是母系氏族制度开始向父权制氏族制度过渡。在《国语·鲁语上》中有"黄帝能成命百物，以明民共财"，说明在黄帝时期随着生产力不断的发展，社会财富不断积累，物产逐渐丰富，个人财富也得到积累。此时，社会贫富分化和阶级对立开始出现，社会从此开始分裂为剥削阶级与被剥削阶级。唯物史观认为，国家是在"阶级的冲突中产生的"。这是国家产

---

[1] 叶万松:《中国文明起源"原生型"辩正》，载《中原文物》2011年第2期。

生的社会基础。而奴隶制就出现在此过程中。在此时期，其婚姻形态处于对偶婚向一夫一妻制过渡的家长制家庭公社阶段。即父权制的家庭以婚姻关系为生活基础，拥有支配其成员和财产的权利，并对其妻子、子女、奴隶拥有生杀大权。随着社会不断发展，婚姻形态按社会分层更加突出，人殉人祭的出现更显示奴隶制度凶残的本质，这一切都表明阶级日益形成尖锐的对立，使得此时社会完全进入了初级文明社会与邦国型国家。

（二）上古时期的生产方式

考古学认为，旧石器时代使用打制石器，依靠天然取火；新石器时代使用磨制石器，会人工取火。新石器时代开端的标志是制陶业、农业、家畜饲养业和磨制石器制造业的出现。旧石器时代由于部族生产力低下，人民大多以果实、坚果、根茎作为食物。随着人类学会使用标枪和火等工具，使猎物成为日常的食物。而采集、狩猎等生产方式的革新，让人类逐渐摆脱原始生存状态，为新石器时代农耕文明的发生奠定了基础。到了新石器时代，人类的生存能力不断提高，开始出现了垦、捕、渔、猎等活动，但是仍依赖于大自然的馈赠。因此，人类必须选择较为优越的自然条件来改善生存条件。于是耒耜等各种工具先后被制造出来并推广使用，还出现了以利用天象观测、天时历法、春夏秋冬的自然环境条件来促使社会生产力发展。随着生产力发展和劳动产品的丰富，出现了交换商品的市场，有了最初的商业和商人。关于炎帝发明市场的传说，应该就是对这一社会现象的反映。

（三）上古时期的文化状况

上古时期也为中华民族的形成孕育了共同血缘、共同语言、共同信仰、共同文化、共同心理等特征，为中华民族的形成发展奠定了重要基础。国家产生之前，还没有政治，传统习俗和道德规范是治理社会的重要工具，氏族和部落首领的权威主要是道德性的。

上古时期精神文明的发展程度还比较低，不同族群、部落的文化之间存在差异性，于是各个族群部落之间自发形成不同的文化信仰。例如炎帝就是以火神的形象被先民所信仰，其中既包含神灵崇拜的因素，也包含人文因素，是一种早期原始形态的文化。这种文化经过不断的发展和传承逐渐发展为巫文化。巫文化本质上是建立在自然崇拜、祖先崇拜基础上的部族文化。它是以某种动植物或自然现象为图腾的一种原始信仰。在图腾崇拜下，人们认为自己与图腾有着血缘关系，因此不能杀食或侮辱图腾，在文字图画逐渐出现后，图腾逐渐演变为族徽以及氏族成员的"姓"或早期政权中的官职代号。而巫俗社会的另一方面是通过占卜活动预测吉凶，统治氏族部落。在此过程中，出现了"礼"的萌芽，如《通典·礼一》言"伏羲以俪皮为礼，作琴瑟以为乐，可为嘉礼"，说明伏羲时已出现了以"俪皮"为信物的婚嫁之礼，但总体看，这些只是"礼"的雏形。随着早期国家政权的出现，部落的管理者通过垄断一部分自然崇拜的巫术活动，并将其转化为早期国家的礼乐制度，来约束人们的行为和情感，以维护社会秩序的和谐，也表达对天地神灵的敬意和感恩。

二、炎帝的传说

（一）炎帝的发明创造

传说中炎帝的发明创造主要有：（1）制耒耜，种五谷，教百姓耕作，奠定了农业经济的基础，使百姓得以丰食足衣，为人类由原始游牧生活向农耕文明转化创造了条件。炎帝时代人口增加，导致了生活资料的危机，必须进行创造性发明才能解决。（2）神农尝百草，发明了医药。为了让百姓不受病疾之苦，尤其是为了降低妇女和婴儿的死亡率，他尝遍各种草药，以致自己一日中七十次毒。民间传说，炎帝因误尝火焰子而中毒身亡于秦岭北麓的宝鸡天台山。（3）创造日中之市，首启市场交易。据《周易·系辞下》载，神农"日中为市，致天下之民，聚天下之货，交易而退，各得其所"。神农发明的以日中为市，以物易物的市场是中国货币、商业发展的起源和基石。（4）治麻为布，民着衣裳。原始人本无衣裳，仅以树叶、兽皮遮身，神农教民麻桑为布帛后，人们才有了衣裳，这是人类由蒙昧社会向文明社会迈出的重大一步。（5）作五弦琴，以乐百姓。据《世本·下篇》载，神农发明了乐器，他削桐为琴，结丝为弦，这种琴后来叫神农琴。神农琴"长三尺六寸六分，上有五弦，曰宫、商、角、徵、羽"。这种琴发出的声音，能道天地之德，能表神农之和，能使人们娱乐。（6）削木为弓，以威天下。神农始创了弓箭，有效地防止野兽的袭击，有力地打击了外来部落的侵犯，保卫了人们的生命安全和劳动成果。（7）制作陶器，改善生活。在陶器发明前，人们加工处理食物，只能用火烧烤，有了陶器，人们对食物可以进行蒸煮加工，还可以贮存物品、酿酒、用来消毒。陶器的使用，改善了人们的生活条件，对人类的饮食卫生和医药发展产生了深远的影响。

（二）炎帝是中华文明的人文始祖

炎帝有很多发明创造，最主要的功绩是发明了农业，这也是一些人将炎帝与神农相联系的一个原因。农业在中国社会发展中极其重要，是中国文明起源和形成的基础。有关炎帝发明农业的记载，主要集中在两个方面：一是发现谷种，教民耕种。《逸周书》载："神农之时，天雨粟，神农耕而种之。"由此可知，神农时期已进入农耕时代，人类生活发生根本性转变。因此，炎帝又被尊称为"农神"。二是制作耒耜，设立农制。《周易·系辞下》载："包牺氏没，神农氏作，斫木为耜，揉木为耒，耒耨之利，以教天下。"炎帝发明了耒耜，改变了原有的劳动方式，社会开始由采集狩猎社会进入以种植、养殖为特征的原始农业阶段，极大推动了原始农业的发展。

在仰韶文化的中晚期，农业文明有了较快发展。在黄河中游的渭河流域，出现了以发明农耕文明著称的炎帝部落。炎帝部落继承了神农氏初创的农耕文明，进一步推进了农业的发展，形成了以农耕经济为主要内涵的姜炎文化。春秋时期的历史学家左丘明所著《国语·晋语》曰："昔少典娶于有蟜氏，生黄帝、炎帝。黄帝以姬水成，炎帝以姜水成。成而异德，故黄帝为姬，炎帝为姜。"北魏郦道元所著地理学著作《水经注·渭水》曰："岐水又东经姜氏城南为姜水。"姜水，一说是流经宝鸡市所辖岐山县周原一带的岐水，另一说是由秦岭北麓经宝鸡市区西南流入渭河的清姜河。无论哪一种说法，都在宝鸡境内。北京大学考古学教授邹衡曾提出"姜炎文化"的概念。① 此概念中的"姜"字，可理解为实指"姜水"，泛指"宝鸡地域"；其中的"炎"字，无疑是指"炎帝"。

关于炎帝时代所延续的时间，一说是"我国上古史上，以母系为特征，以发明农业为标志的神农时代，从距今一万年的时候开始，经历了大约 3500 年的漫长岁月。它的结束，标志着古代华夏族内的上层，基本上完成了母系氏族社会向父系氏族社会的转变"②。另一说是"把公元前六千年前后作为炎帝时期的上限，应该是可信的"，"炎帝时期的下限应在公元前三千年以后"。③ 这二说都认为炎帝时代延续了三千余年，只是在距今的年代上还存在着约两千年的分歧（以"上限"来算）。对这一分歧暂且不论，无论哪一说，都表明炎帝时代处在中国五千年文明的入口处，堪称中华民族文化的源头。再从炎帝部落的活动地域来看，它虽然发祥于姜水之畔，但其活动地域极为广阔。正如有的研究者指出："炎帝的发祥地在关中西部的宝鸡地区。它的前期活动主要在渭水流域并南及湖北，后期向东发展，势力及于中原并达到黄河下游的山东地区。为统一黄河流域和形成华夏族奠定了基础。"④ 又有人指出："炎帝部落传到八代时，与南方而来的蚩尤部落发生战争，求救于北方的黄帝部落，炎、黄联合大败蚩尤于涿鹿。后黄、炎再战，炎帝战败，一部分南迁，足迹达两湖（指湖北、湖南——引者），另一部分仍留于黄河流域分散混杂于今山东、河南、山西、河北等地。三大部落在广阔的长江、黄河流域中渐趋融合，形成华夏族——今天中华民族的主干。故中华民族尊称炎黄为祖先。"⑤ 这些看法都表明，炎帝部落作为中华民族的奠基者，炎帝部落的伦理观念作为中华民族道德传统的源头，都是当之无愧的。

---

① 邹衡：《漫谈姜炎文化》，见宝鸡市社科联编：《炎帝论》，陕西人民出版社 1996 年版，第 1 页。

② 张天恩：《神农时代及其它》，见宝鸡市社科联编：《炎帝论》，陕西人民出版社 1996 年版，第 105 页。

③ 刘华：《炎帝研究中几个问题浅谈》，载《宝鸡社科通讯》1990 年第 5 期。

④ 刘华：《炎帝研究中几个问题浅谈》，载《宝鸡社科通讯》1990 年第 5 期。

⑤ 何泳：《关于"姜炎文化"的几个问题》，载《宝鸡社科通讯》1991 年第 4 期。

　　自20世纪90年代以来，全国兴起了一股研究和祭祀炎帝的热潮。陕西宝鸡市、山西高平市、湖北随州市、湖南株洲市炎陵县，都自称炎帝故里，并由地方政府出面连续举办大型纪念活动，尤其是每年清明节，几乎都有官方或民间举办的祭炎活动。在此背景下，时任湖南省社会科学院炎黄文化研究所所长、研究员，兼任湖南省炎黄文化研究会会长的何光岳先生，曾经在他70多万字的《炎黄源流史》一书中提出：炎帝是部族首领的统称，该部族延续了多代，其中第一、二代炎帝起源于陕西宝鸡的渭水流域，以后沿渭水向东迁徙到达中原地区的山西、河北、河南一带，在与黄帝部族的战争失败后，有些成员融入黄帝部族，有些成员向南迁徙，到达今天的湖北随州和湖南炎陵一带，这就成为现在这些地方自称炎帝故里并隆重祭祀的依据。此观点，比较好地解决了全国多地都自称炎帝故里的矛盾，受到大家的赞同。

　　关于炎帝的身份，学界大致有三种不同的看法：一是依据《国语》《左传》记载的"炎黄同胞异德"说，提出炎帝与黄帝为高辛氏之子；二是认为炎帝即为神农，是最初发明五谷、教人耕种的农业神；三是将炎帝看作氏族首领的称号，如"炎帝厉山氏""炎帝大庭氏""炎帝归藏氏"等。学术界一般认为神农氏即炎帝，但是神农应该是氏族名，而炎帝是帝号，或者说是部落首领，不一定是人名，也可能是对该部落（或部族）历代首领的统称。因此，有人认为，神农氏和炎帝并不能完全等同起来，神农氏曾经享有炎帝的称号和帝位，但不是所有的炎帝都是神农氏，神农氏也并非一直都享有炎帝称号。炎帝的身份在历史上是经过反复建构和转换认定的，经过不同时期、不同地域的神话传说的讲述与传承，形成了中华民族的群体记忆。

　　随着炎帝研究走向深入，人们不断提出新的问题。例如：炎帝是人还是神？把炎帝作为历史人物来研究，还是作为信仰符号来研究，其研究方法和结果是大不一样的。孔润年教授认为："自古以来就有两个炎帝，一种是作为历史人物的炎帝，一种是作为信仰符号的炎帝。造成这种现象的原因是人们对待炎帝有两种态度，一种是科学的态度，一种是神化的态度。前者导致科学主义的炎帝观，后者导致信仰主义的炎帝观。就当代而言，虽然官方和民间都在祭祀炎帝，但其炎帝观明显不同。官方在祭祀作为历史人物的炎帝，民间在祭祀作为信仰符号的炎帝。不过，这两种意义的祭炎活动，都具有推动文化认同、民族团结和经济发展的意义。"①

（三）神农"亲尝百草"

上古时候，人们捋草籽、采野果、猎鸟兽以维持生活，有些人吃错了食物，身体出现不适。生病的人们不懂得对症下药，身体健康受到威胁。神农决心尝百草，定药性，为大家消灾祛病。

据民间传说，神农刚开始尝百草时，就看到矮绿树丛里长着许多小嫩叶。神农采了一片，刚含到嘴里，叶子就滑到了他的肚子里，把神农的肚子洗得干干净净。他给小叶子起了个名字叫"查"。"查"就是我们今天用来泡茶的茶叶。之后，神农每当尝到有毒性的草，就赶紧吃一片"查"下去，毒就解了。还有一次，神农把一棵草放到嘴里，瞬间头晕目眩，倒在地上，跟随他的人慌忙把他扶起。神农知道自己中了毒，他看到不远处有一株又红又亮的草，就用手指了指那株草。人们赶忙采了红草喂到他嘴中。神农吃了红草起死回生。救活神农的红草就是灵芝。就这样，神农走了很远很远，尝遍了各类花草。后来，神农不幸尝到了毒性极强的"断肠草"，离开人世。回顾神农的一生，他区分了麦、稻、谷子、高粱、豆等，让黎民百姓种植，后人称其为"五谷"。他尝出了百余种草药，为百姓治病，后人又在此基础上继续积累经验，写成《神农本草经》。他曾经尝百草的山林，老百姓取名为"神农架"，即今天湖北省的神农架林区。今日的农耕与医药，源自祖先代代积累下来的生产与生活经验，神农便是一位这样的传奇领袖。神农尝百草体现了神农"德行"中事必躬亲，敢于奉献牺牲的精神。这种"德行"为后世传送了一种开辟洪荒，自强不息的精神。这种自强不息，是其中的一部分，同时也是明德文化的核心部分。

（四）炎帝的"仁德"

炎帝的仁德主要体现在四个方面。

1. "以德而王"

"以德而王"是指使用德行来管理天下。这里"德"一般指习俗、习惯、

---

① 孔润年：《两种炎帝观：科学主义和信仰主义》，载《湖南文理学院学报》2009 年第 6 期。

行为、方式、方法等。《吕氏春秋·上德》云："为天下及国，莫如以德，莫如行义。以德以义，不赏而民劝，不罚而邪止，此神农、黄帝之政也。"《淮南子·主术训》云："昔者神农之治天下也，神不驰于胸中，智不出于四域，怀其仁诚之心。"《帝王世纪》云："诸侯夙沙氏，叛不用命，炎帝退而修德，夙沙之民自攻其君，而归炎帝。"《广博物志》云："神农修德而夙沙至。"《通志》云："夙沙氏为诸侯，不用命，箕文谏而杀之，神农退而修德，夙沙氏之民，自攻其君而来归。"由此，炎帝在治理天下时，对于不听从自己命令的氏族，采用的是教诲的方式，而不是"诛"或"驱"的办法，以"德"报怨，然后使其归顺于他。

"以火德王。"《文献通考》曰："火，德也。"火，传说是燧人氏"钻燧取火"所发明的，而炎帝继承发展了燧人氏的"火"，把火广泛地运用于生产、生活之中，发明了火耕、熟食、烧制陶器等等。《左传·昭公十七年》载："炎帝氏以火纪，故为火师而火名。"《路史·后记三》载：炎帝"于是修火之利，范金排货，以济国用"。因此，炎帝与火关系密切。《说文解字》曰："炎者，火光上也，从重火"，遂"以火德王"，名炎帝，或赤帝，死托祀南方炎火之地，为火德之帝，号天帝赤熛怒，岁名赤奋若，又名赤冀若。民间称炎帝为"太阳之神"，因火与太阳都给人间带来光明，带来温暖，五谷更离不开太阳，所以，民间世世代代都用太阳象征炎帝。因此，火在炎帝族中占有崇高的地位，"火德"是凝聚姜炎族的精神纽带。

可见，炎帝的"德"治，使其得到了掌管天下的权力。因炎帝采取的是"至德之隆"的德政理念，所以风调雨顺、五谷丰登，人民过着男耕女织的和谐生活，国家无须手段和刑罚即可治理，百姓亦不会造反称王。

2. "作教化民"

炎帝时代的"作教"是言传身教或口耳相传；"化民"就是用"农耕""熟食"等先进的生产、生活方式来改变先民落后的生产、生活方式。《白虎通义·号》载：炎帝"制耒耜，教民农作"。炎帝还把"德"推人及物，提倡善待自然。炎帝教化族民要"躬勤田亩之事"，如此，才能五谷丰登。在炎帝的大力倡导下，农耕生产得到了推广与普及。《管子·轻重戊》载："九州之民乃知谷食，而天下化之。"炎帝还通过发明"音乐"以教育族民和睦相处。《通志》载："炎帝……始作五弦，削桐为琴，纠丝为弦，以通天地之德，以合神人之和。"在"教"的方式方法上，炎帝能按照人们的不同性格而施以不同的教育内容和方法。可见，炎帝能从实际出发，教化人民。

3．事必躬亲

炎帝不仅以"德"治理"天下"，而且用"德"严格要求自己。《文子·上义》载：炎帝"躬身亲耕，妻室亲织，作为天下的表率"。传说，炎帝为了发明医药，为民治病，遍尝百草，"一日而遇七十毒"，"百死百生"。炎帝一次误尝一种俗名"火焰子"（断肠草）的毒草，中毒而死。可见，炎帝为民而死实践了他的"修德"理念。传说中还有炎帝的女儿"精卫填海"和后裔"夸父追日"的故事，皆体现了炎帝族不屈不挠的拼搏精神。

4．宽厚仁慈

据《史记·五帝本纪》等记载，炎帝、黄帝曾为争夺联盟领导权而在"阪泉之野"发生战争，黄帝"三战，然后得其志"。炎帝失利后，并未与黄帝为敌，而是"尊轩辕为天子"，加入炎、黄、蚩三部族组成的华夏联盟集团，与黄帝族、蚩尤族（东夷族）共同开创了华夏族历史新局面。在这场战争中，炎帝则表现出他宽厚仁慈的融合思想。炎帝在位期间勤政爱民，继承了农耕文化的基因，也彰显了华夏民族群体性智慧。

炎帝时代的明德文化，在中华文明史上，占有十分重要的地位。也可以这样理解，炎帝的很多发明创造及其功绩，实际是后人对那个时代人们的衣食住行、物质文明、精神文明的总体概括，把所有人的发现、创造、发明都归功到炎帝神农氏这个传说人物身上。那个时代的明德文化主要不是理论形态的，而是行为形态的。我们只有联系炎帝的行为表现、发明创造、伟大贡献，才能真正体会到其中所蕴含的明德文化。

（五）炎帝精神

炎帝在开拓洪荒、奠定农业文明的艰苦创业中，带领先民展现出卓绝的"明德"精神，坚毅进取、自强不息、天下为公的伟大精神，形成了淳朴仁诚、友善敦睦的社会风尚，最终凝聚为中华民族物质文明和精神文明的象征。

1．艰苦创业的开拓精神，敢为人先的创新精神

原始社会生活条件恶劣，炎帝神农氏带领氏族部落开辟蛮荒，种植五谷，发明耒耜，使人民实现由依靠自然生存的社会转向自主生产型社会，人类开始进入农业社会时代。为了改善人类的生存状况，炎帝神农氏遍尝百草，和药济人，还根据社会发展和大众需要开辟物物交换的贸易市场。这正是炎帝氏族艰苦奋斗、开拓创业精神的典型体现。

而炎帝开创农耕，植谷作耜；遍尝百草，和药济人；日中为市，教民贸易；作陶冶斧，发明器具；削桐练丝，制琴和瑟；织麻为布，始兴纺织；构木为屋，改善民居；弦木为弧，剡木为矢；等等。这恰是其探索、发明、创新的过程，在此过程中彰显了中华民族革故鼎新、开拓创新的精神。炎帝这种精神基因，是推动中华民族进步的灵魂。

2．团结奋斗的合作精神，和谐共生的和合精神

炎帝神农时代正是简单朴素的和谐社会，虽物资匮乏，但人心淳朴，氏族领袖亦自觉从公众利益出发。炎帝将氏族团结起来方共同抵御恶劣的生活环境。据《尉缭子·治本》载，"民无私则天下为一家，无私耕私织，共寒其寒，共饥其饥"，而到"神农氏衰"，炎帝为了避免人民遭受战争伤亡之苦，选择炎黄联盟。此后，炎黄两族相互融合，逐步形成了一个以中原炎黄联盟为主体、多元一体的中华民族大家庭，并在不断的融合中共同发展了中华文明，逐渐形成了使各民族团结一心、和谐相处、相互认同、共同发展的民族凝聚精神，由此开创了中华民族多元一体的大融合、大统一、大发展、大进步的历史新时代。

炎帝神农氏也很重视从教化角度来培养人们内在的天人合一精神。他通过"琴乐"移风易俗，"顺民之性，育之者也"，教育族民实现人与自然、人与人和睦相处的目标。《世本》载"神农作琴""神农作瑟"。桓谭《新论》说神农氏"始削桐为琴，练丝为弦，以通神明之德，合天地之和焉"。炎帝神农氏这种对和谐社会的追求，深刻影响了后世儒家、道家和中国历代政治家的思想创新，使儒、道思想及中国传统政治文化含有浓厚的天人合一的和谐思想，并成为中华民族重要的精神文化资源。炎帝神农氏对"天人合一"的追求与实践，对于构建人与人、人与自然和谐共生的当代社会具有重要的启

迪意义。

在五千多年的历史长河中，中华民族开拓了祖国的大好河山，创造了灿烂的中华文化，形成了紧紧依靠的亲密关系。新时代充满了未知变化，我们要更加紧密地团结在一起，坚持人与自然和谐共生，努力奋斗，为中华民族的伟大复兴谱写新的篇章。

3. 天下为公的奉献精神，为政以德的仁廉精神

中国古代以农立国，强调"民为邦本，食为民天"。炎帝神农时代人们没有私有观念，接近《礼记·礼运》中孔子所描绘的大同世界。中华民族看重天下为公的道德精神，强调个人对天下、国家、民族、社会、家族的责任和义务。这种奉献精神，经过诸子百家的继承与弘扬，早已沉淀成为中华优秀传统文化的重要特质。炎帝神农氏以民为本、为民造福的服务意识和奉献精神，塑造了中华民族这样一种价值观，即强调个体生命的意义和价值不在于自身索取，而在于对社会、对民族、对国家、对天下贡献的程度及高度，这种优秀品德、崇高精神与境界，最终由《左传》浓缩为济世安民的"立德、立功、立言"三不朽之说。

炎帝神农氏"至德之世"是以厚德载物、求治以正为前提条件的。中华民族数千年来崇拜炎帝神农氏，就是因为其公而忘私、厚德载物、慈悲仁爱，孕育了"天下为公""民为邦本""克己奉公""舍己为人"等中华民族优秀精神基因。《吕氏春秋·上德》说："为天下及国，莫如以德，莫如行义。以德以义，不赏而民劝，不罚而邪止，此神农、黄帝之政也。"炎帝为政能够践行德政理念，所以神农氏时代社会安定。炎帝神农氏不仅以"德"治理"天下"，而且用"德"要求自身。《帝王世纪》说炎帝神农氏"始教天下耕种五谷而食之，以省杀生"，把"德"推人及物，身体力行地践行善待自然万物的厚德载物理念。根据考古发现，在仰韶文化的墓葬中，殉葬品已有了数量不等的差别，说明在神农氏时代末期已有了私有财产。炎帝作为氏族部落首领，面对剩余产品而"不贪"，想民之所想，急民之所急，甘于奉献，胸怀慈悲，重义轻利，以廉为政，充分体现了他的"为政以德""厚德载物""大公无私"等可贵精神品质。炎帝神农氏重视自觉修德和人格完美，爱民利民，实施德政，开启了中华政治文明中领导者为政以德之先河。

4. 坚韧不拔的进取精神，勤勉笃行的实干精神

炎帝神农氏的发明创造即是进取精神的突出表现，而由其族裔进取事迹浓缩而成的故事传说更是直接表现出顽强拼搏精神。《山海经·北山经》："女娲游于东海，溺而不返，故为精卫。常衔西山之木石，以堙于东海。"精卫是炎帝的女儿，因失足于海而失去生命，于是化而为鸟，衔石填海。"精卫填海"作为百折不挠精神的象征，给人们以深刻的启迪。"夸父逐日"的故事也反映了炎帝文化中不折不挠的精神。《山海经·海外北经》记载："夸父与日逐走，入日，渴欲得饮。饮于河渭，河渭不足，北饮大泽，未至，道渴而死，弃其杖，化为邓林。"炎帝是后土的先祖，而后土是夸父的祖父。"夸父逐日"的动机见仁见智，但夸父不畏艰难，敢和太阳争高下，以至"道渴而死"的故事传说，显然暗含人类为了认识、改造大自然的顽强斗争精神。特别值得一提的是《列子·汤问》中"愚公移山"的神话故事。愚公为了子孙幸福，决心要搬走挡在他们面前的太行、王屋二山。这种坚韧不拔的斗争精神终于感动了"天神"。"帝感其诚，命夸蛾氏二子负二山，一厝朔东，一厝雍南。自此，冀之南、汉之阴无陇断焉。""愚公移山"的神话故事充分反映了炎帝族与大自然做抗争时所表现出来的无畏、自强的斗争精神。

神农尝百草、精卫填海、夸父逐日、愚公移山等故事传说所折射出来的百折不挠、无畏不屈的精神，展现了中华民族在漫长的历史进程中凝聚的坚韧不拔的民族精神风貌，这种与天奋斗其乐无穷、与地奋斗其乐无穷、与人奋斗其乐无穷的进取精神，显然烙有炎帝文化浓重的印记。

数千年来漫长的农耕社会造就了中国人求真务实的民族性格。炎帝神农氏重视民生经济，开创原始农业，教民种麻制衣，烧制陶器，实现了衣、食、住、用等民用的变革，将关心民众冷暖疾苦落实到日常的生活实践之中。而随着农耕经济的发展，剩余产品出现，炎帝神农氏又首倡"日市"，探索开创民间以物物交换为标志的集市贸易活动等利民举措。正是这种脚踏实地、不事空言、急民所急、想民所想的为民众谋利益办实事的求真务实精神，造就了中华民族不尚空谈浮言、笃志力行，以及在政治上高度重视民生的倾向，从而推动了中国古代带有鲜明实用性的科技发明创造及以"民为邦本""实事求是"等为核心理念的政治文明发展，为中华文明做出了重大贡献。中华民族

在从站起来、富起来走向强起来的征程上，每一个胜利都是经过中国人民坚韧不拔的斗争拼出来的，是用鲜血和汗水换来的。实践充分证明，每个人做成一件事、干好工作，党和国家事业必能向前推进一步，我们定能创造幸福生活和美好未来。

人们对炎帝精神还有很多种概括。总而言之，都是炎帝部族集体智慧的结晶，是被后世人们所广泛认同的价值理念。炎帝所具有的创造精神、实践精神、奉献精神、进取精神以及民本思想，汇聚形成了炎帝时期的明德文化，这对中华民族而言是如此伟大的贡献。

三、黄帝的传说

（一）黄帝的发明创造

在民间传说和文献记载中，黄帝的发明创造主要体现在以下方面。

1. 在物质文明方面

穿土凿井，对农田实行耕作制，及时播种百谷，发明杵臼，开辟园、圃，种植果木蔬菜，种桑养蚕，饲养兽禽，进行放牧等；缝织方面，黄帝发明机杼，进行纺织，制作衣裳、鞋帽、帐幄、毡、衮衣、裘、华盖、盔甲、旗、胄；制陶方面，发明了制造碗、碟、釜、甑、盘、盂、灶等的技术；冶炼方面，发明了炼铜，制造铜鼎、刀、钱币、钲、铫、铜镜、钟、铳的技术；建筑方面，发明了建造宫室、銮殿、庭、明堂、观、阁、城堡、楼、门、阶、蚕室、祠庙、玉房宫等的技术；交通方面，发明了制造舟楫、车、指南车、记里鼓车的技术；兵械方面，发明了制造刀、枪、弓矢、弩、六纛、旗帜、五方旗、号角、鼙、兵符、云梯、楼橹、炮、剑、射御的技术；日常生活方面，发明了熟食、粥、饭、酒、肉、称尺、斗、规矩、墨砚、几案、毡、旃、印、珠、灯、床、席、蹴踘等。

2. 在制度文明方面

经济制度上发明了田亩制。黄帝之前，田无边际，耕作无数，黄帝以步丈亩，以防争端，将全国土地重新划分，划成"井"字，中间一块为"公亩"，归政府所有，四周八块为"私田"。公田由八家合种，收获上缴政府，这就为后来的井田制奠定了基础。政治制度上，划野分疆，八家为一井，三井为一邻，三邻为一朋，三朋为一里，五里为一邑，十邑为一都，十都为一师，十师为州，全国共分九州；在法律制度方面，设官司职，置左右大监，监于万国，设三公、三少、四辅、四史、六相、九德（官名）共 120 个官位管理国家。对各级官员提出"六禁重"，"重"是过分的意思，即"声禁重、色禁重、衣禁重、香禁重、味禁重、室禁重"，要求官员节俭朴素，反对奢靡。在使用人才上，访贤、选贤、任能，因才使用，设"礼文法度""治法而不变"，命力墨担任法官、后土担任狱官，对犯罪重者判处流失，罪大罪极者判处斩首等。

3. 在精神文明方面

黄帝发明了历数、天文、阴阳五行、十二生肖、甲子纪年、文字、图画、著书、音律、乐器、医药、祭祀、婚丧、棺椁、坟墓、祭鼎、祭坛、祠庙、占卜。提出以德治国，"修德振兵"，以"德"施天下，一道修德，惟仁是行，修德立义，尤其是设立"九德之臣"，教养百姓九行，即孝、慈、文、信、言、恭、忠、勇、义，进行思想道德建设。

炎帝、黄帝何以能有那么多的发明创造？这些发明创造是一代人的还是多代人的？是一个人的还是许多人的？为什么要进行这些发明创造？用历史唯物主义观点来分析，个别历史人物，甚至一代人要有那么多的发明创造似乎很难，实际情况可能是多代人集体智慧的产物，只是在民间传说中全归于被神化的炎帝和黄帝了。还有很多物质文明、制度文明和精神文明的成果，其历史源头根本无法具体说明，人们也就凭想象归于炎黄二帝的发明创造了。这也是人类认识世界和解释世界的一种普遍方式。应该说，炎黄时代的大量发明创造，不可能完全出于个别英雄人物之手，而一定是那个时代的人民群众集体智慧的产物。只不过炎帝、黄帝是其代表人物。在英雄史观的长期影响下，人们才把这些创造发明归于某些代表人物的名下了。

（二）黄帝是中华民族的人文初祖

人们习惯于将炎帝称为人文始祖，而将黄帝称为人文初祖。其实，这两种说法并无本质区别，只是修辞上的变化而已。人文始祖和人文初祖指的都是开拓人文文化，对中华文明进步做出巨大贡献的人，主要指炎黄二帝。和炎帝一样，黄帝也是开创中华文明的代表性人物。他联合炎帝部落，从黄土高原出发，一统华夏氏族、东夷氏族、苗蛮氏族三大部落，开拓了人文文化，对中华文明进步做出巨大贡献，因而被称为中华民族或中华文明的"人文初祖"。

《史记·五帝本纪》载："黄帝者，少典之子，姓公孙，名曰轩辕。"前述《晋语》也说黄帝和炎帝都是少典所生。谯周说少典是有熊国君，《史记》集解引徐广曰黄帝"号有熊"，《史记》正义引《舆地志》云："涿鹿本名彭城，黄帝初都，迁有熊也。"所以张守节说"黄帝，有熊国君"。《史记》索隐又引皇甫谧说："黄帝生于寿丘，长于姬水，因以为姓。居轩辕之丘，因以为名，又以为号。"以姬为姓，有土德之瑞，尊称黄帝。《史记·五帝本纪》载：生而神灵，弱而能言，幼而徇齐，长而敦敏，成而聪明。意思是黄帝一生下来就显得异常神灵。刚生下没多久，便能像成人那样说话。十五岁已经熟知天文地理、政治军事，对世间事务无所不晓，无所不通。民谚"二月二，龙抬头；三月三，生轩辕"，自古以来民间都认为黄帝诞生于公元前 2717 年农历三月初三。黄帝二十岁继承有熊国的王位后，有熊的势力得到迅速发展，并形成一个独立的黄帝部落。黄帝部落在从姬水向东发展的过程中，继承了神农以来的农业生产经验，将原始农业发展到高度繁荣阶段，使本部落迅速发展壮大。

此时，部落之间相互入侵发生战争，百姓苦不堪言，而炎帝神农氏无力征讨。此时黄帝平复战乱，反而被认为在挑战炎帝的统治，于是与炎帝发生冲突，在阪泉发生战争，黄帝打败了炎帝。后来，黄帝又和蚩尤在涿鹿发生战争，擒杀蚩尤赢得了天下的尊重。于是黄帝取代炎帝成为新的共主，历史进入轩辕时代。

黄帝奠定天下后，制定国家的官职制度。如以云为名的中央职官，管宗族事务的称青云，管军事的称缙云，又设置了左右大监，负责监督天下各部落。风后、力牧、常先、大鸿被任命为治民的大臣。除此，他又经常封祭山川鬼神，还以神蓍推算和制定了历法。

（三）黄帝修德治理天下

黄帝作为中华人文初祖、后世贤君所追捧的偶像，生性仁义、爱好和平，不喜欢武力征伐，故人们大都认为黄帝之"德"是"全德"，即"无所不包之德"。其所代表的更是一种精神文明的象征和信仰的体现，而非是某个具体人物。黄帝作为众德性的集大成之人，其德行经过融合发展形成了具有华夏族的民族风格的明德文化。黄帝的德行大致可以归纳为以下四种。

1. 创造文明古国的德行

黄帝视野开阔，心胸广大，他放眼四海，开山通路，扩大疆域，东至大海，西至空桐，南至长江，北至釜山，踏勘疆土，奠定了中华民族最初的国家疆域和版图。炎帝时代实行的是部落酋长和部落联盟首长的氏族公社式治理，"天下一笼统"，有部族分支，尚无行政区划。黄帝尝试着推进行政区划，八家为一井，三井为一邻，三邻为一朋，三朋为一里，五里为一邑，十邑为一都，十都为一师，十师为州，全疆域划分为九州，创造了行政区划，委派有威望的能干之人治理地方，初步形成了行政区划有序治理，从"天下一笼统"到国家雏形初步显现，国家呼之欲出。

2. 治理文明古国的德行

黄帝划野分疆后，初步建立古国官吏体制，划野分疆，设官司职，置左右大监，监于万国；设三公、三少、四辅、四史、六相、九德共 120 个官位管理国家；如以云为名的中央职官，管宗族事务的称青云，管军事的称缙云，风后、力牧、常先、大鸿被任命为治民的大臣。对各级官员提出"六禁重"，要求官员节俭朴素，反对奢靡；提出以德治国，"修德振兵"，以"德"施天下，修德立义，惟仁是行，设立"九德之臣"，任命风后、力牧、常先、大鸿为治民的大臣教养百姓九行，教导百姓言行。在对农业和赋税的管理上，黄帝首创田亩制，以步丈亩，将全国土地划成"井"字，中间一块为"公亩"，归政府所有，四周八块为"私田"，由八家合种，收获部分上缴政府，确保了人人都能种地，人人都有饭吃。

3. 开创社会秩序的德行

黄帝立国设官之后，主张树范立规，教导万民有所遵从，有所不为，在社会上确立道德规范，明确是非曲直。《黄帝四经·经法·道法》中说，黄帝认为"道生法。法者，引得失以绳，而明曲直者也"。又说"刑名已立，声号已建，则无所逃迹匿正矣"。也就是说，黄帝认为，法是由天地之道而产生的，法就是准绳，用准绳来判断行为的是非曲直。据《商君书·画策》记载，黄帝制定"君臣上下之义，父子兄弟之礼，夫妇妃匹之合"，让人民各明其分，各安其位，建立起和顺的家庭和社会关系。黄帝不仅在本部落内行仁义、重德治、和人心，而且其举也影响了周边部落。《尸事》说："四夷之民，有贯胸者，有深目者，有长肱者，黄帝之德尝致之。"随着亲和政策的实施，黄帝逐步统一中原。最终，各部落之间关系和睦，古老中国大地出现和谐稳定的局面。

4. 确立中枢权威的德行

黄帝建立以中原为中心地域的古国国家形态后，和合四方，巩固和扩大华夏的疆域。对不尊重中央、闹分裂、相互兼并的势力进行征伐。《史记·五帝本纪》记载："轩辕乃习用干戈，以征不享，诸侯咸来宾从。"就是说黄帝尝试建立军队，运用战争手段，征伐不听招呼、不服从命令的势力，受到惩罚警戒后，诸侯都能尊重中枢（中央），前来朝拜，跟随中枢的步伐。黄帝操练士兵，把士兵训练成如熊罴貅貔虎豹般的勇士，或者把熊罴貅貔虎豹训练成军阵，所以黄帝的军队勇猛善战，在阪泉之野，黄帝打败了第八世炎帝，炎帝率领的部族与黄帝部族休兵罢战，实行民族融合，这就是炎黄联盟，形成华夏民族的主流。黄帝还在涿鹿山前与蚩尤决战，在战神应龙、大将风后和力牧的辅佐下，擒杀了蚩尤，获得胜利，统一了中原各部落。战后，黄帝率兵进入九黎地区，随即在泰山之巅，会合天下诸部落，举行了隆重的封禅仪式，告祭天地，宣示中央之国的统一与强大。黄帝文化中蕴含的创造文明、崇尚道德、追求和谐和振兴中华等丰厚的精神内涵，融合发展成为黄帝时期的明德文化，是中华民族所共同认可的价值，从而也就成为凝聚中华民族的精神纽带、团结中华民族的精神核心、激励中华民族的精神动力。

（四）黄帝植柏，福泽万代

根据民间传说，黄帝成为华夏部落首领之后，带领族人定居桥山。黄帝发现桥山一带的族人，有的栖居于树，有的与兽同穴，非常不安全。于是，黄帝就教化桥山群民，在临水靠岸的半坡上砍树造屋，离开树枝和洞穴搬进新屋，开垦草地，耕种五谷。桥山群民住进房屋后，不但日常生活方便多了，而且不怕野兽来伤害他们了。可是，人们并不懂得毁坏森林，破坏植被，将会带来什么样的严重后果。没有几年，桥山周围的树林全被砍光了，草地也都变成了耕地。就连黄帝曾多次下令禁止砍伐的柏树，也被砍得一棵不剩。就在这时候，一场暴雨来袭，数月不停，山洪突然暴发。洪水像猛兽一般夹杂着泥土、石块，从山上猛冲下来，把几十个族人和大臣都冲走了。雨过天晴，黄帝来到山上察看，发现凡是树林被砍光的山坡，不仅挡不住水，连地上的草也冲得一干二净。黄帝看见满山遍野都是洪水过后留下的沟沟洼洼，心情十分沉重，便召集大臣商议，如何改变这种状况。

随后，黄帝就自己带头栽了一棵柏树苗，族人们响应号召，都学黄帝的样子，纷纷开始栽树种草。没过几年，桥国的大小山头林草茂密，一片葱绿，华夏部落也过上了稳定富饶、丰衣足食的生活。

黄帝植柏树蕴含着明德文化。黄帝植柏体现了中华民族面对困难和挑战时坚韧不拔、斗寒傲雪的精神。这不仅是一个植树造林的故事，更是中华民族精神传承的体现，在世世代代的延续下形成了黄帝时期的明德文化。它告诉我们，无论是在自然环境还是社会生活中，我们都应该像黄帝那样，以坚韧不拔的精神面对挑战，保护和改善环境，为后人的生活和发展贡献力量。

（五）黄帝精神

在中华五千年文明史长河中，黄帝是公认的中华人文初祖，是华夏社会秩序的创建者和锻造者。黄帝之治中所形成的黄帝文化以其初创性、深刻性、丰富性和包容性等，贯通于政治、经济、军事、文化、科技、生活等方方面面，绵延至今，对中华民族的稳固发展和兴旺繁荣发挥了重要作用。而黄帝文化的形成源于博大而深刻的黄帝精神的指引与支撑。黄帝的精神文化可以总结为以下四点。

1. 自强不息的奋斗精神，革故鼎新的创造精神

首先，黄帝的一生是自强不息的奋斗的一生。从"长而敦敏"的养成，

到引领部族崛起，再到修德振兵以建国，无一不是黄帝自强不息奋斗精神的体现。"自强不息"出自《周易》，意即日月星辰刚强劲健不停运行，君子处事应效法天地，刚毅坚卓，发奋图强，与时俱进。乾卦六爻以六条龙喻义人自强不息的六个阶段，展现了龙的精神。而龙正是黄帝时代最伟大的精神文化象征。中华文明之所以是世界四大文明古国中唯一发展延续至现代的文明，黄帝精神文化基因的传承不息是其根本原因。正是秉持自强不息的奋斗精神，才有中华民族继往开来持续前行的伟大壮举，才有华夏儿女同根同源万世昌盛的炽热希冀，才有壮大复兴奔向锦绣前程的伟大中国梦的构建。其次，黄帝的丰功伟业贯穿着革故鼎新的创造精神。"革故鼎新"出自《周易》杂卦篇："革，去故也，鼎，取新也。"依据文献和考古成果，黄帝不仅是中国古代国家政体的发明者，更是创新第一人。其创新发明涉及天文、历法、文字、数学、音乐、饮食、交通、农耕等多个领域。杜兰特在《世界文明史》中，把语言、火、征服动物、农业、社会组织、法律和道德的出现，视为人类史上第一至第六次飞跃。而在中华大地上，这六次飞跃皆出现在黄帝时代，充分证明黄帝精神中革故鼎新的特质。中华文明从起源、形成到发展，构成一部不断革故鼎新的文明史。

2. 厚德载物的仁德精神，以人为本的求实精神

首先，在仁德方面，黄帝是厚德载物的典型。厚德载物典出《周易》坤卦象辞："地势坤，君子以厚德载物。"意思是指君子的品德应如大地般厚实，可以载养万物。黄帝以德治国，设立"九德之臣"，教养百姓九行，有土德之瑞，是万世景仰的"厚德"楷模。他仁爱百姓，以德化民，赢得民众拥戴。他"修德振兵"，以宽厚仁和，至海纳百川。黄帝施政过程中对天地的效法，对国家的治理，所受到的拥戴，所达到的万邦协和的境界，正是厚德载物的深刻体现。其次，黄帝注重在以人为本中贯彻求实精神。黄帝文化中的"以人为本"思想鲜明体现在善政为民。他仁爱百姓、教化百姓，致力于为百姓改善生存环境；在重民、贵民、安民、恤民、爱民的治理实践中，非常注重求实精神。这主要体现在他对天地自然的探索中顺应规律，在世处洪荒、民生草昧的情况下，系统地创造出文明社会所需要的一系列物质生产技术与精神财富；在肇造文明中彰显出龙文化中的中、和、容、实等人文特性，表现

出合众为龙，日新为龙，万变成龙；有容为大，能和为大，执中为大；致力于呈现"凡日月普照之下，均为黄帝之民"的"极治"，将求实精神与以人为本思想实现互为表里的完美融合。

3. 天下为公的利民精神，中和大同的太和精神

首先，天下为公的利民精神是以人为本思想的基底。"天下为公"出自《礼记·礼运》："大道之行也，天下为公。"意为天下是每一个部落、每一个子民的天下。治理者应该胸怀天下，为民造福。天子之位理应传贤而不一定传子，为公而不能谋私。《史记·五帝本纪》记载："黄帝二十五子，其得姓者十四人。"依据原始民主制、禅让制存在的人类学材料看，显然并非凡为黄帝其子者尽皆"得姓"，皆可"居官"。可以说黄帝时代在一定程度上初步开启了任人唯贤的先河。只有在"天下为公"的思想基础上，才可能在实践中做到爱民、重民、利民，以人为本。其次，中和大同的太和精神是黄帝文化中社会理想建构要义的体现。"中""和"二字在甲骨文中已经出现"好"的含义。"太和"一词出自《易·乾》："保合太和，乃利贞。"意为保持完美的和谐，万物就能顺利发展。"太和"是和平、和睦、和谐的最高境界，是包容大度、求同存异、凝心聚力的最佳表现。"大同"社会是中国古代儒家所宣传的最高理想社会或人类社会的最高阶段。纵观黄帝之丰功伟绩，实则是秉持天下为公的精神，统一天下、抚世建国、缔造民族、肇造文明，最终目的是达到裔孙昌盛，完成太和、大同的社会理想。中华文明经久不衰的文化密码就是中和。"中和"是中国思想文化中最完善、最富有生命力的关键因子。中和大同的太和精神在世界多元文化中已经成为中华文化乃至中国人的文化符号，在构建人类命运共同体的伟大进程中具有重大的意义和无可替代的作用。

新时代下，中华民族正处在强国建设、民族复兴的历史新方位。作为五千年文明的核心精神与文化主干，黄帝精神与黄帝文化在新时代中国特色社会主义建设中，以自身的开放、创新、包容、和谐特质，融于中国特色社会主义新征程，必然生发出新的社会意义与时代价值。

四、尧帝的传说

（一）儒家典籍中尧的形象

尧是中国古代传说中的圣王，在儒家典籍中有着重要的地位。他的形象被描绘得极为崇高，成为后世敬仰和效仿的楷模。

1. 儒家典籍中关于尧的记载

在《尚书》中，尧被描述为一位仁德爱民的君主。如《尧典》中记载："克明俊德，以亲九族。九族既睦，平章百姓。百姓昭明，协和万邦。"（《尚书·尧典》）这体现了尧注重自身品德的修养，通过亲睦家族、治理百姓、协和万邦，展现出卓越的领导才能。

《论语》中也多次提及尧。孔子对尧推崇备至，如"大哉尧之为君也！巍巍乎！唯天为大，唯尧则之"（《论语·泰伯》）。孔子认为尧的伟大在于他效法天道，以仁德治国。

《孟子》进一步丰富了尧的形象。孟子强调尧的无私和爱民，如"尧以不得舜为己忧，舜以不得禹、皋陶为己忧"（《孟子·滕文公上》）。尧为了天下苍生而忧虑，这种忧国忧民的精神正是儒家所倡导的。

2. 尧的形象特征

首先，他是一个仁德之君。尧以仁德为本，关爱百姓，推行德政。他以身作则，以自己的品德感化民众，使天下归心。其次，他智慧超群。尧善于洞察世事，能够做出明智的决策。他懂得用人之道，选拔贤能，为国家的发展奠定了坚实的基础。再次，他功业卓著。尧在位期间，天下太平，人民安居乐业。他的功绩被广泛传颂，成为后世君主追求的目标。

3. 尧的形象对儒家思想的影响

尧的形象为儒家树立了道德的高标准，激励着人们不断追求仁德和高尚的品德。尧作为圣王，其责任意识和担当精神对儒家的君道思想产生了重要影响，强调君主应以天下为己任。尧的德政理念成为儒家政治思想的重要组成部分，强调以德治国、以民为本。

总之，儒家典籍中的尧是一位完美的圣王形象，他的仁德、智慧和功业成为儒家理想人格和政治理念的典范。尧的形象不仅体现了儒家对圣王的向往和追求，也对后世的政治思想和社会价值观产生了深远的影响。研究尧的形象，有助于我们更好地理解儒家思想的丰富内涵和历史价值，同时也为我们提供了宝贵的启示，激励我们在当今社会中秉持仁德之心，为实现国家的繁荣和人民的幸福贡献力量。

（二）尧之治国

尧是中国古代传说中的圣王，他治理国家的故事和传说在历史长河中留下了深刻的印记。尧以其卓越的智慧和仁德，为后世所称道。

在《尚书·尧典》中记载了尧的一些事迹。尧在位时，天下尚未安定，百姓生活困苦。他深感责任重大，于是致力于治理国家，寻求长治久安之道。

尧注重选贤任能，他广纳天下英才，让有能力的人得以施展才华。他任命羲氏、和氏掌管天文历法，制定准确的时间标准，以便人们更好地安排生产和生活。同时，他还任命能人担任各种官职，共同治理国家。

尧还非常重视道德教化。他以身作则，倡导仁爱、公正、诚信等美德，让百姓在潜移默化中受到良好的道德熏陶。他教导百姓要和睦相处，互相帮助，共同营造一个和谐的社会环境。

传说中，尧曾遇到过严重的洪水灾害。为了解决洪水问题，他四处访求能人，有人把鲧推荐给了他。尽管鲧治水九年未能成功，但尧的求贤若渴和勇于尝试的精神可见一斑。

尧的治国理念还体现在他对民生的关注上。他关心百姓的疾苦，时常深入民间，了解百姓的需求和困难。他制定政策，减轻百姓的负担，让他们能够安居乐业。

在尧的治理下，国家逐渐走向繁荣昌盛，百姓生活安定，社会秩序良好。尧的仁德和智慧赢得了百姓的爱戴和尊敬，成为百姓心目中的圣王。

除了《尚书·尧典》，其他典籍中也有关于尧治理国家的记载和传说。《史记·五帝本纪》中就描述了尧禅让帝位给舜的故事。尧听说了舜的事迹，为了考察他能否胜任治理天下的重任，将自己的两个女儿娥皇和女英嫁给了他，从女儿身上观察舜治理国家的德行。考察之后，尧认为舜有德行和才能，能够更好地治理国家，于是将帝位禅让给了他。这一禅让之举体现了尧的无私和对国家未来的长远考虑。尧看到了舜的优秀品德和卓越才能，相信他能够成为理想的接班人，这体现了他识人的智慧。尧没有因为舜是外人而有所保留，而是为了国家和百姓的利益，将女儿嫁给他，展现了他的公心和无私。这一行为表明尧重视品德和才能，而非门第出身，体现了他对德才兼备的追求。

尧治理国家的故事和传说不仅展现了他的伟大形象，也反映了古代人们对理想社会和明君的向往。这些故事和传说蕴含着丰富的文化内涵，是中华民族优秀传统文化的重要组成部分。

在当今社会，尧的故事和传说仍然具有重要的启示意义。他的仁德、智慧和对民生的关注，提醒我们要以人民为中心，努力为人民创造更好的生活。同时，他的选贤任能和勇于创新的精神，也激励着我们不断开拓进取，为实现国家的发展和繁荣贡献力量。

总之，尧治理国家的故事和传说在中国历史上具有重要的地位和深远的影响。它们不仅是历史的见证，更是中华民族精神的象征。深入研究和传承这些故事和传说，对于弘扬中华民族优秀传统文化、增强民族凝聚力和自豪感具有重要意义。

（三）尧之明德

尧作为古代圣王具有崇高品德和伟大功绩。尧以其仁德、智慧和无私奉献，成为后世敬仰的楷模，他的明德对于我们理解中国古代政治思想和道德理念具有重要意义。

尧作为中国古代传说中的圣王，其明德之光辉耀古烁今。在众多典籍中，都记载了尧的伟大事迹和高尚品德，这些记载不仅是历史的见证，更是中华民族优秀传统文化的瑰宝。

《尚书·尧典》中记载："曰若稽古帝尧，曰放勋。钦明文思安安，允恭克让，光被四表，格于上下。克明俊德，以亲九族。九族既睦，平章百姓。百姓昭明，协和万邦。黎民于变时雍。"这段话描绘了尧的诸多美德。他恭敬庄重，明察是非，智慧通达，温和宽容，能够恭敬地推让，他的光辉照耀四方，上达于天，下及于地。他能够彰显高尚的品德，使家族和睦；能够公正地处理百姓之事，使百姓和睦相处；能够使万邦和谐，让黎民在他的治理下变得雍容和睦。

尧的明德还体现在他对百姓的关怀和爱护上。《史记·五帝本纪》中记载："其仁如天，其知如神。就之如日，望之如云。"他的仁德如同苍天一般广阔，他的智慧如同神明一般高深，人们亲近他就像接近太阳，仰望他就像仰望云彩。他心系百姓，为了百姓的福祉不辞辛劳，这种爱民如子的精神令人敬仰。

此外，尧还善于倾听民意，广纳贤才。《说苑·君道》中记载："尧存心于天下，加志于穷民。痛万姓之罹罪，忧众生之不遂也。有一民饥，则曰：'此我饥之也。'有一人寒，则曰：'此我寒之也。'一民有罪，则曰：'此我陷之也。'"他把天下放在心中，关注穷苦百姓的疾苦，把百姓的苦难视为自己的责任。他积极寻求有才能的人来辅佐他治理国家，为国家的发展注入强大的动力。

尧的明德不仅体现在他的品德和行为上，还体现在他对自然规律的尊重和顺应上。他懂得遵循天时，合理安排农事，使百姓能够安居乐业。《淮南子·本经训》中记载："尧之时，十日并出，焦禾稼，杀草木，而民无所食。猰貐、凿齿、九婴、大风、封豨、修蛇皆为民害。尧乃使羿诛凿齿于畴华之野，杀九婴于凶水之上，缴大风于青丘之泽，上射十日而下杀猰貐，断修蛇于洞庭，禽封豨于桑林。万民皆喜，置尧以为天子。"尧能够带领百姓克服自然灾害和妖魔鬼怪的威胁，展现了他的勇敢和智慧。

尧的明德在历史长河中熠熠生辉，成为后世圣王效仿的楷模。他的事迹和品德激励着我们不断追求高尚的道德境界，以仁爱之心对待他人，以智慧和勇气面对困难，为实现社会的和谐与进步贡献力量。

在当今社会，我们依然可以从尧的明德中汲取宝贵的精神营养。我们应当学习尧的恭敬、仁爱、智慧和担当，努力践行社会主义核心价值观，为构建和谐社会、实现中华民族伟大复兴的中国梦而努力奋斗。

总之，尧作为古代圣王，其明德是中华民族优秀传统文化的重要组成部分，值得我们深入研究和传承。我们应以尧为榜样，不断提升自身的品德修养,为创造更加美好的未来而努力拼搏。

五、舜帝的传说

(一) 中华民族"重孝"的代表

孝道是中华民族传统文化的重要基石,深深扎根于人们的心中。它不仅是一种道德规范,更是一种文化传承,影响着世世代代的中国人。在众多孝道典范中,舜因其卓越的孝行而备受推崇。

舜之孝道被认为是中华民族孝道的典范。舜在面对家庭困境时,始终坚守孝道,尽心尽力侍奉父母,展现了非凡的毅力和孝心。他的善良、宽容、勤劳等品质,使他成为人们敬仰的对象。舜被尊崇为孝的典范,其原因主要是舜的孝行达到了常人难以企及的高度,成为人们学习的榜样。他的行为彰显了高尚的道德品质,成为中华民族文化传承的重要内容。

我们应当传承和弘扬孝道文化,让这一传统美德在现代社会继续发扬光大。同时,深入研究和理解舜的孝道故事,有助于我们更好地领悟中华民族传统文化的精髓,为构建和谐社会提供坚实的道德支撑。

在当今社会,我们仍需珍视和传承孝道文化,让其在新时代焕发出新的活力。同时,舜的孝道典范将永远激励着我们,不断追求道德完善和人格提升。

(二) 舜之孝亲

舜在面对虐待和迫害时,仍坚守孝道,友爱兄弟,最终得到尧的认可。他的故事体现了孝道在中国传统文化中的重要性,以及对家庭伦理的影响。孝道是中华民族传统文化的核心价值观之一,自古以来就备受重视。舜作为中国古代五帝之一,以其孝顺父母、友爱兄弟的事迹而闻名。他的故事不仅在历史上被广泛传颂,也成为中华民族孝道文化的重要象征。

舜出生在一个贫困的家庭,父亲是个盲人,继母和弟弟对他并不友善。然而,舜并没有因此怨恨他们,反而以善良和宽容对待家人。舜在年轻时就展现出了非凡的孝道。他尽心尽力地照顾父母,无论父母如何对待他,他都始终保持着恭敬和孝顺的态度。他友爱兄弟，与弟弟相处融洽。尽管舜遭受了继母和弟弟的多次迫害，但他始终坚守孝道。他在历山耕耘种植，在雷泽打鱼，在黄河之滨制作陶器，为了养家糊口而奔波。他的善良和勤劳赢得了人们的敬重。

《尚书·尧典》说舜为"瞽子，父顽，母嚚，象傲，克谐。以孝烝烝，乂不格奸"。就是说舜的父亲瞽叟不辨善恶，后母不讲忠信，异母弟象傲慢而不友善，但舜还是能用孝行和美德感化他们，与他们和谐相处。"以孝烝烝，乂不格奸"，谓其孝行美善，治事不致流于邪恶。

《史记·五帝本纪》中说得更加具体："尧乃赐舜絺衣与琴，为筑仓廪，予牛羊。瞽叟尚复欲杀之，使舜上涂廪，瞽叟从下纵火焚廪。舜乃以两笠自扞而下，去，得不死。后瞽叟又使舜穿井，舜穿井为匿空旁出。舜既入深，瞽叟与象共下土实井，舜从匿空出，去。瞽叟、象喜，以舜为已死。象曰：'本谋者象。'象与其父母分，于是曰：'舜妻尧二女与琴，象取之；牛羊仓廪，予父母。'象乃止舜宫居，鼓其琴。舜往见之。象鄂不怿，曰：'我思舜正郁陶！'舜曰：'然，尔其庶矣！'舜复事瞽叟，爱弟弥谨。"

舜的孝道体现在他对父母的尊重、关爱和照顾上。他的行为诠释了孝道的真谛，即无论父母如何，子女都应该尽孝。父慈子孝固然是一种孝顺的方式，但如果父母兄弟姐妹并不仁爱友善，却仍能坚持孝顺父母，友爱兄弟，这才是更加难能可贵的一种孝。

舜通过孝顺父母，友爱兄弟，营造了和谐的家庭氛围。他的故事告诉我们，家庭成员之间的相互关爱和尊重是家庭和谐的基础。通过研究舜的传说和故事，我们可以更好地理解中华民族重视孝道的原因，以及孝道对家庭伦理和社会和谐的重要意义。当今社会，我们应该传承和弘扬舜的孝道精神，以家庭和谐为基础，构建一个更加美好的社会。

（三）"窃父而逃"的思想试验

本节拟深入探讨舜"窃父而逃"这一事件。通过详细引用孟子典籍中的原文，阐述事件的背景、过程，并从道德和伦理角度进行分析。同时，揭示这一事件在孟子思想中的重要意义和价值，为理解孟子的道德观和孝道思想提供更深入的视角。

舜作为中国古代的圣王，其事迹备受关注。其中，舜"窃父而逃"这一事件在历史上颇具争议。现旨在通过对《孟子》典籍的研究，深入剖析这一事件，以揭示其背后蕴含的道德和伦理意义。

根据《孟子》记载，舜生活在一个复杂的家庭环境中。他的父亲瞽叟偏爱后妻和幼子象，对舜极为不公。然而，舜却以孝道闻名于世。在《孟子·尽心上》中有这样一个著名的哲学问题："桃应问曰：'舜为天子，皋陶为士，瞽叟杀人，则如之何？'孟子曰：'执之而已矣。''然则舜不禁与？'曰：'夫舜恶得而禁之？夫有所受之也。''然则舜如之何？'曰：'舜视弃天下犹弃敝蹝也。窃负而逃，遵海滨而处，终身䜣然，乐而忘天下。'"这里描述了舜在面对父亲可能犯罪的情况下，选择了"窃父而逃"的行为。孟子的学生问他，如果舜继承尧之君位，成为天子，而他的父亲瞽叟如果杀了人，舜应当如何处理？这无疑是一个棘手的问题。如果秉公处理父亲则有伤孝道，对于舜这样一个至孝之人肯定难以做出这样的抉择；但作为天子，如果因为要孝敬父亲，不忍致之刑律，对法律的公正、天子的权威无疑又是巨大的损害。欲孝则不得公，欲公则不得孝，这个假想的残酷思想试验，让舜陷入了两难的境地。那舜会如何处理这个棘手的两难境地呢？孟子代他做出的回答是："窃父而逃"——放弃自己天子的尊贵地位，背着父亲逃走。这样他就不用承担天子公平裁决的义务，又能遵守孝道。如果再被逮捕，就甘心接受法律的处置。

舜的行为看似违背了法律，但实际上是他对孝道的极致践行。他不愿看到父亲受到惩罚，宁愿放弃天子之位，也要尽孝。这一事件展现了道德选择的复杂性。在亲情与法律之间，舜选择了亲情，体现了人性的温暖一面。舜的行为挑战了传统的伦理观念，促使人们思考在特殊情况下道德原则的适用性和局限性。

孟子通过这一事件强调了孝道在道德体系中的核心地位，舜的行为成为孝道的典范。舜的行为彰显了人性中善良、宽容和爱的一面，体现了孟子的人性本善的信念。这一事件引发了人们对道德困境的深入思考，促使人们在不同情境下寻求道德的平衡点。

孟子思想中，舜"窃父而逃"的事件具有重要意义和价值。它不仅展现了舜的至孝之心，也展示了传统道德观念的矛盾，引发了人们对社会道德问题，尤其是家庭道德问题的深入思考。

（四）舜之明德

舜作为中国古代的圣王之一，其明德传颂千古。他的品德和行为不仅影响了当时的社会，也为后世树立了典范。

1. 舜之明德的表现

（1）孝道为先。《史记·五帝本纪》记载："舜父瞽叟顽，母嚚，弟象傲，皆欲杀舜。舜顺适不失子道，兄弟孝慈。"舜面对父母和弟弟的不公对待，依然坚守孝道，恭敬顺从，这种对父母的至孝之心，展现了他品德的高尚。

（2）仁爱待人。"舜耕历山，历山之人皆让畔；渔雷泽，雷泽上人皆让居；陶河滨，河滨器皆不苦窳。一年而所居成聚，二年成邑，三年成都。"（《史记·五帝本纪》）舜以仁爱之心对待他人，感化了周围的人，使他们纷纷向善，这种仁爱之德体现了他对人性的尊重和关怀。

（3）谦逊宽容。尽管舜经历了诸多磨难，但他始终保持谦逊和宽容的态度。他不记恨他人的恶行，而是以善报恶，这种品德使他赢得了人们的敬重和爱戴。

2. 舜之明德的意义

舜的明德成为后世人们学习的榜样，激励着人们追求高尚的品德，以道德为行为准则。他的仁爱和宽容有助于促进社会的和谐与稳定，使人们在相处中更加友善和融洽。舜之明德是中国传统文化的重要组成部分，承载着中华民族的道德理念和价值观。

《尚书·舜典》中说："德自舜明。"《史记·五帝本纪》中也说："天下明德皆自虞帝始。"这表明舜的品德之高尚，为世人所公认。《孟子·离娄下》中说："舜明于庶物，察于人伦，由仁义行，非行仁义也。"强调舜的明德是自然而然的流露，是基于对万物和人伦的深刻洞察。

舜之明德如同一盏明灯，照亮了历史的长河。他的孝道、仁爱、谦逊和宽容等品德，成为中华民族宝贵的精神财富。通过对典籍原文的研究，我们更加深入地了解了舜之明德的内涵和意义，也更加坚定了我们传承和弘扬中华优秀传统文化的决心。在当今社会，我们仍应汲取舜之明德的力量，努力践行高尚的道德品质，为构建和谐美好的社会贡献自己的力量。

六、禹帝的传说

（一）儒家典籍中禹的形象

禹作为古代圣王，其形象在儒家思想中具有重要地位。他是中国古代传说中的圣王之一，其事迹在儒家典籍中被广泛传颂。禹的形象不仅体现了他的伟大功业，更展现了儒家所推崇的道德品质和精神境界。研究儒家典籍中禹的形象，对于理解儒家思想的内涵以及中国传统文化的价值取向具有重要意义。

1. 禹的功业

（1）治水之功。《尚书·禹贡》中记载："禹敷土，随山刊木，奠高山大川。"禹不辞辛劳，治理洪水，划定九州，为百姓创造了安定的生活环境。他的治水功绩被视为不朽的传奇，体现了他的智慧和能力。

（2）奠定夏的基础。"禹传子，家天下。"就是说，禹结束了禅让制，为建立夏朝奠定了政治基础。但禹本人仍属于部落联盟首领，正式建立夏朝的应该是禹的儿子启。有很多资料把禹说成夏朝的创始人，这并不是很准确。

2. 禹的品德

贾谊《新书》中说禹之治水"昼不暇食，夜不暇寝"。禹为了治水，日夜操劳，体现了他的勤奋和坚韧，这种勤劳刻苦的精神成为后世学习的榜样。禹在治水过程中，始终保持谦逊的态度，不居功自傲。他将功劳归于众人，展现了他的无私品德。禹还心系百姓，为了民众的福祉不辞辛劳。他的爱民之情体现了儒家所倡导的仁政思想。

3. 禹的精神

禹为了治水，舍小家为大家，"三过家门而不入"，体现了他对国家和人民的高度责任感和奉献精神。面对洪水的肆虐，禹挺身而出，勇挑重担，带领人民治理水患，展现了他的担当精神。这种精神也是儒家所推崇的重要美德。

4. 禹在儒家思想中的意义

禹成为儒家道德楷模的典范，激励着人们追求高尚的品德和行为。禹作为圣王的代表，体现了儒家对理想君主的期望和要求，对后世政治思想产生了深远影响。禹的形象承载着中国传统文化的价值观念，通过儒家典籍的传承，得以延续和弘扬。

禹在儒家典籍中是一个充满人格魅力和内涵的形象。他的功业、品德和奉献精神展现了儒家思想的核心价值观，更是中华民族优秀传统文化的重要组成部分。

（二）墨家典籍中禹的形象

1. 大禹是墨家推崇的"大圣"

墨家是春秋战国时诸子百家中的重要学派，和儒学并称为"显学"。战国后期，墨学的影响一度甚至在儒学之上。墨家对包括大禹在内的三代圣王极为推崇，《墨子》一书中多将尧、舜、禹、汤、文、武等古之圣王并称。墨子把三代圣王树为道德典范，借尧、舜、禹、汤、文、武的圣王之道，来表达自己的政治理想和思想。在尧、舜、禹三代圣王中，墨家对大禹最为推崇。据有人统计，《墨子》一书中提及大禹多达56次。墨子说："古者禹治天下，西为西河、渔窦，以泄渠孙皇之水；北为防原沤，注后之邸、嘑池之窦，洒为底柱，凿为龙门，以利燕、代、胡、貉与西河之民；东方漏之陆，防孟诸之泽，洒为九浍，以楗东土之水，以利冀州之民；南为江、汉、淮、汝，东流之，注五湖之处，以利荆、楚、干、越与南夷之民。此言禹之事，吾今行兼矣。"（《墨子·兼爱中》）又说："为天下厚禹，为禹也。为天下厚爱禹，乃为禹之人爱也。厚禹之加于天下，而厚禹不加于天下。"（《墨子·大取》）

从这些记载中，我们可以看出，墨家确实深受尧、舜、禹、汤、文、武等圣王的影响，墨家特别推崇大禹，这主要表现在三个方面：一是大禹采用疏导的科学治水方法。二是大禹治水时不辞劳苦，亲力亲为，这与墨家崇尚苦行精神是一致的。三是大禹主张"交相利、兼相爱"，也就是义理兼顾，有"爱人"之美德。

2. 墨家思想源于大禹

墨子出生于社会下层，最初受业于儒家后因不满儒家强调的繁文缛节和对靡财害事的丧葬抱有疑虑，故"背周道而用夏政"，脱离儒家的"其君用之，则安富尊荣"，强调要学习大禹刻苦俭朴的精神，遂创立了墨家学派。墨子先是吸取了尧、舜及夏商周三代文化的精华，《韩非子·显学》记载："孔子、墨子俱道尧、舜，而取舍不同，皆自谓真尧、舜。"司马谈在《论六家要旨》中指出："墨者亦尚尧舜道，言其德行曰：'堂高三尺，土阶三等，茅茨不翦，采椽不刮。食土簋，啜土刑，粝粱之食，藜藿之羹。夏日葛衣，冬日鹿裘。'其送死，桐棺三寸，举音不尽其哀，教丧礼，必以此为万民之率。使天下法若此，则尊卑无别也。"（《史记·太史公自序》）这些史料说明，韩非和司马谈都认为墨子思想受到了尧、舜的影响，而墨子也确实以尧、舜为楷模，劳身苦心，牺牲自我，勤俭节约，热诚救世，并为后世树立了不朽的榜样。

另外，墨子的思想主要还是源于大禹。《汉书·艺文志》认为："墨家者流，盖出于清庙之守。茅屋采椽，是以贵俭；养三老五更，是以兼爱；选士大射，是以上贤；宗祀严父，是以右鬼；顺四时而行，是以非命；以孝视天下，是以上同。"此段话几乎概括了墨家思想的精华。

墨家主张兼爱、非攻、尚贤、尚同、节用、节葬、非乐、天志、明鬼。

"兼爱"，即不分等级、不分远近、不分亲疏地爱天下所有的人。墨家认为他们所处的时代是一个以强凌弱、以富侮贫、以贵傲贱的乱世，"天下之人皆不相爱"，因此，他们提倡人与人之间互爱互利的"兼相爱、交相利"，反对人与人之间互争互害的"别相恶、交相贼"。《墨子·兼爱中》说："子墨子言曰：仁人之所以为事者，必兴天下之利，除去天下之害，以此为事者也。……夫爱人者，人必从而爱之；利人者，人必从而利之。"《墨子·兼爱下》说："子墨子言曰：仁人之事者，必务求兴天下之利，除天下之害。"在墨子看来，兴天下之利，除天下之害就是"兼爱"，而大禹治水的目的就是救民于洪水，使人民安居乐业，治水的同时，大禹又"尽力乎沟洫"，这就是兴天下之利，除天下之害。除此之外，大禹征三苗也是兴天下之利，除天下之害。《墨子·兼爱下》又说："禹之征有苗也，非以求以重富贵、干福禄、乐耳目也，以求兴天下之利，除天下之害，即此禹兼也。虽子墨子之所谓兼者，于禹求焉。"从这些论述中我们不难看出，墨子兼爱的主张，应是取法于大禹。

"非攻"，即反对侵略战争，维护人类和平。墨子认为战争剥夺百姓的财用，荒废百姓的利益，无论对战胜国还是战败国而言都是巨大的损失，是没有意义的破坏行动。墨子反对不义之战，其非攻主张的核心是战争是否合于义与利。《史记·夏本纪》载："禹曰：'……州十二师，外薄四海，咸建五长，各道有功。苗顽不即功，帝其念哉。'帝曰：'道吾德，乃女功序之也。'皋陶于是敬禹之德，令民皆则禹。"可以看出，大禹讨伐三苗是正义行为，并且对三苗实行怀柔政策，以"德""教"感化三苗，而非一味武力征讨。《墨子·非攻下》说："昔者三苗大乱，天命殛之……禹亲把天之瑞令，以征有苗。四电诱祇，有神人面鸟身，若瑾以侍，搤矢有苗之祥，苗师大乱，后乃遂几。禹既已克有三苗，焉磨为山川，别物上下，卿制大极，而神民不违，天下乃静，则此禹之所以征有苗也。"所以，墨子在《非攻》中认为大禹征伐三苗，不是"攻"而是"诛"："子未察吾言之类，未明其故者也。彼非所谓攻，谓诛也。"

"尚贤"，即不分贵贱地推荐、选拔、使用德才兼备之人。《墨子·尚贤上》中写道："古者尧举舜于服泽之阳，授之政，天下平；禹举益于阴方之中，授之政，九州成……尚欲祖述尧舜禹汤之道，将不可以不尚贤。"由此可知，尧、舜、禹的禅让正是墨子尚贤思想的重要来源之一，而墨家钜子的禅让制度也明显仿效了尧、舜、禹的禅让之法。大禹治水时，正是倚重皋陶、伯益、后稷、契等人，才得以顺利成功，这种做法给了墨家很大启迪。《墨子·尚贤上》写道："子墨子言曰：是在王公大人为政于国家者，不能以尚贤事能为政也。是故国有贤良之士众，则国家之治厚，贤良之士寡，则国家之治薄。故大人之务，将在于众贤而已。……故古者圣王之为政，列德而尚贤。虽在农与工肆之人，有能则举之，高予之爵，重予之禄，任之以事，断之以令……夫尚贤者，政之本也。"在这里，墨子明确说道，为政者不仅要选拔贤良之士，还要从"农与工肆"中选拔人才，因为尚贤是为政之本。

"尚同"，即政令、思想、言语、行动等要与圣王的意志相统一。大禹治水时肯定需要政令统一，这样才能调动各部落的力量，防风氏正是因为不服从指挥才被大禹下令杀掉的。

"节用"，即反对奢侈浪费，主张勤俭节约。大禹是勤俭节约的典范，"克勤克俭"这一成语即源自大禹。《尚书·大禹谟》载："帝曰：来，禹！降水儆予，成允成功，惟汝贤。克勤于邦，克俭于家，不自满假，惟汝贤。"大禹治水时候，和普通人一样，穿得破破烂烂，一年到头都在外面奔跑。大禹虽为帝王，但他住的宫殿还只是一个茅草棚，所以孔子也称赞大禹说："禹，吾无间然矣。菲饮食，而致孝乎鬼神，恶衣服，而致美乎黻冕，卑宫室，而尽力乎沟洫。禹，吾无间然矣。"（《论语·泰伯》）大禹的节俭精神对墨家影响尤大，《墨子·节用》中说："是故用财不费，民德不劳，其兴利多矣。……去无用之费，圣王之道，天下之大利也。……诸加费不加于民利者，圣王弗为。"墨子认为一切从实用出发，凡不利于实用，不能给老百姓带来利益的，应一概取消，奢侈浪费，只带来负担而不给百姓实惠的事，圣王是绝不会干的。而刘向在《说苑·反质》中也记载了墨子称赞大禹节俭的话："禽子问于墨子曰：'锦绣絺纻，将安用之？墨子曰：恶，是非吾用务也。古有无文者得之矣，夏禹是也。卑小宫室，损薄饮食，土阶三等，衣裳细布。当此之时，黼黻无所用，而务在于完坚。'"

"节葬"，即反对厚葬久丧，主张薄葬短丧。《墨子·节用中》中说："古者圣王制为节葬之法，曰：'衣三领，足以朽肉；棺三寸，足以朽骸；掘穴，深不通于泉，流不发泄，则止。死者既葬，生者毋久丧用哀。'"《墨子·节葬下》中说："故古圣王制为葬埋之法，曰：'棺三寸，足以朽体；衣衾三领，足以覆恶。以及其葬也，下毋及泉，上毋通臭，垄若参耕之亩，则止矣。'死者既以葬矣，生者必无久哭，而疾而从事，人为其所能，以交相利也。此圣王之法也。"而这种节葬思想正是来自大禹，《吴越春秋》载，大禹死前立下遗嘱说："吾百世之后，葬我会稽之山，苇椁桐棺，穿圹七尺，下无及泉，坟高三尺，土阶三等。葬之后，曰：无改亩，以为居之者乐，为之者苦。"而《墨子·节葬下》中也说："禹东教乎九夷，道死，葬会稽之山。衣衾三领，桐棺三寸，葛以缄之，绞之不合，通之不埳，土地之深，下毋及泉，上毋通臭。既葬，收余壤其上，垄若参耕之亩，则止矣。……则厚葬久丧其非圣王之道也。"墨子反复强调葬埋之法，与大禹的临终遗嘱，并无二致，由此可以看出二者的渊源关系。

"天志"，即天是有意志的最高主宰，天的意志是兴利除害，尊重自然规律。大禹治水时，尊重自然规律，改堵为疏，兴利除害，可以视为"天志"的渊源。

"明鬼"，即远溯禹的文化，主张和大禹"菲饮食，而致孝乎鬼神""有事于太室"等祭祀行为保持一致。中国人信鬼、祭鬼也怕鬼，可能与此有关。

通过以上分析，我们可以得出结论，墨家思想与大禹思想是一脉相承的，大禹对墨子的思想影响巨大。墨家弟子无论从衣着形象，"衣褐跂""手足胼胝""颜色黎墨"等，还是从行为特征"自苦为极""损己救世""节用节葬"，皆与大禹一致。《墨子·备梯》云"禽滑釐子事子墨子三年，手足胼胝，面目黧黑"，这和治水时的大禹是何等相似。

有副对联概括了大禹和墨家的关系："墨学渊源宗大禹，楚辞先泽帝高阳。"而历代研究墨家的学者也都认为大禹对墨家的影响巨大。

自战国至秦汉，评墨、论墨的主要有儒家的孟子、荀子，道家的庄子、司马谈，《淮南子》的作者刘安，法家的韩非，杂家《吕氏春秋》的作者吕不韦等。除儒、法两家外，各家都给予墨子和墨家以较高评价，他们推崇墨子、墨家效法夏禹，出以公心，为天下苍生而节俭苦干，讲求道德人格的修养。《列子·杨朱》篇云："禽子曰：'以吾言问大禹、墨翟，则吾言当矣。'"作为墨子大弟子的禽子，对墨子思想的理解无疑最为深刻，其将大禹、墨翟相提并论，正是认为墨道效法禹道。而庄子也认为墨学源于夏禹，庄子生活时代略晚于墨子，《庄子·天下篇》所载"使后世之墨者，多以裘褐为衣，以跂蹻为服，日夜不休，以自苦为极，曰：'不能如此，非禹之道也，不足谓墨'"，更能真实反映墨子思想。《淮南子·要略》载："墨子学儒者之业，受孔子之术，以为其礼烦扰而不说，厚葬靡财而贫民，服伤生而害事，故背周道而用夏政。禹之时，天下大水，禹身执虆垂，以为民先，剔河而道九岐，凿江而通九路，辟五湖而定东海。当此之时，烧不暇撌，濡不给扢；死陵者葬陵，死泽者葬泽。故节财、薄葬，闲服生焉。"此段记载也说明墨子崇尚夏道，墨家效法大禹。

综上所述，大禹是墨家崇奉的圣王，《墨子》一书，多处赞美大禹治水、为民造福的业绩和精神。"墨学渊源宗大禹",墨子效仿大禹治水勤苦耐劳、节俭救世的作风,学习大禹以天下为己任,只讲奉献不讲享受,墨子这种自苦为极为天下兴利除害、施予天下博大之爱的人格与大禹精神是一脉相承的。历代研究墨学的大家也都认为墨家和大禹有着十分密切的关系,因此,我们可以说,墨家和大禹渊源极深,墨家的思想和行动则充分体现了"大禹之道",真正具体实践了大禹精神。

(三)禹之治水

1. 大禹治水的事迹

关于禹的传说中,最重要最为人所知的,就是他治水的事迹,其中蕴含了丰富的道德伦理内涵。大禹治水不仅是一段伟大的历史事件,更是中华民族精神的象征,体现了坚韧、奉献、智慧等高尚品质。大禹治水是中国古代历史上的一个重要传奇,其故事代代相传,成为中华民族文化的瑰宝。这一壮举不仅展现了人类与自然抗争的伟大精神,也蕴含着深刻的道德伦理意义。

传说尧、舜之时,洪水泛滥,大灾连年,人命危浅,朝不保夕。《尚书·尧典》云:"汤汤洪水方割,荡荡怀山襄陵,浩浩滔天。下民其咨。"洪水肆虐,五谷不登,民众的生存受到严重威胁。帝尧派鲧治水,九年功用不成,反而带来以邻为壑的祸害,故鲧被处罚而殛于羽山。帝舜继位后,又派禹平水土,以解民于倒悬。大禹出身治水世家,感伤先父鲧治水未就,决定不走筑堤堵水的老路,变堵为疏,开通河道,引水入流,引流入海,从根本上消除水患。他同时带领民众治理沟洫,以兴农作,调剂余缺,互通有无,解决难乎为继的生产、生活问题。大禹治水不像鲧那样只考虑个别部落的局部利益,而是胸怀天下,心系众邦,以万民为念,以四海为壑,终于战胜多年的洪水灾害,使人民可以安居乐业。

大禹治水,受命于危难之际,奔波于千里之外,沐风栉雨,历尽艰辛。《韩非子·五蠹》谓其"身执耒臿,以为民先,股无胈,胫不生毛,虽臣虏之劳不苦于此矣"。禹娶涂山氏之女,婚后四天即行离去,继续奔忙于他的治水事业。后来儿子启呱呱坠地,他亦无工夫抚养。人称"禹八年于外,三过其门而不入",或谓"劳身焦思,居外十三年,过家门不敢入",充分表现出一种"不以私害公"的高尚情操。

大禹治水成功之后，还划分了中国的疆域，分中国为"九州"。这是最早对中国疆域的划分，有重要的历史意义。《尚书·禹贡》是最早记载关于九州划分的文献，可视为中国古代关于九州最古典、最经典的记载。《尚书·禹贡》记载大禹以山河为界划定九州，突出九州的地理属性，具有较强的稳定性。"封国可变，而山川不变，山川不变则州域不变。"《禹贡》规划了九州贡道，以水路为主，陆路为辅，是各州向都城进贡时的水陆交通路线。《尚书·禹贡》中记载："禹敷土，随山刊木，奠高山大川。"这描述了大禹治理洪水时的艰辛和智慧。

2. 大禹治水的道德意义

大禹治水过程中面临重重困难，但他始终坚持不懈，展现了坚韧不拔的毅力和勇气。大禹为了治水，舍弃个人利益，全身心投入治水事业，体现了无私奉献的精神。大禹采用疏导的方法治理洪水，体现了他的智慧和创新能力，这对于解决问题和推动社会发展具有重要意义。大禹肩负起治水的重任，对人民负责，展现了高度的责任感和担当精神。

3. 大禹治水的历史意义

大禹治水的成功为夏朝的建立奠定了基础，推动了中国古代文明的发展。大禹治水所体现的精神成为中华民族精神的重要组成部分，激励着后人不断奋斗。大禹治水的故事在中华文化中传承不衰，成为教育和启迪后人的重要素材。

大禹治水是中国历史上具有深远意义的事件，其故事蕴含着丰富的道德伦理内涵。大禹治水所展现的坚韧、奉献、智慧等品质，不仅是古代社会的宝贵财富，更是当今社会所需要的精神力量。我们应当深入挖掘和传承大禹治水的精神，为实现中华民族的伟大复兴而努力奋斗。

（四）禹之明德

禹，是中国古代传说中的重要人物，他的故事流传千古，成为中华民族精神的重要组成部分。禹的明德，即其崇高的道德品质和杰出的领导才能，一直备受推崇。研究禹之明德，对于理解中国古代文化和价值观具有重要意义。

《尚书·禹贡》中说："禹敷土，随山刊木，奠高山大川。"这描述了禹治理洪水、划分九州的伟大功绩。他不畏艰难，以顽强的毅力和智慧，为百姓解决了水患之苦，展现了他的勇敢和担当。《左传·昭公元年》中说："美哉禹功！明德远矣。微禹，吾其鱼乎！"这里强调了禹的功绩和明德的深远影响。他的治水成就不仅拯救了百姓，也为社会的稳定和发展奠定了基础。《史记·夏本纪》中说："禹为人敏给克勤；其德不违，其仁可亲，其言可信；声为律，身为度，称以出；亹亹穆穆，为纲为纪。"这段记载充分展现了禹的勤勉、仁德、诚信等美德，他以身作则，成为众人的楷模。《论语·泰伯》中说："菲饮食而致孝乎鬼神，恶衣服而致美乎黻冕，卑宫室而尽力乎沟洫。"这体现了大禹不贪图个人享受，也要为国奉献服务的精神。

禹之明德主要体现在，禹心系百姓，始终将百姓的利益放在首位。他为了民众的福祉，不辞辛劳，无私奉献。禹在治水过程中展现出了非凡的智慧和卓越的才能，他善于运用科学方法和策略解决问题。面对重重困难和挑战，禹始终坚持不懈，勇往直前，这种坚韧的品质是他成功的关键。禹在处理事务时公正公平，不偏不倚，体现了他的公正无私之心。

禹之明德具有历史意义，禹成为中国古代道德的典范，他的故事激励着后人追求高尚的品德和行为。禹的传说和故事成为中国传统文化的重要组成部分，传承至今，影响深远。禹的明德对于古代社会的稳定和发展起到了积极的推动作用，促进了社会的和谐与进步。

禹之明德是中华民族宝贵的精神财富，他的事迹和品质在历史长河中闪耀着光辉。通过对典籍原文的研究，我们更加深入地了解了禹的伟大之处。禹的明德不仅是古代的典范，也对当今社会具有重要的启示意义。我们应当继承和弘扬禹的精神，努力践行高尚的道德品质，为实现中华民族伟大复兴贡献力量。

本章思考题：

1. 试论炎黄时代的明德文化。

2. 试论尧、舜、禹的明德传说。

3. 试论明德文化的历史源头。

第五章
夏商周时期的明德文化

中国历史的夏商周时代，一般认为是奴隶制社会，但也有与此不同的学术观点。相对于原始社会而言，奴隶社会的道德观念既有进步性，也有退步性。其进步性主要表现为社会总体上由蒙昧时代进入文明时代，产生了国家和更加细化的社会分工，出现了上层建筑和社会意识形态，出现了文字、青铜器和一夫一妻制，也出现了政治、法律、文学、哲学、道德、教育等社会上层建筑和意识形态。其退步性主要表现为产生了私有制和阶级压迫，存在奴隶主阶级对奴隶阶级的剥削压迫，甚至人殉。恩格斯曾指出，奴隶社会是人类从原始社会"道德高峰的堕落"，存在着"无耻的贪欲、狂暴的享受、卑劣的名利欲、对公共财产的自私自利的掠夺"，"最卑鄙的手段——偷窃、强制、欺诈、背信"也出现了。儒家也认为夏商周是从"大同之世"向"小康之世"的退步。我们从这样的社会大背景出发，就可以大致推知出夏商周时代明德文化的特点。

一、夏商周时期的社会状况

夏、商、周，被先秦儒家统称为"三代"。有人认为"三代"不能算

"朝"，因为"朝"的说法是从秦及以后开始的。"朝"，必有一个强而有力的中央政府，能统管全国地方。秦及以后是这样的，夏、商、周则不同，它们顶多算是部落联盟或邦国联盟。他们所谓的中央政权，只是居"中国"之地，即他们认知中的世界中心，然而对全国各地、各诸侯的控制，却是非常薄弱和不可靠的。这与秦汉及以后是不同的。当然，大多数人也经常依据秦及以后的习惯说法，将"三代"分别称为夏朝、商朝和周朝。

（一）政治状况

1. 夏朝（约前 2070 年—前 1600 年）

夏朝，历史上惯称为"夏"，是中国史书中记载的第一个奴隶制朝代。夏朝，这一称谓的来源有多种说法，其中较为可信的观点是"夏"为夏氏族图腾的象形字。夏朝是在原始社会制度的废墟上建立起来的。

夏是黄河中游地区一个部落联盟，由十多个姒姓部落所组成，夏后氏在这些部落中居于领导地位。因此建立夏朝后就以部落名为国号。尧、舜时期，鲧治水失败被杀。鲧子禹，继承父业，并取得了治水的成功，得到众多部落首领的支持拥护，成为诸夏族最高领导者，也就是部落联盟的首领。禹本来传位于益，但益却让位给禹子启。因此，关于夏朝的建立者有大禹和启两种说法。比较可靠的说法是，大禹担任的是部落联盟首领，而不是夏朝的"王"。真正建立夏朝并可称为"王"的是大禹的儿子启。

一般认为夏朝共传十四代，十七后（夏统治者在位称"后"，去世后称"帝"），夏朝先后定都在阳城、斟鄩、安邑等地。河南嵩山一带和伊河、洛河流域为夏的活动中心区。

夏朝西起河南省西部、山西省南部，东至河南省、山东省和河北省三省交界处，南达湖北省北部，北及河北省南部。这个区域的地理中心是今河南偃师、登封、新密、禹州一带。夏时的文物有一定数量青铜和玉制礼器，年代约在新石器时代晚期、青铜时代初期。

经夏商周断代史研究和中华文明探源工程初步勾勒出了公元前 2500 年至前 1500 年即尧、舜时代到夏商之际的社会图景。中原地区包括禹都阳城在内的夏朝时期六座规模大、等级高的中心性都邑被列入了研究重点。河南洛阳偃师二里头遗址的发现揭开了古老"夏都"的神秘面纱，二里头遗址为夏朝都城遗存已逐渐成为学界共识。

2. 商朝（前 1600 年—前 1046 年）

商朝，是中国历史上的第二个朝代，也称"殷商"，是中国第一个有文字记载的王朝。商朝经历了三个大的阶段。第一阶段是"先商"，第二阶段是"早商"，第三阶段是"晚商"，前后相传十七代，三十一王，延续近六百年。

商族是兴起于黄河中下游的一个部落，传说它的始祖契与禹同时。夏朝最后一任君主夏桀即位后，统治更加残暴。商部落因为畜牧业发展得很快，到了夏朝末年，汤做了首领的时候，已经成为一个强大的部落。商汤看到夏桀的腐败，决心消灭夏朝。夏此时已是众叛亲离，而商汤领导有方，所以夏桀的军队很快被打败，桀也遭到了流放。

夏朝方国的商国君主商汤率方国于鸣条之战灭夏后，以"商"为国号，在亳建立商朝。之后，商朝国都频繁迁移，至其后裔盘庚迁殷后，国都才稳定下来，在殷建都达 273 年，因此商朝又被后世称为"殷"或"殷商"。在武丁统治的五十多年间，是商王朝最为强盛的时期。商朝的末代君主帝辛（商纣王）于牧野之战被周武王击败后自焚而亡。

商朝的王位继承制度，前期为兄终弟及，后期为典型的父死子继。商朝处于奴隶制鼎盛时期，成汤时期的国家权力已经初步确立，奴隶制的社会秩序也已稳固。

商朝势力范围以内和以外分散着许多远较商族落后的方国。其中最为强大的是西北和北方的舌方、鬼方、土方和羌方。考古证明商代遗址不仅分布在黄河中下游，而且向南已达长江以南，向北则在长城以北的广大地区均有分布。已经发现的商代甲骨文和金文，是中国最早的成系统的文字符号。

3. 周朝（前 1046 年—前 256 年）

周朝，是中国历史上继商朝之后的朝代。周也是"华夏"一词的创造者与最初指代。周朝共历三十七王，共计约 791 年，周朝于公元前 1046 年建立。周朝分为西周（前 1046 年—前 771 年）与东周（前 770 年—前 256

年）两个时期。西周由周武王姬发创建，定都镐京（宗周），成王五年营建东都成周洛邑；公元前 770 年（周平王元年），平王东迁，定都洛邑（成周），此后周朝的这段时期称为东周。其中东周时期又称春秋战国，分为春秋及战国两个阶段。周朝是中国第三个也是最后一个世袭奴隶制王朝，其后秦汉开始成为具有从中央到地方的统一政府的大一统国家。史书常将西周和东周合称为两周。在灭商之前，周部落源自华夏（汉）民族，因为遭到戎、狄等游牧部落的袭扰，周部落的首领古公亶父率领周人迁移到岐山下的平原定居下来，生活于渭河流域（今陕西关中地区），其始祖姬弃就是被称为农神的后稷，《说文解文》云"黄帝居姬水，以姬为氏，周人嗣其姓"，语言为上古汉语，文字上仍采用古汉字，在民间记事仍以龟骨和牛骨刻字记事为主，王室则以新兴的锦帛等记事为主。周朝推行分封制，周王为"天下共主"。

本章所言"夏商周时期"的"周"，主要指西周（前 1046 年—前 771 年）。西周从周武王灭商到周幽王亡国，共传十一代，十二王。公元前 11 世纪周武王灭商，建国号为周，定都于镐（今陕西西安西南）。周成王亲政后，营造新都成周（今河南洛阳），宅兹中国，大封诸侯，还命周公东征、制礼作乐，加强了西周王朝的统治。周成王、周康王统治期间，社会安定，百姓和睦，"刑错四十余年不用"，史称"成康之治"。周懿王继位后政治日趋腐败，国势不断衰落，由于西戎屡次进攻，被迫将都城迁犬丘（今陕西兴平东南）。周厉王前后，私有土地日益发展，公元前 841 年的国人暴动预示着奴隶制危机的到来，王权从此衰落。周宣王不籍千亩，标志着井田制在王畿内的崩溃。公元前 771 年周幽王被犬戎和申侯杀死，次年周平王东迁洛邑，东周开始。西周是中国奴隶社会的鼎盛时期，社会生产力比之商代显著提高，农业繁盛，文化也进一步发展。宗法制和井田制是当时最基本的社会政治制度和经济制度。周王朝强盛时，势力所及，南过长江，东北至辽宁省，西至甘肃省，东到山东省。

分封制和宗法制是西周社会的两大基石，两者相辅相成：分封借助宗法得以顺利实施，宗法则通过层层分封得以固定。宗法制度可以上溯到原始社会末期的父系家庭公社以血缘关系为纽带的宗族组织系统。国家产生之后，奴隶主贵族将之改造为奴隶社会的上层建筑。商代末年宗法制基本形成，至西周已经趋于完备，并与分封世袭制度相结合，成为西周一代的重要政治制度。西周的宗法以嫡长子继承制和余子的分封制为核心，通过"大宗"和"小宗"的区分层层分封，最后形成"大邦维屏，大宗维翰，怀德维宁，宗子维城"的局面，以及天子、诸侯、卿大夫、士以至庶民、工、商的金字塔式的宗法社会。

（二）经济状况

从远古时代起，聚居在黄河两岸的夏部族，就已经以农业生产作为生活资料的主要来源之一。《论语·泰伯》说禹"尽力乎沟洫"，是说禹曾经开挖沟渠，不仅减少了洪水泛滥的灾害，而且又引水灌溉农田，使夏代的农业有了很大的发展。农业的发展，为巩固夏王朝的统治奠定了物质基础。

夏代农业生产工具以木石为主，兼有一部分骨器与蚌器。出土的石制农业生产工具中，石铲和石刀的数量为多。石铲皆为扁长方形，多在中部钻有一个或两个圆孔，这种带孔石铲安上直柄可作掘地翻土用，绑在前端带有钩状的木柄上，可用于松地锄草。锄耕用于农业生产，无疑是提高农业生产水平的重大变革。收获农作物使用的工具中，以石刀数量最多。工具的改进，使夏代的农业生产得到明显的提高。在二里头文化早期遗址的发掘中，还发现有些草拌泥中夹杂着黍壳和稻壳的遗存，说明夏代已有黍和稻等粮食作物。随着夏代农业生产的发展和生产部门的分工，烧制陶器，琢磨玉器，制作骨器、蚌器，冶铸青铜器和制作木器等各种手工业，也有新的发展和分工，并且在夏代可能已经形成独立的手工业生产部门。

商朝农业生产已成为社会生产的主要部门。甲骨文大量记载了商人的农事活动，几乎包括与农业有关的各个方面。甲骨卜辞中有大量"受年""受黍年""受稻年"等类辞句。卜辞的"田"字即为田的阡陌和沟洫之形。由卜辞可知，商朝的主要农作物有禾、黍（与稻类相似，俗称黄米）、麦等。耕作的方法采用合力耕种及"焚田"（即火耕），并已使用粪肥肥田。商王除亲自视察田作外，还常命臣下监督农耕。当时农业已能提供较多剩余产品，卜辞中常见在收割后把粮食放入廪中贮藏的记载。农业生产中使用的工具有木、石、骨、蚌，亦有青铜农具。耕具有耒、耜。

商朝的商品交换由于农业、手工业的发展而日渐增多，部分商人"肇牵车牛远服贾"。商朝遗址中出土有海贝、海蚌、鲸鱼骨、大龟骨等海产物品，其来源除赠送、进贡及征集外，还有商人长途贩运。除以物易物的交换外，当时已开始使用货币。商朝货币的主要形态是玉和贝，殷墟墓葬中出土有大量的贝，最多的达千枚。除天然贝外，还有石贝、骨贝、玉贝及铜贝等仿制贝。

商代的交通工具主要是陆路的车和水路的船。卜辞中有"车"字和"舟"字。商朝遗址中发现车马坑多座，出土的马车有二马一车和四马一车，车为木制，有铜车饰，一辀、一舆、一轴、两轮。车用于田猎、作战等。商朝的舟，尚无实物证据，但知其用于渡涉。此外，商朝的手工业分工较细，有铸铜、制陶、制骨、琢玉、漆器等门类，各种手工业都已有了显著发展和突出成就，而其中最能反映时代特点和工艺技术水平的是青铜铸造业。

周人从其始祖时起便非常重视农业，整个西周时期，农业是最重要的生产部门。这一时期的农业工具，据考古所见，仍多为木、石、蚌、骨所造。青铜工具也有在农业中使用的，如《诗经·周颂·臣工》所说："庤乃钱镈，奄观铚艾。"钱是铲，用来掘土；镈是锄，用来锄草；铚是短镰，用以收获。陕西临潼零口一处西周窖藏中，一次出土铜铲四件，可见青铜工具不罕见。农作物种类较商朝有所增加。《诗经·豳风·七月》："九月筑场圃，十月纳禾稼，黍稷重穋，禾麻菽麦。"反映了作物的多样性。《周礼·大宰》有"九谷"，注家认为指黍、稷、秫、稻、麻、大豆、小豆、大麦、小麦，可知古代主要作物在周代也已出现。此外，西周的井田制是在分封和宗法的过程中形成的，与分封和宗法密不可分，即周天子是西周土地及权力的最高所有者，他通过分封，把西周的土地在贵族的宗族范围内实行层层封赐，最后形成多层次宗族贵族占有的土地所有制。井田制在经历五百年之后退出了历史舞台。在井田制下，各级奴隶主由天子那里分得土地和依附农民。但他们只有土地占有权，没有所有权；只有使用权，没有买卖权。因此，西周的井田制与分封制和宗法制紧密相连，适应了当时的生产力状况，在一定程度上推动了西周社会生产力的发展。

西周中期的金文，出现土地转让的事例，有的是交易或互换，有的是赔偿。

为了取得土地转让的法律效力，交易者有时要向执政大臣报告，有时采取立誓的形式。土地转让时必须由双方人员到场，丈量有关土地，称为"履"。确定了的地界，用封树的方法做出标识，加以记录，有时还要绘成地图。转让的契券，双方分别保存，并将副本上交官府收藏，以备查考。这种土地转让，尚未具备完全自由买卖的性质。

在工商业方面，在国中居住的，还有百工和商贾。当时的百工多在司空所属的官府手工业中工作，商贾也从属于官府。百工身份卑微，在西周金文中往往与臣妾奴隶并列。商贾地位则较百工为高，但其交易受到官府的严格控制。据金文兮甲盘淮夷与周的诸侯百姓贸易，都必须到指定的市场进行，要遵守官吏的管理，否则即属非法。至于周人内部的交易，据《周礼》，有特设的市场，货贿、人民、牛马、兵器、珍异都在市上交易，商贾有自己的组织，受管理市场的官吏控制。

（三）文化状况

文化既要反映政治和经济的要求，反过来又要为政治和经济服务，这是文化发展的一般规律。在夏商周时期，文化对政治权力、宗法关系、神权信仰的依赖是其突出特点。

1. 依赖于政治权力

夏商周时期的伦理文化都是为当时的政治服务的。夏朝实现了从"公天下"向"家天下"的转变。在此之前，中国社会以部落或部落联盟的形式存在，部落联盟首领之位的传承主要依靠"禅让"。部落联盟是由多个部落联合形成的，联盟首领不能干涉各个部落的内部事务，各个部落有较大的自治权。联盟首领的主要职责是"协和万邦"，即解决部落间的纠纷，使各个部落和谐有序发展。因此联盟首领必须德高望重，功德能够服众，功德是首领的先决条件，例如大禹就是以治水之功德登上帝位的。

启继承禹的地位后建立了夏朝，变公器为私器，从此各个部落变成了夏部落的下属诸侯国，夏王的权力得到了增强，其职责不再只是"协和"而是"统治"。夏王统治下的各个诸侯国必须严格听从夏王的命令，否则将会受到惩罚，甚至是军事讨伐。然而，夏启在完成统一事业之后必须解决两个问题：一是政权的正当性问题；二是如何治理好国家的问题。为了解决这些问题，夏朝统治者垄断了通神的权力，凡事皆冠以神的名义。作为政治领袖的"王"，也成为最大的"巫"，也就是掌控沟通神界与人世的舆论权力。这意味着政权与神权的统一。夏商周三代的统治者皆垄断神权，以天神或天意作为自己权力的合理性证明，凡事都冠以神的名义，向其他人宣扬自己的行为是遵从神的命令，凡王命皆出自神的命令。而这种"神的命令"也就是当时所说的"明德"的由来。到了周朝，统治者吸取商朝灭亡的教训，认为商人只被动地接受天命，而不懂得主动谋求天命，最终导致了灭亡。因此，周朝统治者将明德视为政治主题，提出了"以德配天""敬德保民"的伦理思想，这就开启了"以天为本"的明德观向"以人为本"的明德观的转变。周公认为，明德不仅是世人礼敬上天的表达方式，也是维护社稷持久和社会安定的重要因素。

2. 依赖于宗法关系

所谓宗法性，是指夏商西周时期的德性思想宣扬的是宗法制价值观，其中蕴含着浓烈的宗法制气息。在夏朝以前，权力交接实行的是禅让制，即统治者生前主动将首领之位禅让给其他贤德之人，在建立夏王朝之后，为了使权力永久掌控在夏后氏手中，夏启废弃了禅让制，实行世袭制，并与宗法制度相结合。在夏商西周时期，家族取代了原始时期的部落，成为社会的基本团体。在每个家族中，族长为大宗，拥有最高的权力，其嫡长子为宗子，是族长的继承者，被称为世子。族长的庶子为小宗，负责家族的各项事务。而整个国家或天下则被看作一个大的家族，其中，国家君王为天下之大宗，其嫡长子为宗子，是王位继承者。庶子为小宗，或被赐予封地，被封为诸侯，或被留在王朝，封为卿大夫。各个诸侯、卿大夫或士又各为自己所在支的大宗，他们的嫡长子为其权益的继承人，是为大宗，其庶子又为小宗。如此循环之下，社会的宗法关系网便由此形成。而夏商西周时期的明德文化正是统治者为了维护宗法体系，巩固自身统治和利益而提出的思想主张。

以血缘关系为基础的宗法社会最突出的特征在于"家国同构"，即家族与整个国家在结构上保持着同一性，"国为大家，家为小国"。在家族或家庭内部，族长或家长的权力最大，地位最为尊贵；在整个国家内，君王就相当于一家之主，其权力也最大，地位最为尊贵。因此，家长在整个家族中就犹如国家之君王，在这种"家国同构"的宗法体系中，"亲疏有别，尊卑有序"是其最重要的价值观念，而夏商西周时期的明德文化也正是以这种价值观念为核心而展开的，其中最重要的明德观念为"忠"与"孝"。在家族内部，孝是最重要的德性，它被视为众善之首，而不孝不友是最大的恶，是众人之所恶。夏人"致孝乎鬼神"，商人最重祭祖，周朝的礼乐制度将"亲亲""尊尊"作为核心价值，这些都体现出古人对孝的重视。当孝升华到国的高度，则体现为忠。在夏商西周时期，孝与忠是统一的，二者虽然面对的对象有所不同，但是却可以看作对不同层面的"家主"或者"宗主"的顺从。

3. 依赖于神权信仰

所谓的"神性"，是指夏商西周时期的德性充满着宗教信仰的神性光辉。德性是人根据神灵意志而培育的善的品质。从明德的定义就可看出，夏商西周时期明德是从宗教信仰中衍变而来的，体现的是上古时期的人对神的意志以及对生存方式的认知。原始人类对自然的认知有限，对自然中的各种现象，例如闪电、风雨、日月以及生老病死等，都无法理解。在那个"靠天吃饭"的时代里，任何一种极端的自然现象都会给人们带来灭顶之灾。出于对这些不可抗衡的自然现象的敬畏，他们把这些自然现象和某种早期的灵魂观念联系起来，认为存在着一种超自然的主宰存在物，它掌控着世间的一切自然力量，由此便产生了"神灵"的观念。据考古发现，这一观念在距今七千年到五千年的仰韶文化以及马家窑文化时期已经相当普遍。到了夏商西周时期，神权被王权垄断，普通人失去了通神的权力，神变得高高在上，成了人们的精神信仰，而作为唯一可以通神的统治阶级就成了神灵在人间的代言人。作为神在人间的代言人，统治者的地位与西方世界的教皇相当，他必须依照神命行事，这就被视为德性。

在夏朝和商朝时期，统治者不重视"德"，或者说在那一时期，"德"的概念还尚未出现，统治者只知道遵从神命，这在商朝表现得尤为明显。夏朝统治者信仰"神命"，认为不遵从神的命令必将会遭到惩罚。商朝时期产生了至高神的观念。殷人认为至高无上的天帝管理着世间的一切事物，凡是违背天帝的命令必会遭到惩罚。总之，虽然夏商时代，人们可能并不重视伦理意义上的"德"，但是十分重视基于鬼神或帝之信仰的"天命"，这种"天命"代表的是神的意志，人接受了"天命"并形成符合"天命"的品质便是夏商时期的德性。

与夏人和殷人不同，周人非常重视"德"。然而周人重德也是建立在天命信仰的基础上的。周人认为上天是万物之始，因为上天，人得以生。周人之所以能取商而代之，是因为上天的选择。然而上天的选择不是唯一的，正如过去上天选择商，现在选择了周一样。为了不被上天遗弃，周朝统治者认为应该时时刻刻保持警惕，发挥好上天赋予的善的品质——"德"。这就叫"以德配天"。

总而言之，在夏商西周时期，明德可以看作人们宗教信仰的产物，是人们为了迎合"天命"而培育的善的品质。周公主张"礼乐"，礼最早就是祭祀神灵时的礼仪，周公将之变成一种社会制度规范，从某种程度来说也是受到了宗教信仰的影响。从一方面来讲，人以"礼"事天，上天庇佑世人，使世人免除祸患。如果人与人之间能以礼相处，那么必将会免除很多民事纠纷。从另一方面来讲，如果"礼"能深入人心，那么人对待上天必会恭敬守礼，不敢有丝毫不敬。

二、夏商周时期的明德文化

（一）夏朝的明德文化

从整个人类思想史的发展来看，几乎在每个民族的文化中都能找到宗教信仰的痕迹。在人类早期，由于对世界的认知程度有限，人们面对不可抗衡的自然力量时茫然无措，于是便走向了宗教。宗教是人类认识世界的一种重要的方式，表达的是人们对世界的基本看法。因此，人类早期的精神文明都建立在宗教的基础上，中国夏商周时期的古人也不例外。在夏朝建立之后，统治者为了巩固自己的统治地位，维护社会稳定，在前人思想观念的基础上提出了统一的宗教信仰观念。

1. 夏人的信仰体系

夏人的宗教信仰源于"万物有灵论"的自然崇拜。那么，夏人具体信仰的对象包括哪些呢？根据出土的一些器物和建筑上的图案以及一些文献进行推测，夏人的信仰对象主要包括两大类——怪与神。而这种对怪与神的信仰也反过来证明了夏人的信仰确实已经从"前万物有灵论"时期进入了"万物有灵论"时期。怪与神虽然都以"万物有灵论"为基础，但却是两种不同的信仰。具体来说，"怪"是人们对负面的超自然力量的信仰，"神"是人们对正面的超自然力量的信仰。从现有文献和考古资料发现，夏朝信仰的"神"主要分为三类：第一，天神类。由于夏朝的资料较少，因此人们只能根据商朝和周朝的一些资料来进行推论。商朝与周朝的信仰体系虽然有所改变，但是归根结底传承于夏。夏人信仰的天神可能包括自然界高高在上的"日"和"月"，掌管自然现象的风、雷、雨、雪以及四时等神。在古人看来，太阳是一切光与热的来源，本身就带有神圣性，中国神话中也有太阳神与月亮神的说法。第二，地祇类。夏人对地神的信仰是毋庸置疑的，在古人看来，大地承载万物，养育了世间万物，它是人类的生存之源。出于对大地的崇拜，于是便有了社神信仰。中国流传最广的社神是大地之母后土。根据古文献，夏人的地祇类神灵信仰包括社神。夏人的地神信仰还包括五岳、山、川、林木等。根据夏商周三代文化的连续性，商朝与周朝的地神信仰极有可能传承自夏朝。第三，鬼神类。所谓的"鬼神"信仰，即是指对先祖的信仰。《论语·泰伯》描述大禹"致孝乎鬼神"，说禹将祖先视为鬼神来尊敬。《礼记·表记》记载夏人"事鬼敬神"。这些记述皆表明鬼神信仰在夏朝具有不可忽视的重要地位。

2. 夏朝的德性要求

夏朝社会的结构是以等级制为核心的，在夏朝建立之后，统治者需要面对三个重要的问题：其一，如何处理人与信仰对象的关系？这一问题就对人对待神的态度提出了要求。其二，如何处理国君与臣子的关系？夏朝与部落联盟重要的区别之一就在于部落联盟首领的地位与其他部落首领的地位在某种意义上差别不大，都代表某一部落，只是联盟大首领的权力比其他部落首领要高一些，但是其他部落首领对联盟大首领的命令是可以拒绝的，而夏朝君王与其他部落首领是绝对的上下级的关系，其他部落首领必须绝对服从君王的命令。而这种关系的转换必然会对君王与其他部落首领提出新的要求。其三，如何防止夏朝建立的等级秩序被破坏？这个问题实际上是对国家君王以及社会中的人提出了要求。一方面，在专制社会，君王的行为直接决定着国家秩序是否稳定；另一方面，普通民众如果不能遵从国家的相关规定，那么社会秩序的稳定也就无从谈起。这些问题就对社会各阶层的人提出了相应的德性要求。

首先，事神以敬，即以"敬"德来对待神灵。这里的敬有时作动词，有时作名词。在作动词解释时，它意味着行为得体，符合礼仪规定，体现为德行；在作名词使用时，它意味着内心敬畏，态度虔诚，体现为明德。在夏人看来，神灵是世间的主宰者，世间一切现象以及力量都体现着神灵的意志，神灵掌控着人的生存所需，掌控着人的生老病死，还掌控着人的旦夕祸福。因此，只有对神灵保持敬畏，服从神灵的意志，人才能生存得更好。

其次，臣以忠事君，君以义待臣。夏朝建立后，在等级森严的社会结构下，君王凌驾于所有部落首领之上，各部落对夏王的命令必须无条件服从。各部落首领不再具有绝对的自主权，他们不止需要向各自部落负责，还要向夏王负责，即不可违背夏王的命令，最能体现这一要求的德性品质是"忠"。所谓忠，即是指下位者对上位者坦诚以待，尽心尽力。忠是维护夏朝等级制度以及统治者地位的最重要德性之一，也被夏人看作政治要求的核心。

最后，君王以德治国，臣民遵守秩序，维护社会和谐。夏朝的建立使得公器变为私器，"公权"变成了"私权"，国家的权力大多集中在君王一人手中。而且由于君王垄断了通神的权力与对神权的解释权，社会中的一切是非善恶都由君王的一家之言来评判。因此，君王的行为决定着天下百姓是否能幸福安宁以及社会是否能和谐有序。这就对国家君王的执政水平以及德性修养提出了要求，即以德治国。若君王不勤于政，不施政以德，那么会致使社会黑暗、民不聊生。正因为如此，从夏朝开始，各个贤能的臣子都会劝谏君王勤于政事，不可沉迷于酒色之中，要施行德政。对于国家的官员来说，要忠于职守，积极帮助君王治理国家；对于士兵来说，要勇敢杀敌；对于普通民众而言，要勤于农事，不失农时，积极纳税。除此之外，夏朝是一个等级森严的社会，臣民们也要认清自身的社会地位，不可以下犯上。因此为了社会的和谐，每个人都应当遵循长幼之别，遵从"五教"，即父义、母慈、兄友、弟恭、子孝。

综上所述，从本质上说，夏朝的德性观念的核心内容为忠。忠不仅维系着下位者与上位者之间的关系，从而巩固了夏朝的社会结构和等级制度，还维系着人与神之间的关系，它体现了"夏道尊命"的时代观念。一方面对于夏人而言，社会等级是不可逾越的，忠代表着为下之道，是人们为人处世的最基本原则。另一方面，在夏人看来，神灵是世界的主宰，对于神而言，所有的人都是下位者。因此，人也必须待神以忠，不可违背神意，这主要体现为敬。

子曰："夏道尊命，事鬼敬神而远之，近人而忠焉，先禄而后威，先赏而后罚，亲而不尊。其民之敝，蠢而愚，乔而野，朴而不文。殷人尊神，率民以事神，先鬼而后礼，先罚而后赏，尊而不亲。其民之敝，荡而不静，胜而无耻。周人尊礼尚施，事鬼敬神而远之，近人而忠焉，其赏罚用爵列，亲而不尊。其民之敝，利而巧，文而不惭，贼而蔽。"（《礼记·表记》）我们从中也能对夏商周的明德状况有个大致了解。

（二）商朝的明德文化

夏朝最大的德性问题是夏启改变了祖制，变禅让制为世袭制。这虽然在很大程度上是启顺应了天下大势，但是在崇拜先祖的时代里依然很难被人接受。那么，商朝面临的德性问题是什么呢？为了解决这一问题，商朝统治者又提出了什么德性思想呢？

1. "帝命"至上的善恶观

"天命玄鸟，降而生商。"商朝的德性思想是建立商人至上神信仰的基础上的。所谓"帝命"指的是至上神帝的意志或命令。商人虽然与夏人一样，拥有诸神信仰，但是与夏人不同的是，他们认为在诸神之上存在着一个至上神——帝。帝不仅是各种自然神灵的领袖，也是死后升天的各位先祖的领袖，他可令风雨雷雪，可掌福赐，还可以学管人间的事务，对世间一切都有绝对的话语权。因此，商人认为必须无条件地遵从上帝的命令，只有这样，人才能得到神的赐福。

对于商朝统治者而言，"帝命至上"的观念正是他们所需要的，主要体现于两点：第一，统一全国思想，巩固王权的需要。统一的王国必须拥有统一的思想，夏朝的宗教与德性思想没能完成这一使命，将其遗留到了商朝。虽然经过夏朝几百年的发展，到了商朝，人们的统一观念日益成熟，这主要体现于商朝社会的基层单位不再是部落，而是家族。虽然在商王统治的范围内，伴随商王朝与其他方国的交往，各个方国与商王朝的关系较为紧密，各方国以商王为首，但是，很多方国依然具有相当大的独立性。为了解决这一问题，商朝统治者不得不改变旧有的思想观念，将国内所有的信仰统一起来。在至上神帝之信仰的思想下，商朝统治者以帝命的禀受者自居，以此来威慑其他各方国。第二，在日常生活中，不论遇到大小事务，商人总是习惯于在行动之前先占卜，以此来了解上帝或神灵的意志。若占卜的结果是吉祥的，那么就表明他们的行动是得到神的允许的，就会去行动；若占卜结果是凶险的，那么就意味着他们的行为不被上帝或神灵认可，就会停止行动。然而，对于普通民众来说，他们没有通神的能力，那么又该如何判定善恶呢？商人认为，商朝统治者既然是人间唯一能通神的存在，那么他们的意志就是上帝意志在人间的体现，因此听从统治阶级的命令就是遵从上帝的意志，也就代表着善，也就意味着拥有德性。也正是因为商朝统治者坚信商朝禀受了帝命，于是到了商朝末期，统治者便逐渐骄横起来，认为既然帝命在己，那么自己的一切品行都是符合上帝意志的，而不去仔细体悟"帝命"，从而养成善的德性品质，最终断送了国运。因此，"帝命至上"不仅指将上帝的命令或意志作为一切行为的基本原则，还指将上帝的意志视为一切价值判断的准则，它也就成了商人德性观念的基础。

2. 待亲待祖的德性

如果说夏朝最重视的伦理德性是"忠"，那么商朝最重视的伦理德性则是"孝"。《左传·昭公六年》记载："商有乱政，而作《汤刑》。"意思是商朝年间有人乱政，因此统治者制作《汤刑》。《今本竹书纪年》记载："祖甲二十四年，重作《汤刑》。"这些都说明，商朝有了初级的法律体系。根据《吕氏春秋·孝行》的说法，在商朝的种种刑罚之中，不孝之罪的刑罚是最重的，这充分说明商人对孝的重视。

商人重视孝有两方面原因。第一，父母是子女的生命之源，养育了子女，相应地子女应该孝敬父母。正如后世出现的《孝经》所言："身体发肤，受之父母，不敢毁伤，孝之始也。"这就是说，人身体的一切都来源于父母，父母给了子女生命，因此作为回报，子女必须孝敬父母。而且父母也有父母，我们不仅仅需要孝敬自己的父母，还必须孝敬父母的父母。以此类推，后人都应该孝敬先祖。第二，商朝社会是以血缘关系为纽带的，实行的是宗法制。在甲骨文中，有很多族名，例如王族、子族、多子族、三族、五族、犬延族等，这些族名指的都是宗族。宗法制的目的只是防止王权旁落，被转移到旁系或外姓之人手中，而商朝的权力传承不论是父传子还是兄传弟，抑或是叔传侄，其权力都掌握在商王的直系血脉手中。因此从目的论来讲，这种权力传承制度也可说是宗法制的一种表现。而由于宗法制需要依靠血缘亲疏的关系来维持，所以孝的观念就显得尤为重要。

孝的内容不仅仅是要求人们孝敬父母，更重要的是尊敬先祖，继承先祖之德。商人的祖先崇拜是很普遍的，主要体现于祭祀以及对先祖的称赞上。作为典型的祭祀文化，商人的祭祀活动是隆重且频繁的。商王经常举行不同规格的祭祀活动，而在这些祭祀活动中，对商人祖先神的祭祀次数是最多的。另外，如果再加上那些虽未明言，但实为祭祀先祖的卜辞以及尚未被搜集到的卜辞，那么商人祭祖的卜辞数量将会更多。而且，商人对先祖的祭典规格明显大于对其他自然神的祭典，用的祭品也明显普遍多于其他神灵。这足以证明商人对祖先崇拜的重视。

3. 民本观念的萌芽

商朝通过提出"至上神"观念，将神高高抬起，送到了遥不可及的"帝廷"，人想把握至上神的意志也相对难了很多。而且人虽然获得了一定的独立与自由，可以从人的角度去解读上帝的意志，但是这种解读是否准确成了一个大的问题。一旦人对上帝意志的解读与上帝的真实意志产生冲突，那么统治者又该如何统治国民呢？这对于商朝统治者来说是一个很大的问题，如果不解决这个问题，那么商朝的宗教信仰根基便会崩塌，从而造成国家的动荡。面对这一问题，盘庚明确提出"施德于民"，将"德"放到了政治舞台的中央，这直接促进了早期民本观念的出现。这也即是说，早期的民本观念以德性观念为核心的，因而该观念属于德性观念。盘庚在迁殷时三次告谕臣民的内容收录在《尚书》里面，即《盘庚》三篇。《盘庚》三篇最终成文于周朝，但反映的是商朝中期的思想观念，被看作研究商朝思想观念的重要文献。

根据史料记载，商王朝经过"九世之乱"，国家政治腐败现象已经非常严重。国家的土地几乎完全被贵族垄断，都城贵族的奢靡之风兴盛，这就造成了社会的黑暗与动荡。盘庚继承王位之后，针对社会问题，想寻求解决之道。当时天灾不断，盘庚就想借此时机迁都以对国内的情况进行整改，将奴隶主手中的土地回收国有，少量地分配给平民。正如盘庚对奴隶主贵族所言："汝不谋长以思乃灾，汝诞劝忧。今其有今罔后，汝何生在上？"（《尚书·盘庚中》）意思是你们这些贵族不理会现在的各种灾害，也完全没有忧患意识，只是一味地苟且图安，上帝又怎么会一直允许你们这样骄奢地生活下去呢？上述充分说明盘庚对国都内的奴隶主贵族苟安图乐的生活现状严重不满，而迁都则是他解决这一问题的重要举措。盘庚认为迁都之事势在必行，因此通过占卜，以寻求神灵意志与君王意愿的统一。在商人看来，王朝的最高统治者是上帝在人间的代言人，他的意志反映的是上帝的意志。但是很明显，表面上看似是国家统治者为了获得正确"帝命"的行为，实际上体现的是人获得了初步独立与自由之后，为了更好发展而与神进行的一场交锋。由此，占卜活动不再仅仅是人们探寻神灵意志的活动，而且还是人为了自己的目的获得神权支持的工具。虽然盘庚利用占卜结果强烈要求众人迁都，但是国内仍然有很多反对的声音。为了消除异见，盘庚利用人文德性因素，提出了朴素的民本思想，即不再以神权作为政治的唯一根据，而还将民众的利益与支持看作国家稳定的必要条件之一。

（三）周人的明德文化

据史料记载，周族曾有多次迁徙。最后一次是平王东迁，发生在周朝建立之后。在武王灭商建立周朝之前，周族的迁徙次数及地点有不同说法，其中六次都有记载。

第一次迁徙：不窋失官，窜于戎狄之间。

《史记·周本纪》称不窋是后稷（弃）的儿子："后稷卒，子不窋立。不窋末年，夏后氏政衰，去稷不务，不窋以失其官而奔戎狄之间。"关于后稷与不窋是不是父子关系，即二人之间有无历史记载的"失代"现象，尚有不同说法，在此不做考证。但可以肯定，不窋作为后稷（弃）的后裔是没有问题的。夏末，不窋失官，奔于戎狄之间，当为夏桀之时。为何要奔于戎狄之间呢？大概与夏桀的残暴以及夏商之争有关。后稷（弃）的封地在邰，即今天的陕西省武功县。不窋自邰窜于戎狄之地，具体位置在哪？目前较多史料佐证为庆州。《史记正义》引《括地志》云："不窋故城在庆州弘化县南三里。即不窋在戎狄所居之城也。"庆州弘化县，即今甘肃省庆阳市庆城县。庆城县在泾河上游，黄土高原的西端，东依子午岭，北靠羊圈山，西接六盘山。据此，不窋故城距离周族世居邰地直线距离约两百公里。

第二次迁徙：公刘迁豳，开疆创业。

《史记·周本纪》称："不窋卒，子鞠立。鞠卒，子公刘立。"由此可知，公刘是不窋的孙子。公刘举族迁至戎狄（今甘肃庆城一带）之间后，其贡献主要有三方面：一是复修后稷之业，即在戎狄之间定居耕作，发展农业生产。

二是以德怀人，与周围部族相处融洽，稳定与增强了周族的力量，"百姓怀之，多徙而保归焉。周道之兴自此始"。三是勘察选址，迁居豳地，对此，《诗经·大雅·公刘》有详细记载。该诗篇将公刘开拓疆土、建立邦国的过程描绘得清清楚楚。

第三次迁徙：古公亶父，迁居岐下。

《史记·周本纪》称，作为公刘之后裔，古公亶父在豳地勤勤恳恳，复修后稷、公刘之业，积德行义，国人皆戴之。薰育戎狄攻之，欲得财物，予之。已复攻，欲得地与民。民皆怒，欲战。古公曰："有民立君，将以利之。今戎狄所为攻战，以吾地与民。民之在我，与其在彼，何异。民欲以我故战，杀人父子而君之，予不忍为。"乃与私属遂去豳，度漆、沮，逾梁山，止于岐下。豳人举国扶老携弱，尽复归古公于岐下。及他旁国闻古公仁，亦多归之。于是古公乃贬戎狄之俗，而营筑城郭室屋，而邑别居之。作五官有司。民皆歌乐之，颂其德。自公刘至古公亶父，共十世居豳。因为戎狄攻之，不得已而迁徙。关于这次迁徙，《诗经·大雅·绵》有详细描述。其实，古公亶父能够迁居岐下，主要是周族臣服于商，并为商抗击鬼方而受到封赏、保护的结果。据甲骨文记载，有迹象表明周在武丁时期开始成为殷商的从属国了。从那时起，周族开始寻找重返中原的机会。古公亶父时期，由于周族受到狄人的袭扰，不得不朝见商王，求取内迁。商王看在其祖以来的功绩，允许周人内迁至岐。

第四次迁徙：文王迁灵沼或都程。

有一说，周人始祖弃出生于今西安灵沼，由于肇创农耕种植有功，被尧帝封为后稷。所以，文王从周原迁回始祖出生地灵沼。还有人说，传世文献记载先周有六都：邰、豳、周、程、沣、镐。其中周（周原）、沣、镐已为考古发现所证实。周文王所都之程，仅见于流传至今的宋《艺文类聚》卷八九、《太平御览》卷三九七引述了《程癉》的部分文字。《逸周书·大匡》载："维周王宅程三年，遭天之大荒，作大匡，以诏牧其方。"《今本竹书纪年》也有类似记载："文丁五年，王季作程邑。帝辛三十三年，文王迁于程。三十五年，周大饥。"传世文献与出土文献相互印证，可知程确为文王之都，而且文王在程地受天命灭商。

第五次迁徙：文王都沣。第六次迁徙：武王都镐。

周文王灭崇后，在沣水西岸营建丰京；周武王时在沣水东岸建立镐京，即《诗经·大雅·文王有声》载："考卜维王，宅是镐京。"丰京是宗庙和园囿的所在地，镐京为周王居住和理政的中心，二地距离很近，一起并称为"丰镐"，是西周王朝的国都。丰镐作为西周王朝的都城故址，位于今西安市西南的沣河中游两岸。从公元前1046年到公元前771年的近三百年间，它一直是当时中国政治、经济、文化的中心，也是西安地区第一次建立的规模宏大的都市，在中国城市发展史上占有十分重要的地位。

在中国古代历史长河中，西周时期（前1046年—前771年）是一个重要的转折点。它不仅标志着奴隶制社会向封建制社会转变的开始，而且在道德观念上进行了重要的继承与发展，形成了独具特色的道德体系。这一体系不仅为西周社会的稳定和发展提供了有力的支撑，也对后世产生了深远影响。

1. 周人对殷商道德的继承与发展

（1）尊卑有序与等级制度的继承与发展。殷商时期，社会形成了严格的尊卑等级制度。西周在继承这一制度的基础上，进一步完善了礼仪制度，使其更加明确和规范化。西周时期的礼治思想强调通过礼仪制度来维护社会秩序和等级制度，注重通过礼仪制度来培养和提升人们的道德修养和品德素质。西周统治者通过制定详细的礼仪规范来约束人们的行为举止，使其符合社会的道德标准。同时，西周注重通过礼仪制度来传承和弘扬传统文化和道德观念，使其成为人们共同遵守的道德准则。周公是西周初期的重要政治家和思想家，他在继承殷商祭祀制度的基础上，对西周的礼仪制度进行了全面的改革和完善。周公制礼作乐，制定了一套详细的礼仪规范和行为准则，使祭祀活动更加规范化和神圣化。同时，周公也强调了祭祀活动的道德意义，认为通过祭祀活动可以培养人们的道德品质和修养。周公制礼作乐为西周的社会稳定和发展奠定了重要基础。

西周对殷商尊卑有序和等级制度的继承，不仅体现在礼仪制度的完善上，还体现在社会生活的方方面面。在政治领域，西周建立了严格的分封制和宗法制，通过血缘关系和亲疏关系来维系社会的等级秩序。在经济领域，西周实行了井田制，将土地划分为公田和私田，通过土地分配来体现社会的等级差异。在文化领域，西周注重礼仪文化的传承和弘扬，通过教育和宣传来普及礼仪知识，提高人们的道德素质。

（2）重视祭祀与天命观的继承与发展。殷商时期，人们普遍信仰天命观念，认为国家的兴衰、君主的更替都是由天命所决定。在这种观念下，统治者将自身的统治权视为天命所授，认为自己的统治地位是合法和不可动摇的。人们相信通过祭祀等宗教仪式可以与神灵沟通，获得神灵的保佑和指引。这种"天命"观念在殷商社会中占据了主导地位，深刻影响了人们的政治信仰和社会行为。

（3）提出了系统的"德治"理念。"皇天无亲，惟德是辅。"殷商时期，虽然也强调统治者的道德品质，但并未将其提升到国家治理的高度。西周则明确提出了以德治国的理念，将道德品质作为治理国家的重要因素。具体表现为：①重视德治和"以德配天"。统治者开始认识到"天命"观念的局限性。他们发现，仅仅依靠天命观念并不能保证国家的长治久安和人民的幸福安康。相反，如果统治者不具备良好的道德品质和治国能力，即使拥有天命所授的统治权，也无法实现国家的繁荣和人民的幸福。在此基础上西周提出了"以德配天"的思想，认为统治者只有具备高尚的品德和道德修养，才能得到天命的眷顾和人民的拥护。②重视民本和"敬德保民"。西周的"德治"理念体现着从敬天命到重人事的重大转变。商朝的灭亡给西周统治者带来了深刻的教训。商朝末年，纣王暴虐无道，导致民心尽失，最终使得周武王能够利用民心的不满，起兵伐纣并取得胜利。这一历史事实让西周统治者认识到，仅仅依赖天命是不足以维持一个王朝长久统治的，人事因素——民心和统治者的德行，同样重要。在吸取了商朝灭亡的教训后，西周统治者认识到民心的重要性。他们认为，只有赢得民心，才能确保国家的长治久安。于是，开始重视人民的利益和需求，采取了一系列措施来保障人民的生活和权益，如减轻赋税、发展农业、兴办教育等。这些措施的实施，不仅改善了人民的生活，也增强了人民对西周政权的认同感和归属感。③重视教化和"明德慎罚"。"明德慎罚"是西周时期重要的立法指导思想之一，其核心在于强调德治与刑罚的适度运用。这一理念旨在通过彰显德政来赢得民心，同时审慎地使用刑罚，以确保社会的和谐稳定。"明德"，即提倡尚德、敬德，强调统治者应以身作则，具备高尚的道德品质，通过德治来教化百姓，提升社会的道德水平。这一思想认为，统治者有德，则能得到上天的眷顾和人民的拥护，从而巩固其统治地位。"慎罚"则要求刑罚适中，不乱罚无罪，不乱杀无辜。西周统治者认识到，刑罚虽然可以维护社会秩序，但过度使用则会引发民怨，损害统治者的形象。因此，他们强调在使用刑罚时必须审慎，确保刑罚的公正性和适度性。最具代表性的是成康之治，就是西周初年成王和康王在位期间所实行的政治措施。其间，西周统治者坚持节俭、克制多欲，缓和了阶级矛盾，同时注重德治，通过制礼作乐来规范社会秩序和人际关系。这些措施的实施，使得西周社会呈现出安定强盛的局面。

（4）强调个人品德与道德修养的继承——"以德化民"。殷商时期，人们已经开始注重个人品德和道德修养。西周在继承这一观念的基础上，进一步强调了个人品德和道德修养的重要性。这一时期，人们认为品德高尚、道德修养深厚的人才能成为社会的楷模和表率。因此，西周统治者注重自身的道德修养和品德提升，努力通过自身的榜样作用来影响和教育人民。周公不仅在政治上有着卓越的贡献，而且在道德修养方面也堪称典范。据史书记载，周公在辅佐成王期间，常常因为忙于国事而忘记吃饭。有一次，吃饭时突然有人来报告紧急军情，他立刻放下饭碗前去处理。待处理完军情后，发现自己的饭菜已经凉了。他并没有责怪下人，而是说："吾一沐三捉发，一饭三吐哺，起以待士，犹恐失天下之贤人。"充分表达了他对人才的渴望和对道德修养的重视。周公的这种高尚品德和道德修养为西周社会的道德建设树立了典范。同时，西周也倡导"仁爱""忠诚""孝悌"等明德范畴。

2. 周人道德观念的价值

西周时期，作为中国古代社会的重要转折点，其道德理论体系不仅为当时社会的稳定和发展提供了坚实的支撑，而且对后世产生了深远的影响。西周道德的价值体现在独特的道德体系和观念上，这些价值不仅影响了社会的治理方式、文化发展，更对个人的道德修养提供了明确遵循。

（1）独特的道德体系和观念。西周道德体系的核心在于"德"，它强调道德在国家治理、社会秩序和个人修养中的核心地位。这种道德观念认为，道德是治国安邦的根本，是社会和谐稳定的基础，也是个人修身养性的关键。西周时期，道德被视为一种内在的力量，能够引导人们行为，规范社会秩序。西周道德观念注重个人品德修养，认为个人品德的优劣直接影响到社会的稳定和发展。因此，西周时期强调通过教育和实践来培养人们的道德品质，提升人们的道德素质。这种道德观念对后世产生了深远影响，成为中国传统文化中不可或缺的一部分。

（2）对社会治理的启示。西周道德观念对社会治理产生了深远影响。它强调以德治国、以礼治国的理念，认为道德是治理国家的基础。这种治理方式注重道德教化和示范的作用，通过提高人们的道德素质来实现社会和谐稳定。西周时期，统治者注重道德教化的作用，通过制定和实施各种礼仪规范来引导人们的行为。这种治理方式不仅注重法律的约束作用，更强调道德的教化作用。它启示后世，在治理国家和社会时，应注重道德教育和道德示范的作用，通过提高人们的道德素质来实现社会的和谐稳定。

（3）对文化发展的贡献。西周道德观念对文化发展产生了重要的贡献。它与礼制、音乐、文学等文化形式紧密结合，形成了独特的明德文化体系。这种明德文化体系不仅体现为西周社会的道德风尚和审美观念，也为后世的明德文化发展提供了重要借鉴和启示。西周道德观念强调道德在文化发展中的重要作用，认为道德是文化发展的灵魂。它启示后世，在推动文化发展的同时，应注重道德教育和文化传承的作用，通过提高人们的道德素质来促进文化的繁荣和发展。

（4）对个人修养的指导意义。西周道德规范为个人修养提供了明确遵循。它强调个人品德的修养和道德素质的提升，认为个人品德的优劣直接影响到个人命运和社会稳定。因此，西周时期注重通过教育和实践来培养人们的道德品质，提升人们的道德素质。它启示人们要注重道德修养和品质提升的重要性。

3．周人道德的局限性和消极性

（1）周人道德的局限性。一是历史局限性。西周道德观念形成于特定的历史背景下，它主要反映了当时社会的价值观念、道德规范和治理理念。然而，随着历史的演进和社会的进步，西周道德观念中的某些元素已经逐渐不适应后代社会的需求。例如，西周道德强调的等级制度、尊卑有序等观念，在现代社会中已经逐渐淡化，人们更加注重平等、公正和民主。西周时期，宗法制度下的继承权主要依据血缘关系和身份地位来决定，而非个人的能力和贡献。这种继承方式导致了权力的世袭和固化，使得一些没有能力或品行不端的人也能够继承权位，对社会造成不良影响。相比之下，现代社会更加注重个人的能力和贡献，通过选举、考核等方式来选拔人才，使得社会更加公平和公正。二是阶级局限性。西周道德观念带有明显的阶级性，它主要表现为对贵族阶层的偏袒和对平民阶层的忽视。西周礼制中对不同阶层人士的服饰有严格规定，贵族阶层的服饰华丽、繁复，而平民阶层的服饰则朴素、简单。这种服饰的区分不仅体现了社会的等级制度，也加剧了社会的不平等和歧视。三是道德约束的局限性。西周道德观念虽然强调道德修养和道德约束的重要性，但在实际操作中，道德约束往往难以达到预期的效果。例如，尽管西周道德观念强调官员的清廉和勤政，但由于缺乏有效的监督机制和明确的道德规范，官员腐败现象屡见不鲜。

（2）周人道德的消极性。一是过于强调等级制度。西周道德观念中的等级制度不仅导致了社会成员之间的不平等和歧视，而且还阻碍了社会的进步和发展。例如，西周等级制度下的教育机会不平等。在西周等级制度下，教育资源主要被贵族阶层所垄断，平民阶层往往难以获得良好的教育机会。二是忽视个体权利。西周道德观念在强调社会整体利益的同时，往往忽视了个体的权利和自由。例如，西周法律中存在着许多残酷的刑罚，如刖刑、墨刑等。这些刑罚往往不顾及个体的尊严和权利，对犯罪者实行残酷的惩罚。这种忽视个体权利的法律制度不仅加剧了社会的矛盾和冲突，也导致了社会的道德沦丧和腐败。三是道德标准的模糊性。西周道德观念中的道德标准往往比较模糊和不确定，这使得人们在理解和执行道德规范时存在一定的困难。

例如，在西周道德观念中，"义"和"利"是两个重要的道德范畴，但它们的界限往往比较模糊。在一些情况下，人们为了追求利益而违背了道德原则，导致了道德沦丧和腐败。这种道德标准的模糊性使得人们在面对复杂的道德问题时往往难以做出正确的判断和选择。

综上所述，周人道德观念虽然在中国历史上具有重要的地位和影响，但也存在明显的局限性和消极性。因此，在继承和弘扬西周道德观念时，应该保持批判思维和创新精神，既要看到其历史价值和积极意义，也要看到其局限性和消极性。

4．周人明德理念对现代社会的启示

（1）对政治治理的启示。西周时期强调以德治国，这一理念为后世提供了政治治理的宝贵经验。它启示后世君主和统治者，在治理国家时，应注重自身的道德修养和品德提升，通过自身的道德行为来影响和带动整个社会的道德风尚。

（2）对社会建设的启示。西周道德观念注重人与人之间的和谐关系，强调诚信、公正、尊重和关爱等道德规范。这些道德规范对于后世的社会建设具有重要启示意义，即社会应致力于构建和谐的人际关系，倡导诚信、公正、尊重和关爱等价值观，以维护社会的稳定和繁荣。同时，西周道德观念也启示后世，社会应重视道德教育，通过教育来培养人们的道德情感和道德责任感，提升整个社会的道德水平。

（3）对家庭建设的启示。西周道德观念在家庭层面强调家庭成员之间的和睦相处、互相尊重和关爱。这种家庭道德观念为后世家庭道德建设提供了宝贵经验和启示。后世家庭在注重物质生活的同时，应更加注重家庭成员之间的情感交流和道德修养，以实现家庭的和谐稳定和幸福安康。同时，西周道德观念也强调子女对父母的孝敬和尊重，认为这是家庭道德的核心内容。这一观念启示后世家庭应注重培养子女的孝道精神，传承和弘扬中华民族的优秀伦理文化。

（4）对个人修养的启示。西周道德观念注重个人品德的修养和提升，强调通过学习和实践道德规范来塑造良好的品格。这一观念启示后世个人应注重自身修养和品德提升，通过不断学习和实践道德规范来提升自己的道德水平。同时，西周道德观念也强调个人在社会中的责任和义务，认为个人应为社会做出贡献并实现个人价值与社会价值的统一。这一观念启示后世个人应关注社会责任和公共利益，积极参与社会公益事业和志愿服务活动。

综上所述，西周道德对后世的启示是多方面的，涵盖了政治治理、社会建设、家庭建设和个人修养等多个层面。这些启示对于推动人类文明进步和构建和谐社会具有重要意义。

三、夏商周时期的明德人物

（一）姒槐

姒槐，又称夏槐，是夏朝第八位君主，以其贤明、仁爱和高尚的道德品质而著称。姒槐的治国手法独特而高明，他推崇孝道、诚信等价值观，这些道德观念深深地植根于他的内心，并体现在他的治国理念中。他深知，一个国家的繁荣昌盛，不仅仅依赖于强大的军事力量，更重要的是人民的道德素质和社会的和谐稳定。因此，他以身作则，用其言行来影响和感染周围的人。在姒槐的治理下，夏朝的社会经济得到了显著的发展。他深知农业的重要性，因此常常亲自巡视农田，鼓励农民勤奋耕作。他的这种亲民、务实的精神，赢得了百姓的深深爱戴。在他的治理下，夏朝的百姓安居乐业，生活富裕，国家的实力也得到了极大的提升。然而，姒槐并非没有面临过挑战。在他的统治时期，夏朝与周边部落的关系并不稳定。居住于泗水、淮水之间的九夷部落，经常对夏朝的边境构成威胁。然而，姒槐并没有选择用武力来解决问题，而是采取了和平的方式。他化身为谈判专家，通过智慧和勇气，成功地化解了与九夷部落的矛盾，使双方达成了和平共处的协议。这一过程中，姒槐展现出了极高的道德素质和政治智慧。他深知战争带来的只有痛苦和毁灭，因此他始终坚持以和平的方式解决问题。其和平主义思想引导下，他不仅赢得了九夷部落的尊重，也赢得了夏朝百姓的爱戴。在姒槐的治理下，夏朝的社会风气也变得更加淳朴。他注重道德教育，提倡诚信、友善、尊老爱幼等价值观。他的这种道德观念，深深地影响了夏朝的百姓，使得整个社会的道德水平得到了极大的提升。姒槐的故事诠释了什么是真正的道德、什么是真正的仁爱。他的存在，不仅为夏朝带来了繁荣昌盛的时代，更为后世留下了宝贵的道德遗产。在姒槐的治理下，夏朝的社会呈现出一片欣欣向荣的景象。百姓安居乐业，生活富裕；国家实力强大，边境安定。这一切，都离不开姒槐的英明领导。他的存在，如同一道明亮的光束，照亮了夏朝的历史长河，也照亮了后世人们的心灵。姒槐的故事告诉我们，一个领导者应该以民为本、推崇道德、注重农业、鼓励创新，应该以身作则、亲民务实、勇于担当，应该具备高尚的道德品质，能用智慧和勇气化解矛盾、解决问题。只有这样的领导者，才能赢得百姓的爱戴和尊重，才能带领国家走向繁荣昌盛的未来。

（二）仲虺

仲虺，商朝的开国元勋，杰出的政治家、军事家，其道德故事丰富多彩，充满了智慧和仁爱。在遥远的古代，华夏大地上有一个薛国，其国君叫仲虺，是一个极具才华与政治远见的人物。他出生时，雷声虺虺，闪电如蛇，大雨倾盆，消解了家乡多年的旱灾。人们认为他的到来是天意的昭示，是薛国繁荣昌盛的希望。仲虺在二十四岁时继任薛国国君之位，他深知责任重大，于是发扬先祖的优良传统，带领薛地民众着力改进生产工具，发展农业。他号召各个村落在低洼地带打井取水，灌溉土地，使农田得到充分的滋润。同时，他还倡导人们饲养牲畜，大力发展畜牧业。他设立农官，教人民用庄稼的秸秆饲养牲畜，用牲畜的粪便作为肥料来提高土地的肥力。这些措施的实施，使薛国的农业生产得到了极大的提高，百姓的生活水平也得到了改善。然而，仲虺并不满足于现状。他意识到，薛国虽然有了长足的进步，但仍然是一个小国，要想在诸侯中立足，必须寻求更强大的力量支持。此时，商汤正在崛起，成为夏朝方伯，在诸侯中很有威望。仲虺认为商汤是一个有德之君，可以引领华夏民族走向繁荣昌盛。于是，他高瞻远瞩，欣然加入商汤灭夏的行列，成为商汤的重要谋士和左相。在辅佐商汤的过程中，仲虺展现出了卓越的政治智慧和道德品质。他深知民心的重要性，因此始终将百姓的利益放在首位。他劝诫商汤要仁爱宽厚，以德治国，要亲近百姓，了解他们的疾苦和需求。在商汤的领导下，商国逐渐崛起，成为一个强大的国家。然而，夏朝并未就此屈服。夏桀作为夏朝的最后一个帝王，昏庸无道，暴虐百姓，使得夏朝江河日下，众叛亲离。面对这种情况，仲虺再次展现出了他的道德品质和智慧。他劝说商汤要顺应天意民心，讨伐夏桀，拯救天下苍生。在他的劝说下，商汤决定出兵伐夏。在伐夏的战争中，仲虺发挥了重要的作用。他运筹帷幄，制定了周密的战略计划。他亲自率军出征，奋勇杀敌，为商国的胜利立下了赫赫战功。最终，在仲虺和商汤的共同努力下，商国成功地灭掉了夏朝，建立了新的王朝——商朝。商朝建立后，仲虺继续辅佐商汤治理国家。他提出了"佑贤辅德，显忠遂良"的治国理念，强调要尊重贤能之士，推崇道德品质高尚的人。他设立官制，选拔贤能之士担任官职，使得商朝的政治体制更加完善。同时，他还注重文化教育的发展，鼓励人们学习礼仪和文化知识，提高整个社会的文化素养。仲虺的明德故事比比皆是。他以高尚的品德和卓越的智慧赢得了人们的尊敬和爱戴。他的明德故事不仅为我们留下了宝贵的精神财富，也为我们树立了崇高的道德典范。

（三）伊尹、伊陟父子

伊尹，曾辅助商汤灭夏朝，为商朝立下了汗马功劳。伊尹，生于伊水边，成年后成为莘国国王的厨师，还成为莘国公主的教师。他深谙治国之道，以高尚的道德品质和卓越的智慧赢得了人们的尊敬。在商汤推翻夏桀统治的过程中，伊尹发挥了重要作用。伊尹利用自己在有莘国的关系，打探了夏朝的内情，发现夏桀骄横无道，失去了民心和诸侯的支持。于是，他劝说商汤停止对夏朝的朝贡，以试探夏朝的反应。果然，夏桀大怒，起兵攻打商国，但遭到了商国和诸侯联军的强烈抵抗。成汤兴兵伐桀，为了出师有名，举行了誓师大会，宣读了伐夏檄文，称"夏桀获罪于天，昏暗无德，天命殛之，非我小子敢行以臣伐君、举乱犯上之事。桀已尽失君道，不忧念民众、舍弃稼穑，夺农功之业，以敛财货。劳遏民力，丧失人心。民众诅咒说：如桀为日，愿与日俱亡。夏桀罪恶多端、我畏上天，故而受命讨伐，以示天威，以正天道"。为了鼓舞士气，还向士兵申明了赏罚："将士务要同心勠力，共助我一人，以行天罚。如有战功，我将重赏，决不食言。"伊尹还运用智谋，诱使夏桀分兵，然后集中优势兵力，于鸣条大败夏军，杀死夏桀，灭亡夏朝，建立商朝。在商朝建立后，伊尹并没有停下脚步。他深知要巩固商朝的统治，光靠武力是不够的，还要有一套完善的法度和吏治。于是，他参考了尧、舜和大禹的施政经验，制定了一系列的法令和制度，规范了商朝的政治、军事、经济、文化、教育等各个方面。他还选用和培养了一批忠贞有能的官吏，监督和督促他们执行法度，惩治贪污和不法，保障百姓的利益和安全。伊尹的道德品质也体现在其个人生活中。他始终保持着谦虚谨慎的态度，对待任何人都是一视同仁。他以身作则，用自己的言行来影响和感染周围的人。他注重诚信和忠诚，对待朋友和亲人都是真诚相待，从不背叛和欺骗。

伊陟，伊尹之子，继承了其父的道德风范和智慧。他在商朝中期担任重要官职，为商朝的稳定和发展做出了重要贡献。在太戊时期，伊陟被任命为相国，与巫咸一同辅佐太戊治理国家。当时，商朝面临着重重困难，国家动荡不安，百姓生活困苦。伊陟深知以德治国对实现国家繁荣和社会稳定的重要性。在一次朝堂上，一棵由桑树和楮树合生在一起的怪树出现在朝堂之上。太戊十分惧怕，担心这是不祥之兆。然而，伊陟却冷静地分析说："自古邪不胜正，如果此树真是什么妖异，也必定害怕刚正修德之人。何况陛下乃天下之圣王，假使国政有所缺失，只要陛下闻过即改，勤政爱民，以德治天下，妖异自然而然就退避三舍，消失不见了。"太戊听了伊陟的话，深受启发。他决心要做一个勤政爱民的圣王。在伊陟的辅佐下，商王朝四境之内大治，国安民乐，气象为之一新。四方诸侯闻之，也纷纷重新称臣纳贡，尊王守礼，天下又安定了许久。伊陟的道德品质也体现在他的个人生活中。他奉行敦笃忠厚的品行，待人仁义谦和，诚信可靠。他以高尚品质赢得了人们的尊敬和爱戴，成为商朝中期的一位杰出人物。

（四）臣扈

据《尚书》等历史文献记载，臣扈是商朝时期的重要大臣，其明德故事充满了忠诚、智慧和仁爱的光辉。商朝中期，国家正处于一个关键的转折点。当时的商王太戊面临内忧外患的双重危机。太戊深知，要想挽救国家的颓势，必须依靠贤能之士来辅佐自己。于是，他四处寻访贤才，最终找到了臣扈。

臣扈，出身于一个普通的家庭，但他从小就展现出非凡的才华和高尚的道德品质。他勤奋好学，善于思考，对国家和人民的命运有着深刻的洞察力。当得知太戊正在寻找贤才时，他毫不犹豫地决定出山辅佐太戊。臣扈来到王宫后，他并没有急于展现自己的才华，而是先通过观察和了解，对国家的现状和太戊的治理方式进行了深入的分析。他发现，国家动荡不安，根本原因在于太戊的治理方式存在问题。太戊虽然有着雄心壮志，但缺乏实际的治国经验和策略，导致国家政令不畅，百姓怨声载道。为了改变这一现状，臣扈决定从自身做起，用自己的行动来影响和感染太戊。他首先向太戊提出了"以德治国"的理念，强调君主应该以德行为先，通过自身的道德修养来引领百姓，实现国家的和谐稳定。他还向太戊推荐了一些贤能之士，共同辅佐太戊治理国家。太戊对臣扈的建议深感认同，决定采纳他的意见。在臣扈的辅佐下，太戊开始注重自身的道德修养，努力成为一个有德之君。他亲自巡视农田，了解百姓的疾苦和需求；他减轻赋税徭役，让百姓能够安居乐业；他选拔贤能之士担任官职，提高政府的行政效率。这些措施的实施，使得国家的政令开始畅通起来，百姓的生活也逐渐得到改善。然而，国家的稳定并非一蹴而就的事情。在治理国家的过程中，臣扈还遇到了许多困难和挑战。但他始终保持着坚定的信念和毅力，用自己的智慧和勇气化解了一个又一个的危机。有一次，国家发生了一场严重的自然灾害，导致百姓生活陷入了困境。太戊和朝廷中的大臣们都感到束手无策。然而，臣扈却毫不慌乱，迅速组织起一支救援队伍，前往灾区进行救援。他安抚百姓的情绪，帮助他们重建家园；他开展生产自救活动，让百姓自给自足。在他的努力下，灾区的百姓逐渐走出困境，国家的稳定也得到进一步的巩固。臣扈的道德品质也体现在他的个人生活中。他待人谦逊、大度，讲诚信，推崇以诚立命，以信立行。

总之，臣扈以自己的实际行动践行了"以德治国"的理念，为商朝的稳定和发展做出了杰出的贡献。他的故事永远铭刻在历史的长河中，成为后人学习和传承的宝贵财富。

（五）姬昌

姬昌，商朝末年人，是周太王古公亶父之孙、季历之子。姬昌年少时便展现出非凡的才华和深邃的智慧，他关心民间疾苦，勤奋好学，对国家的命运和百姓的福祉有着深深的忧虑。在姬昌的父亲季历去世后，他继承了西伯之位，成为周国的领袖。他深知自己肩负的重任，因此勤勉政事，广罗人才，努力发展农业生产，改善百姓生活。他推行德治，倡导笃仁、敬老、慈少、礼下贤者的社会风气，使得周国的社会经济得到快速发展。

姬昌的道德品质首先体现在他对父母的孝敬和对兄弟的友爱上。史书记载，姬昌的父亲季历曾遭受商王的猜忌和软禁，最终不幸遇害。姬昌在得知父亲去世的消息后，悲痛欲绝，但他没有沉溺于悲痛之中，而是化悲痛为力量，更加努力地治理国家。同时，姬昌与兄弟之间和睦相处，友爱互助，共同为周国的繁荣稳定而努力。姬昌的道德品质还体现在他对待百姓的仁爱之心上。他深知百姓是国家的根本，因此始终将百姓的利益放在首位。他推行轻徭薄赋的政策，减轻百姓的负担；他注重发展农业生产，提高百姓的生活水平；他关心百姓的疾苦，亲自巡视农田，了解百姓的需求。在姬昌的治理下，周国的百姓安居乐业，国家呈现出一片繁荣景象。姬昌的道德品质还体现在他对待政治和军事的态度上。他深知政治和军事是治理国家的重要手段，因此始终秉持公正无私的原则，选拔贤能之士担任官职，提高政府的行政效率。在军事上，他注重士兵的训练和装备的改善，使得周国的军队战斗力得到显著提高。同时，他反对暴力和战争，主张通过和平手段解决国家之间的争端和冲突。姬昌的一生充满了传奇色彩，他的明德故事也成为后世传颂的佳话。他的孝道、友爱、仁爱、公正无私等品质深深地影响了后人。他的治国理念和智慧之集大成如《周易》和周礼等也成为后世子孙学习、继承和发扬的宝贵遗产。姬昌的政绩和思想影响深远，为国家的繁荣和人民的幸福立下了不朽的功勋。

总之，姬昌一生都在为国家和百姓的福祉而努力拼搏，他的明德故事体现了他高尚的道德品质和卓越的政治智慧。

（六）周公旦

周公旦，是西周初期著名的政治家和思想家，其明德故事深深地烙印在中国古代历史的长河中。他是后世敬仰和学习的典范，其一生坚守忠诚、仁爱、谦逊的美德，为世人所传颂。周公旦的道德故事始于他对国家和君主的忠诚。在周朝建立初期，他作为周武王的弟弟，尽心尽力协助武王推翻暴虐的商朝，建立了周朝。武王去世后，年幼的成王继位，周公旦更是肩负起辅佐幼主、稳定朝纲的重任。他深知自己作为臣子的责任和义务，始终将国家和君主的利益放在首位。在辅佐成王期间，他勤勉政事，尽心尽力，为国家的繁荣稳定付出了巨大的努力。周公旦的仁爱之心也是其明德故事的重要组成部分。他关心百姓疾苦，注重民生福祉。在治理国家的过程中，他推行了一系列仁政措施，如减轻百姓赋税徭役、鼓励农业生产、发展商业贸易等，使百姓得以安居乐业。同时，他还注重道德教化，提倡尊老爱幼、诚实守信、勤劳节俭等，使社会风气逐渐变得淳厚清正。他的仁爱之心不仅体现在对百姓的深切关怀上，更体现在他对国家和民族的热爱上。他认为国家和民族的命运是紧密相连的，因此他始终坚守国家和民族的利益，为国家和民族的繁荣稳定而奋斗。在处世行事方面，周公旦谦逊睿智。他深知自己的能力和局限，始终秉持谦虚谨慎的原则，不断向他人学习请教。他尊重贤能之士，广泛招揽人才，为周朝的发展注入了新的活力。在处理政务时，他公正无私，从不偏袒任何一方，赢得了人们的尊重和敬仰。同时，他还展现出了卓越的智慧。他制定《周礼》，为周朝的政治、经济、军事、文化等各个方面提供了规范。他倡导以礼治国，通过礼仪来规范人们的行为，使社会秩序井然。同时，他还注重法治，推行严格的法律制度，惩治腐败和犯罪行为，维护国家的稳定和安全。

在周公旦的明德故事中，"周公吐哺"的典故尤为引人注目。这个典故生动地展现了周公旦对人才的渴求和尊重，以及他谦逊、勤勉的品德。他深知人才是国家的重要财富，因此不惜一切代价来招揽和留住人才。这种对人才的重视和尊重为后世树立了榜样。

总之，周公旦的明德故事展现了忠诚、仁爱、谦逊和智慧等品质。周公旦的道德品质不仅影响了周朝的发展，也对中国古代社会产生了深远的影响。他的故事将永远激励后人不断追求更高的道德境界和更伟大的事业。

（七）周召公

周召公，姬奭，是西周时期卓越的政治家和道德楷模。他与周武王、周公旦同辈。姬奭辅助周武王灭商后，受封于蓟（今北京），任职在镐京，因采邑于召（今陕西岐山西南），故称召公、召伯、召公奭。他的生平事迹反映出其深远的政治智慧和高尚的道德风范。周召公出生于王室贵族，自幼受到良好的熏陶和教育，形成了高尚的品德和卓越的才能。他深知自己的责任和使命，始终以国家和人民的利益为重，以忠诚、仁爱、勤政、廉洁等为行世准则，为后世树立了道德典范。

百姓歌颂召公的诗歌《甘棠》，收于《诗经》。歌词曰："蔽芾甘棠，勿翦勿伐，召伯所茇。蔽芾甘棠，勿翦勿败，召伯所憩。蔽芾甘棠，勿翦勿拜，召伯所说。"意思是：繁茂的甘棠树呀，不要剪伐它，召伯在这里住过。繁茂的甘棠树啊，不要弯折它，召伯在这里休息过。繁茂的甘棠树啊，不要毁坏它，这里是召伯教化百姓的场所。这首诗歌朴素地表达了人们的心声，唱出人们对于召公的敬仰和怀念。

召公不仅在克商战争、营建洛邑、征伐东夷等方面为周王朝立下了卓著功勋，还以正己正人、问政阡陌、爱民如子、劳己不劳民、为公不为私的精神受到人们的尊敬。孔子说："吾于《甘棠》，见宗庙之敬甚矣。思其人必爱其树，尊其人必敬其位，道也。"召公的勤政爱民、廉洁清正的品格，如涓涓细流，滋育着一代又一代的中华儿女。

首先，周召公以亲民爱民的情怀赢得了百姓的广泛赞誉。他深知百姓的疾苦，时刻关注民生问题。他常常深入民间，与百姓共话桑麻，了解他们的需求和诉求，为他们排忧解难。在甘棠树下，他倾听百姓的呼声，为他们解决实际问题，使得百姓感受到温暖和关怀。这种亲民爱民的作风，使得周召公在百姓中树立了崇高的威望，成为他们心中的楷模。

其次，周召公以勤政廉洁的作风赢得了朝野的尊敬。他深知作为官员的责任和使命，始终保持着高度的敬业精神。他勤于政事，日夜操劳，从不懈怠。他关注国家的兴衰和人民的福祉，努力为国家的发展繁荣贡献自己的力量。同时，他严于律己，廉洁奉公，从不利用职权谋取私利。他的生活简朴，不求奢华，一心扑在国家和百姓的事业上。这种勤政廉洁的作风，使得周召公在朝野中树立了良好的形象，成为后世官员学习的榜样。

再次，周召公以德治仁政的理念赢得了百姓的信赖。他注重德治，强调以德治国，认为只有以德治国才能使国家长治久安。他推行了一系列仁政措施，如减轻赋税、改善民生、加强教育等，使得百姓的生活得到极大的改善。他尊重百姓的意愿，体恤百姓，努力为百姓创造一个和谐稳定的社会环境。这种德治仁政的理念，使得周召公在百姓中赢得广泛的赞誉和支持。

总之，周召公是一位具有高尚道德品质和卓越政治才能的杰出人物。他的道德典故不仅体现了他个人的品德修养和政治智慧，也反映了周朝初期社会的道德风尚和政治理念。他的亲民爱民、勤政廉洁、德治仁政等事迹和精神将永远激励后人为建设公正、廉洁、和谐的社会而努力奋斗。

本章思考题：

1. 简述夏朝的明德文化。

2. 简述商朝的明德文化。

3. 简述周人的明德文化。

第六章
春秋战国时期的明德文化

春秋战国时期，开始于公元前 770 年，结束于公元前 221 年，历时五个多世纪之久。这是一个诸侯割据、群雄争霸的时代，也是一个诸子蜂起、百家争鸣的时代。

春秋（前 770 年—前 476 年），通常指中国东周前半期历史阶段。其止于公元前 476 年（周元王元年），总共 295 年。（一说止于公元前 453 年，韩、赵、魏灭智氏；一说止于公元前 403 年，三家分晋。）自东周开始，周朝由强转弱，王室日益衰微，大权旁落，诸侯国之间互相征伐，战争频繁。小诸侯国纷纷被吞并，强大的诸侯国在局部地区实现了统一。春秋时期周王的势力减弱，诸侯群雄纷争，齐桓公、晋文公、宋襄公、秦穆公、楚庄王相继称霸，史称春秋五霸（另说齐桓公、晋文公、楚庄王、吴王阖闾、越王勾践）。春秋中期，出现了一个比较和平的时期，通过公元前 546 年由十四国参加的第二次"弭兵之会"达成协议，战火暂时得以平息。长江流域吴、楚、越三国之间却多次爆发霸权之争。在一些诸侯国的内部，贵族势力强大起来，开始向国君争夺权力。而新兴的七个诸侯大国，先后取得霸主地位，并相互争战，春秋时期走向了战国时期。

战国的起始年份，有多种说法，与春秋在历史上并无明确时间界限。到公元前 221 年秦统一六国，战国时期终止，战乱持续了二百多年。经过旷日持久的争霸战争，周朝境内的诸侯国数量大大减少。公元前 453 年，韩、赵、魏推翻智氏，三家分晋。公元前 403 年，周威烈王册封三晋为诸侯，公元前 386 年，齐国田氏取代姜姓成为齐侯，田和列为诸侯，战国七雄格局正式形成。当时形势是，楚国在南，赵国在北，燕国在东北，齐国在东，秦国在西，韩国、魏国在中间。在这七个大国中，沿黄河流域从西到东的三个大国——秦、魏、齐，具有左右局势的力量。公元前 221 年，秦国灭齐国，统一六国，标志着战国时期的结束。

春秋战国时期，国家分裂，诸侯割据，相互攻伐，人民处在动荡不安、颠沛流离、水深火热之中。当时既存在着各个诸侯国从自身利益及实际行为出发所宣扬的道德观念，也存在着诸子百家代表人物超越诸侯国利益，以胸怀天下之心从中华民族整体利益出发所倡导的"仁、义、礼、智、信"等共同道德观念。

一、春秋战国时期的社会状况

（一）政治状况

从政治上说，春秋战国时期是一个激烈动荡的时期。当时的政治格局被称为"分封制"。在这一制度下，周王朝将自己的领土和权力分封给了各个诸侯，他们拥有相对独立的政治和军事权力。但是随着时代变迁，各大诸侯国逐渐崛起并互相争夺霸权，出现了一些强大而富有野心的国家，例如齐、楚、晋等。同时，由于分封制的存在，天子权威逐渐削弱，导致各大诸侯国经常以军事手段来解决问题。春秋末期，王室衰微，大权旁落。周天子名存实亡，威权扫地，失去了驾驭社会和维持统治秩序的能力。周王朝政治权威的失落，导致并加速了国家政治中心的分裂。各地诸侯纷纷崛起，互相争霸，连年征战。天下百姓颠沛流离，深受其苦。正如孟子言："争地以战，杀人盈野；争城以战，杀人盈城。"（《孟子·离娄上》）为了应对日益激烈的竞争和战争，面对残酷、激烈、复杂的兼并和反兼并斗争，许多诸侯国开始进行变法和改革，变法图强成为战国历史的主旋律。比如，魏国李悝变法，赵国公仲连改革，楚国吴起变法，韩国申不害变法，以及最为著名的秦国商鞅变法等。这些变法主要包括废除分封制，推行郡县制，加强中央集权，发展军事力量等。经过战国前期的变法，各国相继确立了中央集权的官僚政治，其显著特点是官分文武，以相和将为其首脑。文武分职，一方面是适应当时繁杂的行政事务和军事活动的需要，因为处理政务需要一定的政治经验和行政能力，而指挥战争则需要一定的军事才能，同时兼仕二职难免顾此失彼，贻误军国大事；另一方面则是为了集权于国君，文武分职之后，大臣的权力分散，可以起相互监督和制约的作用，防止大臣独揽军政大权，有利于国君集权。在所有的变革之中，被重新塑造的政治文明模式最令人瞩目。随着宗法分封体制的瓦解，战国时期逐步形成君主专制的中央集权体制。

与政治格局改变如影相随的是"礼崩乐坏"的过程。礼乐制度的兴起，本来是为了维护等级制度和加强政治权威的，但伴随着旧有的政治中心的分裂，国家政治权力的下移，人们对于周王室、对于原来的礼乐制度也就慢慢轻视了。国家的各个阶层不再遵守周礼规定的典章制度，社会矛盾激化，纲纪紊乱；违礼、僭礼之事层出不穷，礼制的权威遭到严重的挑战。高阶层如天子没有权威，不能约束诸侯的行为；诸侯开始不朝贡天子，甚至僭越称王，使用天子礼制；诸侯的士卿弑君或篡权自立者也是屡见不鲜。低阶层的平民开始不守信义，不知廉耻，伦理道德文化的日渐式微，致使人心不古，世风日下。

春秋战国是大变革的时代，这一变革使中国社会产生了剧烈的震荡，经过数百年的震荡、整合，中国的国家形态、经济制度、政治制度、阶级关系等都发生了深刻的变化。春秋战国虽然是大分裂、大动荡的时代，但是其内部也孕育着统一的种子，秦灭六国、统一中国就是这种基因和种子发展的结果。西周的"大一统"和秦朝建立的中央集权的"大一统"在性质上还是存在差别的，辩证地看，后者是前者的否定之否定，是"大一统"的更高级形态。虽然春秋战国时期各国间的混战、争霸战给各国人民带来了深重的灾难，但是从更长远的历史发展趋势来看，春秋战国时期的兼并战争也为后来的"大一统"打下了基础。

（二）经济状况

春秋战国时期是经济迅速发展的时期。铁器的广泛运用、水利工程的兴修、农田灌溉的进步、耕作制度的变化等使得社会生产力得到了显著提高，极大地推动了社会经济的发展。

春秋时期，黄河中下游地区气候湿润，河湖众多，土壤肥沃，农业文明十分先进。中原诸侯国主要以这个地区的农业文明为基础。各国对自己的地域做了较大开发，如齐国、鲁国对今山东半岛的农业开发，晋国对今山西北部地区的开发，秦国对成都平原的开发，楚国对荆楚及越国和吴国对长江三角洲的开发都值得提及。春秋时期已能冶炼铸铁。山西侯马出土的铁犁铧和大批铸造陶范，显示出这一时期出现了铁犁，青铜冶铸业和采矿业的规模很大，水平很高。由于铁器的使用和畜力的运用，农具便发展到以铁犁牛耕为主要特点的农业时代，农业也进入精耕细作阶段。人们发明了以前没有的铁犁铧、铁锄、连枷、石磨等新农具。铁器主要为手工业工具和农具。铁器和牛耕在春秋时期得到推广，推动了历史的发展。春秋后期，中国已经发明生铁冶炼技术。铁器的使用使大规模开垦荒地成为可能，促进了私田的发展，同时也为手工业提供了锐利的工具，牛耕渐趋普遍起来，牛耕技术的发展，只有与铁器的使用相配合，方可发挥出它的功能。铁工具在农业、手工业生产上的使用，标志着社会生产力显著提高。春秋中期以后，各诸侯国已经大量使用货币。金属货币的流通，促进了手工业、商业的发展。春秋末开始出现大型水利工程，战国时则出现了兴建大型水利工程的高潮。秦昭王后期蜀郡太守李冰在四川成都平原修建了著名的水利灌溉工程都江堰，变水害为水利。水利工程的兴修得以引水灌田并排水除害，促进了农田灌溉的进步，创造出人工灌溉工程，从而揭开了我国灌溉农业的帷幕。《周礼》记载春秋至战国时，农田灌区已出现了由大小渠道构成的系统灌溉工程，这是中国农田水利事业的巨大进步，大大促进了农业的发展。春秋时期除少数上等地可年年耕作外，主要实行休耕制，有的是两年轮耕一次，有的是三年轮耕一次。随着农田水利的兴修、铁制农具的推广和普及，生产力水平提高，施肥、灌溉等条件好转，使得很多贫瘠的土地能够耕种。中国的耕作制度由休耕制向多年耕作、年年耕作转变。铁器牛耕的应用、水利工程的兴修、耕地面积的扩大，使春秋时期的农业生产力大有提升。正因为如此，随之而来的是各行各业的勃兴。手工业、畜牧业、渔猎、商业等纷纷走向正轨。煮盐、冶铁、漆器等部门也在春秋时期发展起来。齐国的丝织品、楚国的漆器等水平很高。一部分工匠成为个体生产和经营者，聚居于城中的"肆"里，边生产边销售。被称为匠师之祖的公输般（鲁班），就生活于春秋末年。

春秋中后期，各诸侯国的经济得到发展，政治形势也产生了相应的变化。诸侯国内部卿大夫的势力逐渐发展起来，著名的如鲁国的三桓、齐国的田氏、晋国的六卿。他们利用自己的经济实力，控制和瓜分公室，并互相争斗，以扩充领地。晋国的六卿争斗到最后，剩下韩、魏、赵三家。周威烈王二十三年（前403年），周王正式承认三家为诸侯。周安王十一年（前391年），田和废除了齐康公，自立为国君，也得到周王的承认。三晋和田氏的胜利，宣布了强者生存、弱者淘汰的残酷政治法则。于是，以魏国的李悝变法为起点，各国争相进行以富国强兵为目标的变法运动。变法的核心是将劳动者束缚到土地上，以增加国家的赋税收入。春秋时，产生了新的赋税制度。鲁宣公十五年（前594年）实行"初税亩"，即国家根据土地面积向田主征收一定的实物税。这是古代田税的开始。秦国于简公七年（前408年）实行"初租禾"的实物地税制度。战国时，各国税制不一。秦国首先实行户口登记制，并据以征收田地税和按人头征收人口税。

战国时期，商业的繁荣促进了货币的发展，而春秋时的井田制被取消。农业进一步发展，各国人口增多。手工业的冶铁、青铜器铸造、漆器和丝织业的生产水平都有了显著的提高，各国之间的商业贸易得到大力发展。战国时期的重要城市，如临淄、荥阳、彭城、邯郸等也发展起来。社会文明程度加深，人口与资源矛盾加剧，统治者对物质享受的贪欲急剧膨胀。增加剥削量的最直接的办法，是掠夺更多的土地，而掠夺土地的最便捷的途径是战争。所以，这个时期战争频繁。诸侯国兼并土地战，争夺生存空间，代替了春秋时期政治上的霸权争夺。

（三）文化状况

春秋战国是天下失去秩序的时期，也是中华文化再形成和定型的时期。我国上古时代的优秀文化，在进入文明时代以后，历经夏、商、周各个历史阶段，而在春秋战国时期进行了总结。许多文化传统都在这个时期被系统化、理论化。春秋战国时期所涌现出来的学术大师，例如孔子、墨子、孟子、老子、庄子、荀子、韩非子等，学术和思想一直为世人所景仰，他们的著作成为人类文化遗产中的瑰宝。这一时期，各种思想百家争鸣、相互激荡，极大地推动了文化的发展。这一时期，文化呈现出多元化、开放性和创新性的特点，在思想、艺术、科技等方面都取得重要成就，可以说是中华文化基因的集中创制时期，为中华文化的传承和发展奠定了重要基础。

春秋战国时期，各国的贵族和士人追求文化修养，注重文化艺术，文学、音乐、礼仪等方面都得到发展。这一时期，青铜器制作工艺达到鼎盛阶段，书法艺术形成独特风格，诗歌文学取得重要成就。《诗经》中的许多篇章反映了当时的社会生活和人们的情感世界，展现了中国古代诗歌的魅力。

春秋战国时期是中国思想文化活跃的时期。各家学派纷纷兴起，如儒家、墨家、道家、法家等。这些学派都有自己的观点和主张，互相之间进行辩论和交流。这种"百家争鸣"的文化氛围促进了思想的活跃和创新。儒家思想是春秋战国时期最具影响力的学派之一。孔子及其弟子提出"仁爱""礼治"等思想，认为通过学习经典、尊重祖先、推行礼仪可以达到治理国家和个人成长的目的，对后世产生了深远的影响。儒家思想强调人伦道德、社会秩序和教化作用，为封建社会的统治秩序提供了理论支撑，在春秋后期得到了广泛的传播，成为中国的官方哲学。墨家思想则注重实用主义和平民立场，主张以"兼爱""非攻"为核心价值，反对战争和攻伐，提倡公正、平等和效率，强调政府的责任和作用。墨家代表人物有墨子等。道家思想讲究自然和谐，追求"无为而治"，主张"道法自然"，强调顺应自然，认为人应该遵循自然规律，减少干预和控制，追求自由和宁静的生活方式。道家代表人物有老子、庄子等。法家注重法令，重视刑罚，强调富强，关心实际运作。法家代表人物有韩非子。春秋战国时期是一个诸侯争霸的时期，也是一个诸子百家争鸣的时代，它是中国古代思想的奠基时期。

二、诸子百家的明德思想

整个春秋战国时期，主要有四大明德思想流派：以"仁"为最高明德范畴的儒家；以"义"为最高明德范畴的墨家；以"道"为最高明德范畴的道家；以"法"为最高明德范畴的法家。儒家、墨家、道家和法家等，各个流派又分化出不同的支派，不同支派间既有基本共同点，又有不同之处。

（一）以"仁"为最高明德范畴的儒家

在诸子百家的明德思想中，儒家明德思想是最重要、最有影响的思想流派。孔子是儒家学派的创始人，孟子、荀子也是先秦儒家的重要代表人物。

孔子（前551年—前479年），春秋时期鲁国人，中国古代思想家、教育家和政治家。东汉王充称孔子为"道德之祖"（《论衡·本性》），后世奉孔子为"万世师表"。

孔子作为进步力量的温和派，面对"礼崩乐坏"、天下动乱的形势，提出了一个以"仁"为核心的思想道德体系，将"仁"作为处理人与人、人与自然、人与社会关系的基本准则，认为道德生活是高于一切的。他以"人道"为中心，以人道改铸天道，又将天道投射到人间，进而推导出行仁为天命之使然，行"仁"是必要的，它不应夹杂任何功利目的，故在义利之间，孔子主张以义制利。从这个前提出发，孔子提出了处理人与人、人与社会关系的准则，即"仁者，爱人"，"己所不欲，勿施于人"以及"克己复礼为仁"等等。也正基于此，孔子非常注重修身，这也成为整个儒家基本的价值目标。从"仁"的原则出发，孔子提出了"为政以德"的施政主张，以期对残民暴政有所改革。这些思想可以说对中国古代社会产生了深远的影响。孔子之后，儒家主要分为两大支派，一支是孟子学派，一支是荀子学派。针对当时诸侯争霸的社会历史时局，他们将思想的目光投射到人的自身，立足于人，深入探讨人的本性，以期能为这个混乱不堪的动荡社会提供一个因应人性切实可行的救世良方。他们分别提出了"性善论"和"性恶论"的主张，并在此基础上进一步提出了"仁政"和"隆礼重法"的施政主张。可以说孟荀的理论对中国古代思想文化的发展产生了巨大的影响。他们不仅共同地完备了儒家的德治思想，同时也共同奠定了中国历代儒家在人性问题上善恶双重设计的理论格局。此外，他们还探讨了道德修养并共同强调了义的原则，进一步将儒家的修养论和义利观推向完备。儒家的上述思想，将中国古代的道德反思提升到了一个新的高度。

孔子第一次比较系统地提出了古代社会的道德准则规范体系，主要有"六条十二目"，即孝、悌；忠、恕；智、勇；信、义；均、和；礼、中庸。"孝"是孝敬父母。"悌"是恭敬兄长。"忠"是忠心，尽力。"恕"是推己及人，将心比心。朱熹言"尽己之谓忠，推己之谓恕"。（《四书集注·论语注》）"智"即有知识、有智慧。"勇"指勇敢、无所畏惧。"信"是讲信用、诚实不欺。"义"，和"利"相对应，是一个具有总括性的道德准则和价值标准。孔子所讲的义指道义原则，按道德原则办事。"义者，宜也。"（《中庸》）"均"是"均化"，它并不是指平均，而是一种合理的差别，是不过分的差别。朱熹言："均，谓各得其分。"（《四书集注·论语注》）孔子曰："不患寡而患不均。"董仲舒和朱熹都认为孔子的"均化"思想，是强调在社会财富的分配上要掌握一定的度量界限，以防止因差别过大而危害社会稳定。"和"是和谐、融洽，是"和而不同"，是尊重个体又契合整体的"和"。"礼"指礼节、礼仪制度，泛指社会规范和道德规范。"中庸"，孔子认为其是最高的道德准则。孔子最早使用"中庸"一词，意指行为的适度、恰当。

1. 孔子论"仁"

樊迟问仁，子曰："爱人。"问知，子曰："知人。"樊迟未达，子曰："举直错诸枉，能使枉者直。"樊迟退，见子夏曰："乡也，吾见子夫而问知，子曰：'举直错诸枉，能使枉者直。'何谓也？"子夏曰："富哉言乎！舜有天下，选于众，举皋陶，不仁者远矣。汤有天下，选于众，举伊尹，不仁者远矣。"（《论语·颜渊》）樊迟问何谓"仁"，孔子说："爱人。"樊迟问何谓"知"，孔子说："善于识别人。"樊迟没能听懂。孔子说："选拔那些正直的人，弃用那些不正直的人，就能促使不正直的人变得正直。"樊迟从孔子那里退出，见了子夏说："方才，我见到夫子，问夫子何谓'知'，孔子说：'选拔那些正直的人，弃用那些不正直的人，就能促使不正直的人变得正直。'这是什么意思?"子夏说:"这话的含义丰赡啊！舜有了天下，从众人中选用了皋陶，那些不仁的行为就都离开众人远去了。汤有了天下，从众人中选用了伊尹，那些不仁的行为也都离开众人远去了。"

樊迟问仁，子曰:"居处恭，执事敬，与人忠。虽之夷狄，不可弃也。"（《论语·子路》）樊迟问怎样才称得上仁，孔子说:"平时仪容举止谦恭有礼，做事谨慎尽职，对人忠厚诚实，即使到了偏远的夷狄之地也不可背弃这些做人的准则。"

颜渊问仁，子曰:"克己复礼为仁。一日克己复礼，天下归仁焉。为仁由己，而由人乎哉?"颜渊曰:"请问其目。"子曰:"非礼勿视，非礼勿听，非礼勿言，非礼勿动。"（《论语·颜渊》）颜渊问孔子什么是仁，孔子说:"约束自己，使自己的言行合乎礼的规范，那就是对仁德的践行了。当有一天人们都能做到这一点，天下人心就会归于仁德。践行仁德取决于每个人自己，而非别人。"颜渊接着问:"具体怎么做?"孔子说:"非礼勿视，非礼勿听，非礼勿言，非礼勿动。"即不合于礼的规范的事物，我们不看、不听、不说、不动。

仲弓问仁，子曰:"出门如见大宾，使民如承大祭。己所不欲，勿施于人。在邦无怨，在家无怨。"仲弓曰:"雍虽不敏，请事斯语矣。"（《论语·颜渊》）仲弓问孔子什么是仁，孔子说:"出门待人要像迎见国宾那样恭谨，役用百姓要像承当重大祭祀那样慎重。自己不想要的，就不要强加给别人。无论在邦国还是在家族，都不怨天尤人。能做到这样，就称得上有仁德了。"仲弓说:"我虽然不是一个才思机敏的人，却情愿照着夫子所说的这些话去做。"

子贡曰:"如有博施于民而能济众，何如?可谓仁乎?"子曰:"何事于仁，必也圣乎！尧舜其犹病诸！夫仁者，己欲立而立人，己欲达而达人。能近取譬，可谓仁之方也已。"（《论语·雍也》）子贡问孔子:"若是有人广博地施惠于百姓而能周济众人，这个人如何?可以称得上仁人了吧?"孔子说:"何止是仁人，那一定是圣人了！就是尧舜还怕是做得不够呢！一个仁人，自己想树立的会帮助别人去树立，自己想达到的会帮助别人去达到。能切近自身取譬相喻，从而推己及人，这可以说就是修养仁德而领悟仁德的方法了。"

子张问仁于孔子，孔子曰："能行五者于天下，为仁矣。""请问之。"曰："恭、宽、信、敏、惠。恭则不侮，宽则得众，信则人任焉，敏则有功，惠则足以使人。"（《论语·阳货》）子张问孔子"仁"，孔子说："能践行五种美德于天下，就称得上仁了。"子张说："请问哪五种?"孔子说："庄重、宽厚、诚实、勤勉、施恩惠于人。庄重就不会对人有所轻慢，宽厚就能得到众人的拥戴，诚实就能为人所信任，勤勉就能获得成功，施恩惠于人则足以使百姓为你所发动。"

"仁"的核心要求是"爱人"。"爱人"理论的提出，是在日趋崩溃的奴隶社会向封建社会过渡的时代背景下，由"贫且贱"出身、有着"累累若丧家之狗"经历能深知下层民众疾苦的孔子提出的。孔子用"爱人"取代奴隶主阶级的"残民"，由推己及人的"爱人"到"泛爱众而亲仁"。奴隶社会，奴隶主阶级把奴隶视为"会说话的工具"，把奴隶当作殉葬品，把奴隶当作可以随意宰杀的牲畜。孔子在那个不把人当人的时代里发现了"人"，主张要"爱人"。[①]

如何爱人? 以"孝悌"为本，以"忠恕"为道，推己及人。所谓"忠恕之道"，从积极方面看，是"己欲立而立人，己欲达而达人"；从消极方面看，是"己所不欲勿施于人"。[②]"弟子入则孝，出则弟，谨而信，泛爱众而亲仁，行有余力，则以学文。"（《论语·学而》）"孝悌"是子女对父母之爱，对兄弟姐妹之间的友爱。孔子的爱人之道，是以人的血缘之亲这一天然情感为例，根据血缘关系的亲疏远近推己及人有差别的爱。"子生三年，然后免于父母之怀。"（《论语·阳货》）子生母腹，从呱呱落地、咿呀学语，到蹒跚学步、长大成人，父母对子女的爱是身不由己的疼惜，是无微不至的照顾，是自然而然的关切，是不求回报的付出，是人世间最为深沉的爱。子女对父母的爱是在父母爱的滋养中培育出的一种爱，是一种情感的反哺。父母子女之间这种因血缘关系而无法抹杀的称为"爱"的天然情感，在血缘亲属情感的积淀中，

---

① 黄建辉：《试论孔子的"爱人"思想》，载《广西师范学院学报（哲学社会科学版）》1981年第4期。

② 熊燕华：《孔子君子观探析》，华中科技大学硕士学位论文，2007年。

成为人类特有的情感。从爱父母兄弟，到爱亲戚朋友，推己及人，直至爱他人。

何为爱？"爱之欲其生，恶之欲其死。"（《论语·颜渊》）喜爱一个人的时候就巴不得他长生不死，憎恶一个人的时候巴不得他立刻死掉。"生"代表生命体征的存续，意味着持续存在。"欲其生"就是想让一个人所爱的某一个他者持续地存在。他者是自我主体之外的任何事物。他者，意味着"不是我"。所以，"欲其生"蕴含着让他者作为他者而生，让他"是其所是"地永远存在。① 此爱中，有对他者的尊重，有对自我的克制。对父母的爱，谓之孝。孝其父母：要（孝）顺，要（恭）敬，要和颜悦色，要不改其志。

2. 孔子论"孝"

孟懿子问孝，子曰："无违。"樊迟御，子告之曰："孟孙问孝于我，我对曰'无违'。"樊迟曰："何谓也？"子曰："生，事之以礼；死，葬之以礼，祭之以礼。"（《论语·为政》）孟懿子向孔子请教孝道，孔子说："不要有违于礼"。樊迟为孔子驾车，孔子告诉他说："孟孙向我问孝道，我回答他说：'不要有违于礼'。"樊迟问："这是什么意思？"孔子说："父母活着的时候，依礼侍奉他们；父母过世了，依礼安葬他们，依礼祭祀他们。"

孟武伯问孝，子曰："父母唯其疾之忧。"（《论语·为政》）孟武伯向孔子请教孝道，孔子说："让父母只为儿子的疾病担忧。"除生病之外，不要让父母担忧子女的任何事情。孝顺父母，要使父母放心，要让父母安心。

子游问孝。子曰："今之孝者，是谓能养。至于犬马，皆能有养；不敬，何以别乎？"（《论语·为政》）子游向孔子请教什么是孝，孔子说："当今的人谈孝，只是说到能赡养父母。对于犬马，人们不也都在畜养吗？如果对父母不敬，那赡养父母与畜养犬马又有什么区别呢？"对待父母要恭敬有加。

子夏问孝。子曰："色难。有事，弟子服其劳；有酒食，先生馔，曾是以为孝乎？"（《论语·为政》）子夏向孔子请教什么是孝，孔子说："侍奉父母能做到和颜悦色很难。有事情年幼者代劳，有酒食让年长者享用，难道这就

---

① 伍晓明：《"爱（与）（他）人"——重读孔子的"仁者爱人"》，载《中国文化研究》2003年第4期。

可以算孝了吗？"孝顺父母，不仅要替父母做力所能及的事情，要让父母吃上可口的饭菜，还要对父母保持和颜悦色。

子曰："事父母几谏，见志不从，又敬不违，劳而不怨。"（《论语·里仁》）孔子说："侍奉父母，对父母的过错要委婉劝谏。如果表达出来的意愿不被听从，仍要恭敬地再做劝谏而不触忤犯颜，虽心有忧愁也并不怨恨。"侍奉父母，父母做的不对的地方，要委婉地劝说。父母不听劝，要继续劝，但要不失恭敬，不忤逆犯上，同时还要继续为他们毫无怨言地操劳。

子曰："三年无改于父之道，可谓孝矣。"（《论语·里仁》）孔子说："能在较长时间里不改变（或不忍改变）父亲的行为处事之道，这样的人，就可以称得上孝了。"

3. 孔子论"政"

季康子问政于孔子。孔子对曰："政者，正也。子帅以正，孰敢不正？"（《论语·颜渊》）季康子向孔子询问为政之道，孔子回答说："政意味着正。您以端正自己为他人做表率，还有哪个敢行为不正呢？"

季康子问政于孔子曰："如杀无道以就有道，何如？"孔子对曰："子为政，焉用杀？子欲善而民善矣。君子之德，风；小人之德，草。草上之风，必偃。"（《论语·颜渊》）季康子向孔子询问为政之道，说："如果杀掉那些无道者以趋向于道，如何？"孔子回答说："您处理政事，哪里用得着杀戮？您想做善事，百姓就会跟着做善事。君子的德行就像风，小民的德行就像草。风吹到草上，草就随着风向一边倒伏。"

子曰："其身正，不令而行；其身不正，虽令不从。"（《论语·子路》）孔子说："当政者自身端正，即使不下命令，下面的人也会跟着行动。相反，如果当政的人自身不正，即使下了命令，下面的人也未必就会听从。"

子曰："苟正其身矣，于从政乎何有？不能正其身，如正人何？"（《论语·子路》）孔子说："如果（当政者）能端正自身，治理国家还会有什么难处？如果不能自正其身，又如何能使别人正而不邪呢？"

子曰："上好礼，则民易使也。"（《论语·宪问》）孔子说："居于上位的人崇尚礼仪，就容易让百姓听从指使。"

子曰："为政以德，譬如北辰，居其所而众星共之。"（《论语·为政》）

孔子说："以修养自身的德性来治理国政，就会像北极星那样，安居在一定的位置为群星所环绕。"

子曰："道之以政，齐之以刑，民免而无耻；道之以德，齐之以礼，有耻且格。"（《论语·为政》）孔子说："以政令督导人，以刑罚整治人，百姓会设法苟免于刑罚而变得不再有羞耻之心；以道德引导人，以礼仪治理人，百姓就会以犯罪为耻而面对自己的行为自觉加以匡正。"

齐景公问政于孔子，孔子对曰："君君，臣臣，父父，子子。"公曰："善哉！信如君不君，臣不臣，父不父，子不子，虽有粟，吾得而食诸？"（《论语·颜渊》）齐景公问孔子如何治理国家，孔子回答说："君要做得合于君的名分，臣要做得合于臣的名分，父要做得合于父的名分，子要做得合于子的名分。"景公说："讲得好啊！要真是君不守君道，臣不守臣道，父不守父道，子不守子道，即使有粟米，我吃得下去吗？"统治阶级若能推己及人、礼贤下士、以礼待人、为政以德，则"其身正，不令而行"，则"民易使也"，则民众"有耻且格"，则社会"君君，臣臣，父父，子子"，则君王"譬如北辰，居其所而众星共之"。

在奴隶社会，奴隶被当作"会说话"的工具，统治者暴政酷刑，劳苦大众倍受奴役，"民人苦病，夫妇皆诅"（《左传·昭公二十年》）。在这种时代背景下，统治阶级若能克己复礼、礼贤下士，有利于维护和巩固其统治地位，也顺应了社会发展的需要。当政者自身端正，则能不怒自威，即使不下命令，下面的人也会跟着行动。居于上位者能崇尚礼仪，百姓就愿意听其指使。居于上位者，能以道德引导人，以礼仪治理人，百姓就会以犯罪为耻，自觉地对自己的行为加以匡正。当政者能自正其身，民众就会自觉效仿并追随。整个社会，君臣父子各个阶层、方方面面都能按照礼的规范来为人处世，社会秩序自然井然。当政者就如同夜空中耀眼的北极星一样，恒居自己的位置而被群星环绕。

我国奴隶社会的庶民，既不同于"农民"，也不同于"平民"。他们分为四种人："士民（庶），农民（庶），工民（庶），商民（庶）。"有文化、能当官的叫"士民"；种地的和做手工的为庶民中的绝大多数，叫"农民（庶）"和"工民（庶）"；有文化、能经商的叫"商民"。农庶，是在农田里集体居住和劳动者；工庶，是在城市里集体居住和做工者。工庶专门为奴隶主制造奢侈品和劳动工具。作为奴隶社会主要生产劳动力的农庶、工庶，在社会生产和生活中所处的实际地位及处境，与奴隶相差无几。可以说，他们是以半奴隶性质的身份，与奴隶同苦共难、命运相连，共同构成了夏商周时代的主要劳动力和被压迫阶级。①

4．孔子论"君子"

社会政治秩序的建立是需要统治阶级做出努力，甚至是做出表率的。"天下有道"是需要通过社会实践来实现的。政治清明、社会安定、人际关系和谐的社会，是需要全体社会成员共同努力，每个生命个体都克己复礼才能实现的。而社会生活中的每个人应该怎么做呢？孔子给大家塑造了一个具有现实性和引导性的理想人格：君子。因为君子是可以通过修身养性、自我修为达到的理性人格。人格的最高境界是圣人。"圣人是人格理想的完美化身，从逻辑上讲，凡人皆可成圣；但就现实性而言，圣人是一种难得达到的境界。"②最高的上位者能做到"为政以德"，那么"子欲善而民善矣"。

孔子认为，君子胸怀坦荡、不忧不惧，以"仁为己任"，具有"仁者爱人"的情怀、"义以为上"的道义、安贫乐道的境界、律己宽人的精神、自强不息的品格。③

怎么做到爱世间万物？让世间万物以其自然的状态而存续。曾子论孝时说："树木以时伐焉，禽兽以时杀焉。夫子曰：'断一树，杀一兽，不以其时，非孝也。'"（《礼记·祭义》）在孔子和曾子看来，乱砍乱伐乱捕杀，就是不孝。对于山林只有保护而后取之，才能取之不尽；对于禽兽只有保护而后用之，才能用之不竭。只有这样，人与自然才能保持生态平衡、和谐相处。孔子说："刳胎杀夭则麒麟不至郊，竭泽涸渔则蛟龙不合阴阳，覆巢毁卵则凤皇不翔。何则？君子讳伤其类也。夫鸟兽之于不义也尚知辟之，而况乎丘哉！"（《史记·孔子世家》）孔子极力反对竭泽而渔，覆巢杀卵，认为动物是自己

① 平子：《中国奴隶社会论析》，载《海派经济学》2017年第1期。
② 杨国荣：《善的历程——儒家价值体系的研究》，上海人民出版社2006年版，第37页。
③ 熊燕华：《孔子君子观探析》，华中科技大学硕士学位论文，2007年。

184

的同类。在此，孔子已经把孝扩大到对天地自然界的范围，孝的意义已然升华。① 把对父母亲人的爱，推己及人扩大到人类，再扩大到动物，再扩大到世间万物。

从爱父母兄弟，到爱亲戚朋友，推己及人，直至爱他人，爱同类，爱世间万物。推己及人的仁爱之道，指出每个人都有同理心，这是向善的基础，同时也指出了道德修养的艰巨性。孔子也感叹道："吾未见好德如好色者也。"（《论语·子罕》）"推己及人"是以自己的愿望或需要为起点，感同身受、设身处地为他人考虑，不伤害他人，乃至帮助他人实现愿望，从而实现人己关系的和谐。这里有一点需要注意，"推己及人"是从自己出发，但又不是以自己为中心。以自己为中心，必然以自己利益的实现为根本目的，当他人利益与自己利益发生冲突时，肯定会毫不犹豫维护自己的利益，这就是利己主义。而孔子的"推己及人"是以自己为起点，从自己出发为他人考虑问题，这是一种道德行为。②

孔子所赞赏的君子：怀德、重义、律己且好学。心中有德，行为有道，严于律己，宽以待人，光明磊落，安贫乐道且温故知新。用孔子自己的话说："君子怀德，小人怀土"，"君子谋道不谋食"，"君子求诸己，小人求诸人"，"君子和而不同，小人同而不和"，"君子坦荡荡，小人长戚戚"。君子的安贫乐道和好学上进是怎么体现出来的，从孔子对颜回的赞赏中可以一览无余。

在孔子的众多弟子中，孔子最喜欢颜回。"子曰：'贤哉，回也！一箪食，一瓢饮，在陋巷，人不堪其忧，回也不改其乐。贤哉，回也！'"（《论语·雍也》）孔子说："颜回是何等的贤啊！一碗饭，一瓢水，住在简陋的小屋里，别人都忍受不了这种穷困和清苦，都替颜回担忧，而颜回却自得其乐，没有改变他好学的乐趣。颜回的品质是多么高尚啊！"

哀公曰："弟子孰为好学？"孔子对曰："有颜回者好学，不迁怒，不贰过。不幸短命死矣！今也则亡，未闻好学者也。"（《论语·雍也》）鲁哀公问孔子："你的弟子中谁称得上好学之人？"孔子回答说："有位叫颜回的弟子是

---

① 单亦艳：《谈孔子"爱"的思想》，载《齐齐哈尔高等专科学校学报》2009 年第 2 期。

② 郑伟、赵倩：《论孔子推己及人的爱人之道》，载《广西社会主义学院学报》2013 年第 5 期。

个好学之人，他不迁怒于人，不重犯同一种过错。不幸短命而亡！现在再也没有这样的人了，再也没有听说有好学的人了。"

颜渊死。子曰："噫！天丧予！天丧予！"（《论语·先进》）颜渊去世后，孔子哭得非常伤心，哀痛地说："这是天要丧我啊！"颜渊死，子哭之恸。从者曰："子恸矣！"曰："有恸乎？非夫人之为恸而谁为？"（《论语·先进》）颜渊死了，孔子哭得很伤心。随从他的人说："夫子悲痛过度了。"孔子说："是悲痛过度了吗？我不为这样的人悲痛，还为谁悲痛呢？"

何为君子？

子曰："君子怀德，小人怀土；君子怀刑，小人怀惠。"（《论语·里仁》）孔子说："君子所念在于德行，小人所念在于乡土；君子所念在于法度，小人所念在于实惠。"

子曰："君子之于天下也，无适也，无莫也，义之与比。"（《论语·里仁》）孔子说："君子对于天下之事，没有一定要肯定的，也没有一定要否定的，一切唯道义是从。"

子曰："富与贵，是人之所欲也，不以其道得之，不处也。贫与贱，是人之所恶也，不以其道得之，不去也。君子去仁，恶乎成名？君子无终食之间违仁，造次必于是，颠沛必于是。"（《论语·里仁》）孔子说："富与贵，是人人都想得到的，不以正当途径求得，不可享有它。贫与贱，是人人都厌弃的，不能以正当途径摆脱，宁可安守它。君子如果没有了仁的德行，哪里还当得起君子之名？君子是不会背弃仁德的，哪怕是吃一顿饭的工夫；作为君子，就是在仓促、紧迫的时刻也必须存心于仁，在困顿、挫折的时候也必须存心于仁。"

子曰："君子义以为质，礼以行之，孙以出之，信以成之。君子哉！"（《论语·卫灵公》）孔子说："君子以义为根本，按礼的规范实行它，以谦虚的言辞表达它，以诚信的态度完成它。这样，才可谓君子啊！"

子曰："君子病无能焉，不病人之不己知。"（《论语·卫灵公》）孔子说："君子只担忧自己没有能力，不责怪别人不了解自己。"

子曰："君子求诸己，小人求诸人。"（《论语·卫灵公》）孔子说："君子严于要求自己，小人苟于责备别人。"

子曰："君子耻其言而过其行。"(《论语·宪问》)孔子说："君子以其所说超过其所做为耻。"

子曰："君子谋道不谋食。耕也，馁在其中矣；学也，禄在其中矣。君子忧道不忧贫。"(《论语·卫灵公》)孔子说："君子经心于道义而不着急于衣食。一味为衣食而耕作，饥饿常会伴随其间；致力于道义而学习，却能得到俸禄的回报。君子只为道义而担忧，不为贫穷而愁虑。"

子曰："君子食无求饱，居无求安，敏于事而慎于言，就有道而正焉，可谓好学也已。"(《论语·学而》)孔子说："君子饮食不求饱足，居住不求安逸，做事勤勉而出言谨慎，接近有道之人以匡正自己，这样，可以说就是好学了。"

子曰："君子成人之美，不成人之恶。小人反是。"(《论语·颜渊》)孔子说："君子成全人实现美好愿景，不助长人去做不善的事情。小人却与此相反。"

子曰："君子和而不同，小人同而不和。"(《论语·子路》)孔子说："君子所求在于和谐相处而各存己见，小人所求在于同于我而排斥异己。"

子曰："君子易事而难说也，说之不以道，不说也；及其使人也，器之。小人难事而易说也，说之虽不以道，说也；及其使人也，求备焉。"(《论语·子路》)孔子说："与君子共事容易，但难以讨他喜欢。不按正道讨他喜欢，他不会喜欢。到他用人的时候，他会依所用人的才具让他们各得其所。与小人共事难，但讨他喜欢很容易。即使讨他喜欢的方式不正当，他也会喜欢的。到他用人的时候，他会对所用的人百般挑剔，求全责备。"

子曰："君子上达，小人下达。"(《论语·宪问》)孔子说："君子通于上，晓达德义；小人通于下，以财利为务。"

孔子眼中的君子，有仁爱之德，"晓达德义"，"义以为质"，"食无求饱，居无求安"，"贫而不馋富而不骄"，唯恐自己的能力不够，唯恐自己言过其实，总是严格要求自己，行事依礼，做人谦虚，为人诚信，成全别人，尊重他人，分分钟都不能违背道义，并且为了道义不断地学习。

作为儒家学派创始人，孔子思想核心是"仁爱"，主张人与人之间应该以爱为基础，通过关爱他人来实现社会的和谐与稳定。孔子认为，仁爱是一种内在的道德情感，是人们自觉遵守道德规范的动力源泉。他主张"仁政"，认为君子应该以人民的利益为重，实行仁爱和德治，反对暴政和酷刑，提倡以德服人、以礼治国。同时，他还强调君主的道德修养和表率作用，认为君主应该以身作则，树立榜样，引导民众向善。他的思想不仅对中国道德文化、中国传统文化的发展产生了深远影响，塑造了中华民族的道德风貌，同时也对后世的道德文化发展奠定了基础，为世界文化的发展做出了重要贡献。

（二）以"义"为最高明德范畴的墨家

墨家是战国时期的重要流派，诸子百家之一，因创始人是墨子而得名。历史上有前后墨家之分。前期墨家指由墨翟本人在世时所组成的学派，主张"兼爱""非攻""尚贤""尚同""天志""明鬼""节葬""节用"等，与儒家展开了一系列的政治思想和学术观点的论争。墨子死后，墨家分为三派，为"相里氏""相夫氏""邓陵氏"。由墨子及其弟子组成的墨家团体独具特色，既是一个学术派别，又是一个组织纪律严密、生活简朴的政治团体。墨家学派的成员称为"墨者"，多半来自从事生产的社会下层，生活俭朴。他们有严密的组织和严格的纪律，穿短衣草鞋，参加劳动，以吃苦为高尚。墨家集团的组织纪律非常严格，不仅通行于墨家内部，对于离开墨家活动的成员也仍具有强大的约束力。如果谁违背了这些原则，轻则开除，重则处死。如墨者外出做官得到的俸禄，须上缴一部分供墨者团体使用。据说有一个叫胜绰的人，被送到齐国，做了项子牛的部下。后来齐兵伐鲁，胜绰参加了三次，背弃了墨家"义"的原则，墨子一怒之下，就把他召回。

墨家的创始人墨翟，是从儒家分化出来的反对派。墨翟早年曾接受过儒家的教育，他关于"义"的思想也受到了儒家"仁学"的影响。墨子和孔孟一样，把仁义作为人们行为的最高道德准则。他认为，行仁义不仅是圣人的品德，也是统治者治国的最高原则。但墨子所说的"义"与儒家有所不同，他对"义"做了新的解释，并赋予了独立的内容。在早期墨家的言论中，"义"的基本含义就被确定为"兼爱"，以后一直延续下来。所以，当时就有"孔子贵仁，墨翟贵义"的说法。墨子认为，"兼相爱，交相利"是人与人交往的基本准则，同时也是国与国之间必须遵循的基本原则。要做到"兼爱"，就必须"视人之国，若视其国；视人之家，若视其家；视人之身，若视其身"（《墨子·兼爱中》）。也就是说，"兼爱"，就是把别人的国、家、身当作自己的国、家、身一样看待，同等地爱护。如果大家都做到了这一点，天下也就太平了。不过，在具体言义的时候，墨子又将义与利对应。在墨子看来，义与不义要看利与不利，这就使得墨子的贵义论彰显出一些功利主义和实用主义的色彩。但其由义所推导出来的利绝非自利，而是更多地表现为一种利他主义。在贵义原则的指导之下，墨子还提出了"兼爱""非攻""尚贤""尚同""节用""互利"等主张。早期墨家因提倡"兼爱"而闻名于世，它同儒家一样，并列为当时的显学。后期墨家主要致力于对自然科学理论和逻辑学的研究，形成了著名的"墨辩"。后期墨家对墨子思想做了一定发展，如他们将墨子的"兼爱"思想和义利合一思想进一步发展为泛爱主义和利他主义。

墨家与儒家争分天下，"世之显学，儒墨也。儒之所至，孔丘也。墨之所至，墨翟也"，也称"孔墨显学"（《韩非子·显学》）。后期墨家克服墨子"天志""明鬼"等唯心成分，发展了墨学中唯物主义因素，在认识论、逻辑学、自然科学等方面都做出了很大贡献。

墨子死后，孟胜、田襄子继起为钜子，威信也很高。秦汉以后，墨家很快衰微，此后再也未出现过类似的思想与学派。之所以如此，根本原因在于，墨家脱离了家国一体的社会结构与宗法等级的社会制度，违背了中华民族家庭本位的价值观与心理情感。中国古代是家国一体的社会结构，家族是国家的基础，国家在本质上则是家族的放大或延伸，历代王朝在根本上不外乎皇帝代表皇族、统领百官，对众多家族实行的家天下的统治。

（三）以"道"为最高明德范畴的道家

以老庄为代表的先秦道家学派，把"道"作为最高的明德范畴。道家是儒墨两家的反对派，他们对孔墨张扬的伦理道德持否定的态度。老子所讲的"道"和"德"的内容，与儒家的说法并不相同，其所讲之"道"，指世界的本原，其本性自然无为，而"德"是对"道"的禀得，是道的内化与具体化，即"德"就是"得道"或因道而成就的"德"。

在老子看来，"道"的本质是"无为"，这种"无为"，既是治国的原则，也是人和万物的本性，是世间一切事物的根本准则，伦理道德要受无为原则的支配。老子称这种无为、无欲的品德为自然。所谓"道法自然"，说的就是对"道"的一种自觉遵循，是一种崇尚无知、无欲、无为的德性。依据这种道德观，老子批判了儒家的"仁学""天命论""义利观""人性论""道德修养论""治国方略"等道德学说，道家成为先秦时期影响很大的一个学派。

道家强调"道法自然"，重视自然的作用和力量，反对以人役天，主张尊重和保护自然是道家思想之中一以贯之的核心观念。就此而论，道家在生态伦理方面的建树贡献远比儒家要大，且更符合生态伦理学的精神。在道家看来，真正有明德的人莫不尊重和顺应自然规律。庄子说："道者，万物之所由也，庶物失之者死，得之者生，为事逆之则败，顺之则成。故道之所在，圣人尊之。"（《庄子·渔父》）也就是说，自然界存在着不以人们的意志为转移的客观规律，天地万物拥有它就能生存，失去它就会灭亡。对人来说，遵循自然规律就会顺达，违背它就会自取败辱。如老子所说："天得一以清，地得一以宁，神得一以灵，谷得一以盈，万物得一以生，侯王得一以为天下正。"（《道德经》第三十九章）庄子也说："天地与我并生，而万物与我为一。"（《庄子·齐物论》）道家认为，自然是一个有机整体，人是自然的一部分，"天人合一"只能是人跟天合一。同时，道家强调天道自然，肯定了道是自然无为、无意志的，这也突破了殷周天命观念的禁锢，使人类将探索的目光投向了自然界和人类社会，尽管其学说浪漫色彩浓郁，不过从理论层面而言却也显示了道家学派理性思维的深刻性与前瞻性。此外，道家倡扬的道法自然之中也蓄含着人类对自身本然之性的思考。道家认为，宇宙间的万事万物都是自然质朴的，人作为自然界的一部分，其本性也是如此。怀抱这种原始天然的素朴之性接物应对、立身处世，就能够做到听其自然，纯真诚恳。人应以自然为本，效法天地自然而然的法则，不以物喜，不以己悲，不必存心如何标榜高深，不必逞一时之私而自欺欺人。老子认为沉溺于声色犬马等感官享受之中，将会严重损害身体的健康，他说："五色令人目盲，五音令人耳聋，五味令人口爽，驰骋畋猎令人心发狂，难得之货令人行妨。"（《道德经》第二十章）庄子也说："平易恬淡，则忧患不能入，邪气不能袭，故其德全而神不亏。……虚无恬淡，乃合天德。故曰：悲乐者，德之邪也；喜怒者，道之过也；好恶者，德之失也。故心不忧乐，德之至也；一而不变，静之至也；无所于忤，虚之至也；不与物交，淡之至也；无所于逆，粹之至也。故曰：形劳而不休则弊，精用而不已则劳，劳则竭。"（《庄子·刻意》）在《庄子·达生》篇中，也有类似的论述。庄子指出沉溺于玩乐酒宴之中将拂心乱性，"物有余而形不养"，过度的物质享受会损害身体。因此，"人之所取畏者，衽席之上，饮食之间，而不知为之戒者，过也"。也就是说，道家主张寡欲。在道家看来，只有这样才能全生保身，保持自己浑然天成的质朴之性。

总之，道家伦理思想是建立在自然主义基础之上的，并以自然主义作为基本价值导向和价值目标。但是，这并不是一种诉诸人的感性欲求、注重人的物质生活需要并以此界定善与正当的自然主义，而是一种将人置身于自然界的系统之中，以天地自然的素朴无为、为而不恃、长而不宰作为人类道德生活底蕴和最高评价标准的自然主义，是一种把人的本性界定为恬淡虚无、节情守静、少私寡欲的自然主义，是一种帮助人们摆脱忧患、洞穿人生真谛和摆脱功名利禄束缚、获取真正自由和幸福的伦理大智慧。因此，从某种意义上说，道家的自然主义对于那些正在为求名利而苦苦挣扎的人来说，不啻为一剂清醒药，是一种从整体上关心芸芸众生并为其安身立命提供精神食粮的价值关怀之学。

老子之后，道家分为老庄学派和黄老学派。庄子将老子的无为主义进一步推向了极端虚无主义，黄老学派则逐步与法家思想合流，被称为"黄老刑名之学"。

（四）以"法"为最高明德范畴的法家

先秦法家分为两大派：一是以管仲、晏婴、慎到等人为代表的齐法家；二是以商鞅、韩非等人为代表的秦法家。《管子》一书就属于齐法家的代表著作。齐法家认为，礼、义、廉、耻是支撑一个国家的四根柱子，人们懂得礼、义、廉、耻，国家的政令、法令才能畅通。不然的话，国家就要倾覆。因此，齐法家主张"德法并举""义利并重"。这与秦法家"唯法为治""重利轻义"是不同的。然而，齐法家所讲的礼，与儒家是有区别的。儒家所讲之礼更多的是一种内心的、由仁义而衍生的道德自觉，而齐法家则把"礼"看作一种外在的规范形式，是一种"法度"。所以，"礼"既可用道德教化来维持，也可以用"法"的手段来实现，这就为后期法家把"礼"的规范法律化提供了理论上的依据。晚于齐法家出现的秦法家的代表人物韩非，综合了荀子和前期法家的学说，成为法家思想的集大成者。他提出以"法"代"礼"，以"利"代"德"，用法律的强约束代替道德的软约束，用"尚力"的原则取代了"仁义"的说教，走上了片面强调法治的道路。

在韩非子思想中，作为本体的"道德"决定着万事万物的方方面面，有着产生、推动、指引万物的能力。也有作为具体行为规范的"道德"，落实在人身上，规范着人性的发展与最终归宿，有道德的人便被称为"有德之人"；落实到政治上，则构成了以"法""术""势"为具体手段的治道观，是政治化的道德，有道德的政治被称为"有道之政"。人性是韩非子政治思想的现实基础，人作为政治中的实践主体，对人性的不同分判决定了人的道德素质的高低，也决定着政治实践的不同走向。韩非子认为"道德"无善无恶，人能"体道向善"，治事要"缘道理"，治政要"因人情"。韩非子认为道德修养对政治养成毫无作用，人性自为、人情好利对政治实践有害无利，这体现在君主无能、大臣苦法、百姓恶治上，从而主张借助极端的"去道德"的"法""术""势"三大手段，强制实现"以法教心""以术知奸""以势诎贤"的政治目标，从而疏导人性，保障社会的道德底线，建立一个"立公废私"的道德社会。

韩非子通过对《老子》文本的注解，阐释了"道"的本体特征，认为"道"是宇宙的根本和世间的准则，同时也吸收了黄老道家对"道"的庸俗化处理的学术倾向，韩非子将"道"具体化、社会化、现代化，从而使"道"不再具有原始道家所倡导的超越性和形上性；比之原始道家，韩非子的"道论"超越性不足，"道"只是援引而并非是其学说的根本；比之黄老道家，韩非子则更重视"道"的政治功能，也就是"治道"，把源于"道"的"法""术""势"作为关键性的社会治理手段。从目的上看，韩非子在自己的学说中，援引"道"作为最高的准则，以"道生法"为基本依据，"因道全法"为基本手段，通过借助"道"的绝对权威，赋予自己"法治"思想以神圣性的色彩。

　　韩非认为"道"在天地之间。"道"不仅仅是主导世间一切事物存亡、盛衰、成败的总规律，还是人类社会是非纲纪的根本准则。可以说，"道"是世间万事万物存在发展的总动力："道者，万物之所然也，万理之所稽也。理者，成物之文也。道者，万物之所以成也。故曰：'道，理之者也。'"（《韩非子·解老》）"理"是构成万物的条理，也是万物存在运行的根据。万物皆有其规律和属性，而这些属性和规律以"理"的形式赋予万物。人通过知觉器官能够认识"理"，得到"理"，从而察觉到事物间的不同。"道"则体现出万物的共性，物与物间"理"虽有所不同，但比之于"道"，却是同一的。"理"从属于"道"，是"道"在真实世界中的展现。所以，韩非子直接将"道"具体化为包括宇宙、自然、万物普遍运行的法则和规律。

　　韩非子论"德"，受齐稷下学宫法家的影响甚大，韩非子的"德论"，是以《管子·心术上》篇为基础而展开的："故德者，得也。得也者，其谓所得以然也。以无为之谓道，舍之之谓德。故道之与德无间，故言之者不别也。""德者，内也。得者，外也。上德不德，言其神不淫于外也。神不淫于外则身全，身全之谓德。德者，得身也。"（《韩非子·解老》）韩非子阐释"上德不德"时，借用齐法家的解释，将"上德不德"解释为"上德不得"，通过名词的代换，将抽象的辩证关系解释为具体的内外关系，以此来理解老子的思想。作为现存最早的对《老子》的注解，韩非子对于老子之言的理解也与后世各家注老子者有着显著不同，这样的解释逻辑也一向符合韩非子对于"微妙之言""恍惚之言"做具体化阐释的风格。只有这样一种求"德"路径，才能使人的心神不游离于自身之外。

　　诸子百家之中除上述四大流派之外，影响较大的还有农家、名家、兵家、阴阳家等。这些不同的流派，也提出了一些有价值的理论和观点，对中国古代伦理思想的发展，也产生了不同程度的影响。

三、春秋战国时期的明德故事

（一）楚王葬马

　　楚庄王是楚国最有作为的国君，也是春秋五霸之一。楚庄王有一匹心爱之马，其待遇不仅超过百姓，甚至超过大夫的待遇。楚庄王给这匹马穿刺绣的衣服，吃有钱人家才吃得起的枣脯，住富丽堂皇的房子。后来，这匹马因为恩宠过度，得肥胖症而死。楚庄王让群臣给马发丧，并要以大夫之礼为之安葬。大臣们认为楚庄王在侮辱大家，说大家和马一样。众臣对楚庄王此举表示不满。楚庄王下令，说再有议论葬马者，将被处死。

优孟听说了楚庄王要葬马的事，跑进大殿，仰天痛哭。楚庄王很吃惊，问其缘由。优孟说，死掉的马是大王的心爱之物，堂堂楚国，地大物博，无所不有，而如今只以大夫之礼安葬，太吝啬了。大王应该以君王之礼为之安葬。楚庄王听后，无言以对，只好取消以大夫之礼葬马的打算。

本故事中的优孟，从小善辩，擅长表演，是春秋时期楚国的宫廷艺人。这个故事说明，优孟是个很有勇气、智慧和正义感的艺人，他做的这件事很了不起，令人肃然起敬。

（二）完璧归赵

蔺相如完璧归赵，是发生于战国时期的历史故事。完璧归赵指蔺相如将完美无瑕的和氏璧，完好地从秦国带回赵国首都邯郸，比喻把原物完好地归还物品主人。

公元前283年，秦昭襄王派使者带着国书去见赵惠文王，说秦王情愿让出十五座城来换赵国收藏的一块珍贵的和氏璧，希望赵王答应。赵惠文王就跟大臣们商量，要不要答应。如果答应，怕上秦国的当，丢了和氏璧，拿不到城；如果不答应，又怕得罪秦国。他们议论了半天，还不能决定该怎么办。当时有人推荐蔺相如，说他是个挺有见识的人。赵惠文王就把蔺相如召来，要他出个主意。蔺相如说："秦国强，赵国弱，不答应不行。"赵惠文王说："要是把和氏璧送了去，秦国取了璧，不给城，怎么办呢？"蔺相如说："秦国拿出十五座城来换一块璧玉，这个价值是够高的了。要是赵国不答应，错在赵国。大王把和氏璧送了去，要是秦国不交出城来，那么错在秦国。宁可答应，叫秦国担这个错。"赵惠文王说："那么就请先生上秦国去一趟吧。可是万一秦国不守信用，怎么办呢？"蔺相如说："秦国交了城，我就把和氏璧留在秦国；要不然，我一定把璧完好地带回赵国。"

蔺相如带着和氏璧到了咸阳。秦昭王在章台宫接见蔺相如，蔺相如双手捧璧，恭恭敬敬地献给秦王，秦王接过璧，看了又看，果然纯白无瑕，宝光闪烁，雕镂之处，天衣无缝，真不愧是稀世之宝。他非常高兴，把璧递给美人和左右侍臣，让大伙儿传看看。大臣们都向秦昭襄王庆贺。

蔺相如站在朝堂上等了半天，秦王却绝口不提以城换璧的事，蔺相如知道秦王没有以城换璧的诚意，心生一计，对秦王说："这块宝玉很好，就是有点小毛病，让我指给大王看。"秦王听后，就把璧交给他，蔺相如接过璧，往后退了几步，靠着宫殿上的一根大柱子，瞪着眼睛，怒气冲冲地说："大王派使者到赵国来，说是情愿用十五座城来换赵国的璧。赵王诚心诚意派我把璧送来。可是，大王并没有交换的诚意。如今璧在我手里。大王要是逼我的话，我宁可把我的脑袋和这块璧在这柱子上一同砸碎！"说着，他真的拿着和氏璧，对着柱子做出要砸的样子。秦昭襄王怕他真的砸坏了璧，连忙向他赔不是，说："先生别误会，我哪儿能说了不算数呢？"他命令大臣拿上地图，把准备换给赵国的十五座城指给蔺相如看。

蔺相如心想，不能再上他的当，他说："赵王送璧到秦国来之前，斋戒了五天，还在朝堂上举行了一个很隆重的仪式。大王如果诚意换璧，也应当斋戒五天，然后再举行一个接受璧的仪式，我才敢把璧奉上。"秦昭襄王想，反正你也跑不了，就说："好，就这么办吧。"他吩咐人把蔺相如送到客栈去歇息。

蔺相如回到客栈，叫一个随从的人打扮成买卖人的模样，把璧贴身藏着，偷偷地从小道跑回赵国去了。过了五天，秦昭襄王召集大臣们和别国在咸阳的使臣，在朝堂举行接受和氏璧的仪式，叫蔺相如上朝。蔺相如不慌不忙地走上殿去，向秦昭襄王行了礼。秦昭襄王说："我已经斋戒五天，现在你把璧拿出来吧。"

蔺相如说："秦国自秦穆公以来，前后二十几个君主，没有一个讲信义的。我怕受欺骗，丢了璧，对不起赵王，所以把璧送回赵国去了。请大王治我的罪吧。"

秦昭襄王听到这里，大发雷霆："是你欺骗了我，还是我欺骗你？"蔺相如镇静地说："请大王别发怒，让我把话说完。天下诸侯都知道秦是强国，赵是弱国。天下只有强国欺负弱国，绝没有弱国欺压强国的道理。大王真要那块璧的话，请先把那十五座城割让给赵国，然后打发使者跟我一起到赵国去取璧。赵国得到了十五座城以后，绝不敢不把璧交出来。"秦昭襄王听蔺相如说得振振有词，不好翻脸，只得说："一块璧不过是一块璧，不应该为这件事伤了两家的和气。"结果，还是让蔺相如回赵国去了。蔺相如回到赵国，赵惠文王提拔他为上大夫。秦昭襄王本来也不真心用十五座城去换和氏璧，只不过想借这件事试探一下赵国的态度和力量。蔺相如完璧归赵后，他也没再提交换的事。这个故事显示了蔺相如机智、勇敢、爱国和不辱使命的美好品德，被传为千古佳话。

（三）负荆请罪

"负荆请罪"出自《史记·廉颇蔺相如列传》："廉颇闻之，肉袒负荆，因宾客至蔺相如门谢罪。"蔺相如因为"完璧归赵"有功而被赵王提拔为上大夫，位在廉颇之上。廉颇很不服气，扬言要当面羞辱蔺相如。蔺相如得知后，尽量回避、容让，不与廉颇发生冲突。蔺相如的门客以为他畏惧廉颇，然而蔺相如说："秦国不敢侵略我们赵国，是因为有我和廉将军。我对廉将军容忍、退让，是把国家的危难放在前面，把个人的私仇放在后面啊！"这话被廉颇听到，就有了廉颇"负荆请罪"的故事。

本故事的寓意有以下几点：

第一，要知错就改。廉颇不满蔺相如地位在自己之上而要羞辱于他，这是他自大傲慢的体现，意图羞辱同位的大臣更是一个大错。所以在自知有错后，廉颇敢于去向他负荆请罪。

第二，要宽容大度。听闻廉颇扬言要羞辱自己，蔺相如的反应是回避，一直不和他相见，不仅称病不上朝，外出遇到他也掉转车子。而在廉颇知错来请罪后，又立马原谅他，与他结交为同生共死的好友。而蔺相如在秦王面前尚敢斥责威胁，所以他对廉颇的态度不是害怕畏惧，而是宽容大度。

第三，以大事为重。蔺相如回避廉颇，并非害怕，而是把国家大事放在前面，个人仇怨放在后面。因此，他宁愿忍受廉颇的屈辱，而不去与他抗争，就是在为国家考虑。

第四，合则两利。蔺相如在向门人解释时说，秦国不敢攻打赵国，就是因为他和廉颇两个人在，如果两人相争，就不能共生，所以他才不去理会廉颇，不希望和他形成敌对的关系，最后又立马原谅他。身为赵国文臣和大将，只有共同为国效力，才能使国家更加强大。这个故事同时彰显了廉颇和蔺相如的明德风范。

四、春秋战国时期的明德人物

（一）晏婴

晏子（前 578 年—前 500 年），名婴，字仲，谥平，习惯上多称平仲。夷维（今山东高密）人，春秋时期政治家、思想家、外交家。

据《左传》《晏子春秋》等历史文献记载，晏婴是齐国上大夫晏弱之子。齐灵公二十六年（前 556 年）晏弱病死，晏婴继任为上大夫。历任齐灵公、庄公、景公三朝，辅政长达五十余年，以有政治远见、外交才能和作风朴素闻名诸侯。晏婴聪颖机智，能言善辩。内辅国政，屡谏齐侯。对外他既富有灵活性，又坚持原则性，出使不受辱，捍卫了齐国的国格和国威。

春秋中期，诸侯纷立，战乱不息，中原的强国晋国谋划攻打齐国。为了探清齐国的形势，便派大夫范昭出使齐国。齐景公以盛宴款待范昭。席间，正值酒酣耳热，均有几分醉意之时，范昭借酒劲向齐景公说："请您给我一杯酒喝吧！"景公回头告诉左右侍臣道："把酒倒在我的杯中给客人。"范昭接过侍臣递来的酒，一饮而尽。晏婴在一旁将这一切看在眼中，厉声命令侍臣道："快扔掉这个酒杯，为主公再换一个。"依照当时的礼节，在酒席之上，君臣应是各自用个人的酒杯。范昭用景公的酒杯喝酒违反了这个礼节，是对齐国国君的不敬。范昭故意这样做，目的在于试探对方的反应如何，但还是被晏婴识破了。

范昭回国后，向晋平公报告说："现在还不是攻打齐国的时候，我试探了一下齐国君臣的反应，结果让晏婴识破了。"范昭认为齐国有这样的贤臣，当前去攻打齐国，绝对没有胜利的把握，晋平公因而放弃了攻打齐国的打算。这是靠外交的交涉使敌人放弃进攻的打算的典型事例。孔子称赞晏婴的外交表现说："不出樽俎之间，而折冲千里之外。"

有一次晏子出使到楚国，楚王知道晏子的身材矮小，就命令人在大门旁边开了个小洞，请晏子从小洞进去。晏子知道楚王要戏弄他，严词拒绝。他说："到了'狗国'，才走狗洞，我现在是出使楚国，不应该走狗洞。"招待晏子的官员只好请晏子从大门进去。

晏子进去拜见楚王。楚王故意问："齐国没有人可派吗？竟派你做使臣。"晏子回答说："齐国首都临淄住满了人。人们把袖子举起来，可以遮住太阳；甩一把汗，就是一阵雨；街上行人肩膀擦着肩膀，脚尖碰着脚跟。怎么说齐国没有人呢？"楚王接着问："既然如此，那么为什么派你出访呢？"晏子答："我们齐国派使节出访很有讲究：对那些精明能干的人，就派遣他们出使那些道德高尚的国家；对那些愚蠢无能的使臣，就派他们出使那些不成器的国家。我是使臣中最愚蠢、最无能的人，所以就派我出使楚国来了。"晏子的话使本打算戏弄他的楚国君臣们面面相觑，半天说不出话来。

以上故事说明，晏子是个机谋、勇敢、忠诚、爱国的贤臣。

（二）屈原

屈原（前340年—前278年），战国时期楚国诗人，主要作品有《离骚》《九歌》《九章》《天问》等。他创作的《楚辞》是中国浪漫主义文学的源头，与《诗经》并称"风骚"，对后世诗歌产生了深远影响。

屈原是中国历史上第一位伟大的爱国诗人，中国浪漫主义文学的奠基人，被誉为"中华诗祖""辞赋之祖"。他是"楚辞"的创立者和代表作者，开辟了"香草美人"的传统。屈原的出现，标志着中国诗歌进入了一个由集体歌唱到个人独创的新时代。他被后人称为"诗魂"。

屈原也是楚国重要的政治家，早年受楚怀王信任，任左徒、三闾大夫，兼管内政外交大事。吴起之后，在楚国另一个主张变法的就是屈原。他提倡"美政"，主张对内举贤任能，修明法度，对外力主联齐抗秦。因遭贵族排挤毁谤，被先后流放至汉北和沅湘流域。

春秋时期开始，楚国就是强大的诸侯国。战国时期，楚国大将昭阳大败魏国后，楚国就逐渐成为当时面积最大的国家，但是楚国当时的社会制度存在严重问题，若不进行改革，很难顺应时代的发展要求。于是，屈原受楚怀王的任命，重视对贤臣才士的任用，坚定实施依法治国。屈原的这次变法，取得了一定效果，但许多旧贵族因为此次变法利益受到损害，都对屈原心怀仇恨，等待时机迫害他。后来挑拨的人多了，楚怀王便对屈原渐渐疏远，最后在奸臣的谗言下，楚王撤掉屈原官职，先后流放到汉北和沅湘流域。公元前 278 年，秦将白起一举攻破楚国首都郢都，楚怀王客死他乡，悲愤交加的屈原怀抱大石投汨罗江自杀身亡。

（三）廉颇

廉颇，嬴姓，廉氏，名颇，战国时期赵国杰出的军事家，与白起、王翦、李牧并称"战国四大名将"。

赵惠文王初，东方六国以齐最为强盛，齐与秦各为东西方强国。秦国欲东出扩大势力，赵国当其冲要。为扫除障碍，秦王曾多次派兵进攻赵国。廉颇统领赵军屡败秦军，迫使秦改变策略，实行合纵，于惠文王十四年（前 285 年）在中阳（今山西中阳西）与赵相会讲和。以联合韩、燕、魏、赵共同讨伐齐国，大败齐军。其中，廉颇于惠文王十六年（前 283 年）带赵军伐齐，长驱深入齐境，攻取阳晋（今山东郓城西，本为卫国领地，后属齐），威旗诸侯，而赵国也随之跃居六国之首。廉颇班师回朝，拜为上卿（上卿为当时最高级的文官，相当于后来的宰相），秦国虎视赵国而不敢贸然进攻，正是慑于廉颇的威力。此后，廉颇率军征战，守必固，攻必取，几乎百战百胜，威震列国。

公元前 266 年，赵惠文王卒，孝成王立。这时秦国采取范雎"远交近攻"的谋略，一边跟齐国、楚国交好，一边攻打临近的小国。周赧王五十五年（前 260 年），秦国进攻韩地上党（今山西中部地区）。上党的韩国守军孤立无援，太守冯亭便将上党献给了赵国。于是，秦赵之间围绕着争夺上党地区发生了战争。这时，名将赵奢已死，蔺相如病重，执掌军事的只有廉颇。于是，赵孝成王命廉颇统率二十万赵军阻秦军于长平（今山西高平西北）。当时，秦军已南取野王（今河南沁阳），北略上党，切断了长平南北联系，士气正盛，而赵军长途跋涉而至，不仅兵力处于劣势，态势上也处于被动不利的地位。

面对这一情况，廉颇总是严束部众，坚壁不出。同时，他把上党地区的民众集中起来，一面从事战场运输，一面投入筑垒抗秦的工作。赵军森严壁垒，秦军求战不得，无计可施，锐气渐失。廉颇用兵持重，固垒坚守三年，意在挫败秦军速胜之谋。秦国看速胜不行，便使反间计，让赵王相信，秦国最担心、最害怕的是用赵括替代廉颇。赵王求胜心切，中了反间计，认为廉颇怯战，强行罢廉颇职，用赵括为将。虽然蔺相如力谏，指出只知纸上谈兵的赵括不适合担此重任，但赵王不听，任用赵括为将军。赵括代替了廉颇的职务后，完全改变了廉颇制定的战略部署，撤换了许多军官。秦国见使用赵括为将，便暗中启用白起率兵攻赵，大败赵括军于长平，射杀赵括，坑赵兵四十余万。

燕国看到赵国大伤于长平，以丞相栗腹为将，针对赵国"壮者尽于长平，其孤未壮"的状况，于秦昭襄王五十六年（前251年）举兵攻赵。赵使廉颇为将，指挥了鄗代之战。他将全军分为两路，一路由乐乘率领直趋代地，抗击西路燕军，一路亲自率领，迎战燕军主力于鄗城（今河北柏乡北）。廉颇指挥为保卫乡土而同仇敌忾的赵军，采取集中兵力打敌正面的战法，首战告捷，挫敌兵锋，打掉了燕军的嚣张气焰。接着，他率领赵军大败燕军主力，阵斩栗腹。燕军主帅被斩，惊慌溃退。廉颇抓住燕军败退之机，立命赵军乘胜追击，长驱500里，于公元前250年进围燕国都城蓟（今北京）。燕王喜眼看燕国危在旦夕，只好答应赵国提出的割让五城等全部要求，向赵国求和。廉颇因功封信平君，为相国。廉颇任相国前后六七年，多次击退入侵敌军，并伺机出击。公元前245年，带兵攻取了魏地繁阳（今河南内黄西北），表明赵国国力有所恢复。

五、明德范畴诠释

孔子在提倡"仁"的同时，也很重视"智"和"勇"。简单说，"智"指智慧，"勇"指勇敢。智慧和勇敢是天下人需具备的德行，不仅受到儒家的推崇，也受到道家等其他学派的推崇。

（一）"智"

孔子说："知者乐水，仁者乐山。知者动，仁者静。知者乐，仁者寿。"（《论语·雍也》）"智者乐水，仁者乐山"是脍炙人口的名言，是孔子对于智慧和仁德的深切体悟，是对智和仁的形象化解读。

老子说："知人者智，自知者明；胜人者有力，自胜者强；知足者富，强行者有志；不失其所者久，死而不亡者寿。"（《道德经》第三十三章）"知人者智，自知者明"，意思是能了解、认识别人叫作智慧，能认识、了解自己才算聪明。

儒家和道家都讲智德，但也有区别。道家从崇尚自然、淳朴的人性出发，也有可能走向反对智慧、文明、科技的境地；儒家主张把道德藏于智慧之中。"仁义礼智信"是儒家最推崇的美德范畴，其中的"智"，就是指人的道德智慧，是人们明辨是非、深察人伦的智慧。儒家智德的地位和作用十分独特，智不仅是连接仁、义、礼的纽带，而且正是它把仁、义、礼都藏在自己之中，这就是朱子著名的"智藏说"。在朱子看来，"知"与"智"是有区分的，认知是起点，智德是归宿。也有人将"智德"二字，解读为智慧和道德兼备的高人，这是"智"与"德"的外在结合，而不是内在融合。在中国传统文化对人的长期教育中，智慧教育实际上被严重弱化了，甚至有一种将道德与智慧相对立的倾向，这与统治阶级推行愚民政策有一定的关系。相比较而言，西方传统文化历来是将智慧教育摆在道德教育之前的。比如，古希腊的"四主德"，即智慧、勇敢、节制、公正，就是把智慧摆在第一位的。文艺复兴之后，西方人的智慧观转向了对自然科学和人文精神的高度重视，从而推动了社会物质文明和精神文明的发展。与此同时，也就是中国的明清时期，中国人仍然将精力集中于道德修养和对经史子集、诗词书画的钻研上，严重影响了自然科学和人文精神的发展，这是导致中国社会停滞不前，逐渐落后于西方社会，并在近代陷入衰败命运的一个重要根源。

变法或改革是社会进步的动力，但这必须与政治家的智慧相结合，才能推动社会进步。战国时期的法家代表人物商鞅可谓是有智慧之人。商鞅依靠秦孝公（前361年—前338年在位）的支持，在秦国推行变法。变法的主要内容有：废除世卿世禄制，奖励军功；按照战争中功劳的多少来编制财产关系、政治关系；开阡陌，设郡县，破除原有社会组织，按照地域关系编制地方行政单元；根据土地数量的多少收取赋税；初步统一度量衡，允许土地自由买卖。商鞅的这些措施使得老子所理想的新的文化生活样式有了具体的内容。他通过与秦国政治运作的结合，产生了实际效果。《史记》称他的变法，"行之十年，秦民大悦。道不拾遗，山无盗贼，家给人足。民勇于公战，怯于私斗，乡邑大治"。秦国因商鞅变法一跃而成为战国七雄中的翘楚，其军事和经济实力超过了齐国和魏国，最后一统天下。

（二）"勇"

"勇"，就是指勇敢、无畏。这是人类的美德之一。中国传统文化对"勇"的价值是持肯定态度的。但是，真正有价值的勇敢，作为明德的勇敢，不是指无知者的无畏，也不是指目无法纪、胆大妄为者的冒险或投机，而是指以理性、道义和经验为基础的勇敢。有些人遇事不冷静，容易感情冲动，凭情绪做出鲁莽的举动，过后悔之晚矣！还有些人不知人性之复杂、世道之险恶、法纪之无情，说话口无遮拦，办事毛手毛脚，自以为很勇敢，其实这是"无知者无畏"的表现。有意义的"勇"，应该以明德和智慧为前提。还有一种"勇"，要以自信为基础，而自信又要以自己的能力或实力为基础。如果盲目自信、盲目出头，也不能算真正的"勇"。要做到"勇"，离不开敢冒风险的精神，甚至离不开勇于牺牲的精神。亚里士多德认为，美德就是一种适度，因为美德追求的是过与不及之间的中道。例如，勇敢就是鲁莽和懦弱之间的中道；慷慨是奢侈和贪婪的中道；谦虚是羞怯和无耻的中道。

"勇"在孔子的思想中占有很重要的地位。子曰："君子义以为上，君子有勇而无义为乱，小人有勇而无义为盗。"（《论语·阳货》）孔子认为真正的"勇"是与"权变"相结合的，是"仁者之勇""知者之勇"，而绝非胆大妄为、见利忘义的凡夫俗子的血气之勇。"勇"是一种在中庸思想制约下的"仁者之勇""知者之勇"，符合"义""礼""智"；强调要把"勇"同"知""仁"结合起来。"仁、知、勇"是孔子思想的重要方面，但孔子主张具体问题具体分析，具体情况具体对待，不死板，不究死理，不固执，不拘泥，随机应变。他的权变意识处处渗透在"仁、知、勇"三达德重要思想当中。

孟子将"勇"分为三种：一是北宫黝的匹夫之勇；二是孟施舍的守气之勇；三是曾子的义理之勇。他说："北宫黝之养勇也，不肤桡，不目逃。思以一豪挫于人，若挞之于市朝。不受于褐宽博，亦不受于万乘之君。视刺万乘之君若刺褐夫。无严诸侯，恶声至，必反之。孟施舍之所养勇也，曰：'视不胜犹胜也。量敌而后进，虑胜而后会，是畏三军者也。舍岂能为必胜哉？能无惧而已矣。'孟施舍似曾子，北宫黝似子夏。夫二子之勇，未知其孰贤，然而孟施舍守约也。昔者曾子谓子襄曰：'子好勇乎？吾尝闻大勇于夫子矣：自反而不缩，虽褐宽博，吾不惴焉；自反而缩，虽千万人，吾往矣。'孟施舍之守气，又不如曾子之守约也。"（《孟子·公孙丑上》）

春秋战国时期，是"勇"德和"智"德的价值被充分体现的时代。我们需要对勇的内涵稍作考察。从行为表现上看，勇敢就是愿意置身于大多数人不愿身处其中的痛苦或可能带来痛苦的危险境地。因此，从内在心理特征而言，勇敢的核心因素是一个人对痛苦的超常的承受力，正是凭借这种承受力，一个人才比常人更愿意面对危险，更愿意在遭受或可能遭受肉体或精神伤害的条件下采取行动。所以，笼统地说，勇敢是一种意志品质，一种使人在实现某种目的的过程中对抗外部压力的意志品质。固然，由于行为目的的不同，以及对不同种类的痛苦的感受性不同，勇敢可以分为不同的类型，但是，就超常的痛苦承受力及其导致的追求与贯彻行动者自身目的的强大冲动来说，各种勇敢又具有共性。一个勇敢的人，更倾向于为实现目标采取积极行动，更倾向于对抗外部束缚和障碍而坚持自己的意图，也就是说，一个勇者乃是拥有更大主体性的人。只有在人们的主观意图与现有社会秩序高度统一的情况下，勇敢才不会成为维持秩序的消极力量，而这种情况是高度偶然性的。先秦儒家所处的春秋战国，大小贵族野心勃勃，充满追求自身利益的强烈冲动。在这种情形下，好勇之风必然极大地影响社会秩序，加剧社会动荡。

先秦儒家的勇德重塑是以其秩序取向的社会哲学为依归的，也只有放到这一社会哲学之下，这种重塑才可以得到较为充分的理解。对于某一德性乃至道德体系的思考，社会哲学不是唯一的维度，但经常是一个重要的、不可或缺的维度。此外，具体到勇敢德性，既然勇敢尤其是常见的勇敢与维护社会秩序之间存在矛盾，并且随着秩序取向社会哲学的兴起，其在道德体系中的地位必然遭到贬抑，那么有理由推断，随着秩序取向的社会哲学被实力取向的社会哲学所取代，勇敢的价值一定会受到重估。勇敢究竟应该在我们的道德体系和价值观体系中占据怎样的位置，是值得深入思考的。

本章思考题：

1. 简论孔子的明德思想。
2. 简论孟子的明德思想。
3. 简论老子的明德思想。
4. 简论墨子的明德思想。

第七章
秦汉时期的明德文化

秦朝是以春秋战国时期的秦国为基础，通过统一六国而建立起来的，但历时较短，而且奉行以商鞅、韩非为代表的法家思想，建立了郡县制度，在政治和文化上实现了高度统一。秦朝虽然推崇法治，但对官员也有明确的道德要求。例如，秦朝的《为吏之道》要求官员清洁正直、忠信敬上、恪尽职守、清廉毋谤、举事审当、喜为善行、恭敬多让、公正赏罚等。

"秦汉"往往连说，与"汉承秦制"有关。汉代分为西汉和东汉，延续时间达数百年之久，在治国思想上"罢黜百家，独尊儒术"，文化上推崇经学，举孝廉、崇贤良。

秦汉时期，由推崇法家向推崇儒家转变，再到"德主刑辅"治国体制的形成，为中国封建社会奠定了意识形态的基础，也塑造了秦汉时期明德文化的基本特征。

一、秦汉时期的社会状况

（一）政治状况

"从公元前 221 年秦始皇实现统一至 220 年曹丕代汉，是秦王朝和汉王朝统治的历史阶段。在西汉和东汉之间，又有王莽新朝的短暂统治。在这 441 年的历史阶段内，中国文明的构成形式和创造内容都发生了重要的变化。秦汉人以黄河流域、长江流域和珠江流域为主要舞台，进行了生动活跃的历史表演，同时推动了中华民族历史文化突出的进步。秦汉时期的文明创造和文明积累，在中国历史上呈示出耀眼的辉煌。当时的文化风貌和民族精神，有鲜明的时代特征。秦汉时期的社会结构和政治形式，也给中国此后 2000 年来文化传统的形成和历史演进的方向带来了非常深刻的影响。"①

秦朝结束了长期的诸侯割据局面，实现了国家的统一。各诸侯国通过兼并战争寻求统一天下的目标，人民在经历了长期的战乱和分裂后渴望统一。秦国经过商鞅变法后政治、经济、军事实力日益强大。秦始皇采用远交近攻、先弱后强的策略，逐步完成了对六国的统一。秦朝统一后废除分封制，推行郡县制，确立了皇权至上的中央集权制度。这一制度在汉朝得到了进一步的巩固和发展，汉武帝时期通过"罢黜百家，独尊儒术"等措施，使儒家思想成为封建社会的统治思想，进一步加强了中央集权。汉朝初期采取休养生息的政策，减轻人民负担，促进了经济的恢复和发展。

秦汉时期，虽然实现了政治上的"大一统"，政权相对稳定，但统治后期阶级矛盾尖锐，加上农民战争的打击等因素，导致秦、西汉、东汉等政权的更替。同时，在这一时期，外戚、宦官等势力也时常对政权稳定构成威胁。

随着统一后疆域的扩大和行政事务的增多，秦汉时期逐渐建立起一套严密的官僚机构和选官制度，如秦朝的三公九卿制和汉朝的察举制等。这些制度的建立和完善，为后世的政治制度发展奠定了基础。

民族关系初步繁荣。秦汉时期，我国统一多民族的国家得以建立和巩固，初步奠定了中原王朝与边疆各族的关系。通过与匈奴、西域等民族的交流和斗争，促进了民族之间的经济文化交流和西域的开发。同时，也对南方少数民族地区进行了初步开发和管辖。

对外关系开始发展。秦汉时期，中国与朝鲜、日本、西亚和欧洲的交往开始以贸易往来、使节往来和科技文化交流等形式发展起来，开始突破东亚

---

① 王子今：《秦汉时期的历史特征与历史地位》，载《石家庄学院学报》2018 年第 4 期。

的范畴。丝绸之路的开通更是促进了中国与西亚和欧洲的交流。

秦汉时期的政权总体稳定但有不安定因素，政治制度逐渐完善和健全，民族关系初步繁荣，对外关系开始发展。这一时期的历史发展对中国封建社会的政治、经济、文化等方面都产生了深远影响。

（二）经济状况

秦汉时期，中国经济迎来了一个空前的繁荣与创新交汇点，不仅为当时的国家发展提供了坚实的物质基础，而且对后世产生了深远影响。

秦汉时期，农业迎来了革命性的变革。铁制农具的广泛应用，使得耕作效率大幅提升。牛耕的普及更是为农业生产注入了强大的动力。与此同时，水利建设也得到前所未有的重视。政府大力兴修水利，改善灌溉条件，使得农田得到充足的水源，农作物产量大幅增加。这些变革不仅提高了农民的生活水平，也为国家提供了丰富的粮食储备。

与农业同步发展的是手工业与商业。秦汉时期的手工业部门齐全，技艺精湛，从冶铁、纺织到陶瓷、漆器，无不展现出卓越的艺术与工艺水平。这些手工艺品不仅满足了国内市场的需求，还远销海外，赢得了国际声誉。商业方面，随着统一市场的形成和交通的便利，商品流通逐渐扩大，商业活动也日趋活跃。丝绸之路的开辟与海上贸易的兴起，更是为秦汉时期的商业发展注入了新的活力。

在土地制度方面，秦汉时期也进行了积极的探索与实践。秦朝时期，国家直接掌握大量土地，并通过授予、租佃等方式分配给农民使用，打破了封建领主的土地垄断。到了汉朝，政府继续推行均田制等政策，确保农民拥有稳定的土地权益，从而激发了农民的生产积极性。这些土地制度的变革，为农业生产的持续发展提供了有力保障。

在财政税收方面，秦汉政府建立了较为完备的财政税收体系。通过征收赋税、发行货币等手段筹集财政收入，用于国家建设和军事开支等方面。同时，政府还注重调节贫富差距，减轻农民负担。一系列税收优惠政策与赈济措施的实施，有效保障了民生福祉，促进了社会的和谐稳定。

秦汉时期农业、手工业、商业、土地制度和财政税收等多个方面的变革与发展，共同推动了中国古代经济的繁荣。这一时期的经济发展不仅为当时的社会进步提供了坚实的物质基础，也为后世的经济发展提供了借鉴。

（三）文化状况

秦汉时期的文化状况呈现出学术思想的融合与统一、文学艺术的繁荣、科技发明的进步、宗教信仰的多元化以及文化遗产的传承与保护等特点。在这一时期，文化不再是单一、孤立的存在，而是在多种思想、多种艺术形式和多种科技发明的交汇融合中展现出其独特的魅力。学术思想的融合与统一，文学艺术的繁荣与创新，科技发明的进步与突破，宗教信仰的多元与共存，以及文化遗产的传承与保护，共同构成了秦汉时期文化状况的丰富内涵。

1. 学术思想的融合与统一

秦始皇一统六国后，采取了一系列措施来统一思想和文化。尽管秦朝短暂，但它推动了学术思想的融合与统一。汉朝建立后，汉武帝采纳了董仲舒的建议，实行"罢黜百家，独尊儒术"的政策，使儒学成为官方学说。这导致儒家思想在秦汉时期占据了主导地位，并对后世产生了深远的影响。

2. 文学艺术的繁荣

秦汉时期的文学艺术繁荣，出现了许多优秀的文学作品和艺术作品。例如，汉赋是汉代文学的代表，它以独特的艺术形式和表现手法，反映了汉代社会的风貌和精神。此外，汉代还有众多的历史著作、哲学著作和文学作品，如《史记》《汉书》等，这些作品对后世产生了深远的影响。

在艺术方面，秦汉时期的雕塑、绘画等艺术形式也取得了很高的成就。例如，秦始皇陵兵马俑的发现，展示了秦代雕塑艺术的精湛技艺和雄伟气势。汉代的壁画、石刻等也展现了当时艺术的繁荣和多样性。

3. 科技发明的进步

秦汉时期在科技发明方面也取得了重要的进步。例如，秦朝统一度量衡和货币制度，促进了商业的发展和贸易的繁荣。汉代在农业、水利、冶金、制造等领域也有许多重要的发明和创新。例如，汉代发明的造纸术对后世产生了深远的影响，成为人类文明发展的重要里程碑。

4. 宗教信仰的多元化

秦汉时期宗教信仰呈现出多元化的特点。除官方推崇的儒学外，道教、佛教等宗教也开始传入中国并逐渐发展壮大。这些宗教的传入和发展为秦汉时期的文化注入了新的元素和活力。

5. 文化遗产的传承与保护

秦汉时期对文化遗产的传承与保护也做出了重要贡献。例如，秦始皇下令焚书坑儒后，许多儒家经典被毁。然而，在汉代又逐渐恢复了对儒家经典的传承和学习。此外，汉代还设立了太学等机构来培养人才和推广学术文化。这些措施为后世的文化传承和发展奠定了基础。进取意识，务实态度，开放胸怀，也是这一时期社会文化的基本风格。

从秦始皇的焚书坑儒到汉武帝的独尊儒术，从汉赋的华丽辞藻到壁画的细腻描绘，从度量衡的统一到造纸术的发明，从儒学的兴盛到佛教的传入，这一时期的文化状况不仅展现了中华文化的深厚底蕴，也揭示了文明发展的多样性和包容性。因此，可以说秦汉时期的文化状况是中国古代文化发展的重要阶段，其丰富多元、交融创新的特点为后世的文化传承和创新提供了重要的基础和借鉴。

二、秦国、秦朝、秦法家

秦朝是在秦国的基础上建立起来的。秦国是春秋战国时期的诸侯国。秦国的前身是西周王朝的附庸，没有独立称为诸侯国的资格，直到西周王朝灭亡之后，秦人的首领秦襄公因为保护周平王东迁洛邑而被封为诸侯。由于秦国是新兴诸侯国，领地扩展和国家发展都需要不断与周朝故地的戎狄少数民族势力以及晋国等相邻诸侯国做斗争，这就决定了秦国在春秋时期的发展并不是一帆风顺，而是经受了磨难与考验的。《史记·秦本纪》记载：从秦襄公到秦穆公，秦人的战争时而胜利，时而停顿，但是总的趋势还是在不断好转。"（文公）十六年，文公以兵伐戎，戎败走。于是文公遂收周余民有之，地至岐，岐以东献之周。""宁公二年，公徙居平阳。遣兵伐荡社。三年，与亳战，亳王奔戎，遂灭荡社。""（宁公）十二年，伐荡氏，取之。""武公元年，伐彭戏氏，至于华山下，居平阳封宫。""（武公）十年，伐邽、冀戎，初县之。

十一年，初县杜、郑。灭小虢。""缪公任好元年，自将伐茅津，胜之。"上述史料展现了秦人的赫赫战果，当然还应当指出的是秦人的作战对象除戎狄之外还有一些小诸侯国。

春秋战国时期的法家，有多个地域性的流派，最负盛名的是齐法家和秦法家。齐法家就是指为齐国服务的法家代表人物，如齐桓公时期的政治家管仲，齐灵公、庄公、景公时期的外交家晏婴，都是齐法家的代表人物。秦法家就是指为秦国服务的法家代表人物，商鞅、韩非都是秦法家的代表人物。相比较而言，齐法家在重视法治的同时，也比较重视德治。例如，管仲认为："礼义廉耻，国之四维。四维不张，国乃灭亡。"（《管子·牧民》）与齐法家不同，秦法家对法治的推崇更加激进，对德治则极为轻视。我们在此主要介绍一下秦法家的情况。

（一）商鞅变法

商鞅是战国时期的政治家、改革家、思想家和军事家，也是秦法家的代表人物。商鞅投奔秦国，辅佐秦孝公，积极实行变法，使秦国成为富裕强大的国家，史称"商鞅变法"。

秦孝公即位之初，秦国经济、文化都比中原的国家落后。在即位的第二年，他就发出征求贤能人才的文告，宣布谁能使秦国富强，就封给高官，赏给土地。求贤令发出后，在魏国不得志的商鞅来到秦国，经孝公的宠臣景监推荐给孝公。孝公听了商鞅用"霸道"治国的理论，正合心意。于是重用商鞅，实行变法。代表旧势力的杜挚等人提出"法古无过"，极力反对变法的主张。秦孝公支持商鞅的"治世不一道，便国不法古"的观点，从现实出发，制定了富国强兵之策，实行变法，任命商鞅为左庶长。

商鞅变法的内容包括废除井田制，推行小家庭政策，实行土地私有制，允许土地自由买卖，使土地私有制得以确立，激发了农民的生产积极性，促进了农业的发展；普遍推行县制，设置县一级官僚机构，加强中央集权，提高了国家的行政效率；迁都咸阳，修建宫殿；统一度量衡制，颁布度量衡的标准器；编订户口，实行连坐法，加强了对民众的管理和控制。这些改革措施极大地提高了秦国的国力和战斗力，为秦国日后统一六国打下了坚实的基础。

在军事上，商鞅也有着卓越的贡献。他统率秦军收复了河西之地，为秦国的扩张奠定了基础。他主张奖励军功，实行连坐之法，提高了军队的战斗力，使秦国在战国时期的战争中屡获胜利。

商鞅变法不仅改变了秦国命运，也对中国历史产生了深远影响。经过商鞅变法，秦国经济得到了极大发展，军队战斗力得到了显著提高，为日后统一六国打下了坚实基础。同时，商鞅的法治思想也为后世的政治改革和法治建设提供了重要的借鉴和启示。

商鞅作为一位伟大的改革家，他的勇气和决心值得我们敬佩。他敢于挑战旧有的制度和观念，勇于破旧立新，为秦国的崛起和统一六国立下了不朽的功勋。同时，他也是一位具有远见卓识的思想家，他的法治思想和改革精神对后世产生了深远的影响。

商鞅的变法并非一帆风顺，他执法不避权贵，刑上大夫，坚决贯彻法家的主张，但也因此得罪了许多旧贵族。商鞅的结局是悲惨的。公元前338年，秦孝公死后，商鞅被公子虔诬陷谋反，战败死于彤地（今陕西渭南华州区西南）。他的尸身被运至咸阳车裂，全家被杀。尽管商鞅个人遭受不幸，但他的变法思想和改革精神却永载史册，为后人所铭记。

总的来说，商鞅是一位具有卓越才华和坚定信念的政治家、改革家。他的变法不仅改变了秦国的命运，也对中国历史产生了深远的影响。他的改革精神和法治思想为后世的政治改革和法治建设提供了重要的借鉴和启示。虽然商鞅个人遭受了不幸的结局，但他的功绩和贡献将永远铭刻在历史的长河中。

（二）韩非论法

韩非（约前280年—前233年），战国末期思想家、秦法家代表人物，被后世尊称为韩非子。作为客居秦国的法家代表，备受秦王嬴政赏识，但遭到李斯等人的嫉妒，最终在狱中自杀。著有《韩非子》一书，共五十五篇，十万余字。在先秦诸子散文中独树一帜。

韩非是韩国公子，曾师从儒家学派代表人物荀子，但观念与其不同，没有承袭儒家的思想，由荀子的重"礼"转向了重"法"。他"喜刑名法术之学""归本于黄老"，继承并发展了法家思想，成为战国末年法家思想的集大成者。他写了《孤愤》《五蠹》《内外储》《说林》《说难》等十余万言的著作，全面、系统地阐述了他的法治思想，抒发了忧愤孤直而不容于时的愤懑。他主张"事在四方，要在中央；圣人执要，四方来效"（《韩非子·扬权》），国家的大权，要集中在君主（"圣人"）一人手里，君主必须有权有势，才能治理天下，"万乘之主、千乘之君，所以制天下而征诸侯者，以其威势也"（《韩非子·人主》）。为此，君主应该使用各种手段清除世袭的奴隶主贵族，"散其党""夺其辅"（《韩非子·主道》）；同时，选拔一批经过实践锻炼的封建官吏来取代他们，"宰相必起于州部，猛将必发于卒伍"（《韩非子·显学》）。《史记》载，秦王见到韩非子的《孤愤》《五蠹》等书，曰："嗟乎，寡人得见此人与之游，死不恨矣！"可见当时秦王的重视。

韩非的学说对中国古代政治哲学产生了深远影响。韩非的最高理想是"君无为，法无为"，他认为法不为君忧，百姓守法，天下便可无为而治。这一思想体现了韩非对于法治的坚定信仰，他认为法律是治理国家的根本，君主只需依法行事，便可实现国家的长治久安。

韩非的思想体系中，法、术、势三者紧密结合，构成了其独特的法家学说。法是指完善法制，韩非强调法律的重要性，认为法律是维护社会秩序、保障国家安定的基石。术是指君主控制大臣、掌握政权、执行法规的策略和手段，韩非认为君主应善于运用权术，以维护自己的权威和国家的稳定。势是指君主的权力，韩非主张君主应独掌军政大权，以确保国家的统一和强大。

韩非还提出"法不阿贵"的思想，主张法律面前人人平等，无论贵贱，都应受到法律的制裁。这一思想是对中国法制思想的重大贡献，对于清除贵族特权、维护法律尊严产生了积极的影响。此外，韩非还强调"以刑止刑"思想，通过严厉的刑罚来遏制犯罪，维护社会的安宁。

在哲学思想上，韩非是一位带有唯物主义色彩的哲学家。他反对天命论，主张天人合一，认为世界的运行和发展都遵循一定的规律，而非受天命的支配。同时，韩非也提出了辩证法的观点，他认为事物都有其生存和消亡的过程，一切都在不断地变化和演进。

韩非的思想在当时的社会中产生了巨大的影响。他的著作《韩非子》集中体现了他的法家思想和哲学观点，为后世研究和了解韩非提供了宝贵的资料。尽管韩非的思想在当时并未被韩国君主采纳，但其对于中国古代政治哲学的影响却是深远的。后世的统治者多从韩非的思想中汲取治国理政的智慧，使得法家思想在中国古代政治中占据了重要的地位。

然而，韩非的人生经历却充满了悲剧色彩。他多次向韩王上书进谏，希望韩王励精图治，但韩王始终都未采纳。这使得韩非深感悲愤和失望，遂著书多篇阐述其法治思想。后来韩非的思想得到了秦王的推崇，为了见到韩非，秦王下令攻打韩国。韩王被迫派韩非出使秦国。然而，在秦国韩非并未得到信任和重用，反而被李斯离间而下狱，最终死于狱中。

尽管韩非的人生结局悲惨，但他的思想在中国古代哲学和政治中留下了深刻的烙印。他的法家思想不仅为后世提供了治国理政的智慧，也为中国古代哲学思想的发展做出了重要的贡献。韩非的思想，如同璀璨的星辰，在中国古代文化的天空中熠熠生辉，永远照耀着后世的人们。

（三）赵高丧德

赵高，是秦朝二世皇帝时的丞相，任中车府令，兼行符玺令事，"管事二十余年"。他是奉行法家思想的秦国重臣。秦始皇死后，赵高发动沙丘政变，与丞相李斯合谋伪造诏书，逼秦始皇长子扶苏自杀，另立始皇幼子胡亥为帝，是为秦二世，并自任郎中令。他在任职期间独揽大权，结党营私，征役更加繁重，行政更加苛暴。公元前 208 年又设计害死李斯，继之为秦朝丞相。第三年他迫秦二世自杀，另立子婴为秦王。不久被子婴设计杀掉，诛夷三族。

作为秦朝末期的一个重要人物，赵高的生平事迹与秦朝的兴衰紧密相连。他原为赵国宗族远支，因母亲在秦国服刑，兄弟数人皆生隐宫。这样的出身背景，为他日后在秦朝的崛起以及最终导致秦朝灭亡，埋下了伏笔。

秦始皇死后，赵高与胡亥、李斯合谋，立胡亥为太子，胡亥为二世帝后，赵高任郎中令，指使胡亥更改法律，诛戮宗室、大臣。赵高从此专擅朝政，他的野心和权谋也逐渐显露出来。

他故意在二世面前指鹿为马，凡是不随声附和的大臣，便捏造罪名加以迫害。这种极端的手段，使得朝廷上下人人自危，秦朝的统治基础开始动摇。赵高的所作所为，无疑加剧了秦朝内部的混乱和分裂，为秦朝的灭亡埋下了祸根。

秦朝的灭亡，并非一蹴而就，而是多种因素共同作用的结果。其中，赵高的所作所为无疑起到了推波助澜的作用。他利用自己的权力和地位，不断削弱秦朝的统治力量，使得秦朝在面对外部压力和内部矛盾时，显得力不从心。

首先，赵高的行为加剧了秦朝内部的矛盾。他通过篡改遗诏、指鹿为马等手段，打击异己，使得朝廷上下人人自危。这种内部的不稳定，使得秦朝在面对外部挑战时，无法形成有效的合力。

其次，赵高的行为也削弱了秦朝对百姓的统治。他指使胡亥更改法律，诛戮宗室、大臣，使得百姓对秦朝的统治失去信心。在赵高的统治下，秦朝的法律变得严苛而不公，百姓陷入水深火热之中。这种对百姓的剥削和压迫，使得秦朝失去了民心，为其灭亡埋下了伏笔。

最后，赵高的行为也加速了秦朝外部敌人的崛起。在赵高专擅朝政的时期，秦朝的军事力量逐渐削弱，而外部的敌人则趁机崛起。刘邦等起义军利用秦朝内部的混乱，不断壮大自己的力量，最终推翻了秦朝的统治。

综上所述，赵高其人与秦亡之间存在着密切的关系。他的野心和权谋，加剧了秦朝内部的混乱和分裂，削弱了秦朝的统治力量，使得秦朝在面对外部压力和内部矛盾时，无法有效地应对。同时，赵高的行为也加速了秦朝外部敌人的崛起，为秦朝的灭亡提供了外部条件。

然而，我们也要看到，秦朝的灭亡并非赵高一人之过。在秦朝的历史进程中，还有许多其他因素也起到了重要的作用。例如，秦朝在统一六国后，没有能够很好地处理与各民族之间的关系，导致民族矛盾激化；秦朝在推行法治时，过于严苛和不公，使得百姓怨声载道；秦朝在对外扩张时，过度消耗了国力，使得国家疲惫不堪。这些因素共同作用，最终导致了秦朝的灭亡。因此，我们在探讨赵高其人与秦亡的关系时，既要看到赵高的重要作用，也要看到其他因素的影响。只有这样，我们才能更全面、更深入地理解秦朝灭亡的历史原因和过程。

三、董仲舒的明德思想

（一）董仲舒其人

董仲舒（前179年—前104年），广川（今河北景县）人。西汉著名的哲学家、思想家、政治家。他历经三朝，度过了西汉王朝的极盛时期。他学术造诣深厚，著作丰富，其中最为人所知的便是《春秋繁露》。

董仲舒于汉景帝时任博士。"博士"一词在汉代是指官职，汉代将精通儒家某一经典的人设为博士。董仲舒精通《春秋》，故为《春秋》博士。因此，"博士"一词的含义，与现代意义上的"博士学位"大相径庭。在这一时期，他深入钻研儒家学说，同时吸收法家、道家、阴阳家等各家思想，逐渐形成了自己独特的思想体系。

元光元年（前134年），汉武帝下诏征求治国之策。董仲舒借此机会，提出了《举贤良对策》。董仲舒在汉武帝举行的策问中通过三次对策，在仕途上脱颖而出。这三次策问，基本内容是天人关系问题，所以称为"天人三策"。第一次策问，武帝问的主要是巩固封建统治的根本道理；第二次策问，武帝问的主要是治理国家的策略和办法；第三次策问，武帝问的主要是天人感应的问题。在这些对策中，他系统地提出了"天人感应""大一统"学说，主张教化民众，唯贤是举。他强调君主的权力来自天意，即"君权神授"，这一观点在当时社会具有极大的影响力，为汉武帝的集权统治提供了理论支持。

董仲舒的学术和政治生涯并非一帆风顺。他先后担任江都易王刘非和胶西王刘端的国相，其间他努力推行儒家教化，改善民生，赢得了民众的尊敬。然而，他也因坚持自己的政治理念，与一些权贵发生冲突，最终辞官回乡，闭门著书。

尽管董仲舒在政治生涯中遭遇挫折，但他的学术成就和思想影响却历久弥新。他提出的"天人感应""大一统"以及"罢黜百家，独尊儒术"等思想，不仅在当时社会产生了深远影响，而且对后世的思想文化产生了重要影响。他的思想成为中国古代思想史的重要组成部分，对后世的思想家、政治家产生了深远影响。

总的来说,董仲舒是一位具有深远影响力的哲学家、思想家和教育家。他一生致力于儒家思想的传播和实践,对中国古代社会的政治、文化等方面产生了重要影响。他的思想和成就不仅体现在他的理论著述中,更体现在他对中国历史的深远影响中。

(二)"以德治国"的政治主张

西汉初年虽然奉行黄老"无为而治"的思想,实质上仍因袭秦制,以严刑峻法统治人民。武帝好法术、刑名,重用酷吏,以严刑峻法加强统治,给人民带来了极大的灾难和痛苦。为了封建统治的长治久安,为了社会秩序的稳定,董仲舒认为要缩小贫富差别,协调各种社会矛盾,提出"调均"的主张。上疏汉武帝,建议限制私人占有土地数额的主张,限制豪强兼并土地,不允许官吏与百姓争抢利益,盐业、金属业,都由百姓自己掌控,除去奴婢制度和擅自斩杀的威严,降低赋税,减少徭役,让人民休养生息,减少民力消耗。

这些主张有其合理性。首先,打击豪强势力,加强中央政权的力量。其次,暂时缓和地主阶级和农民之间的阶级矛盾,加强了封建统治阶级专政,防止社会进一步动乱,防止农民起义。董仲舒吸取秦朝灭亡的教训,为了缓和地主阶级和农民的矛盾,提倡德治,革除秦时的弊政,进行"更化"。他的"更化"思想,是以儒家的礼义仁德限制对人民剥削,维持和巩固汉王朝统治阶级专政。他认为,严刑峻法,不能给统治阶级带来稳定的统治秩序,不能维持和巩固封建地主阶级的政权。他提出:实行礼义,布施仁德的政策,以德治理为主,重视"教化",主张用仁德代替严刑。他视"德治"为巩固封建统治的基本治国原则。并上疏汉武帝,应秉承上天的意志行事,因此,应该用仁德教化而不是用刑法治理,以"德治"为主,"法治"为辅。

1. 中央集权与"春秋大一统"

董仲舒针对当时中央集权的需求,提出了"春秋大一统"的主张。他认为,历史的发展趋势是朝代的统一和政权的集中,这是天道所决定的。他强调,统一不仅是政治上的需要,更是天道的要求。在此基础上,他进一步提出"罢黜百家，独尊儒术"的思想，旨在通过确立儒学的独尊地位，来统一思想，加强中央集权。这一主张的提出，有其深刻的理论基础。董仲舒认为，朝代的更替并非无规律可循，而是依据"三统"，即黑统、白统和赤统。这一理论与战国阴阳家邹衍的"五德终始说"有所不同，但同样是对历史发展规律的一种探索。通过这种理论，董仲舒为中央集权和政治统一提供了有力的理论支持。

2. 君权神授与仁政思想

在加强君权方面，董仲舒提出了"君权神授"的政治思想。他认为，君主的权力不仅来自祖先的继承，更重要的是来自上天的旨意。这种君权神授的理论，为君主的统治权提供了神圣的依据，从而加强了君主的权威。然而，董仲舒并没有完全将君主的权力绝对化。他认为，君主虽然拥有至高无上的权力，但这种权力并不是无限的。君主在行使权力的过程中，必须遵循天道的法则。如果君主违背天道，天会予以责罚。这种天谴论的观点，实际上是对君主权力的一种制约和限制，以避免暴政的发生。

针对当时土地兼并严重、社会矛盾尖锐的现实，董仲舒进一步发挥儒家的仁政思想，主张限田、薄敛、省役。他认为，通过限制土地兼并、减轻赋税和徭役负担，可以缓解社会矛盾，促进社会和谐稳定。同时，董仲舒也强调对民生的关怀。他提倡发展农业生产，改善民众生活，认为这是实现国家长治久安的基础。他的这种仁政思想和民生关怀，体现了儒家以人为本、重视民生的传统精神。

3. "三纲五常"和人性论

董仲舒强调"三纲五常"的道德观念。其中，"三纲"是指君为臣纲、父为子纲、夫为妻纲，强调了社会等级和尊卑秩序；"五常"则是指仁、义、礼、智、信，这五种道德规范被视为千古不变的基本道德准则，也是做人做事的基本美德范畴。这一观念对后世的道德伦理产生了深远影响，成为封建社会道德观念的核心部分。他主张通过政治教育和道德教化，使这些道德观念深入人心，成为人们自觉遵循的行为习惯。

董仲舒认为人是天的派生物，必须遵从天道的指引和约束。他宣扬"性三品"理论，将人性分为三等，即"圣人之性""中民之性""斗筲之性"。

这种理论在一定程度上为不同阶层的人设定了不同的道德和行为标准，有利于维护社会秩序。在社会治理方面，董仲舒主张以德治为主，行教化、施仁政。他认为，通过提升人们的道德水平，可以实现社会的和谐与稳定。这种以德治国的理念，体现了儒家思想重视道德教化的特点。

董仲舒的"三纲五常"理论和人性论虽然属于伦理思想和道德要求，但明显带有为统治阶级服务的政治性，因而也可以视为董仲舒政治思想的一部分。

4. 历史影响与局限性

董仲舒的政治主张对西汉及后世产生了深远影响。他的"春秋大一统"和"罢黜百家，独尊儒术"的主张，确立了儒学在封建社会中的独尊地位，促进了民族历史文化的进步。他的君权神授理论，为君主的统治权提供了神圣的依据，有利于巩固统治。同时，他的仁政思想和道德建设理念，对于改善民生、提升社会道德水平也起到了积极作用。然而，董仲舒的政治主张也存在一定的局限性。例如，他的"三纲五常"理论强调社会等级和尊卑秩序，在一定程度上限制了人们的自由和平等。此外，他的君权神授理论虽然加强了君主的权威，但也可能导致君权的滥用和暴政。

整体来看，董仲舒的思想体系复杂而多维，既包含了加强中央集权和君权的追求，也体现了对民生福祉、道德建设的重视。他的思想对西汉及后世产生了深远的影响，既有积极的推动作用，也存在一定的局限性。我们需要全面而深入地分析其内涵和影响，以便更好地借鉴其思想精华，为当代社会的发展提供有益经验。

（三）"天人感应"的明德哲学

在董仲舒的思想体系中，最为核心的是他的"天人感应"论。他认为天和人之间存在一种感应关系，人的行为会引起天的反应，而天的变化也会预示人的命运。这一观点既体现了董仲舒对宇宙和自然的深刻理解，也反映出他对人类社会的深深关切。他试图通过强调天与人的关系，引导人们注重道德修养，遵循社会规范，实现社会的和谐稳定。

天人感应是中国哲学中关于天人关系的一种唯心主义学说，指天意与人事的交感相应。认为天能干预人事，预示灾祥，人的行为也能感应上天。

"天人感应"思想源于《尚书·洪范》，从人身为一小宇宙的观点出发，其学说认为：天和人同类相通，相互感应，天能干预人事，人亦能感应上天。古代认为天子违背了天意，不仁不义，天就会出现灾异进行谴责和警告；如果政通人和，天就会降下祥瑞以鼓励。主要学派有孔子学说、墨子学说和董氏学说等。董仲舒继承了《公羊传》中的灾异说，吸收了墨子的天罚理念，本于《春秋》穷天人之变的精神，借时学（阴阳五行学）发挥或者说发展了《春秋》天人感应思想，形成了最终的应用于政治领域的董氏学说。

董仲舒论天人关系，继承了孔、孟的思想并有新的发挥。董仲舒不同意荀子的天人相分观点，但也吸收了荀子关于人与天、地并立，"与天地参"的思想。同时还融会了别家别派如阴阳家、墨家以及方士等的思想，他把天、人统一在一个完整的宇宙系统中，在这个系统中，天、人二者存在着互相感应的关系，天可以对人间的事情赏善罚恶，而人也可以通过自己符合天意的行为来赢得天的奖励。

董仲舒把天看作具有主宰权利、有道德意志、创造万物的更高的神，人是天有目的地创造出来的，因此，人是必须与天相符合的。董仲舒说："为生不能为人，为人者天也。人之为人本于天，天亦人之曾祖父也。此人之所以上类天也。人之形体，化天数而成；人之血气，化天志而仁；人之德行，化天理而义。人之好恶，化天之暖清；人之喜怒，化天之寒暑；人之受命，化天之四时。"（《春秋繁露·为人者天》）据此，董仲舒提出了"人副天数"的理论。

所谓"人副天数"，就是说人从外在形体到道德品质都与天相符合，是天的副本。比如人身上的小骨节有三百六十五个，这和一年三百六十五天的变化周期相似；人身上的大骨节有十二个，这又和一年十二个月的变化周期相似；人有五脏，和五行（金木水火土）之数相符；人有四肢，和四时（春夏秋冬）之数相符。其次，从人的社会关系来看，天尊地卑，天"贵阳而贱阴"，所以在人世间，"君臣、父子、夫妇之义，皆取诸阴阳之道。君为阳，臣为阴；父为阳，子为阴；夫为阳，妻为阴"。所以说"王道之三纲，可求于天"（《春秋繁露·基义》）。

董仲舒的"人副天数"实际是把天和人进行主观的比附，他把人世间的等级制度、伦理观念强加到天上，反过来又把这种等级制度、伦理观念作为天的旨意要求人们接受。

董仲舒不仅认为必须"人副天数"，而且进一步提出了"天人感应"论。他认为人的活动会从上天那里得到报应。董仲舒在《天人三策》中说："观天人相与之际，甚可畏也。国家将有失道之败，而天乃先出灾害以谴告之，不知自省，又出怪异以警惧之，尚不知变，而伤败乃至。以此见天心之仁爱人君而欲止其乱也。自非大亡道之世者，天尽欲扶持而全安之。"在这里，天被描写成一个活灵活现的人格神了。

董仲舒的这种"天人感应"论，在形式上继承了墨家和阴阳家的有关思想，但是，他的天人感应的内容是把儒家思想和阴阳五行理论结合起来，贯通天人，发展和完善了先秦儒学的天人关系论。

董仲舒论天人关系是为现实的社会政治服务的，他一方面认为君王是代表天意的，所以，人民要服从君王，另一方面又认为君王应尊天爱民，否则将受到天的惩罚。他得出一个结论，即"屈民而伸君，屈君而伸天"（《春秋繁露·玉杯》）。这个理论既为封建专制统治找到了依据，又在一定程度上对王权进行了限制，从而有利于封建社会的长治久安。

董仲舒的"天人感应"思想，能不能算明德哲学，这个问题也可以讨论。历史地看，这是当时乃至以后很长时期里的主流世界观、价值观和道德观。如果符合当时主流思想的哲学思想不算明德哲学，那就没有明德可言了。当然，用我们今天的马克思主义哲学观点来评价，董仲舒的"天人感应"思想无疑是唯心主义的，是将封建社会的道德规范宗教化、哲学化和圣神化的表现。

四、汉代经学与明德

（一）经学教育溯源

1. 经学教育

所谓"经学"是指对儒家经典的注释解说、阐发经义的学问。经学是研究儒学经典之学，和儒学有关联，但又不能等同于儒学。首先，儒学的产生早于经学。其次，从研究范围看，儒学比经学更广泛。经学的研究范围是儒家经典，而儒学的含义要广泛得多。所以不能把经学与儒学简单地等同起来。

经学教育是指以儒家经典为主要内容，以培养通经之士为主要目的的教育。经学作为文化的一种载体，内容非常丰富，与政治、文学、教育等关系密切。自从汉武帝开太学以来，采用儒家经学作为当时官学的教学内容，设博士弟子员，治经成为获取爵位的捷径。汉武帝时，博士弟子共五十人，昭帝时增至一百人，宣帝时增至二百人，元帝时增至一千人，成帝时一度达到三千人。至于民间办学的就不计其数了。太学、书院、私学大都以经学为教材和教育内容。经学教育可以说循序渐进，多形式，多层次，十分壮观，贯穿整个中国的封建社会。正是这种经学教育，为封建统治阶级培养了大量人才。

2. 从先秦儒学教育到两汉经学教育

原始社会的教育以生产劳动教育为主，同时伴随一些宗教和艺术教育。到了西周，教育开始形成独有的模式，尤其是在宗法制度确立的影响下，逐渐造成了教育权的垄断，即后来的"学在官府"的教育体制，这时的教育还是以礼、乐、射、御、书、数"六艺"为基本内容。这种教育体制一直持续到春秋时代私学的诞生，即以孔子为代表的新兴士阶层的出现。随着西周官学的衰落、私学的兴盛，儒学教育在这个时期得到了长足的发展。

在创立儒学和实施儒学教育中，孔子是杰出的代表，他所整理的"六经"为汉代及汉代之后的经学教育奠定了基础。孔子在教学上虽然注重"六艺"之教，但更注重"六经"之教。经孔子及其门人对儒学的传播和整理，儒家经籍的教学内容体系逐渐成形。"六经"是"六艺"之经，孔子是"六经"的修订者。孔子自称是"述而不作"，他不过是把前代的史料加以整理，保存古代文化而已。孔子到了晚年潜心于授徒和整理古代文献，确实有助于中国古典文献的保存和流传，既为后世儒学提供了丰富的人文资源，也为中华文化的发展繁荣做出了杰出贡献。

3. 汉初儒经的传习

秦朝统一天下后，为了统一思想，加强中央集权，在文化教育方面采取了"焚书禁学""以法为教、以吏为师"的文教政策，使得儒学经历了严酷的打击。在汉初的黄老无为政策影响下，儒学得到了恢复。到了汉武帝时，采用董仲舒的独尊儒术的文教政策，经学教育体系在汉代得到了高度的发展，成为影响汉代及以后两千余年封建时代的教育。其内部学派纷立，恪守师法、家法的体系，并形成了特有的教学风格。尤其是在今、古文经学打破藩篱，趋于统一之后，更为汉代教育做出了极大贡献。汉代经学教育在教学内容、课程设置、教学方法和师生关系等方面，都为后世奠定了基础。

（1）《诗经》是我国最早的诗歌总集。相传古诗 3000 余篇，经孔子删减，成 300 余篇，与今本《诗经》305 篇大体相符。《诗经》在先秦时代称为《诗》，又称《诗三百》或《三百篇》，到西汉时被尊为儒家经典并列入"五经"，《诗经》一名遂沿用至今。

关于《诗经》的体例分类，有所谓"四始六义"之说。"四始"指《风》《小雅》《大雅》《颂》的四篇列于首位的诗。"六义"则为"风、雅、颂，赋、比、兴"，其中"风、雅、颂"是对《诗经》音乐类型的划分，"赋、比、兴"则是《诗经》中的三种表现手法。

在中国几千年灿若星河的文学宝库中，诗歌是其中一块散发着独特魅力的瑰宝。《毛诗·大序》云："诗者，志之所之也。在心为志，发言为诗。"作为一种抒情言志的文学体裁，诗歌早在我国先秦时代就已出现。《诗经》是我国第一部诗歌总集，收集了西周初年至春秋中叶五百多年的诗歌，全面反映了西周至春秋时期的社会状况，被誉为我国古典文学现实主义传统的源头。

（2）《尚书》又叫作《书经》，为"五经"之一，相传为孔子所删定。由于历史上秦始皇焚书，导致后来《尚书》有今古文之分。

汉朝的时候，汉文帝求《尚书》。由于《尚书》在秦朝时被焚烧，没有传下来，但是伏生把这部《尚书》背了下来，由于他年岁已大，行走不便，汉文帝就让太常掌故晁错前往，经由伏生口授，得到《尚书》二十八篇，这就是《今文尚书》。

《古文尚书》则源自汉武帝的时候，当时的鲁恭王好治宫室，把孔子的旧宅给毁了，想扩充为他的宫室之地，结果在墙壁当中发现了古文虞夏商周之书，以及《论语》《孝经》等书，都是科斗文，没有人认识。因为有伏生所传的《尚书》，因此才知道这些应该是《尚书》的内容，便用竹简写了下来。后来经过孔安国辨认整理，并承武帝之诏，为经作传，名为孔传。完成后，因武帝宫廷发生"巫蛊"事变，这部书没有献上去，只好留在家中。孔安国有一篇尚书序，将孔壁古文经的原委说得很详细。

历史上研究《尚书》的人很多。唐代有孔颖达作的《尚书正义》，宋有蔡沈的《书经集传》等，都很有名。

《尚书》一直以来都被认为是"五经"中最难读的一本，唐代的韩愈就说它"周诰殷盘，佶屈聱牙"，读起来很不顺口。有人认为，这大概是由于《尚书》是虞夏商周四代的史官所作，并不是一个人写的，而且时间跨度有一千多年，所以书中文辞意义的浅深，每一篇都不一样。然而，《尚书》虽然各篇迥异，但均为圣贤之教，值得万世效法，实在不是后世一般文人雅士所能写得出来的。

（3）《礼》是儒家传习的古代典章礼仪制度的著作。《礼》包括《周礼》《仪礼》《礼记》三种著作的儒家经典，统称"三礼"。《周礼》，原名《周官》，是我国古代第一部系统叙述政治、经济、军事等制度的典籍。《仪礼》现有十七篇，全是礼节仪式的汇编。《礼记》是《仪礼》传授过程的一些相关资料的汇编。今本四十九篇，又称《小戴礼记》。

《礼记》有《曲礼》《檀弓》《月令》《礼运》《学记》《大学》《中庸》《经解》等四十九篇，大率为孔子弟子及其再传、三传弟子所记，内容庞杂，上至王室之制，下至民间之俗，无不涉及，是研究我国古代社会文化的重要参考资料。其中，《经解》一篇提倡六艺之教，即温柔敦厚的"诗教"，疏通知远的"书教"，广博易良的"乐教"，浩静精微的"易教"，恭俭庄重的"礼教"，属辞比事的"春秋之教"；《礼运》一篇提出了"小康世"和"大同世"的理想，对后世影响深远；《大学》《中庸》两篇在南宋时更与《论语》《孟子》合编为"四书"，同"五经"并列，成为蒙学必读的教科书。注本有东汉郑玄《礼记注》、唐孔颖达《礼记正义》、清朱彬《礼集训纂》、孙希旦《礼记集解》等。通行本有清阮元《十三经注疏》本。

在儒家的整个体系中，《礼》是最重要的核心内容之一。作为周代的典章制度或基本典籍来说，在西周时代就已存在了，孔子曾设《礼》以教弟子，由于周王室的衰微，《礼》亦损毁甚多，孔子才追而记之，对《礼》进行加工整理，并正式使它成为儒家的经典。西汉之初，鲁人高堂生传十七篇，即后世之《仪礼》。

鲁人另一位儒者徐生擅长"颂"，所谓"颂"，即行礼时的动作姿态，容貌威仪。当时各国的礼官都到鲁地来学习礼容。

（4）《周易》，包括《易经》和《易传》。《经》主要是六十四卦和三百八十四爻，卦和爻各有说明（卦辞、爻辞），作为占卜之用。相传为周文王被殷纣王囚禁"羑里"时所作。《传》，又名"十翼"，相传是孔子对《周易》作注的著作。《十翼》共有七种十篇，内容是阐释《周易》六十四卦的经义，犹如"经"的十个"羽翼"，故称《十翼》，包括彖上、彖下、象上、象下、系辞上、系辞下、文言、说卦、序卦、杂卦等十篇。

周易与连山易和归藏易，被合称为"三易"。汉初刘向校书时《三易》仍存，汉后连山易和归藏易下落不明。《周易》由卦爻象数系统与卦爻辞文字系统构成，历代注释和讲解《周易》的书不计其数。大致可分为义理派和象数派两类。义理派形成于魏晋时期，以王弼为代表，因其释易以义理为本，所以称为义理派。象数派在解《易》时，涉及天文、历法、音律、伦理、哲学、占测等内容，致使象数系统十分庞杂，被蒙上了一层神秘的面纱。"象数"被看作"术数""占算""预测"的代名词，象数家被看作掌握天机、预测未来的神秘大师。也有不少人假借"周易"的"象数"之名给人相面、算命、看风水，其实是以挣钱为目的。学术界不少专家认为"象数"不是易学正宗，与哲学毫不相干；也有专家认为"象数学"是中国古代科学的基础，是古代自然哲学的代表。

在春秋时期，基本上所有的书都是以竹子为一根竹简，然后在上面写字，最多能写几十个字，最少有八九个字。要想写完一本书，就需要用到很多根竹简，通常用一条熟牛皮绳编连的叫"韦编"，因为熟牛皮绳最为结实，用它编连起来的书就不容易散落。像《周易》这样厚重的书，不知道要用多少个竹简通过熟牛皮绳编连起来。

孔子在晚年的时候喜欢《易经》，并花费了很大的精力，反反复复把这本书完整地读了好多遍。他每次读的时候都会附注许多的内容，就这样翻开合上，不知道看了多少遍。通常以为，像孔子这样翻来合上，读来读去，那书的牛皮绳肯定也断了好几次。于是每当如此，就得换上一条新的皮绳，再将这本书完整地穿在一起。即便是读到这样的境地，孔子认为，再看几年，才可以完全地掌握这本书。因此，《史记·孔子世家》就出现了"晚而喜易，韦编三绝"的说法。其中的"三"仅仅是个数量词，它是指当初孔子读《易经》这本书时，皮绳断了很多次。孔子的这个故事，一方面说明，《易经》这本书很重要，值得反复阅读和研究；另一方面也说明，孔子读书的刻苦精神，值得后人学习。

（5）《春秋》是我国现存最早的一部编年体史书，记录了从鲁隐公元年（前722年）到鲁哀公十四年（前481年）共242年的大事。据说是鲁国史官把当时各国的重大事件，按年、季、月、日记录下来，一年分春、夏、秋、冬四季记录，简要概括起来就把这部编年史名为"春秋"。孔子依据鲁国史官所编《春秋》加以整理修订，使其成为儒家经典之一。

由于《春秋》所记历史事实的起止年代，大体上与这个客观的历史时期相当，所以历代史学家便把《春秋》这个书名作为这个历史时期的名称。为了叙事方便，春秋时期开始于公元前770年（周平王元年）周平王东迁东周开始的一年，止于公元前476年（周敬王四十四年）战国前夕，总共295年。西汉初期，《春秋》最为兴盛，有公羊、谷梁、左氏、邹氏、夹氏五家之学。邹氏无师，夹氏有录无书。左氏学为张苍所传，授于贾谊。公羊氏为齐人，后传弟子胡毋子。西汉董仲舒也是《公羊春秋》学大师。汉初，浮丘伯在长安传授《谷梁春秋》。申培等师从浮丘伯。鲁地诸生所习《春秋》大都为谷梁之学。

（6）《乐经》到汉代已经失传。《汉书·艺文志》六艺略中注群经，《易》

等五类，首经都为若干卷，唯《乐》类例外，其第一部即为《乐记》二十三篇。这说明《乐》是无经之文本的。前人对此的解释，一种说法是《乐经》亡于秦始皇焚书，如沈约《宋书·乐志》、刘勰《文心雕龙·乐府》、徐坚《初学记》卷二十一等。一种说法是《乐》本无经，只是曲调曲谱，或依附于《礼》，或依附于《诗》，而且在战国时已经弃而不用，如《四库全书总目》、邵懿辰《礼经通论》等。还有一种说法认为《乐》残存于《周官·大宗伯·大司乐》中。"六国之君，魏文侯最为好古，孝文时得其乐人窦公，献其书，乃《周官·大宗伯》之《大司乐》章也。"

（二）经学教育与两汉社会

经学教育成为汉代培养政治人才的教育。儒家思想成为汉代的统治思想之后，经学教育的思想和精神渗透到社会生活的各个方面，在汉代的政治、经济、法律和社会生活等各个领域发挥了越来越大的影响作用。

1. 经学教育与汉代政经

汉代独尊儒术之后，君主们逐渐开始研习经学，不仅提高了自身的文化素质，也对其政治素质的提升有很大的帮助。经学教育中强调通经致用，君主们在训政和施政上无不征引儒经。同时，它也成为各项政治制度的思想基础和理论依据，在选官制度方面，儒家主张"亲亲""尊尊"，孔子倡导"举贤才"，孟子要求"尊贤"，荀子则力倡"论德而定次，量能而授官，皆使人载其事而各得其所宜"，使得形成了以察举为主体的选官制度。建立了汉代太学，教授儒经，培养了越来越多的儒生，使得无论朝野内外、中央还是地方形成了一批以儒生为主体的各级官员。这使儒学的主张由理论变成政治现实，并形成了"以经治国"之势，使皇权不断加强，最后达到了中央集权制的建立。

对于经济，在孔子的时代就有重利还是重义之论争，西汉前期的经济思想是以逐利为主。自从汉武帝独尊儒术后，汉代统治者的经济政策开始发生了变化。董仲舒曾公开提出："夫仁者，正其谊不谋其利，明其道不计其功。"

功利主义的想法开始动摇了。原来弥漫整个社会的功利思想逐渐销声匿迹，而儒学的重义观念开始盛行。在对待"义""利"关系问题上，儒家把"义"放在首位。陆贾说："君子笃于义而薄于利。"刘向曰："不能为善德者，利败之也。故君子羞言利名；言利名尚羞之，况居而求利者也！"王符言："上以天子，下至庶人，蔑有好利而不亡者，好义而不彰者也。""义""利"的关系，实际上就是精神生活与物质生活的关系。这种大力提倡"义"的做法，对维护封建王朝统治秩序起着重要作用。

2. 经学教育与汉代法教

汉代独尊儒术和以经治国，使得儒家思想已经渗透到社会生活的方方面面。儒家重视礼，强调礼治。法律的制定也要遵循礼的原则和要求。实际上，是以礼义为主，以法制为辅，礼法相结合。司马迁认为，对于治国安民来说，礼乐仁义比法令刑法更为重要。要导之以政，齐之以刑，"民免而无耻"，而导之以德，齐之以礼，则"有耻且格"，所以"治之具，而非制治清浊之源"。他强调只有德教才是治国安邦、天下太平的根本。要诱之以仁义，约之以刑法，则可"总一海内而整齐万民"。而仁义之教就要靠经学的传授之功。由于汉代引礼入法、礼法结合，出现了根据儒家经典的经义进行断案和决狱，其中主要是根据《春秋》《尚书》进行经义决狱。它不仅维护了封建统治，而且进一步提高了儒家经典的地位，即离开了儒家的礼义，国家的政治生活与人们的社会活动都无法正常进行。

经学成为汉代的统治思想后，它强调礼教、礼法结合，目的是用维护封建等级制度的伦理道德教化万民。在此基础上，还提出了兴办太学，研习儒经的主张和具体措施。董仲舒在《对贤良策》中建议："诸不在六艺之科，孔子之术者，皆绝其道，勿使并进。"独尊儒术，儒学垄断了教育事业，使汉代教育儒学化。教育自然也就是为政治服务的，教育必然将培养人才与选拔人才结合起来。

（三）经学教育的主要内容

西汉初期，官学成立之前，私学在教学内容等方面主要是沿袭春秋战国时期的传统。汉武帝独尊儒术之后，儒家的经典得到了统治者的承认，经学成为统治者治理国家的工具。在元朔五年，朝廷设立五经博士之后，经学就成为学校教育的基本内容。

1. 学问以儒学为本

在教育内容方面，汉代无论是官学还是私学，都以儒家经典学习及道德修养为主，并将经学视为教学之本。在春秋战国诸子百家争鸣的时代，各个学派，尤其是儒墨道法四大学派都在努力发展自家学派，激烈抨击和排挤其他学派，期冀在思想领域占据"独尊"的地位。从教育制度层面，汉代官学和私学的教学内容也是以儒学为本的。汉代官学的教学内容，以太学最为完备，地方郡学或是太学的教学内容，皆为儒学，以立博士的经学为主，教材则是五经博士撰定的章句。

2. 德教以仁义为宗

汉代经学教育是以儒学为主，而儒家教育思想的核心是道德教育。其基本内容是忠、孝、仁、义。西汉董仲舒将儒家伦理道德的核心内容概括为三纲五常。他从"任德教而不用刑罚"的观点出发，十分重视道德教育。实施德教就必须进行儒家的伦理教育。学会处理好君臣、父子、兄弟、夫妇、朋友这五种关系，并恪守仁、义、礼、智、信这五个道德信条，即三纲五常。"三纲"和"五常"的结合成为社会道德教育的中心内容。汉代道德教育居首要地位，表现在诸多方面：首先，无论是学校教育还是社会教育都以道德培养为主。无论官学还是私学都以经学为基本的讲授材料。虽然各经各有偏重，但均以进行道德教育为主。通过对儒家经典的学习，人们的道德意识和道德行为得到培养和训练，能够自觉地以伦理道德为准而行事，从而维护和巩固封建统治秩序。

《孝经》是汉代启蒙教育的科目之一。汉代在地方上设有专门掌管"教化"事务的三老，其职责是"凡有孝子顺孙，贞女义妇，让财救患，及学士为民法式者，皆扁表其门，以兴善行"。三老的担任者必须是"有修行，能率众为善"的人。汉代统治者不仅重视经常对道德化身的三老给以奖励，而且也重视奖励"孝"德的体现者"孝悌"。

汉代在选拔人才时，很注重"德"的要求。作为汉代选举重心的孝廉科，就是以德行方面堪称典范者为主要的选拔对象，如江革、刘茂均因孝行著于乡里，而被举为孝廉。孝廉作为一种选拔制度，覆盖范围广，曾产生较大的社会影响。汉代统治阶级在育人和用人时突出对道德品质、道德行为的要求，而把对才能的要求放在其次，这种人才标准的确立，固然与统治者的主观意志有关，但起决定作用的则是社会的经济基础。我国封建社会是自给自足的自然经济占统治地位的社会，这种社会经济结构的要求，决定了汉代人才标准是以道德为主。

汉代重视道德教育有其合理性。道德教育，即德育，对于塑造人的灵魂，使其具有高尚的情操和奋发向上的进取精神，起着相当大的作用。没有精神支柱的人，是不能被造就为社会有用之才的。重视道德培养，是中国教育的优良传统。不过封建时代的教育把道德教育置于绝对支配地位，忽视生产知识、自然和技术训练，这样培养出来的人只能是单一型的，不能适应社会发展对多样性人才的要求。在中国封建社会中，自然科学技术始终得不到应有的重视，导致封建社会发展缓慢，与教育的这种片面性有一定关系。

（四）东汉经学教育家马融

马融（79年—166年），字季长，扶风茂陵（今陕西兴平）人。东汉时期著名经学家，东汉名将马援的从孙。马融自少"美辞貌，有俊才"，早年随儒士挚恂游学，以数次拒绝朝廷辟命而名重关西。汉安帝时，马融入仕大将军邓骘幕府，历任校书郎、郡功曹、议郎、大将军从事中郎及武都、南郡太守等职，后因得罪大将军梁冀而被剃发流放，途中自杀未遂，得以免罪召还。再任议郎，又在东观校勘儒学典籍，后因病离职。汉桓帝延熹九年（166年），马融去世，年八十八。唐代时配享孔子，宋代时被追封为扶风伯。

　　马融博学多才，是当时著名的通儒。他著书立说，主要是为经学作训诂注释。经学在当时就是训释和阐述儒家经典《诗》《书》《礼》《易》《春秋》等典籍的学问。自汉武帝罢黜百家独尊儒术后，研究儒家经典便成为学术文化的正统。马融从学以后，所承师训，主治古文经学，但同时也兼治今文经学。他以深厚的经学基础和独特的治学方法编注群经。所著的书有《三转异同说》《论语注》《诗经注》《易注》《三礼注》《尚书注》《老子注》《淮南子注》《离骚注》《列女传注》等，又有赋、颂、碑、谏、书、记、表、奏、七言、琴歌、对策、遗令凡21篇。儒家经典通过马融的一番注释，古文经说在东汉就已经臻于完全成熟的境地，从而压倒了今文经说。但是，由于其后他的学生经学大师郑玄博古通今，有大量的撰述行世，在学术的成就和影响上超过了马融，马融的著作便逐渐亡佚了。清代学者马国翰的《玉函山房辑佚书》、黄奭的《汉学堂丛书》，辑有马融的零星著述。其所著颂、赋等21篇，明人辑有《马季长集》。

　　马融在当时的声望很高，一方面归因于他注释的书很多，为当世学者所重；另一方面则是由于他辞官后从事教育弟子，慕名前来求学的人不绝于途，从而扩大了他的影响，为学界所瞩目。"融才高博洽，为世通儒，教养诸生，常有千数。"马融一生授徒逾千，经常在馆者有400余人。马融教授弟子用的是"以次相传"的方法，这400多名弟子中，能够得到他亲自面授的不过50余人。对其余弟子，都是"以次相传"，由"高业弟子"进行传授，即老生教新生、优生教劣生。他门下的高业弟子中，以马日磾、卢植、郑玄最为著名，均可以说是当时的经学大师。马日磾，灵帝时任谏议大夫，献帝时官至太傅，曾与杨彪、蔡邕等著作东观，又曾续补《东观汉记》。卢植，通今古文经学而以古文名家，好研精而不尚辞赋，曾与蔡邕、韩说等在东观著作，校《五经》记传，补续《汉纪》，撰有《尚书章句》《三礼解诂》。至于郑玄，则号称两汉经学的集大成者，他融汇今古文经的各自优点而遍注群经，著述达百余万言，被后世称为"郑学"。马融在学术上的态度是严谨的，讲究实事求是并尊重有学问的人。他对弟子郑玄学术的评价，认为"吾不如也"，郑玄在马融门下七年，学成回故里时，马融已认可郑玄是他的学术继承人了。

综观马融一生，历章、和、安、顺、桓五帝之时，依附于外戚邓、梁之间，始终不能得志，但他"三入东观"，长达十余年，得读中秘之书，又受教于班昭，故能博通经史。他既讲经注经，却又"达生任性，不拘儒者之节"。他的贡献在于发展了对儒家学说的全面解说研究，扩大了古文经学的影响；在于提倡私人办学，提倡研究学术不受地位、门户的限制；在于尊重学者和实事求是的治学态度。

五、美德范畴诠释

（一）"忠"

《论语·八佾》定公问："君使臣，臣事君，如之何？"孔子对曰："君使臣以礼，臣事君以忠。"君臣关系，无论是在分封社会还是在皇权社会都非常受重视。孔子认为君臣之间应该是"君礼臣忠"。在汉代皇权社会下，为了统治更加稳定，统治阶级更加重视臣民对他的忠诚。

东汉马融《忠经》曰："天之所覆，地之所载，人之所履，莫大乎忠。"这种"忠君敬国"不仅是一种适合社会的伦理道德，更是一种政治统治方式。"忠"自古就是中国士人强调的最高的伦理道德。"忠"在中国先秦时期已经形成，在先秦时期，"忠"作为一种伦理道德，君主要忠于百姓社稷，《左传·桓公六年》云："所谓道，忠于民而信于神也。上思利民，忠也；祝史正辞，信也。"臣民首先要忠于君主、社稷，做到无私。《左传·成公九年》曰："不背本，仁也；不忘旧，信也；无私，忠也；尊君，敏也。"《左传·僖公九年》"公家之利，知无不为，忠也。"其次，在日常生活中对人要忠诚。《论语·学而》子曰："君子不重则不威，学则不固。主忠信，无友不如己者，过，则勿惮改。""子以四教：文、行、忠、信。""忠"成为人们行为的重要伦理道德标准。"忠"道从"孝"道的血缘家族关系中升华成为一种高于血缘的对君主国家的忠信。"忠"道也随着儒家思想不断地伦理化而逐渐成为传统社会士人"内尽其心,外尽其力"的道德行为准则。

1. "孝"道为"忠"道奠定基础

自古"忠""孝"合一。"孝"德的产生非常早,在"二十四孝"中,就有虞舜"孝感动天"的故事。孝是一种基于血缘关系而产生的情感和责任,因为这种血缘纽带从而使人与人的关系紧密。但是以血缘为纽带的"孝"道也会随着血缘淡化而淡化。家庭是血缘孝道最直接的体验者,子女对父母长辈基于血缘亲情而产生敬重感恩之情。《论语·学而》子曰:"弟子入则孝,出则弟,谨而信,泛爱众而亲仁,行有余力,则以学文。"子曰:"父在,观其志。父没,观其行。三年无改于父之道,可谓孝矣。"先秦儒家对"孝"的认识,迎合儒家的"仁"的思想,"孝悌也者,其为仁之本与!"

"忠"道在汉代的发展与"孝"的发扬有很大的关系。"忠"与"孝"有一定的相通性。《论语·学而》云:"其为人也孝弟,而好犯上者,鲜矣;不好犯上,而好作乱者,未之有也。"《忠经》序:"《忠经》者,盖出于《孝经》也。""忠之与孝,天下攸同。"《礼记·祭统》曰:"忠臣以事君,孝子以事其亲,其本一也。"汉代以"孝"治天下,不仅有利于和睦的家庭关系的形成,更重要的是统治阶级对经学家"家国同构"理论的接受并将之升华。"孝"成为入仕的参考标准,"举孝廉"成为选官方式之一,上有统治者对"孝"的践行,下有平民百姓竭尽全力地奉行。汉文帝刘恒"亲尝汤药"孝母,汉董永卖身葬父"孝心动苍穹"。经学家刘向还专门编辑《孝子传》,赞扬"孝"道,树立"孝"楷模。在《汉书·艺文志》中,把《孝经》列入六艺略目录中,确立了"孝道"在中国伦理道德中的崇高地位。

加强对臣民"忠君敬国"的思想控制是汉代推行孝道的最终目的。统治者对"孝"的发扬,使"忠"道盛行。"小孝治家,大孝治国","忠孝"结合,使"国"有了"家"一样的和睦统治,源于"孝"又高于"孝"的"忠"道伦理道德形成。由此"孝"成为"忠"的德行基础,也成了检验"忠"的最低标准,"忠"则成为超越"孝"的更高伦理道德标准。

2. 汉代新儒学使"忠"道更加适应皇权社会的需要

儒家思想在春秋战国时期形成，在秦朝惨遭"焚书坑儒"的洗劫，在汉初受到"黄老之学"的排挤，终于在董仲舒的努力下形成了符合统治者意志的新儒学。新儒学中的"三纲五常"思想，成为统治者大力提倡的社会道德行为准则，儒家思想伦理也由此开始成为中国传统思想文化的核心。

"君为臣纲、父为子纲、夫为妇纲"的"三纲"在董仲舒的"阴阳五行说"中有明确的表述，"臣兼功于君，子兼功于父，妻兼功于夫，阴兼功于阳，地兼功于天……王道之三纲，可求于天"（《春秋繁露·基义》），此种表述显得合理有序。"纲"是统治者为维护正常秩序而必不可少的规范。在国家关系中的"君为臣纲"，君主是臣民的表率，是臣民所要效"忠"的对象，君是国的代表，所以要忠君爱国。"为臣事君，忠之本也，本立而后化成。冢臣于君，可谓一体，下行而上信，故能成其忠。夫忠者，岂惟奉君忘身，徇国忘家，正色直辞，临难死节而已矣！"（《忠经》）在家庭关系中，父亲是子女所要效"忠"的对象，丈夫是妻子所要效"忠"的对象。在"忠"的伦理标准下，男尊女卑、父尊子卑的家长制使普通家庭在生活中也合理有序。在"三纲"中第一位的是臣子对国家君主的忠诚，更重要的是通过对家族家长制的强调，使整个社会认识到国家君主具有最崇高的地位，使君主和国家成为社会各阶层效"忠"的终极且直接对象。

"仁、义、礼、智、信"为"忠"道的实现提出了具体要求。"五常"以一种潜移默化的方式规范着人们的行为与心理。汉代贾山曰："臣闻为人臣者，尽忠竭愚，以直谏主，不避死亡之诛者，臣山是也。臣不敢以久远谕，愿借秦以为谕，唯陛下少加意焉。"（《汉书·贾山传》）汉代枚乘曰："忠臣不避重诛以直谏，则事无遗策，功流万世。臣乘愿披腹心而效愚忠，唯大王少加意念恻怛之心于臣乘言。"（《汉书·枚乘传》）汉代奉行"忠"道的士人都是竭尽全力地表达自己的忠心。两汉时期，重"义节"与"忠"道结合，以表现出对国家王朝的忠诚。在《汉书》中有多处是记载和体现忠道的义士。"关内侯师丹端诚于国，不顾患难，执忠节，据圣法，分明尊卑之制，确然有柱石之固，临大节而不可夺，可谓社稷之臣矣。"（《汉书·师丹传》）"龚遂字少卿，山阳南平阳人也……遂为人忠厚，刚毅有大节，内谏争于王，外责傅相，引经义，陈祸福，至于涕泣，蹇蹇亡已。"（《汉书·龚遂传》）汉代的忠道在士人的"义节"之气发扬下更加深入民心。《汉书·艺文志》中更有于长的《天下忠臣》九篇。由此可以看出"忠"道在汉代定型并得到大力发扬。

统治阶级利用"三纲五常"思想加强社会对自己的认同感，维护君主在全社会"忠"道中的地位。统治者最大的目的就是民众对君主效"忠"，而"三纲五常"思想恰好将这种效忠成功地纳入中国传统伦理道德的体系，使"忠"的标准逐步向臣民的习惯演化。

3. "忠"道对各阶层的影响

君主是国家、王朝的象征，是臣民"效忠"的对象。《汉书·成帝纪》记载"有星孛于东井"的灾异现象，皇帝便下诏表示自责和恐惧："乃者，日蚀星陨，谪见于天，大异重仍。在位默然，罕有忠言。今孛星见于东井，朕甚惧焉。"此时君主是"兢兢戒慎，日增其明，禄贤官能，式敷大化，惠泽长久，万民咸怀"。做到"行于四方，扬于后代，以保社稷，以光祖考，尽圣君之忠"君主的勤政爱民就是君主对宗祖社稷的"效忠"，也是臣民的表率，更强化了臣民的效忠观念。

文臣"岂惟奉君忘身，徇国忘家，正色直辞，临难死节而已矣！在乎沉谋潜运，正己安人，任贤以为理，端委而自化"。武臣要"仁以怀之，义以厉之，礼以训之，信以行之，赏以劝之，刑以严之，行此六者，谓之有利。故得师，尽其心，竭其力，致其命，是以攻之则克，守之则固，武备之道也"。文臣武将是否忠心，要通过一种很极端的方式表现，那就是用损害自己身体甚至舍生取义的方式来表达自己对于君国的效忠。"司隶校尉宽饶居不求安，食不求饱，进有忧国之心，退有死节之义，上无许、史之属，下无金、张之托，职在司察，直道而行，多仇少与，上书陈国事，有司劾以大辟，臣幸得从大夫之后，官以谏为名，不敢不言。"（《汉书·盖宽饶传》）最后皇帝没有听从其建议，盖宽饶自杀。《忠经》对于每个社会阶层都提出了践行"忠"道的标准，这在一定程度上体现了在汉代定型时期统治阶级对于忠的重视。

综上，汉代"忠"道定型对中华民族传统思想的塑造有很大影响。"忠"道是中华民族的重要品质。"忠"道也随着传统社会发展而发展，由强调对王朝、君主的"忠"而上升为对中华民族的"忠"。在每个王朝末期或者"蛮夷"征服汉族而建立王朝时，即使王室政权已经支离破碎，但还有许多忠贞的大臣、百姓，誓死维护自己心中的正统，对于那些清高的士人更是宁愿选择著书避世，也不愿违背自己对前朝的"忠"而做一个遭人唾弃的"贰臣"。

"忠"道在中国传统社会中，随着儒家伦理道德的深化，不断影响着中国历代君臣百姓的政治选择与行为准则。"忠"道的发扬对于中华民族精神尤其是爱国主义精神的塑造起到了重要奠基作用。"忠"道虽然在现代社会中并没有高呼标榜，但是，富有现代气息"忠"道的爱国主义却驻扎在我们的心中。

（二）"信"

何谓诚信？"诚信"的本义就是一个人的言行要诚实、守信，反对欺诈隐瞒和弄虚作假。

1. "信"德的形成

诚，作为传统伦理思想的重要范畴，在先秦时期已形成了完整的伦理概念。《礼记·中庸》中即把"诚"作为礼的核心范畴和人生的最高境界："唯天下至诚，为能尽其性；能尽其性，则能尽人之性；能尽人之性，则能尽物之性；能尽物之性，则可以赞天地之化育；可以赞天地之化育，则可以与天地参矣。"孟子也说："是故诚者，天之道也；思诚者，人之道也。至诚而不动者，未之有也；不诚，未有能动者也。"（《孟子·离娄上》）在孟子看来，诚不仅是天道本体的最高范畴，同时也是做人的基本准则。荀子也认为"君子养心"的关键在于"诚",他将"诚"视为政事之本:"天地为大矣,不诚则不能化万物。圣人为知矣,不诚则不能化万民。父子为亲矣,不诚则疏。君上为尊矣,不诚则卑。夫诚者,君子之所守也,而政事之本也。"(《荀子·不苟》)

《论语·阳货》中子张问仁于孔子。孔子曰:"能行五者于天下为仁矣。"所谓"五者"即:"恭、宽、信、敏、惠。恭则不侮,宽则得众,信则人任焉,敏则有功,惠则足以使人。"在孔子看来"信"是"仁"的体现,他还将"信"作为人格判断的准则:"人而无信,不知其可也。"他提出"千乘之国,敬事而信",把"信"作为治理大国的根本原则,最终决定国家存亡的,既不是军力,也不是粮食,而是统治者的"信"。

西汉时淮南王刘安曾把"言而必信,期而必当"评价为"天下之高行"。可见在汉代一个人是否守信仍旧是人格判断的基准。刘安还指出:"弓先调而后求劲,马先驯而后求良,人先信而后求能。……以诈应诈,以谲应谲,若披蓑而救火,毁渎而止水。乃愈益多。"(《淮南子·说林训》)人一定要先有诚信,然后才能考察他能力高低,以欺诈来应对欺诈到最后只能加深其祸害。扬雄在《法言》一书中写道:"或问信,曰:'不食其言。'"他将"信"视为个人内在涵养的重要方面:"威仪文辞表也;德行忠信里也。"并给"信"做了简要的解释:"信者,诚也专一不移也。"

其实,在中国古代"诚"与"信"单用较多、较早,连用较少、较晚。春秋时政治家管仲曾将"诚"与"信"连用:"先王贵诚信。诚信者,天下之结也。"(《管子·枢言》)他认为诚信是集结人心使天下人团结一致的保证。战国末期的荀子也曾指出:"诚信生神,夸诞生惑。"诚实守信可以产生神奇的社会效果,相反虚夸荒诞则产生社会惑乱。这时的"诚"与"信"的意思基本一致,也是侧重于使人诚信是一种治国的手段。由于"诚""信"意义相近,常被互训互用,许慎在《说文解字》中对"诚"和"信"互训的定义也是这个意思。

2."信"德在社会实践中的表现

诚信观在实践中已形成一种社会风尚，这种风尚在人们的政治生活、社会生活、经济生活以及文化生活中都有不同程度的反映，尤其是在人际关系方面表现最为明显。

君臣之间的诚信。汉武帝即曾借助孔子语来表达自己对忠信之士的渴求："夫十室之邑，必有忠信。"不仅君主要求臣子做到忠诚可信，臣子也希望君主对自己真诚和信任。陈平在秦末曾事魏王咎，不久受谗归于项羽，又因不被重视而转投刘邦并受到重用。这引起众多汉将不满，纷纷诋毁陈平说他是反复无常的乱臣。刘邦听后"愈益幸平"，因为刘邦的信任，陈平才有机会在日后"六出奇计"帮助他夺取天下，成为西汉建国的谋臣之一。

同僚之间的诚信。如《后汉书·冯勤传》载："（冯勤）初为太守铫期功曹，有高能称。期尝从光武征伐，政事一以委勤。"《后汉书·党锢传序》载："汝南太守宗资任功曹范滂，南阳太守成瑨亦委功曹岑晊，二郡又为谣曰：'汝南太守范孟博，南阳宗资主画诺；南阳太守岑公孝，弘农成瑨但坐啸。'"由于太守和功曹互相信任，不仅保证了前线军事的胜利，而且地方也得到了治理。

官民之间的诚信。如《后汉书·郭伋传》载："（郭伋）始至行部，到西河美稷，有童儿数百，各骑竹马，道次迎拜……问：'使君何日当还？'伋谓别驾从事，计日告之。"郭伋巡视回来的时间比原定日期早一天，他怕失信于孩童，于是在野外亭中歇宿，等到第二天才进城。《后汉书·虞延传》载："（虞延）除细阳令，每至岁时伏腊，辄休遣徒系，各使归家，并感其恩德，应期而还。有因于家被病，自载诣狱，既至而死，延率掾史殡于门外，百姓感悦之。"这些都是官民互守诚信的例子。所谓"百姓感悦之"，显示了"诚信"对地方治理的积极作用。

家庭中的诚信。如西汉末年刘向编写的《列女传》记载，汉文帝时期，有一名陈姓妇女在丈夫出征时，曾允诺丈夫不论生死，她都会赡养婆母，誓不改嫁。其丈夫牺牲后，她的父母不愿女儿年轻守寡，劝她另嫁他人，她却说："信者人之干也，义者行之节也。……夫受人之托，岂可弃哉！弃托不信，背死不义，不可也。"后又欲以死明志。她独自奉养婆婆二十八年，"姑年八十四，寿乃尽，卖其田宅以葬之，终奉祭祀"。一言承诺，终生养姑，汉文帝听说此事，"贵其信，美其行"，不仅赏她黄金，还赐号曰"孝妇"。（《列女传·贞顺传》）

长幼之间的诚信。如《史记·留侯世家》载：良尝闲从容步游下邳圯上，有一老父，衣褐，至良所，直堕其履圯下，顾谓良曰："孺子，下取履！"良鄂然，欲殴之。为其老，强忍，下取履。父曰："履我！"良业为取履，因长跪履之。父以足受，笑而去。良殊大惊，随目之。父去里所，复还，曰："孺子可教矣。后五日平明，与我会此。"良因怪之，跪曰："诺。"五日平明，良往。父已先在，怒曰："与老人期，后，何也？"去，曰："后五日早会。"五日鸡鸣，良往。父又先在，复怒曰："后，何也？"去，曰："后五日复早来。"五日，良夜未半往。有顷，父亦来，喜曰："当如是。"出一编书，曰："读此则为王者师矣。后十年兴。十三年孺子见我济北，谷城山下黄石即我矣。"遂去，无他言，不复见。旦日视其书，乃《太公兵法》也。良因异之，常习诵读之。年轻的张良正是因为诚实守信，才从老者那里获赠《太公兵法》，也因为通过学习这本兵书而丰富了自己的知识，后来帮助刘邦完成了统一大业，成为历史上有名的帝王师。

朋友之间的诚信。如《后汉书·范式传》载：范式与汝南张邵是好友，范式约定两年后探望张邵并拜其尊亲。到了约定那一天，张邵告诉母亲准备设宴招待范式，母曰："二年之别，千里结言，尔何相信之审邪？"邵曰："巨卿（范式）信士，必不乖违。"至其日，范式果到，升堂拜母，尽欢而别。

商业贸易中的诚信。《管子·乘马》云："非诚贾，不得食于贾；非诚工，不得食于工。"可见商业贸易中也讲求"诚信"。出土的秦简和汉简中载有大量的有关商品规格、质量的法律条文，并对商业行为中的欺诈行为做了严厉的制裁："诸诈赇人以有取，及有贩卖贸买而诈赇人，皆坐臧（赃）与盗同法，有能捕若诇吏，吏捕得一人，为除戍二岁。"即如果在商业贸易中有欺诈行为，则与盗窃同罪，检举不法行为的人，可以免除两年的徭役。"贩卖缯布幅不盈二尺二寸者没入之。能捕告者，以畀之。"（《二年律令·关市律》）即出售的布匹达不到法定尺寸，要将布匹没收，如果有人检举告发，将出售者捕获，政府则把这批货物作为奖励给检举者。

民族之间的诚信。如王昭君为了汉朝边塞安全，毅然出嫁匈奴单于的故事妇孺皆知。殊不知当年昭君临别时，汉元帝见到"昭君丰容靓饰，光明汉宫，顾景裴回，竦动左右"，一时也为之心动，"意欲留之，而难于失信，遂与匈奴"。由此可见，统治者对民族之间信守承诺的重视。东汉时袁安向光武帝进言时也曾引用《论语》中的"言忠信，行笃敬，虽蛮貊之邦，行矣"，来说明帝王守信的重要性。如西汉时出使西域的使者张骞"为人强力，宽大信人，蛮夷爱之"，因而建立了开通西域的奇功。东汉来歙代表光武帝出使西州，"为人者信义，言行不违……西州士大夫皆信重之……世称来君叔天下信士"。

3. "信"德的当代价值

古代关于诚、信的思想和言论，在社会实践中形成一种风尚。这对于当今的诚信建设以及建设今天的和谐社会有着不可忽视的借鉴意义。

首先，古人特别重视"诚"在个人道德修养中的地位和作用，并把"信"作为"五常之本，百行之源"用以指导立身处世的社会实践。在当今的道德文明建设中，我们要让"诚信"成为个体内在的自觉选择，使道德规范成为一种自觉的道德意识，这样才能保证道德行为的真诚可信。"实事求是""尽职尽责"其实就是诚信的具体表现，"真诚互助""童叟无欺"也必须以诚信为立足点。如果没有做到内在的"诚信"，那么道德行为也只是暂时的表象，在日后往往会蜕变为欺骗隐瞒、言不由衷、虚伪敷衍等不诚信的行为。

其次，古人把诚信与治国和人际交往联系到一起。诚信不仅是立人之本，也是立国之本，所以当今诚信建设不仅仅是个人的道德修养问题，更是关系到国家盛衰兴亡的大问题。无论是宏观的社会环境，还是微观的人际关系，都需要重视诚信建设。这就需要我们理性分析，发掘传统诚信观中有益的内容，剔除那些带有时代局限性的因素，并对那些不利于建立新型社会关系的因素予以扬弃，形成与时代发展相适应的有中国特色的社会主义诚信观，用以有效指导和促进今天诚信友爱的和谐社会的建设。

本章思考题：

1. 试论商鞅的明德观念。
2. 试论韩非的明德观念。
3. 简论《大学》中的明德思想。
4. 董仲舒明德思想述评。

第八章
魏晋南北朝时期的明德文化

魏晋南北朝，又称三国两晋南北朝，是中国历史上政权更迭最频繁的时期，主要分为三个阶段：三国时期（220 年—280 年）、两晋时期（265 年—420 年）和南北朝时期（420 年—589 年）。由于长期的封建割据和连绵不断的战争，这一时期中国政治、经济、文化的发展都受到影响。

魏晋南北朝时期，长达三百六十余年间，共有 30 余个大小王朝交替兴灭，其中有很多王朝为少数民族所建立。文化上，在儒家思想的基本影响仍然存在的同时，先后出现了推崇玄学、佛学和道学的社会思潮，这就使明德文化的类型和性质发生变化，不同类型的明德文化之间往往存在矛盾和冲突，导致了社会道德观念和价值标准的混乱。这也为后来出现儒释道并存的文化格局奠定了基础。

一、魏晋南北朝时期的社会状况

（一）政治状况

1. 政治格局的变迁

东汉末年，外戚及宦官专权，朝政腐败，加上黄巾起义的冲击，东汉王朝名存实亡。随后，曹操、刘备、孙权等势力崛起，形成了魏、蜀、吴三国并立的局面。其中，曹魏地处中原，经济、文化较为发达，政治制度也更为完善；蜀汉占据益州，虽然地域较小，但有着汉室正统的号召力；东吴则依托长江天险，在江东建立了稳固的政权。三国之间互相攻伐，但也存在相互依存、文化交流的复杂关系。

公元 265 年，司马氏集团发动政变，灭魏建晋，史称西晋。西晋初期，曾一度实现了短暂的统一。然而，西晋的政治基础并不稳固，内部权力斗争激烈，不久"八王之乱"爆发，强烈动摇了西晋的统治。趁此动荡之际，内迁的诸游牧民族乘机举兵，西晋王朝迅速衰亡，中原地区战乱无数，尸横遍野，民不聊生，大量百姓与世族向南方逃去，北方从此进入五胡十六国时期。鲜卑、匈奴、羯、氐、羌等少数民族在北方先后建立了大大小小十六个政权，历时一百多年，直到鲜卑拓跋氏建立西魏，才使得北方政权逐渐统一并稳定下来。

另一方面，晋朝宗室司马睿在西晋灭亡后于建康称帝，建立东晋，占据了南方地区，获得了一段时间的稳定发展。然而随着南北双方的军事交锋和东晋内部的政治斗争加剧，东晋最终被南朝宋取代。南朝经历了宋、齐、梁、陈四个朝代的更迭，而北朝则经历了北魏、东魏、西魏、北齐、北周等政权的更迭，形成了北朝与南朝的对峙局面，所以称南北朝。最终，隋朝的建立结束了长达近四百年的分裂局面，实现了中国历史上的又一次大一统。

2. 士族政治与门阀制度

魏晋南北朝时期的政治制度，是在古代三公九卿制的基础上逐渐演变而来的。曹魏时期，为了加强中央集权，实行屯田制、九品中正制等制度，为后来的政治改革奠定了基础。西晋时期，司马氏集团推行分封制、占田制等制度，试图通过加强中央集权来巩固统治。然而，由于门阀士族势力的膨胀，西晋王朝的政治制度逐渐走向衰落。东晋时期，士族门阀政治成为主要特点。士族是指那些世代为官、文化修养较高的家族，他们在政治上拥有特权，对政权有着重要的影响力。门阀制度则是士族内部的一种等级制度，通过婚姻关系、血缘关系等方式来维持和巩固自己的地位，政权主要由几个大族轮流把持。士族政治和门阀制度对魏晋南北朝时期的政治产生了深远影响。一方面，士族和门阀通过掌握政治权力、经济资源和文化资源，维持了自己的特权地位，但同时也加剧了社会的不平等和阶级固化。另一方面，士族和门阀之间的权力斗争也加剧了政治的动荡和不安定。

3. 北方游牧民族的崛起与融合

魏晋南北朝时期，北方游牧民族相继崛起，对中原地区产生了深远影响。这些游牧民族通过战争、迁徙等方式进入中原地区，与汉族政权展开了长期的斗争和融合。其政治制度呈现出多元化、复杂化的特点。在这一过程中，北方游牧民族逐渐接受了汉族的文化和制度，同时也将自己的文化和制度带入中原地区。这种融合不仅促进了北方地区的经济和文化发展，也加深了民族之间的交流和融合。然而，这种融合也伴随着冲突和战争，给中原地区带来了极大的破坏和动荡。

（二）经济状况

魏晋南北朝时期是一个长达数百年的动荡时代。在这一时期，政治格局的频繁更迭与民族融合的深化，为经济领域带来了前所未有的挑战与机遇。

1. 经济背景和特点

魏晋南北朝时期，经济背景复杂多变，主要特点体现在以下几个方面：首先，战乱频繁，经济遭受严重破坏。由于长期的封建割据和连绵不断的战争，魏晋南北朝时期的经济遭受了严重破坏。大量人口死亡或迁徙，土地荒芜，生产力水平大幅下降。同时，战争的破坏也导致了商业贸易的萎缩，市场凋敝，经济活力丧失。其次，南北长期对峙，经济发展不均衡。在魏晋南北朝时期，中国南北形成了两个相对独立的经济体系。南方经济相对发达，农业、手工业和商业都取得了较大的发展；而北方经济则相对落后，尤其是五胡十六国时期，受兵燹之灾，北方经济遭受了更大的破坏。这种南北经济的不均衡发展，对后来的中国经济格局产生了深远的影响。最后，民族融合，经济交流加强。魏晋南北朝时期，也是中国历史上民族融合的重要时期。随着北方少数民族的南下和汉族的北迁，民族之间的经济交流日益加强。这种经济交流不仅促进了民族之间的融合，也推动了南北经济的互补与发展。

2. 农业经济的发展

魏晋南北朝时期，农业是经济的基础。在战乱频繁的背景下，农业生产遭受了严重破坏，但同时也孕育了新的发展机遇。这段时间里农业发展主要有以下几项成果。第一，曹魏时期，为了恢复和发展农业生产实行了屯田制。通过政府组织农民进行屯田生产，就是利用士兵在驻扎的地区种地或招募农民种地。这不仅解决了军粮问题，也促进了农业生产的恢复和发展。这一制度在魏晋南北朝时期得以广泛推行，对农业生产的发展起到了积极的推动作用。第二，政府加强了对水利建设的投入和管理。修建了许多水利工程，如曲阿的新丰塘、乌程的荻塘等，这些水利工程不仅改善了农田灌溉条件，也提高了农业生产能力。同时，政府还鼓励农民开垦荒地、围湖造田等，进一步扩大了耕地面积。第三，农作物的推广与改良也取得了较大的进展。麦菽等北方作物开始在南方推广种植，旱地作物的区种法也开始推行。这些新的农作物和种植方法的推广，不仅丰富了农产品的种类，也提高了农业生产的效益。

3. 手工业和商业的发展

魏晋南北朝时期的手工业呈现出了繁荣的局面。纺织业、陶瓷业和金属加工业等手工业行业都得到了较大的发展。尤其是丝绸产业在南朝时期达到了全盛时期，南方地区的丝绸制品在国内外市场上备受欢迎。同时，陶瓷业也取得了显著的成就，越窑、钧窑等陶瓷制品在艺术上达到了较高的水平。商业贸易也取得了较大的发展。随着南北经济交流的加强和海外贸易的开展，商业贸易日益繁荣。北魏孝文帝时期，商品流通领域也日渐扩大，不仅与南朝及边境少数民族进行互市贸易，还开展了与国外的贸易。这种商业贸易的繁荣不仅促进了经济的交流与发展，也推动了城市的兴起和繁荣。

4. 对后世的影响

魏晋南北朝时期的经济情况对后世产生了深远影响。首先，这一时期的经济发展奠定了隋唐盛世的经济基础。在魏晋南北朝时期的基础上，隋唐时期的经济得到了进一步恢复和发展，达到了中国古代经济史上的鼎盛时期。其次，这一时期的民族融合和经济交流为后来的统一多民族国家的形成奠定了基础。在长期的民族融合和经济交流过程中，各民族之间的经济联系日益

加强，为后来的统一多民族国家的形成创造了条件。最后，这一时期的经济
发展也为后来的经济制度变革提供了借鉴和参考。在长期的封建割据和战乱
频繁的背景下，魏晋南北朝时期的经济发展呈现出了许多新的特点和趋势，
为后来的经济制度变革提供了重要的借鉴和参考。

（三）文化状况

魏晋南北朝时期，虽然政治上经历了长期的动荡与分裂，但文化领域呈
现出独特的繁荣与多元发展。其突出表现则是玄学的兴起、佛教的输入、道
教的勃兴。诸多新的文化因素互相影响，交相渗透，使这一时期儒学的发展
趋于复杂化。各种思想流派纷呈，文学艺术创新不断，科技教育也有所进步，
共同构成了中国历史上一个璀璨夺目的文化时期。

1. 思想文化的多元发展

魏晋南北朝时期，随着政治局势的变动和社会结构的重组，思想文化领
域也呈现出多元发展的态势。儒学、道学、佛学等多种思想流派在这一时期
相互碰撞、融合，形成了独特的文化景观。

儒学在魏晋南北朝时期虽然受到冲击，但仍有其不可忽视的影响力。儒
家的道德伦理观念仍然是维系社会秩序的重要支柱。同时，一些儒家学者开
始对传统的儒学进行反思和创新，提出了玄学等新的思想体系，试图将儒学
与道家思想相结合，探索新的思想出路。

道家思想在魏晋南北朝时期得到了进一步的弘扬和发展。道家主张"无
为而治""道法自然"，强调个体自由和自然和谐，这种思想在当时动荡的社
会背景下具有一定的吸引力。一些推崇道家的学者如嵇康、阮籍等，通过他
们的文学作品和言行举止，展现了道家思想的独特魅力。

佛学在魏晋南北朝时期传入中国，并迅速得到了广泛的传播和接受。佛
教的传入不仅丰富了中国的宗教文化，也为中国的思想文化带来了新的元素。
佛教的因果报应、轮回转世等观念对当时的社会产生了深远的影响，同时佛
教的寺庙、壁画等艺术形式也为中国文化增添了新的色彩。

玄学思潮逐渐兴起，成为重要学术流派。当时涌现出了一批杰出的玄学
代表人物，如何晏、王弼、阮籍、嵇康、向秀、郭象等。其中嵇康、阮籍、

山涛、向秀、刘伶、王戎、阮咸，被誉为"竹林七贤"。他们常在当时的山阳县（今河南焦作修武县，可能为今云台山一带）竹林之下，喝酒、纵歌，肆意醋畅，世谓七贤，后与地名竹林合称。竹林七贤的作品基本上继承了建安文学的精神，但由于当时的血腥统治，作家不能直抒胸臆，所以不得不采用比兴、象征、神话等手法，隐晦曲折地表达自己的思想感情。他们一直受到人们的敬重。

2. 文学艺术的创新繁荣

魏晋南北朝时期，文学艺术领域也呈现出了创新繁荣的局面。诗歌、散文、小说、书法、绘画等艺术形式在这一时期都得到了充分的发展和创新。

诗歌是魏晋南北朝时期最为重要的文学形式之一。这一时期的诗歌创作以抒发个人情感、表达政治理想为主要内容，风格多样，语言优美。曹操、曹丕、曹植父子三人被誉为"建安三曹"，他们的诗歌作品代表了这一时期诗歌创作的最高成就。此外，陶渊明、谢灵运等诗人也以其独特的艺术风格和深刻的思想内涵，在文学史上留下了浓墨重彩的一笔。

散文在魏晋南北朝时期也得到了进一步的发展。这一时期的散文作品以记叙、议论、抒情为主要内容，语言简练明快，风格清新自然。如王羲之的《兰亭集序》、陶渊明的《桃花源记》等作品，都是散文艺术的典范之作。

小说在魏晋南北朝时期也开始兴起。虽然这一时期的小说作品数量不多，但已经开始形成了一定的规模和风格。如干宝的《搜神记》是志怪小说的代表作。此书结构比较完整，描写较为生动，已初具短篇小说的规模。刘义庆的《世说新语》通行本为6卷36篇，分德行、言语、政事、文学、方正、雅量、识鉴、赏誉、品藻、规箴等36门。内容主要是记载东汉后期到晋宋间一些名士的言行与逸事。

书法和绘画艺术在魏晋南北朝时期也达到了一个新的高度。王羲之、王献之父子被誉为"书圣"，他们的书法作品代表了这一时期书法艺术的最高成就。同时，顾恺之、陆探微等画家也以其精湛的技艺和独特的风格，为中国绘画艺术开拓了新的境界。

3. 科技教育的进步发展

魏晋南北朝时期，科技教育领域也取得了一定的进步和发展。这一时期的科技成就主要体现在数学、天文、地理、医学、教育等方面。

数学方面，魏晋南北朝时期的数学家们提出了许多新的数学理论和算法。如刘徽的割圆术、祖冲之的圆周率计算等，都达到了当时世界的先进水平。

天文方面，魏晋南北朝时期的天文学家们对天文现象进行了深入的观测和研究，提出了许多新的天文学说和理论。如张衡的浑天仪、祖冲之的《大明历》等成果，都为中国天文学的发展奠定了坚实的基础。

地理方面，魏晋南北朝时期的地理学家们对地理现象进行了广泛的考察和研究，提出了许多新的地理理论和观点。如裴秀的《禹贡地域图》、郦道元的《水经注》等作品，均为中国地理学发展史最为宝贵的文献资料。

医学方面，魏晋南北朝时期的医学家们对医学理论进行了深入的研究和实践，提出了许多新的医学观点和治疗方法。如王叔和的《脉经》、皇甫谧的《针灸甲乙经》等作品，均为中国医学发展史最为宝贵的文献资料。

在教育方面，魏晋南北朝时期也取得了一定的进步。这一时期的官学制度得到了进一步的发展和完善，同时私学也得到了广泛的兴起和发展。颜之推的《颜氏家训》等作品，体现了当时家庭教育的重要性和特点。

总而言之，魏晋南北朝时期的文化状况呈现出了多元发展、创新繁荣的特点。这一时期的思想文化、文学艺术、科技教育等领域都取得了显著的成就和进步，为中国文化的繁荣和发展奠定了坚实的基础，也为中国历史的发展演变提供了重要的文化支撑和精神动力。

二、魏晋南北朝时期的明德思想

魏晋南北朝时期，儒、佛、道教并立的局面正在逐步形成。儒家思想在这一时期虽受到冲击，但其核心价值观如"仁、义、礼、智、信"和"孝""忠"等道德观念，仍为人们所重视和崇尚。

（一）孝道思想

孝道是中华民族的传统美德之一，也是魏晋南北朝时期美德思想的重要组成部分。在当时社会动荡的背景下，人们更加需要家族内部的凝聚力和稳定性。因此，孝不仅被视为家庭伦理的核心，而且被提升为社会伦理和政治伦理的重要基础。人们普遍认为，孝道是维系家庭和谐、社会稳定的重要纽带。魏晋南北朝时期的孝道作为维系家族和谐的重要纽带，自然得到了广泛的传播和实践。这一时期的孝道思想，不仅强调子女对父母的物质奉养，更重视精神奉养和道德传承。人们普遍认为，真正的孝道应该体现在对父母的恭敬、关心和体贴上。

与此同时，随着佛教、道教的传入和儒释道三教的融合，孝道文化也呈现出多元发展的趋势。人们开始从多角度探讨孝道的内涵和外延，形成了各具特色的孝道观念。例如，佛教强调"孝养父母，慈心不杀"，将儒家孝道与佛家慈悲心相结合；道教则强调"尊道贵德，孝养父母"，将儒家孝道与道家的道德修养相联系，这些都丰富了孝道文化的内涵。人们开始注重孝道实践的个性化和情感化。他们不仅将孝道视为一种道德责任和义务，更将其视为一种个人情感的表达和体现。人们通过诗歌、绘画、音乐等艺术形式来表达对父母的孝敬之情，形成了独特的孝道文化景观。同时，人们也开始注重孝道实践的情感体验，追求内心的满足和安宁。比如，人们以"孝"字取名的现象较为普遍。《魏书》记有李孝伯、崔孝直、崔孝政、崔孝忠、杨孝邕、王孝康、张孝直、裴孝才等 30 人。《北齐书》记有高孝琬、高孝瑜、高孝珩、高孝瓘、高孝绪、高思孝、窦孝敬、郭孝义等 15 人。《周书》亦记有名为曹孝达、宇文孝伯、裴孝仁、许孝敬者。在南朝，《宋书》记有殷孝祖、陆孝伯者，《南齐书》中有徐孝嗣者，《梁书》载有余孝顷、李孝钦者，《陈书》中有刘孝尚、赵孝穆、陈孝宽、张孝则者。[①] "孝"甚至成为当时人们求取嘉善之名的首选字，它表明在魏晋南北朝的乱世里，孝德观念深入人心，孝道传统不仅未坠还有所光大。

（二）忠诚思想

在魏晋南北朝之前，忠诚主要表现为对君主的绝对忠诚，即"君为臣纲"的观念深入人心。然而，到了魏晋南北朝时期，由于门阀士族的崛起和皇权的相对衰落，忠诚思想的内涵发生了显著变化。人们普遍认为，孝道是忠诚

---

① 吴成国:《从人名看魏晋南北朝的孝道文化》,载《光明日报》2008 年 2 月 20 日第 12 版。

的基础，只有孝敬父母、尊敬长辈的人才能成为忠诚的臣子。因此，这一时期的文人士子阶层仍普遍推崇孝道，并将其与忠诚相联系。这一时期的人们将忠诚的对象从君主转向了家族。因此，这一时期的忠诚思想更多地表现为对家族的忠诚和对家族的责任感。门阀士族作为魏晋南北朝时期的特权阶层，他们的忠诚观念与一般的士人有所不同。由于门阀士族的命运与家族紧密相连，他们尤为注重家族的利益和荣誉。因此，他们的忠诚更多地表现为对家族的忠诚和对家族兴旺发达的责任感。这种忠诚观念在一定程度上削弱了他们对君主的忠诚，使得他们在面对国家利益和家族利益冲突时，往往选择维护家族利益。由此可见，在魏晋南北朝时期，忠诚与孝道被紧密地联系在一起。

（三）廉洁思想

廉洁是魏晋南北朝时期美德思想的重要内容。这一时期，政治局势复杂化，导致了官僚体制混乱，腐败现象频发。与此同时，一些正直之士开始反思和追求廉洁的政治道德，廉洁明德也因此勃兴。首先，强调个人品德与修养。他们认为，廉洁不仅是政治道德的要求，更是个人品德的体现。因此，他们注重个人修身养性，追求内心的纯净和高尚。其次，倡导公正无私。在廉洁思想中，公正无私是核心要求之一。当时的士人阶层普遍认为，作为官员应该公正无私，不为私利所动，以国家和人民的利益为重。这种思想在北魏孝文帝推行的俸禄制度和惩治贪污法令中得到了体现，凡是贪污腐败者都将受到严惩。最后，提倡节俭自律。节俭自律是廉洁思想的重要方面。在魏晋南北朝时期，许多官员和士人都倡导节俭的生活方式，反对奢侈浪费。他们认为，节俭不仅可以积累财富，更重要的是可以培养人的自律精神，从而远离腐败的侵蚀。

为了提倡和营造廉洁风气，魏晋南北朝时期多个政权推出相应的政策法规。比如北魏孝文帝时期，为了扭转世风日下的局面，推行俸禄制度，禁止地方官员私自筹集俸禄，一律改为由中央政府定期发放。这一制度的实施，有效地遏制了地方官员的腐败行为，提高了政府的廉洁程度。为了加强对腐败行为的打击力度，北魏孝文帝还颁布了惩治贪污法令，规定凡弄权枉法、贪污国家财物达到一定数量者，一律处死。这一法令的颁布，有效地维护了政府的廉洁形象。在魏晋南北朝时期，还建立了直诉制度，允许有冤者击鼓向皇帝"直诉"。这一制度的建立，使得民众可以直接向皇帝反映官员的腐败行为，从而加强了对官员的监督力度。魏晋南北朝时期的廉洁思想，不仅在当时产生了深远影响，而且对后世廉洁政治建设提供了重要的思想基础和宝贵经验，即只有加强对官员的监督和管理，才能有效遏制腐败现象的发生。

（四）宽容思想

在战乱频繁、民族交融的背景下，宽容成为人们处理人际关系、化解矛盾的重要原则。在中国本土文化与佛教文化发生碰撞与交融的过程中，佛教文化不断吸纳本土文化的养分，完成了佛教文化的中国化，而佛教文化的优良成分也成为中国传统文化有益的借鉴与补充。中国社会不仅有经世致用、积极进取的儒家入世思想，也有消极避世、超世无为的道家思想，更有用出世情怀做入世事业的佛教思想，形成了丰富多彩、开放宽容的中华文明和价值取向。中华优秀传统文化所倡导的"大道之行，天下为公"的理念，衬托出超越民族、泽被天下的志向；"协和万邦，四海一家"的愿望，传递出平等互助、和谐共享的胸襟；"己所不欲，勿施于人"的自律，表达出互不干涉、互相体谅的尊重；"先天下之忧而忧"的信念，展现出克己助人、敢于担当的风范；"穷则独善其身，达则兼善天下"的抱负，抒发着积极提携、愿意分享的气概；而"和衷共济""和而不同"的态度，展示着相互理解、求同存异、包容互补的务实态度。

（五）玄学思想

魏晋南北朝时期，政治局势混乱，社会动荡不安，使得人们对传统的儒家正统思想产生怀疑，试图寻求新的思想体系来解释世界和人生。在这一时期，佛教传入中国，与本土文化产生了激烈的碰撞和交融。道家思想被宗教化，道教开始流行，多种思想文化交融碰撞，为玄学思潮的产生提供了土壤。

玄学代表人物，如何晏、王弼、阮籍、嵇康、向秀、郭象等，不仅在理论上对玄学思想进行了深入的探讨和阐述，而且在实践中也积极践行玄学思想。他们的思想和行为不仅对当时的社会，也对后世的哲学、文学、艺术等领域产生了重要影响。

正如王弼所言，当时的局势是"处天地之将闭，平路之将陂，时将大变，世将大革"，他们想要寻求一个顺势应变的处世之道，《老子》《庄子》《周易》是他们据以发挥议论的思想资料，时称"三玄"。他们不满于汉代经学，便从儒、道两家学说的综合中走向抽象的思辨；他们跳出皓首穷经的圈子，而做玄远的哲学追求；他们鄙视世俗，表现出超然物外的态度，但实质上仍然保持封建名教的传统和对自身利益的重视，他们企图去论证名教和自然的一致。

玄学以讨论"名教与自然"的关系为主题，实际上是讨论儒家思想与道家思想的关系，大方向是摆脱两汉以来儒家思想的过度控制，以注释"三玄"为名，向崇尚道家思想转变。所谓"越名教而任自然"，就是超越儒家名教，接受道家崇尚自然、自由的价值观。

玄学思想强调尊重自然、顺应自然，认为宇宙间的一切都是自然而然的，人类应该顺应自然，无为而治。这种思想在当时的政治、经济、文化等方面都有所体现，如政治上主张君主无为而治、经济上主张自由放任等。玄学思想追求超越世俗经验、追求宇宙的真理和人生的真谛。他们注重内省与自觉，探求身心的本质和真实，追求"真我"的超越和归一。玄学思想批判了传统儒家和道家关于经验和理性的认识，认为经验和理性都有其局限性，无法完全把握人生的真相。因此，他们主张超越经验和理性，通过对内在的境界和灵性的感悟，达到对人生真相的理解和认知。同时，他们也主张创新，寻求新的思想体系来解释世界和人生。

三、魏晋南北朝时期的明德故事

魏晋时期的"竹林七贤"之类人物，能不能作为明德人物来看待？这个问题也许存在争议。我们认为，按照历史唯物主义观点，要历史地评价"竹林七贤"，也就是要把他们放在当时的历史条件下来评价，用当时的社会思潮和主流价值观来评价，而不能用今天的价值标准来评价。不仅对"竹林七贤"应该这样看待，对其他历史人物也要这样看待。

（一）一字千金

王羲之是东晋时期著名书法家，有"书圣"之称。他是琅琊（今属山东临沂）人，后迁会稽山阴（今浙江绍兴），晚年隐居剡县金庭（今浙江嵊州金庭镇）。他历任秘书郎、宁远将军、江州刺史，后为会稽内史，领右将军。其书法兼善隶、草、楷、行各体，精研体势，心摹手追，广采众长，备精诸体，冶于一炉，摆脱了汉魏笔风，自成一家，影响深远。风格平和自然，笔势委婉含蓄，遒美健秀。在书法史上，他与其子王献之合称为"二王"。

王羲之代表作《兰亭序》被宋代大书法家米芾等誉为"天下第一行书"。在东晋穆帝永和九年（353 年），王羲之与谢安等一众人在绍兴的兰亭修禊，这是古代用以祈福、禳除灾疠的一种祭祀活动。众人一同饮酒赋诗，然后又把诗汇成集，王羲之随即挥毫作序，于是便有了《兰亭序》，并成为他的代表作。

有一天，王羲之要去一个村子里，路过山阴城的一座桥，他很远就看见一老婆婆拎着一个篮子在卖竹扇。走近细看发现老婆婆的竹扇看上去很简陋，没有任何图案修饰，路过的人也不感兴趣，老婆婆已经在这里卖了大半日的竹扇，但却没有分文收入。这让王羲之很是同情，于是他就在竹扇上面题了字。可是这位老婆婆并不认识王羲之，而且她也不识字，所以看着自己辛苦制作的竹扇被他好像很随意地在上面画来画去，表现得很不高兴。王羲之也不介意，离开前反而安慰她说："老人家别急，你待会儿就告诉买扇子的人，说上面是王右军写的字。"老婆婆听了王羲之的话如他所述，不一会儿大家都争着抢着要买竹扇。很快一篮子竹扇不仅卖完了，而且卖了好价钱，老婆婆也终于露出笑脸慢慢地走回家去了。之后王羲之题字的竹扇也在文人墨客及政客中引起了热议，有的人甚至斥千金争相购得，而他的这种行为也在整个社会引为美谈。

"入木三分"这个成语典故也和王羲之有关。东晋明帝有一次要去祭祀，让王羲之把祭文写在木制祝板上，再让人雕刻。雕刻的工人在削木板的时候，发现王羲之的墨迹竟渗进木板深处，直到剔去三分厚才见白底。引得刻者连连惊叹："竟入木三分！"王羲之极为有力的笔法，让世人都惊叹不已。而这笔力无疑和王羲之热爱书法，经年累月练笔不辍息息相关。据记载，他每天写完字以后，就拿着毛笔到池塘里清洗笔砚，日复一日，经年累月，人们发现池塘里的水竟然都被染成了黑色。

永和十一年（355 年），也就是《兰亭序》完成的第三个年头，王羲之托病辞官，带着子女从无锡搬家至剡县金庭。王羲之在这里度过了他最后的时光。他放鹅弋钓为娱，建书楼、教子弟、赋诗文、作书画，畅游剡中风光。历史上第一次学王羲之高潮在南朝梁，第二次则在唐代。唐太宗极度推尊王羲之，不仅广为收罗王书，且亲自为《晋书·王羲之传》撰赞辞，评钟繇则"论其尽善，或有所疑"，论献之则贬其"翰墨之病"，论其他书家如萧子云、王濛、徐偃辈皆谓"誉过其实"。通过比较，唐太宗认为右军"尽善尽美"，"心慕手追，此人而已。其余区区之类，何足论哉！"从此王羲之在书法史上至高无上的地位被确立并巩固下来。宋、元、明、清诸朝学书人，无不尊晋宗"二王"。唐代欧阳询、虞世南、褚遂良、薛稷和颜真卿、柳公权，五代杨凝式，宋代苏轼、黄庭坚、米芾、蔡襄，元代赵孟頫，明代董其昌，历代书学名家无不皈依王羲之。清代虽以碑学打破帖学的范围，但王羲之的书圣地位仍未动摇。

（二）临终绝唱

嵇康，魏晋名士，玄学家、音乐家、文学家，在当时和后世都有很大影响。嵇康自幼聪颖，身长七尺八寸，容貌出众。他博览群书，广习诸艺，尤为喜爱老庄学说。司马氏掌权后，他隐居不出，拒绝入仕。曹魏景元四年（263 年），因受司隶校尉钟会构陷，而遭掌权的大将军司马昭处死，时年四十岁。

嵇康与阮籍等人共倡玄学新风，主张"越名教而任自然""审贵贱而通物情"，成为"竹林七贤"的精神领袖，名列"竹林名士"之一。嵇康工诗善文，其作品风格清峻，反映出时代精神，并且给后世思想界、文学界带来许多启发。

嵇康在其短暂的一生中写下了不少富有哲理性的玄学论著和文词优美的愤世嫉俗之作，后人辑有《嵇康集》（原名《嵇中散集》）。《嵇康集》不仅是一部很有代表性的文学和哲学著作，而且也是一部很有影响的教育思想论著，其中的《与山巨源绝交书》《声无哀乐论》《养生论》《难自然好学论》《家诫》《太师箴》等篇，从"越名教而任自然"的观点出发，猛烈抨击儒家教育，提出了反对礼法名教的主张。嵇康在文化观和教育观上继承和发挥了老庄的"无为""弃智""弃学"主张。他认为"自然之性"是"人之真性"，突破了儒家尤其是汉儒把人性的内涵解释为纲常名教的传统。

在魏晋之际经学衰落时期，他自幼不涉经学，好读老庄，倾向玄学，好属文论，亦好弹琴咏唱。他自称"轻贱唐虞而笑大禹"，"非汤武而薄周孔"。因他与曹宗室有姻亲关系，曾做过曹魏政权的中散大夫。司马氏当政后，隐居不仕，与当时名士阮籍、刘伶、向秀、山涛、阮咸、王戎结为"竹林之游"，清议时政，切磋玄学，抨击名教。

嵇康对于司马氏采取不合作态度，因此颇招司马昭的忌恨。掌权的大将军司马昭欲礼聘嵇康为幕府属官，他跑到河东郡以躲征辟。司隶校尉钟会又盛礼前去拜访，遭到他的冷遇。嵇康因此而得罪了这两个"大人物"。

景元四年，嵇康的好友吕安的妻子徐氏被其兄长吕巽迷奸。吕安愤恨之下，欲状告吕巽。嵇康与吕巽、吕安兄弟均有交往，故劝吕安不要揭发家丑，以保全门第清誉。但吕巽害怕报复，先发制人，反而诬告吕安不孝，使得吕安被官府收捕。嵇康非常愤怒，出面为吕安作证，因而触怒了司马昭。此时，与嵇康素有恩怨的钟会，趁机向司马昭进言，以构陷嵇康。司马昭一怒之下，下令处死嵇康与吕安。

嵇康行刑当日，上千名太学生集体请愿，请求朝廷赦免他，并要求让嵇康来太学任教，他们的这些要求并没有被同意。临刑前，嵇康神色不变，如同平常一般。他看了看太阳的影子，知道离行刑尚有一段时间，便向兄长嵇喜要来平时爱用的琴，在刑场上抚了一曲《广陵散》。曲毕，嵇康把琴放下，叹息道："从前袁孝尼曾跟我学习《广陵散》，我每每吝惜而固守不教授他，《广陵散》现在要失传了。"说完后，从容就戮，时年四十岁。

《广陵散》，又名《广陵止息》。它悲怆沧桑，是古代大型琴曲，也是十大著名古琴曲之一。今存《广陵散》曲谱，最早见于明代朱权编印的《神奇秘谱》（1425 年），谱中有"刺韩""冲冠""发怒""报剑"等分段小标题。

广陵散所代表的魏晋风度在后世仍然以各种形态发生着变奏，嵇康等"竹林七贤"在那个烽火年代以看似奇特的思想行为体现出张扬的个性。他们关注广袤宇宙，也追寻诗意人生，更是回归精神家园，这就是魏晋风度。

（三）李密陈情

李密（224 年—287 年），字令伯，西晋时期大臣、文学家。他自幼由祖母刘氏收养，因此与祖母感情深厚。李密一生历经蜀汉和西晋两个朝代，曾任蜀汉益州从事、尚书郎等职。在蜀汉灭亡后，他因祖母年迈而拒绝西晋的征召，选择隐居乡里。直到祖母去世后，他才出仕西晋，历任太子洗马、河内温县令、汉中太守等职务。

李密的《陈情表》，是一篇传世之作。它不仅体现了孝道思想，还体现了忠诚和淡泊名利的道德品质。《陈情表》是李密为拒绝西晋征召而写给晋武帝的奏章。在这篇文章中，李密表达了对祖母的拳拳孝心。他描述了祖母年事已高、疾病缠身的状况，以及自己与祖母相依为命的深厚情感。李密以孝道为由，请求晋武帝允许他留在家中照顾祖母，这体现了他对孝道的重视和践行。李密还通过对祖母的孝心来表达对国家的忠诚。他强调自己虽然未能为国家尽忠职守，但内心始终怀揣着对国家的忠诚和热爱。这种将孝道与对国家忠诚相结合的思想，是《陈情表》的重要特点。他在文中表达了对晋武帝的忠诚和感激之情，同时也坦诚地表达了自己无法出仕的原因。李密坚持自己的原则和道德标准，不为权势所动，这种坚守忠诚的精神在当时社会具有积极意义。在《陈情表》中，李密还展现了自己淡泊名利、追求真实的道德境界。他拒绝了西晋的征召和官职的诱惑，选择留在家中照顾祖母。这种境界在当时社会也是难能可贵的。《陈情表》作为李密的代表作之一，不仅反映了他深厚的文学功底和写作技巧，更体现了他高尚的道德品质和人生哲学。

例如，李密陈言中说："郡县长官逼迫我上任，催促我立刻上路；州县的长官登门督促，比流星坠落还要急迫。我很想奉旨为皇上奔走效劳，但祖母刘氏又早被疾病缠绕，想要姑且顺从自己的私情，但报告申诉不被允许。我是进退两难，十分狼狈。我如果没有祖母，无法达到今天的地位；祖母如果没有我的照料，也无法度过她的余生。祖孙二人，互相依靠而维持生命，因此我不能废止侍养祖母而远离。我现在的年龄四十四岁了，祖母现在的年龄九十六岁了，这样看来我在陛下面前尽忠尽节的日子还很长，而在祖母刘氏面前尽孝尽心的日子已经不多了。我怀着乌鸦反哺的私情，乞求能够准许我完成对祖母养老送终的心愿。我的辛酸苦楚，并不仅仅是蜀地的百姓及益州、梁州的长官所能明白知晓的，天地神明，实在也都能明察。希望陛下能怜悯我愚昧诚心，满足我微不足道的心愿，使祖母刘氏能够侥幸地保全她的余生。我活着应当杀身报效朝廷，死了也要结草衔环来报答陛下的恩情。"

四、魏晋南北朝时期的明德人物

（一）阮籍

阮籍（210 年—263 年），"竹林七贤"代表人物之一。古人年满二十时才会取字，此时的阮籍父亲阮瑀已经去世，阮籍取字"嗣宗"，看来他年轻时还是想以振兴家族为己任的。阮籍当的官不少，但只有"步兵校尉"才最让他满意，于是后人都喜欢称他为"阮步兵"。阮籍居住在陈留尉氏，即今河南省尉氏县，离当时的政治中心洛阳及嵇康的住地山阳都不远，后来"竹林之游"的出现，也跟此地有不小的关系。

据史书记载，阮籍自小就有"奇才异质"，八岁便可写文章，他的艺术成就也很高。阮籍的文章和诗歌皆佳，尤其擅长五言，八十二首《咏怀诗》引领了当时文坛，即使在整个文学史上也非常引人注目。阮籍小时候是一个诗礼之家的天才少年，在孤独中立志、习武、修文，可说是完美的生长历程。阮籍在八九岁时不仅能够出口成章，而且还经常会用弹琴来疏解自己的心情。父亲早逝，在世代儒学的家风影响下，阮籍小时候的想法更多的是希望自己早日长大，干出一番事业，以此慰藉父亲早逝和在孤苦中将自己养育长大的母亲。阮籍对自己的人生目标设计近乎完美，非但要满腹经纶，治国安邦，还要能建功立业驰骋沙场，并且他为此付出了许多行动。著名的《咏怀诗》

第十五首里这样写道："昔年十四五，志尚好诗书。被褐怀珠玉，颜闵相与期。"意思是说：当年十四五岁的时候，我立志成为德行高尚的人，最爱研读《诗经》《尚书》这样的经典。虽然穿着粗麻的短衣，但心中怀抱着像珠玉一样高贵的品德，像不慕荣利的颜回、清高重孝的闵损，他们才是我的同道，是我所倾慕的人。阮籍一生的学问，就是从儒学开始，他最喜欢钻研的书，是儒家的经典《诗经》和《尚书》。最喜欢的古人，是颜回和闵损，这两位都是孔子的得意门生，是儒家推崇的大贤。虽然后人说，"竹林七贤"都"雅好老庄"，但是，他们可不是一生下来就都认准了老庄的。真正这么干脆的，大概只有嵇康一位。阮籍研习儒家经典，为实现远大理想做好了理论上的准备。同时，他也没忘记对自己另一方面的历练，于是，在"攻书"时，他又兴致勃勃地学起了击剑。《咏怀诗》第六十一首，记录了这"少年习武"的故事："少年学击刺，妙伎过曲城。英风截云霓，超世发奇声。挥剑临沙漠，饮马九里坰。旗帜何翩翩，但闻金鼓鸣。军旅令人悲，烈烈有哀情。念我平常时，悔恨从此生。"以"大文学家"头衔名垂青史的阮籍，小时候的剑艺竟然相当不错，俨然就是个少年高手。

　　史书记载阮籍的相貌，说他"容貌瑰杰""志气宏放"。这分明是英爽大侠的气质，哪里还是孱弱文人的模样。不过可惜的是，阮籍这"剑艺英风"，一辈子也没能派上用场，虽然后来当了步兵校尉，是个武职，但那时"挥剑临沙漠""旗帜何翩翩"，就已经只能是他心中的美好向往了。阮籍二十出头的时候，正是正始名士走向辉煌的时候，他们的代表人物何晏、王弼、夏侯玄、邓飏、李胜、丁谧等等，已经在京都洛阳红极一时。这些公子个个出身显贵，又极富才华，相互间推崇标榜，一时间就成了整个天下的聚焦点。依照阮籍的理解，在儒家的良好教育下，文人们就都应该端端正正，气质深沉，可再看这些人，却完全不是那么回事。为什么会出现这种现象呢？为什么这个时代的文人，竟都变成了这样？其实，最根本的原因就是：儒家在经过汉朝的黄金盛世以后，到魏晋时代已经衰落了，不能解决天下的问题，自然就会失去不容置疑的尊严。

（二）山涛

山涛（205年—283年），字巨源，河内郡怀县（今河南武陟西）人。三国至西晋时期官员、玄学家、名士，"竹林七贤"之一。山涛早年孤贫，喜好老庄学说，与嵇康、阮籍等交游。曹魏景元五年（264年），任行军司马，镇守邺城，监视曹魏宗室。西晋建立后，升任大鸿胪。历任侍中、吏部尚书、太子少傅、左仆射等职，封新沓伯。他曾多次以老病辞官，但都未被批准。西晋太康三年（282年），升为司徒，以老病归家。太康四年（283年），山涛去世，享年七十九岁，谥号"康"。山涛原有文集十卷，今已佚。《全晋文》《晋书》辑有其文。

山涛早年丧亲，家中贫困。少年时即有器量，卓尔不群。喜好《老子》《庄子》，常隐居乡里，掩盖自己的志向才能。与名士嵇康、吕安为友，后又遇阮籍，成为竹林之交，几人志趣契合，为莫逆之交。嵇康后来因得罪司马氏而被治罪，临死前对儿子嵇绍说："有巨源（山涛字）在，你就不会孤独无靠了。"

有一次，山涛与石鉴共宿，夜里起来用脚踢一下石鉴，对他说："如今是什么时候，你还在睡！知道太傅（指司马懿）称病卧床是何用意吗？"石鉴回答说："宰相多次不上朝，给他个尺把长的诏书让他回家就是了，你何必操心呢！"山涛说："咄！石生不要在马蹄间来往奔走啊！"于是丢弃官符而去。曹魏正始十年（249年），司马懿果然发动高平陵之变，诛灭了曹爽集团，山涛于是归隐不问世事。

山涛的从祖姑山氏是司马懿夫人张春华的母亲，因而可以见到掌权的司马师，司马师说："当世的吕望是想做官吧！"于是命司隶校尉举山涛为茂才，授任郎中，又转任为骠骑将军王昶的从事中郎。很久以后，山涛被拜为赵国国相，调任尚书吏部郎。大将军司马昭写给山涛的信说："足下任职清明，高雅之操超群出世。顾念您家中贫乏，现今送去钱二十万、谷二百斛。"魏元帝曹奂曾赐司马师春服，司马师转赐给山涛，又因山涛母亲年老，赐藜杖一根。

司马昭将次子司马攸过继给兄长司马师，平日又看重司马攸，曾经问裴秀道："大将军（指司马师）开国建业，未成而亡，我只是继承他的事业，所以想要立司马攸为世子，以归功于兄长，如何？"裴秀认为不可。又以此事问山涛，山涛回答说："废长子立少子，违背礼制，是不祥的。国家的安危将由此事决定。"于是才定下以司马炎为世子，司马炎为此亲自拜谢山涛。曹魏咸熙二年十二月丙寅（266 年 2 月 8 日），司马炎受禅即位，建立西晋，任命山涛为守（代理）大鸿胪，护送曹奂返回邺城。太康三年，晋武帝司马炎下诏，升授山涛为司徒，位列三公。山涛坚意辞让，司马炎下诏说："您年迈而德高，是朝中元老，因而授给台辅之位，但您崇尚谦让之远名，反复推辞，令我心中忧虑。您应该坚持始终，辅助我呀。"司马昭认为山涛是乡间中素有德望的人，于是命长子司马炎拜见他。以上都说明了山涛在当时的影响、地位和受重视程度。

（三）王戎

王戎（234 年—305 年），字濬冲，琅玡郡临沂县（今山东临沂）人。三国至西晋时期名士、官员，"竹林七贤"之一。祖父为三国魏幽州刺史王雄，曹魏凉州刺史王浑的儿子。王戎出身琅玡王氏。自少神采秀美，长于清谈，以精辟的品评与识鉴而著称，以聪颖知名，为父辈好友、名士阮籍器重，后人视之为玄学名士。

王戎自幼聪颖，据说能直视太阳而不目眩。裴楷称赞他说："眼烂烂如岩下电。"王戎六七岁时，在宣武场看表演，当时猛兽在栅槛中咆哮，众人都被吓跑，只有王戎站立不动，神色自如。魏明帝曹叡在阁上看见后，称赞王戎是奇童。《世说新语·雅量》记载王戎曾与同伴在路边玩耍，见道旁有结满李子的李树，其他人争相去摘，只有王戎不动声色，别人问他为何如此，答曰："树在道旁而多果实，果实必定是苦的。"验证之后，果然如此。此事刘孝标注引《高士传》即已记载，它源自佛经故事，后人将它附会在王戎身上，并被史家采信，从而完成了从故事传说到历史事实的转变。初袭父爵贞陵亭侯，被大将军司马昭辟为掾属。累官豫州刺史、建威将军，参与晋灭吴之战。战后以功进封安丰县侯，故人称"王安丰"。治理荆州时，他拉拢士人，颇有成效。后历任侍中、光禄勋、吏部尚书、太子太傅、中书令、尚书左仆射等职。西晋元康七年（297年），升任司徒，位列三公。王戎认为天下将乱，于是不理世事，以山水游玩为乐。赵王司马伦发动政变时，王戎被牵连免官。之后被起用为尚书令，再迁司徒。右将军张方劫持晋惠帝入长安后，王戎逃奔郏县。王戎认为天下将乱，仰慕春秋时期蘧伯玉的为人，随波逐流，不以世事名节为意。自从掌选才任官之职，不曾擢拔出身寒微之士，退黜徒有虚名之人，只是随时势而沉浮，在官门中选官调职而已。不久，被拜为司徒，他虽然总理三司之权，却把政事交给僚属办理，自己常骑小马从便门出游。王戎的很多门生故吏也做了大官，路上遇到他都要避开。

（四）陶渊明

陶渊明（约365年—427年），名潜，字元亮，别号五柳先生，私谥靖节，世称靖节先生，一说寻阳郡柴桑县（今江西九江）人，另一说江西宜丰人，东晋末杰出的诗人、辞赋家、散文家。陶渊明"自幼修习儒家经典，爱闲静，念善事，抱孤念，爱丘山，有猛志，不同流俗"。八岁时其父去世，家境逐渐没落。二十岁时家境尤其贫困，有诗可证："弱年逢家乏"（《有会而作》）。在那个老庄盛行的年代，他也受到了道家思想的熏陶，很早就喜欢自然，"少无适俗韵，性本爱丘山"（《归园田居》其一），又爱琴书，"少学琴书，偶爱闲静，开卷有得，便欣然忘食。见树木交荫，时鸟变声，亦复欢然有喜。常言五六月中，北窗下卧，遇凉风暂至，自谓是羲皇上人。意浅识罕，谓斯言可保"（《与子俨等疏》）。他的身上，同时具有道家和儒家两种修养。

二十岁时，陶渊明开始了他的游宦生涯，以谋生路。《饮酒》其十："在昔曾远游，直至东海隅。道路迥且长，风波阻中途。此行谁使然？似为饥所驱。倾身营一饱，少许便有余。恐此非名计，息驾归闲居。"即是回忆他的游宦生涯。在此阶段他为生活所迫出任的低级官吏详情已不可考。在短暂的居家生活后，二十九岁时，他出任江州祭酒，少顷便不堪吏职，辞官归家。不久，州里又召他做主簿，他辞却了此事，依旧在家闲居。陶渊明曾任江州祭酒、建威参军、镇军参军、彭泽县令等职。义熙元年（405年）八月，陶渊明最后一次出仕，为彭泽县令。十一月，程氏妹卒于武昌，陶渊明作《归去来兮辞》，解印辞官，正式开始了他的归隐生活，直至生命结束。此时的陶渊明，政治态度入于明确的时期，思想上也入于成熟的时期。归隐期间他创作了许多反映田园生活的诗文，如《归园田居》五首、《杂诗》十二首。义熙四年（408 年）六月中，陶渊明家中火灾，宅院尽毁，被迫迁居。义熙十一年（415 年），朝廷诏征他为著作佐郎，陶渊明称病没有应征。义熙十四年（418 年），王弘为江州刺史，结交陶渊明，二人之间有逸事量革履、白衣送酒。元嘉元年（424 年），颜延之为始安太守，与陶渊明结交，有逸事颜公付酒钱。元嘉四年（427 年），檀道济听闻陶渊明之名，去看望他，赠以粱肉，并劝他出仕。陶渊明拒绝了他，所赠粱肉也没有收下。同年，陶渊明卒于浔阳。陶渊明是中国第一位田园诗人，被誉为"古今隐逸诗人之宗""田园诗派之鼻祖"。陶渊明的代表作有《饮酒》《桃花源记》《归去来兮辞》《五柳先生传》等。

（五）颜之推

颜之推（531 年—约 590 年以后），字介，祖籍琅邪临沂（今山东临沂）人，生于江陵。颜之推是南北朝时期的教育家、文学家，一生著述甚丰，其中《颜氏家训》影响深远。

家训，是中国古代知识分子在立身、处世、为学等方面教育训诫后辈儿孙的家庭教育读物。颜之推的《颜氏家训》，在中国家训史上不仅产生得比较早，而且内容丰富、系统，思想深刻，被称为"古今家训，以此为祖"。

《颜氏家训》共二十篇，涉及范围颇广。除《序致》一篇主要谈写作《家训》的宗旨外，其余十九篇则分别谈某一方面的具体问题。例如，《教子》篇谈如何教育子女；《兄弟》篇谈如何处理兄弟关系；《后娶》篇谈男子续弦及非亲生子女问题；《治家》篇谈如何治理家庭；《风操》篇谈在避讳、称谓、丧事等方面所应遵循的种种礼仪规范，并评论南北风俗时尚的差异优劣；《慕贤》篇谈对待贤才应持的正确态度；《勉学》篇谈学习问题；《文章》篇谈文章理论；《名实》篇主张崇实而不务虚名；《涉务》篇主张接触社会实际，办实事；《杂艺》篇讲书法、绘画、射箭、算术、医学、弹琴、卜筮、棋博、投壶等。

《颜氏家训》的内容虽然很广，但大体不脱离儒家思想体系的轨道。《唐志》《宋志》将此书列入儒家，《四库全书总目》将此书列入杂家。这是从不同角度看问题，各有一定道理。《颜氏家训》是断断续续写成的，最终成书于隋文帝平陈以后。后世称《颜氏家训》的作者为"北齐黄门侍郎颜之推"，大约因颜之推在北齐时间较久，且黄门侍郎官职清贵，为时人所重。

颜之推的先祖为北方士族，九世祖颜含于西晋末年随晋元帝南渡。所以，颜之推生于南方的江陵，其父颜协曾为梁武帝第七子湘东王萧绎属官咨议参军等。颜之推从小博览群书，词情典丽，十九岁就开始做官，可谓少年得志。只因他身处南北朝的末期，战乱不断，政治动荡，先后在二十一岁、二十四岁、四十七岁三次被俘，从南方转入北方，从南朝转入北朝，后病逝于长安。总的来说，"颜之推作为一个高门士族的子弟，早传家业，知书识礼，却遭逢乱世，饱经忧患，三为亡国之人，性命几乎不保。他的这一特定的身世经历，铸就了他特定的思想性格，这些在《颜氏家训》一书中是有比较充分的反映的"。①

颜之推出身于"世以儒雅为业"的士族之家，从小受儒家思想文化的熏陶并终生服膺儒学，故亦以此教育儿孙，希望他们能够遵循儒家的伦理道德，以求在社会上立身处世而不致倾覆。他自己身处乱世，饱经忧患，因而有强烈的忧患意识和惧祸心理，故希望儿孙们能懂得现实社会中的利害关系，从而在乱世中明哲保身、全身免祸。他的祖上世代为官，自己也一生做官，因而希望儿孙们能保住自家的社会地位，不致"沉沦厮役，以为先世之耻"。但是，在那个国家四分五裂、政权更换频繁的时代，要想苟活于乱世并保住既有社会地位，又不违背儒家的伦理道德，其实是很难的事情。他在《颜氏家训·文章》中说："不屈二姓，夷、齐之节也；何事非君，伊、箕之义也。自春秋已来，家有奔亡，国有吞灭，君臣固无常分矣。"颜之推在这里化用了儒

---

① 程小铭译注：《颜氏家训全译》，贵州人民出版社 1993 年版，第 4 页。

家亚圣孟子的话，伯夷不屈二姓，固然是高风亮节，伊尹对任何君主都可以侍奉，也是负责任的表现。既然"君臣固无常分"，则一臣而事二主，甚至三主、四主，也就没有什么不妥了。话虽这么说，但颜之推以一个南朝汉族官员的身份，被俘后被迫在北朝为官，也就是为鲜卑族建立的政权服务，内心毕竟还是痛苦的。

颜之推身处南北朝末期，为什么还能信奉早已过气的儒家思想，而没有屈从于现实？这大概有三个原因：一是魏晋南北朝以来，一直风靡玄学、佛学、道学的思潮，但这些思想除了能满足一些人自视清高或逃避现实苦难的心理，其实是不能作为治国理政的思想来用的；二是南北朝时期的很多政权是由少数民族建立起来的，他们虽然在武力征服的基础之上建立了政权，但在思想文化上并没有创造出自己的一套东西，因而不可能消除儒家思想对汉民族的长期影响；三是对知识分子的政治依附和精神归属要科学分析，他们在被迫屈从于现实政治的同时，往往不愿意放弃内心深处所服膺的文化信仰，因而其政治依附与精神归属也可能是不一致的。

儒家的中庸之道，常常成为乱世之人处理人生矛盾的方法论依据。正如颜之推在《颜氏家训·止足》中所说："仕官称泰，不过处在中品，前望五十人，后望五十人，足以免耻辱，无倾覆也，高此者，便当罢谢，偃仰私庭。"意思是，乱世莫做大官。中品以下的官，有一定的身份地位，不致使官宦世家的门庭受辱，也就够了。高于中品的官，权柄过重，处于政治旋涡的中心，容易遭受倾覆，应该坚决推辞不就。这也是颜之推对自己宦海浮沉几十年的经验总结。

《颜氏家训》中表现比较突出的一个思想是重视学习。颜之推在《颜氏家训·勉学》中说："夫明《六经》之旨，涉百家之书，纵不能增益德行，敦厉风俗，犹为一艺，得以自资。父兄不可常依，乡国不可常保，一旦流离，无人庇荫，当自求诸身耳。谚曰：'积财千万，不如薄伎在身。'伎之易习而可贵者，无过读书也。"这段话反映出颜之推务实的学习观念。也就是说，在颜之推看来，学习只是为了高谈阔论、吟诗作赋，那是没有意义的。学习那些高大上的经典著作或理论体系，不如学习一门比较实用的谋生技艺。基于这种务实观点，他对当时的士族阶层养尊处优、脱离实际、不事生业、生活奢靡的弊端进行了有力批判。例如，《颜氏家训·涉务》中指出：那些士族官员"品藻古今，若指诸掌，及有试用，多无所堪。居承平之世，不知有丧乱之祸；处庙堂之下，不知有战陈之急；保俸禄之资，不知有耕稼之苦；肆吏民之上，不知有劳役之勤，故难可以应世经务也"。颜之推处在阶级矛盾和民族矛盾都很尖锐复杂的乱世，还能坚定信奉儒家学说实属难能可贵，尤其是他能结合自己的人生经历和深刻感悟解读儒家学说并训诫子孙，具有很大的教育意义和认识价值，从长期居于正统地位的儒家立场来看，颜之推不失为南北朝末期的一位杰出的明德人物。

本章思考题：

1. 魏晋南北朝时期的明德思潮。
2. "竹林七贤"明德思想述评。
3. 简论宗教文化中的明德文化。
4. 简论颜之推的明德家教思想。

第九章
隋唐时期的明德文化

隋唐时期（581年—907年），为隋朝（581年—618年）和唐朝（618年—907年）两个朝代的合称，也是中国历史上走向大一统和强盛的时期之一。

隋文帝开皇九年（589年），在经历了魏晋南北朝三百六十多年的分裂战乱之后重新统一了中国。但隋朝只经历了文、炀两代皇帝（另一说三代，还有617—618年在位的隋恭帝），共存在37年，就被唐朝所取代。

唐朝，从公元618年建立，到907年被朱温灭掉，共存在了289年。史学家常把"隋唐"并称。在这三百多年间，中国的封建社会得到很大的发展。隋朝鼎盛时期北至东北辽宁一带，西至新疆的塔克拉玛干沙漠地区，东临东海，南至越南北部一带。唐朝鼎盛时期北至贝加尔湖以北和外兴安岭，西至中亚的咸海，东至库页岛，南至越南北部。

一、隋唐时期的社会状况

（一）政治状况

隋朝时期确立了三省六部制，实行科举制，改革府兵制和赋役制度，对唐朝甚至以后各代产生深远影响。唐朝吸取隋朝灭亡的教训，通过完善三省六部制和科举制、实行租庸调制和两税法、整顿府兵制和实行募兵制等一系列措施巩固封建统治，从而推动隋唐时期成为我国第二个繁荣昌盛的大一统帝国时代。

1. 三省六部制

隋唐时期为了加强中央集权，隋文帝正式确立了三省六部制的政治制度，唐朝时期进一步得到完善，后世长期沿用。"三省"指中书省、门下省和尚书省。中书省负责起草皇帝诏令，长官是中书令；门下省负责审核政令，长官是纳言；尚书省是执行机构，负责处理全国行政事务，长官是尚书令，副长官是左右仆射。皇帝通过中书省发号施令，让门下省负责审核，中书省和门下省都有封驳权，尚书省则专管诏令的执行。尚书省下设"六部"，即六个职能部门，其中，吏部负责全国官吏的任免、升降、调动等事务；刑部负责审定各种法律，复核各地送部的刑名案件；礼部负责科举考试和外邦往来的事务；兵部负责兵将、军械、军令等军事事务；户部负责国家的户籍、田地、赋税等财政事务；工部负责营造工程屯田、水利、工匠等事务。

隋唐时期的三省六部制替代了原来的三公九卿制，大大提高了决策的正确性和行政效率，有利于中央集权和政令贯彻。三省六部制将决策与行政分开，是一种先进的政治理念和政治措施，对后世的国家体制产生了深远影响。

唐朝时期标志着我国古代中央集权制的基本成熟，以三省六部制为代表的中央行政体制、以科举制为代表的选官用人制度、维护官僚队伍廉洁高效的监察制度，是中国古代政治制度高度成熟的体现，这既是大一统中央集权国家发展的需要，又反映了社会结构的变化，不断吸纳新生力量以保持统治基础的稳固。

2. 科举制

科举制是我国古代通过考试选拔官吏的一种制度，开创科举制是官僚制最大的转变之一。公元590年，隋文帝初创科举制度，创立分科考试的方式选拔官员，隋炀帝建立进士科。唐太宗增加了考试科目，武则天首创殿试和武举。

取士科目，据《新唐书·选举志上》概括为岁举 、制举两种情况。岁举科目，有秀才、明经、俊士、进士、明法等。而明经有五经、三经、二经、学究一经、三礼、三传。天子自诏，以待非常之才，叫作制举。岁举是常选，每年都要举行一次。少数年份因天灾歉收、兵变动乱等原因暂停。岁举各科中，以进士、明经两科规模最大。进士科自高宗以后，越来越受应试者的垂青。缙绅虽位极人臣，不由进士者，终不为美。以至岁贡，常不减八九百人。应试人多，考中极少，因而当时将进士登科比作登龙门。明经科以熟读经书为主，考试较进士科为易，录取也不似进士科严格，因而在当时也有很多报考者。进士、明经两科之外，其余十科多不受人重视，往往无人报考，以至时开时停。

科举考试划分为不同等级，隋唐通过县试、府试两场考核，才算读书人，称作童生；通过省里举行的院试，才算真正有功名，是秀才，有资格进入官办学校学习，不用服徭役、参军。在乡试中，考生需经过由县级官员主持的考试，通过文、武科目的笔试，以选拔出一定数量的优秀考生进入下一轮会试。乡试主要考查考生的基本文化素养和知识水平。乡试考中的称举人，第一名称解元，举人的录取率大概为千分之一。会试在京城举行，每三年一次，全国录取二三百人，考中会试的称贡士，头名称会元。会试通过的由皇帝出题，一般只决定名次，第一名状元，第二名榜眼，第三名探花，此三人为一甲，叫进士及第；二甲多人，赐进士出身；三甲则赐同进士出身。中进士后会安排七八品官，在各个衙门实习几年，再外放当县官之类。

科举制度的创建，改善了用人制度，重才学而不重门第，打破了官爵世袭垄断局面，这种任人唯贤选拔政府官员的制度，为选拔下层优秀知识分子，提供了极好的通道，使各个阶层有才华的人都有机会为政府效力。科举制度在中国影响深远，为当时的美、英等国称奇，并借鉴了这种选拔制度，作为政府文员的聘用方法。但是，科举制度维护了封建统治，是造成中国封建社会长于他国的因素之一。它禁锢束缚了知识分子的创造性，致力于四书五经，忽视了实用性的学问，最严重的是阻碍了知识分子放眼看世界，是造成中国落后于西方的一种文化因素。所以，近代辛亥革命后科举制度被废止。

3. 府兵制的继承与变革

府兵制是中国古代一种兵制，这是一种世袭的、兵农合一的兵制。府兵平时为耕种土地的农民，农隙训练，战时从军打仗，参战武器和马匹需要自备。府兵制源起于北魏时期鲜卑人当兵、汉人务农的政策。这是一种民族隔离政策，鲜卑人高汉人一等，汉人没有资格当兵。府兵制开始施行于南北朝西魏和北周时，于唐朝天宝以后破坏，存在二百多年。为什么叫府兵？因为设立军事组织的单位叫"府"。这种"府"，在隋叫鹰扬府，在唐名折冲府，在这种兵府中的将佐称为"府官"，军士称为"府兵"。陕西关中民间有"西府""东府"的地域称呼，可能与历史上的府兵制有关。

隋文帝杨坚改革府兵制，将北周时期的府兵制与均田制进行整合，从而结束了府兵数十年间居无定所的状态，就此成为名副其实的民兵，使得府兵制度有了更为稳定的发展基础，但也为府兵制未来走向衰败埋下了伏笔。

府兵制虽有开国之功，却未能长盛不衰。公元749年，府兵制宣告结束，更是在唐玄宗时期被废止。贞观时期，出于对唐朝周边地区安全性及战略用途的考量，李世民将原有军府改为折冲府，数量共计634个，其中士兵的主要职责是守护京城安全，以及轮流驻守边境要塞之地。李世民进行大刀阔斧的改革，力求将府兵的效能与职能发挥到最大，府兵的社会地位与待遇均达到自北周创建以来的最高峰。

府兵制在战争频繁时期，确实起到了丰富武装的作用，但是战事的减少，社会逐渐趋于太平，府兵制的弊端就逐渐显现出来。到了唐高宗武则天时代，由于战事减少，士兵无所事事也不受重视，最后甚至有士兵逃跑的情况出现。高宗、睿宗统治时期社会奢靡，腐朽成风，土地兼并的现象自贞观时期以来最为严重，进一步摧残了均田制的经济体系，这也使得建立在均田制基础上的府兵制就此开始走向衰败。到了玄宗时代，防御线延长兵役繁重，府兵制终于再也无力支撑，就此衰败成为历史。天宝八载（749年），鉴于军府无兵可交，随停折冲府，府兵制终于废止。到唐玄宗李隆基即位，遍及大唐的折冲府竟然已经成为一具空壳，至此存在了二百多年，助力西魏、北周、隋、唐开疆扩土，保家卫国的府兵制正式宣告土崩瓦解。

唐朝中期，为增强军事力量，唐玄宗开始实行募兵制和节度使制度，那时的藩镇手中有钱，又有一方的行政大权，当然就掌控了募兵制。因为这种制度是雇佣关系，所以大家都不再为生计犯愁，因为他们在一定程度上觉得这是在为主人卖力，而不是为朝廷，但是这导致后来一些战役的被动局面，最后唐朝不可避免地走向了衰亡。所以，府兵制消亡的根本原因在于朝廷推卸了自己应担负的责任——养军队。只是，李世民的后人未能真正理解府兵制的基石是什么，只认为天下百姓都该服从皇家罢了，须知历来的社会不安，都是由百姓的生计出现问题而导致的。

4. 修订法律

开皇元年，隋文帝下令制定《开皇律》，整顿长期以来混乱的法律，将原来北周的宫刑、五马分尸、车裂等残酷刑法予以废除，并规定一概不用灭族刑。《开皇律》规定凡判处死刑的案件，须向中央机构大理寺三奏，得到批准后才能执行死刑，一定程度上杜绝了滥杀冤杀，对后世律法影响深远。唐《贞观律》《永徽律》，都是对《开皇律》的修订，其法律精神一直延续到清代。

公元645年的一天，长安城外刑场上，聚集了一批来自全国各地的都督、刺史和长史，这些官员要奉诏接受一次严肃的警示教育，观看两名贪腐官员的死刑执行。他们当中一个叫李太辨，一个叫席辨。李太辨担任长芦县令时贪赃枉法，朝廷派出监察官员展开质询，李太辨惶恐之下悄悄地找到他的上级沧州刺史席辨，以缣帛二百匹、绫罗三十匹进行贿赂，席辨受贿后就想方设法帮助李太辨逃脱罪责，事情败露后两人一同入狱，席辨受贿枉法的量级大大超过死刑规定，而李太辨单论行贿罪不至死，但他本就贪腐，二罪并罚须从重，因此判处死刑。这场撼动人心的廉政警示教育，让前来观看的官员唏嘘不已，他们对于律法的威严更是敬畏。而唐太宗对官吏贪腐明确表态："深恶官吏贪浊，有枉法受财者，必无赦免。"（《贞观政要》）据统计，唐太宗当政时期，仅公元648年一年，就查处了一千多名官员。

韦思谦（611年—689年）担任御史时曾大胆宣言："御史出都，若不动摇山岳，震慑州县，诚旷职耳。"他见到王公贵戚，也从不像其他官员一样，行跪拜之礼。"耳目之官，固当独立也。"监察官一向特立独行，而他所弹劾的褚遂良则是一个不寻常的人物。褚遂良，唐朝前期的贤臣，也是一位书法家，曾深为唐太宗李世民所倚重，是其去世前指定的两位顾命大臣之一。唐高宗继位后，对于褚遂良也颇为尊重，对于治国方策都要详细听取他的意见。褚遂良以往为官声誉良好，眼下又位极人臣，还有重要司法官员出面帮他说话。充分听取控辩双方意见之后，唐高宗终于做出了裁决。仅仅因为买了属下一块田地，占了些许便宜，褚遂良就背上了不当得利的罪名，不仅失去了宰相之位，还影响了大半辈子的清白声誉。唐朝依法治吏、从严治吏的决心和力度由此可见。

唐朝的法制特征还体现在不断完善的法典制定上，《唐律疏议》是中国现存最早、最完整、最具影响力的一部刑事法典，也是世界法典史上的杰作，成书于唐高宗时期。从唐朝建立政权，一直到臻于巅峰的开元之治，这一百多年间几代国家统治者在法制精神的引领下，打造了一个令后人久久仰望的唐朝盛世。它清明和谐的政治、繁荣昌盛的经济、开放多元的文化、包容天下的胸怀，不仅呈现出中国历史上最为璀璨夺目的气象，也书写下中华文明傲立于世界民族之林的一段光辉岁月。位列朝堂更需要行事严谨，贵为天子也不得随心所欲，优秀的国家治理者必然甘于自律，固守已然划定的制度红线，天下治平的美好梦想才能实现。

（二）经济状况

1. 农业的发展

隋唐时期农业有了较大发展。农业生产工具锄、铲、镰、犁都有大的改进。水利设施得到修复和新的开凿，从而更为广泛和完善。长期积累的犁地、播种、施肥、灌溉等一整套的农业生产经验得到推广，良种普遍使用，经济作物得到发展。

唐代生产工具的改进是农业生产水平提高的重要标志。唐代的犁已由直辕犁改进为曲辕犁。曲辕犁结构完备，装有犁壁便于深耕，配有犁评，可调节犁锋入土的深浅度，操作灵活省力，便于转弯，提高了耕作速度和质量。

唐代的水利事业有显著发展。唐前期的一百三十年间，见于记载的重要水利工程就有 160 多项，大多在北方地区。唐后期兴修的水利工程则以南方居多。兴建的渠、塘、堰均使大片田地受益，大大促进了农业生产的发展。随着水利事业进一步发展，灌溉技术也不断改进和提高。传统的辘轳、桔槔、翻车已被普遍使用，北方地区还出现了由人力或畜力转动的水车，长江流域则出现形状类似纺车、以水力旋转的筒车，均用以灌溉地势较高的农田。

隋唐两朝都建有严密的仓廪制度。形成正仓、太仓、转运仓、军仓、义仓、常平仓等组成的仓廪体系，敛集、储运、分配及调节从全国各地征收上来的实物，主要是谷物和绢帛两大类。隋朝时，西京太仓、东京含嘉仓和各地转运仓所储粮食，多者至千万石。天宝八载，官仓存粮达 9600 万石。杜甫在《忆昔》诗中赞天宝盛世，曰："公私仓廪俱丰实。"

2. 手工业和商业的发展

隋唐时期的手工业主要有官府经营的手工业与私营手工业。在农业、商业发展的基础上，主要的手工业部门如纺织业、制瓷业、造船业、矿冶业、造纸业、制茶业等都有较大的发展。

纺织业是隋唐主要的手工业部门之一，以丝织业和麻织业最为突出。隋及唐前期丝织品主要产地为今河南、河北地区，唐后期江南地区和四川地区发展超过北方。主要品种有绢、绫、锦、罗、绮、纱等。麻织品盛产于南方，棉织品以岭南地区和西北的西州（今新疆吐鲁番）为主要产区，毛织品主要产于今西北地区。隋时，四川蜀锦极为名贵，波斯锦于隋代传入中国后，中国人当时已能织出质量很高的仿波斯锦。

陶瓷制造业也有很大发展。越州的青瓷类冰类玉，晶莹剔透，邢州的白瓷类银类雪，质量很高。陶器以三彩陶俑，即"唐三彩"最为著名。唐后期瓷器逐渐被民间普遍使用，制作工艺也有提高。

3. 商业和城市的发展

在农业和手工业发展的基础上，商业也迅速发展起来。商业发展的显著特征有四点：一是政治中心城市的商业职能增强；二是唐后期南方的商业城市发展较快；三是集市的兴起，夜市的出现逐渐突破商品交换的空间和时间限制；四是出现了最早的汇兑业务。

隋朝西京长安是全国最大的商业中心，东有都会市（东市），西有利人市（西市），商贾云集。洛阳城内共有三市，东有丰都市（东市），南有大同市（南市），北有通远市（北市）。此外东都洛阳及各地首府、州、县商业也很繁荣。唐后期，南方商业发展更为迅速。地处南北枢纽要冲的扬州，以及西南中心城市益州尤为显著，时称"扬一益二"。长江流域地区的洪州、鄂州以及苏州、杭州都很繁荣。沿海城市，以广州为首，泉州、明州等也开始成为重要的对外贸易城市。

唐前期，较大规模的交易活动主要在城市中的市内进行，集市贸易虽然存在，但并不普遍。唐后期，商品经济的发展促使了集市贸易的活跃，这类交易以农具和农副产品为主，在农村交通要道上定期举行，有些后来逐渐发展为城镇。坊（里巷）和市（买卖之所）的界限在唐后期也逐渐被打破。商业活动逐渐扩展到市以外的区域，扬州、汴州等大城市出现了夜市，不再严格执行坊市分开、日落闭市等制度的规定。

唐代商品经济的发展，使商人势力大大增强。当时，许多资本雄厚的行商坐贾，根据行业特点，形成商帮，如盐商、茶商、米商、木材商、珠宝商以及对外贸易等，皆有商帮。这些人财大气粗，无所不能。不过豪商们攫取了大量的商业资本，却不扩大经营或者投资于手工业，而往往是购买土地或勾结官府发放高利贷。因此，他们本身具有浓厚的封建性，实际上对工商业的发展起到了严重的阻碍作用。

（三）文化状况

1．茶文化盛行

文化的发展与社会经济往往是相辅相成的，隋唐时期我国茶文化实现了兴盛和相对完善。唐代茶文化的发展可以用"比屋之饮"来形容，这就足以代表唐代茶文化的发展程度，茶饮已经深入民间，成为人们的生活必需品，饮茶之风盛行。茶文化既是通俗的，也是非常高雅的，这两者都具备十分丰富的内涵。当然，除宫廷茶饮以及大众茶饮之外，还有僧侣圈，人们的生活已经离不开茶。随着茶饮的盛行，人们烹茶的技术不断提高，很多人都参与其中，比如当时非常出名的陆羽、怀海和尚等，已经掌握了高超的烹茶技术，甚至将其发展为一门艺术。

文人与茶饮。在很多文学创作中都有茶的影子，比如白居易的《琴茶》、李白的《答族侄僧中孚赠玉泉仙人掌茶》等，其中包含古诗、绝句以及律诗等，采茶、制茶、饮茶、茶具、茶人、煎茶以及名茶等包含其中。唐代的文人喜欢以茶会友、以茶兴艺和以茶传道，茶饮在文人生活的地位大大提高，使得茶饮的文化内涵更加深厚。

当茶文化发展到一定高度的时候，相应的茶叶专著应运而生。公元780年前后陆羽撰写的《茶经》三卷就是我国第一部茶文化专著，也是我国茶文化史上的一座里程碑。

茶文化的传播。唐代文成公主入藏，就以茶作为重要陪嫁品传入西藏，从此，藏族人饮茶便成为一种时尚，甚至到了一种"宁可三日无粮，不可一日无茶"的地步。现在我们去藏族人家中做客，必然会接触到奶茶，这与历史上的茶文化传播有着密不可分的关系。唐朝文化对日本影响非常深远，茶文化在其中发挥了重要作用。日本派了很多遣唐使包括僧人来中国，他们从中国带去茶种，在寺院中种植，直到后来才逐渐从寺院走向民间，由此可见宗教对茶文化传播的作用。

2. 雕版印刷术的应用

无论是经济文化的发展，还是宗教传播和对外文化交流，都要求供应大量的复本图书。传统的传抄方法再也不能适应社会的要求了。人们迫切需要一种新型的、高效率的图书复制技术。于是雕版印刷在唐代得到初步发展。

唐代不仅有对印刷的迫切需要，而且也具备印刷术应用与发展的纸、墨、石刻、捶拓等物质基础和技术条件。特别是造纸技术，自汉代发明之后，经过一代一代人的努力，造纸原料不断扩大，技术不断改进提高。到了唐代造纸术更是发展到了高峰。产纸地区遍布全国，造纸作坊官、私并举。

在社会迫切需要和已具备的物质条件的历史背景下，雕版印刷在唐代得到应用，并且有了初步的发展。可惜，唐代的刻本，留存下来的太少。唐穆宗长庆四年（824 年），诗人元稹为白居易《长庆集》作序："白氏长庆集者，太原人白居易之所作。……二十年间，禁省观寺，邮堠墙壁之上无不书，王公妾妇，牛童马走之口无不道。至于缮写模勒，衒卖于市井，或持之以交酒茗者，处处皆是。"又自注说："扬越间多作书模勒乐天及予杂诗，卖于市肆之中。""模勒"二字，一般即解释为雕版印刷。说明当时唐代社会文化知识很普及，元、白诗作，一开始就在民间广泛流传，而且已应用了印刷术。

3. 天文历法、医学、建筑的成就

隋朝历法比前朝更加精密。公元 600 年，刘焯借由北朝张子信的数据，测定岁差为 76 年差一度，已接近准确值。公元 604 年，刘焯制定出《皇极历》。皇极历是中国古代现存最早给出完整的太阳运动不均匀改正数值表（日躔表）的历法。刘焯的定朔法代替以往的平朔法，是天文学史上的重大变革，即采用日行、月星速度不均匀性理论定出的节气立法（定朔法），比采用朔望月平均日数进行的推算（平朔法）更加准确。

唐朝天文学家僧一行在世界上首次测量了子午线的长度，他还与梁令瓒合作，铜铸制成黄道游仪与水运浑天仪。他在《大衍历》历书中运用二次差内插法并创新近似三次差的内插公式，为王恂等后人奠定基础。

在建筑学方面，隋朝有名的有李春、宇文恺与何稠。610 年，李春于现今河北省宁晋县洨河建造安济桥（又名赵州桥），是目前世界现存最古老的完好的大跨度单孔石拱桥。

隋唐时期，医药学获得了全面发展，并取得了突出成就。这主要表现在医事制度和医科划分的进一步完善和提高。隋朝医学相当发达，设有大医署。临床医学出现分科的趋势，大医署分为医学、药学两部分教授学生；医学又分为医、针、按摩、咒禁四科，其中医科又分成体疗（内科）、少小（小儿科）、疮肿（外科）、耳目口齿与角法（拔罐）等五个专业。隋朝对古医籍的整理较过去有了进步，尤其是对本草著作的整理研究，把中国古代药物学知识推向前所未有的高度。

与此同时，医学理论和临床实践也有了很大的发展。隋朝医学家巢元方的《诸病源候论》对病源症候学的研究、中医病理学的形成做出了杰出贡献。唐朝孙思邈等一批优秀的医药学家，全面地总结和发展了中国古代医学的成就。如孙思邈撰写的《千金要方》和补本《千金翼方》，论及药物之本、诊治之诀、针灸之法、养生之术，都是不可多得的医书。《新修本草》是中国最早的一本国家官修药书，成书于显庆四年（659 年）。这些医学巨著，对后世产生了深远的影响。另外，藏医学在这一时期也有了较大发展，中外医学交流也出现前所未有的蓬勃局面。

4. 诗歌"黄金时代"

唐朝将中国古典诗歌推向巅峰，唐诗得以发扬、流传下来。唐诗素来以题材宽广、流派纷繁、风格多样著称，受到后世推崇，成为文学史标杆。

唐朝之前，古体诗发展体系已经初步完善，古诗词类型多种多样，包括四言诗、五言诗、杂言诗、乐府诗等，其中以乐府诗更为鲜明和突出。汉朝开创的乐府诗在唐朝之前就已经发展壮大，包含歌、行、曲、辞等多种形式，实现了乐律与诗词的融合，称得上诗歌发展中的创新。乐府诗在魏晋南北朝得到传承与发扬，五言古诗被大力推崇并迅速走上巅峰，借此机会，骈俪形式的汉赋被激活并发扬，人们熟知的《观沧海》《停云》等都是这一时期的代表作。南北朝诗词的发展让我们看到了中国古诗词的潜力，也为今后唐诗的出现及发展奠定了坚实基础。

唐诗的发展汲取了魏晋南北朝古诗词的营养，也试图从文学作为学术的范畴中脱离出来，致力于探寻文学的特点、分类、创作规律等，并为此付出较多努力，相关著作有《典论·论文》《文心雕龙》《文选》等。在文学理论和文学批评体系建立的前提下，诗歌创作开始出现新的苗头和可能。

唐朝经济发展迅速，人民安居乐业且物质充裕，如此繁荣与安定的格局足有两百年，为更多文人安心创作提供了较好条件，间接推动了唐诗的形成与发展。

唐朝建立后，尊儒重道、广开言路，颁布经诗赋取士等一系列国策，对内政策宽松，对外则奉行"中国既安，四夷自服"，内外一视同仁，很多外域文化得以涌入，形成多民族文化的开放局面。政策的宽松与开放为唐诗的形成提供了强有力的保障。

唐朝是一个以文治国、大兴科举的朝代，即使是平民也可通过科举踏入朝堂。在稳定的社会环境及稳定的经济环境下，广大平民开始安心学习，加上严格的选拔机制，使得唐诗很快走入千万家并成为进入仕途的根本。唐朝在中央设立国子监总管六学，地方设官学，颁布《孝经》《论语》各一册，勒令勤学苦读，也为唐诗的快速形成添了一把力，推动了全民教育格局的快速形成。在全民教育格局下，唐朝上至官员，下至平民，都积极学习诗歌、创作诗歌，当然，唐诗作者的阶级层次分外明显，生活视野的多样性使得唐诗绚丽缤纷，唐诗得以空前壮大与繁荣。

二、隋唐时期的明德思想

隋唐时期是儒、释、道三种文化体系并存和竞争的时期，人们世界观、人生观、价值观具有多元性、交叉性和可变性。韩愈是站在儒家立场批判佛老的思想家，也是"唐宋八大家"的首位代表人物。他给唐宪宗上书《谏迎佛骨表》获罪，就是个例证。所以，这一时期的明德思想，既包括儒家的明德思想，也包括道家和佛家的明德思想。

（一）儒家倡导进取

在唐代，由于佛教和道教都很盛行，能坚持信仰儒学，并积极进取的人，已经大大减少，但韩愈、李翱则坚定地站在儒学的立场上大声疾呼，主张维护儒家思想的正统地位。相对于佛教的"苦海""随缘""自在"说和道家的"无为""自然""淡泊""宁静"说，儒家在人生观上更主张积极进取、有所作为，并将"立德、立功、立言"视为人生的"三不朽"价值。

韩愈（768 年—824 年），字退之，河南河阳（今河南孟州）人，汉族，世称"韩昌黎"，是唐代杰出的文学家、思想家、政治家。贞元八年（792年），韩愈登进士第，两任节度推官，累官监察御史。贞元十九年（803 年），因论事而被贬阳山，后历都官员外郎、史馆修撰、中书舍人等职。元和十二年（817年），出任宰相裴度的行军司马，参与讨平"淮西之乱"。元和十四年（819年），又因谏迎佛骨一事被贬至潮州。时任刑部侍郎的韩愈，因为谏迎佛骨，激怒了宪宗皇帝，被贬到潮州任刺史。韩愈任潮州刺史其实只有八个月，但是，他并没有消沉，而是以一种强烈的责任感和爱民之心，在潮州兴办教育和水利，传播中原地区先进发达的农业文明，选拔潮州的优秀人才加以任用。晚年官至吏部侍郎，人称"韩吏部"。长庆四年（824年），韩愈病逝，年五十七，追赠礼部尚书，谥号"文"，故称"韩文公"。元丰元年（1078年），追封昌黎伯，并从祀孔庙。

韩愈提出了著名的"道统论"，这是对儒学传统的概括。韩愈作《原道》，正式提出尧、舜、禹、汤、文、武、周公、孔、孟关于道的传授系统的论说，称自己继承了真正的孔孟之道，是儒学的正宗。在韩愈看来，仁是博爱，义是依循道德的行为，而心怀仁义即是道德。韩愈自信能够复兴儒学，并以此作为其历史使命。韩愈提出儒家道统，也有与佛家法统相抗衡的意思。

韩愈还继承了董仲舒的性三品说，将人性划分为上、中、下三品。他认为上品之人生来就能遵循道德标准行事，中品之人需要通过修养才能做到，而下品之人天生有劣性，只能通过强制手段来控制。韩愈作为文学家，还提出"文以载道"的主张，也就是文学作品要以传播明德为使命，应该成为明德之载体。与韩愈同时的唐代思想家、文学家李翱，曾师从韩愈学古文，协助韩愈推进古文运动，与韩愈是亦师亦友的关系。李翱一生崇儒排佛，认为孔子是"圣人之大者也"。他努力解释了韩愈的"道统"思想。同时，他依托儒家经典如《易传》《论语》《孟子》等，提出了"复性"的思想。他提出"性善情恶"说，认为人性中有"性"和"情"两个方面，性是善的，而情是恶的。他坚信人性本善，拥有仁、义、礼、智等德性。然而，情感的激发会导致邪恶行为。因此，他主张采取"复性"措施，如"无虑无思"和"慎独"，以保持心的寂然状态，坚守"择善固执"的修行，使自己在道德上得以提升。复性的方法是"视听言行，循礼而动"，做到"忘嗜欲而归性命之道"。李翱作《复性书》三篇，论述"性命之源"等问题。他还主张"文以明道"。他的散文平实流畅，富有感情色彩。

韩愈和李翱的思想不仅在唐代复兴了儒学，还对宋明理学的发展产生深远影响。他们是儒学的"子思学派"到宋明理学的中间环节，是儒学思想发展的重要承继者。他们的观点奠定了"新儒学"的理论基础，为后来的儒家学派提供了重要的思想支持。韩愈和李翱的思想贡献和影响深远，对儒学传统和中国文化的发展产生了深刻影响。

（二）佛家倡导奉献

佛教有"大乘"和"小乘"两个派系，据说来自古印度佛教的一次内部分裂。释迦牟尼去世后，新出现的佛教派别为"大乘"。大乘佛教主张可以在家修行，小乘佛教需出家修行。小乘佛教讲求即生断除烦恼，以追求个人的自我解脱为主，希望了生死、离贪爱、灭尽身智，是完全出世的。大乘佛教则认为单求自我解脱是不够的，在除断自己一切烦恼外，还应该修持成佛，建立佛国净土，让更多的人脱离苦海。因此，大乘佛教既是出世的，又强调适应世间、引度众生。大乘佛教认为，人先天的"心性"是清净的，只是后来遭到情欲的污染才变得不净。因此，其修行理论中包含顿悟的成分，也包含"普度众生"的奉献精神。《佛说无量寿经》认为，大众营营扰扰，如溺海中，佛教以慈悲为怀，施宏大法力，尽力救济他们以便登上彼岸。佛教的"众生"，既指处在生老病死之苦海中的一切人，也指包括人和动物在内的一切生命存在。

佛教诞生于古印度，自西汉末传入我国内地后，经过东汉、魏晋南北朝时期的广泛传播，已相继出现洛阳白马寺、扶风法门寺、嵩山少林寺等寺院。到隋唐之际，佛教便进入全盛期，开始中国化，并产生各宗派。隋文帝、炀帝皆崇佛，广建佛寺、佛塔，使隋朝佛教经典迅速增多，民间佛经，多于六经数十倍。唐朝21位皇帝除后期武宗外，都不同程度地崇佛，高祖支持修建佛寺，把京城一座宅第赠给僧人昙崇，并赐名清禅寺。唐太宗曾将一部分佛经赠给五品以上的京官和诸州刺史，贞观十九年（645年）春正月，玄奘法师从天竺取经回到长安。时太宗在洛阳筹划征高丽的战争，西京留守、宰相房玄龄遣官迎接玄奘。当玄奘进入长安城里，朱雀门街，大道两旁，数十万僧尼、官吏、百姓迎候，"人物喧拥，取进不前"。遵照太宗的旨意，房玄龄将玄奘安置在弘福寺，弘福寺是太宗为其母太穆皇后窦氏所修建。二月，玄奘赴洛阳拜见太宗，太宗盛情接待，并劝玄奘还俗当官。玄奘不肯，太宗便命他撰写途经西域的见闻，玄奘从洛阳返回长安后，在弘福寺开始翻译佛经。

贞观二十年（646 年）七月，玄奘将所译佛经五部及由他口授，经辩机记录、整理，又经他审订的《大唐西域记》，奉表上奏，唐太宗看后亲笔答复。玄奘大喜过望，又奉上《重请御制三藏圣教序表》，请太宗为其新译佛经写序。贞观二十二年（648 年），玄奘接到唐太宗所撰《大唐三藏圣教序》，太子李治读完父皇《大唐三藏圣教序》以后，兴奋异常。于是才华横溢的他，援笔立就，写成一篇同样传世的名篇《述三藏圣教序记》。他说"夫显扬正教，非智无以广其文；崇阐微言，非贤莫能定其旨"。

在以上佛教活动日益兴盛的氛围内，皇太子李治很自然地把崇信佛教与思念慈母结合起来，同年末在晋昌坊为已故文德皇后长孙氏建造的慈恩寺落成。度僧 300 人，住在慈恩寺内 63 座院落，太子李治命令玄奘法师为该寺上座继续翻译佛经。玄奘一番推辞之后，感谢皇太子的关照。在玄奘法师从弘福寺移居慈恩寺的当天，朝廷举行了隆重的典礼，唐太宗和皇太子李治、后妃等在安福门城楼上，执香炉临送，观礼者达数万人。

玄奘法师是中国历史上著名的佛学家、翻译家和旅行家，他为中外文化交流做出了很大的贡献，成为中华民族的骄傲。玄奘法师是伟大的，也是幸运的，他的事业成功，不仅因为他勤奋好学，历经磨难，还由于他赶上了好时代，遇上了两位支持佛教的皇帝，唐太宗、唐高宗支持他的译经等佛事活动。特别是唐高宗李治，崇信佛教，与玄奘法师关系密切，关心、保护、支持他的事业，见证了玄奘法师在弘福寺、慈恩寺、西明寺、玉华寺译经的全过程。因此，在玄奘法师的历史功绩中，也有唐高宗促进唐代佛教文化发展的重要贡献。

（三）道教倡导贵德

道教正式创立于东汉末年，其标志是太平道和五斗米道的出现。南北朝时期经过葛洪、寇谦之、陆修静、陶洪景等人努力和改革，道教成为与佛教并列的中国正统宗教之一，也成为中国传统文化的一部分。老子说："道生之，德畜之，物形之，势成之。是以万物莫不尊道而贵德。道之尊，德之贵，夫莫之命而常自然。故道生之，德畜之，长之育之，亭之毒之，养之覆之。生而不有，为而不恃，长而不宰，是谓玄德。"（《道德经》第五十一章）

自南北朝以来，形成世袭的特权阶层，他们总希望长期活下去，即使不能永生，也想长寿。道教为了迎合他们的精神生活和肉体生活的需求，向他们推销养生、服食、炼丹等宗教内容。道教外丹教法在南北朝隋唐盛行不衰，即得力于上层贵族特权阶层的信奉和支持。晋室东渡以后，文化思想与政治局面，互相影响。社会不安与思想散漫，达百余年之久。外有佛教文化源源输入，内有道士神仙思想的普遍发展，促使中国文化中儒、道两家学术的再度融合，使新兴宗教——道教逐步定型。

唐朝初期曾奉道教为国教，道士提高地位，甚至享有犯法不受俗制处罚的特权。李渊、李世民因为姓李，便下诏宣称自己是老子的后代，其实是想借助老子来提高自己的出身门第和唐王室的地位，通过说明自己是老子的后代，来加强皇帝的权威，也阐明政权来源的合法性。

唐玄宗李隆基也是著名的崇道者。他公开说自己梦到过老子。其实，他是想通过神化老子为自己的李唐王朝找到一个有力的保护神，利用道教教主老子控制人心，为巩固其统治服务。加之道教那些起死回生、长生不老、呼风唤雨、避灾消祸的说教，正是广大百姓所憧憬的东西。因此，玄宗不断追封老子封号，甚至到了无以复加的至尊地位。在他看来，道教中的《道德经》等经典著作对治理国家大有用处，是"以道化人"的重要工具。这些著作推广下去，可以让人民"不争"，形成淳朴的民风，这样一来想要实现长久的统治也就是一件易事了。同时他认为可以借用道教达到"惩恶劝善"的目的，道教所具有的这一功能是玄宗乐于推广道教的又一重要原因。为了使道教思想更加深入人们的生活，玄宗对道教的主要传播者——道士和修士们礼遇有加，道士张果便深得唐玄宗的宠信，玄宗甚至一度想将自己的亲妹妹嫁给张果为妻。

道教在发展的过程中形成了众多的流派，但是都以修仙为目的。古人热衷于修仙，这是一种超越生命之局限的理想。道教就是古人追求这种理想的过程中形成的，成仙是道教徒的最终目标，他们坚信达成此目标之后便可以实现长生。道教中提出的成仙理念被许多唐朝文人接受，李白便在其中。

蜀中时期的李白即已漫游名山、隐居学道，结交道士、仙人。这个时期的李白还没有接触丹药，所以他此期的诗文也很少涉及炼丹服食。李白在政治抱负落空后，无颜回家，于是东游梁宋访道嵩山，在嵩山期间，李白访道求仙的热情空前高涨，他曾去寻访开元年间的著名女道士焦炼师。焦炼师在当时颇具盛名，有着超高的修为，被很多人尊为"女神"。李白想拜其为师，可惜无缘与之相见。

开元二十年（732 年）冬，李白的两位道友元丹丘和元演来访，随后三人一起去随州拜访了胡紫阳。胡紫阳也是唐代的著名道士，曾被朝廷召为道门威仪和天下采经使。在这个过程之中，李白不仅结交了许多志趣相投的道友，而且还从名师胡紫阳那里学到了许多求仙的知识。正如李白自己所说"予与紫阳神交，饱餐素论，十得其九"。

从小就受过道家思想熏陶的李白，曾经说："十五游神仙，仙游未曾歇。"但是，儒家的"经世之志"，也曾影响过李白，使他关心政治、积极参与，从他的诗句"天生我材必有用"可以看出他对投入政治的自信。最终的结果也许出乎李白的意料，他在政治上很快就失意了。失意的原因之一，就是他所具有的道家情怀。也就是说，本来具有道家情怀的李白，很难适应与复杂人事相关的政治生活。政治上的失意，使李白潜意识中的道家情怀迸发出来。就像陶渊明那样，在经历仕途的体验之后，李白开始重新发现自我："我本楚狂人，凤歌笑孔丘。"李白自称他有三十年的学道历史："学道三十春，自言羲和人。轩盖宛若梦，云松长相亲。"李白的道家情怀，就是自由的"漫游"，"游玄""游仙""游山水""游酒"。作为"饮中八仙"之一的他，用杜甫的描述就是："李白一斗诗百篇，长安市上酒家眠。天子呼来不上船，自称臣是酒中仙。"李白《将进酒》诗所说的"人生得意须尽欢，莫使金樽空对月。……古来圣贤皆寂寞，唯有吟者留其名"、《行路难》诗所说的"且乐生前一杯酒，何须身后千载名"等，就是李白的"游酒"之境。正是在这些"漫游"中，李白回到了"自我"。

李白嗜酒，千古闻名，他在诗中反复申述饮酒之乐。以《将进酒》为例，这首诗将豪放不羁的气势发挥得淋漓尽致。"与尔同销万古愁"一句，指出酒具有"销万古愁"的重要作用。时光飞逝，沧海桑田，转瞬即逝，人生苦短，所以在"得意"之时"须尽欢"。李白喜酒，喝到高潮酒意正浓之时，就伴之以舞蹈助兴。"出舞两美人，飘飘若云仙。留欢不知疲，清晓方来旋"，是对现实歌舞的描写，也是对天上神仙娱乐生活的遐想。到了晚年，李白依旧没有减弱对炼丹修仙的热情，写下了"三载夜郎还，于兹炼金骨"的句子，表达了自己想要炼丹的心情。

李白对于神仙自由生活的渴望、对于仙界的向往和对于金丹之事的信奉热情始终不减，一生都在做着神仙梦。"我本不弃世，世人自弃我。""仙人如爱我，举手来相招。"他的才能在社会上得不到应有的重视，于是他才想象理想中的仙人是会爱戴他的。李白通过大胆的夸张和飘逸的浪漫，将现实的人生表现得惊天地、泣鬼神、撼山岳、震江河。道教使李白整个人和诗都携带着一股势不可挡的豪气和仙气，表现出壮阔、飘逸、雄浑、辽远的诗歌境界。

李白有着"谪仙人"的称号。"谪仙"就是因罪由天上的神仙世界被流放到尘世的仙人，在人间只能算是暂时的寄居，当在人间经历足够的磨难之后，就可以重新回到天上继续当神仙。李白的"谪仙"之名是贺知章提出来的。贺知章赋予李白"谪仙人"称号，既符合李白追求仙境的精神追求，又深深契合了他桀骜不驯的个性。自此以后李白便以"谪仙"为人生定位，其心性行为、诗歌创作等诸方面都有意识地开始追求一种超凡脱俗的仙风。

三、隋唐时期的明德故事

（一）隋文帝躬行节俭

中国历史上各朝代的皇帝中，有许多以节俭闻名的皇帝，其中就有隋文帝杨坚。隋文帝杨坚以史为鉴，懂得"俭以得国，奢以失国"的道理。为了隋朝的长治久安，杨坚躬行节俭政治，成为中国历史上廉政文化的一个范例。

戒奢从俭，杨坚首先从自己做起。他自俸甚薄，是中国历史上有名的节俭皇帝。杨坚规定，六宫妃嫔，穿过和洗过的旧衣服，都要再穿；外出所乘的车轿等物，尽量不做新的，有的地方破了，补一补再用。日常饮食，只要不是举行宴会，最多只有一个肉菜。大臣苏威见宫中以银铸帐幕钩，向杨坚盛陈节俭之美，杨坚立即为之改容，下令雕饰旧物完全除毁。有的官吏给杨坚送干姜，用布袋装着，他认为太耗费，大加谴责。他去进香，有关部门官吏用毡袋装香料，他认为太靡费，竟然用竹板打了送香料的官吏，引为后戒。杨坚所穿的衣服，多是布帛所做，很少用绫罗绸缎。

杨坚的节俭，还表现在后宫的清简，以及对后宫和皇子的约束上。杨坚经常教育他的儿子注意节俭。有一次太子杨勇因为在一副蜀地出产的铠甲上刻上花纹，就被批评奢侈。杨坚命人取出一件他穿过的旧衣服，留在杨勇那里，警戒其不要奢靡，又把他以前佩带过的一把刀子和杨勇当年任上士时常吃的菹酱一盒，一并赐给杨勇，戒其不忘昔时之事，告诫自己的儿子在生活中要节俭。

隋文帝躬行节俭，能深刻体察百姓的疾苦。他每天上朝处理各种政事，从一大早入朝，直到太阳落山才下朝。虽然十分辛苦，但隋文帝始终做得认认真真，不敢有丝毫懈怠。有时他坐着车子外出视察，只要在路上见到拿着状纸要去上告的人，他就命随从停下马车，亲自过问一番。有时，他还悄悄地派出一些人，去观察民情风俗、百姓疾苦，考核各地官员的政绩得失，以了解一些社会的真实情况。

有一年，吴中地区闹饥荒。隋文帝派人去看看百姓在吃什么。派去的人回来报告隋文帝，说百姓十分艰苦，吃的和猪狗一样，然后把收集回来的豆皮米糠拿给隋文帝看。隋文帝看后伤心流泪。

第二天一上朝，隋文帝就把豆皮米糠拿出来给大臣们看，深深自责地说："你们看看，老百姓吃的就是这种东西，这哪是人过的日子。我对不起百姓啊！"说着，隋文帝又落下眼泪，大臣们都很受感动。

隋文帝并不是装装样子，他是确确实实责备自己的过失。为此，他把平时已经较为简单的饭菜又减去了不少，并且不喝酒不吃肉，这样坚持了将近一年的时间。除此之外，他还亲自带领饥民到洛阳去寻食度日，命令城中的卫兵不许驱赶逼迫逃荒的人。有时，隋文帝见到扶老携幼的人群，就把马匹赶到一边，让出道来，请百姓们先走。

隋文帝之所以要把节俭当作治国的法宝，是因为他长期生活在上层贵族当中，深切地认识到那种奢侈糜烂的生活，既消磨了人的意志，养成懒惰享受的恶习，又会对百姓搜刮太凶，激起百姓的反对。他厉行节俭，因而对百姓的剥削大为减轻。他实行诛杀，因而豪强官吏不敢过分作恶，也就有助于节俭政治的施行。隋文帝在位24年，《隋书》说他"躬节俭，平徭赋，仓廪实，法令行，君子咸乐其生，小人各安其业，强无陵弱，众不暴寡，人物殷阜，朝野欢娱。二十年间，天下无事，区宇之内晏如也"。

（二）秦琼卖马

秦琼，字叔宝，齐州历城（今山东济南历城区）人，凌烟阁二十四功臣之一，隋末唐初名将。唐统一后，秦琼久病缠身，于贞观十二年（638年）病逝。生前官至左武卫大将军、翼国公，死后追赠为徐州都督，改封胡国公。

秦琼自幼受高人传授，名人指教，马上步下，长拳短打，十八般武艺样样精通，而且超出一般，并且秦叔宝自幼好学，兵法学问颇有造诣，又熟知礼仪，为人仗义，事母至孝。

秦琼卖马，不仅是一则生动的历史典故，更是对人性中那份坚韧与自尊的深刻诠释。隋朝末年，英雄秦琼因身染重病，身处异乡，盘缠耗尽，生活陷入困境。幸好秦琼有一样东西可以换些钱，暂时渡过难关，那就是他的坐骑黄骠马。秦琼自然知道黄骠马的身价,要卖也得卖给配得上这马的英雄。当时离他落难之地不远处有一个二贤庄,那里云集着大量好汉。秦琼就打算去那儿找买家。这一去,便结识了单雄信、王伯当等豪杰。英雄相惜,不仅不用卖马,久仰秦琼大名的单雄信还给马配上了金镫银鞍,补充了秦琼所需的盘缠。

面对困境,秦琼毅然决定卖掉自己心爱的黄骠马,以筹集医资。这一决定,既彰显了他的自尊和自强,也体现了他对他人的尊重与诚信。黄骠马对于秦琼而言,不仅是一匹良驹,更是他多年征战、历经风雨的伙伴。卖掉黄骠马,无疑是对他过去辉煌岁月的一种割舍。然而,秦琼深知,自尊和诚信远比一时的困苦更为重要。他选择了坚守自己的道德底线,以诚实劳动换取生活所需,这种高尚的品质,赢得了他人的尊重和帮助。

在卖马的过程中,秦琼的诚信和正直也感染了周围的人。他的故事传开后,人们纷纷伸出援手,帮助他渡过了难关。最终,秦琼不仅医好了重病,还得到了新的机遇,继续他的英雄之路。

秦琼卖马的故事告诉我们,在困境中坚守道德底线,保持自尊和诚信是多么重要。这种美德不仅能够帮助我们赢得他人的尊重和帮助,还能够激发我们内在的潜能,让我们在困境中崛起,迎接更美好的未来。

在新时代,我们同样面临着各种挑战和困境。然而,只要我们坚守道德底线,保持自尊和诚信,就一定能够克服困难,实现自己的梦想。秦琼卖马的故事,应该成为我们学习和传承的典范,激励我们在新时代的征程中,不断前行,追求卓越。

（三）宰相宋璟不树私恩

宋璟,生于龙朔三年（663 年）,出生在书香门第的家庭,从小就受到了良好的教育。他以优异的成绩考中了进士,开始了他的政治生涯。宋璟历上党尉、凤阁舍人、御史台中丞、吏部侍郎、吏部尚书、刑部尚书等职。开元十七年（729 年）拜尚书右丞相。经武曌、中宗、睿宗、殇帝、玄宗五朝。一生为振兴国家励精图治,与姚崇同心协力,把一个充满内忧外患的唐朝改变为政治、经济、文化、军事处于世界领先地位的大唐帝国，史称"开元盛世"。宋璟一直秉持着清廉的原则，不畏权贵，不畏小人，始终坚守着自己的明德信念。

1. 情系民生

从古至今，民生问题往往关系到社会的稳定、经济的发展，甚至国家的存亡。宋璟始终坚持爱民恤物，竭力为百姓办实事，受到了百姓的尊敬和爱戴。神龙元年（705年），贝州水灾，百姓受困。当时，宋璟任贝州刺史，而贝州是武三思的封邑。武三思不顾灾情，执意派专使去征收租赋。宋璟不畏惧武三思的权势，帮助百姓拒绝缴纳，保护了百姓的利益。开元三年（715年），宋璟任广州都督，看到当地百姓用竹子和茅草建房子，极易引发火灾，就教他们用烧制的砖瓦来盖房，有效预防了火灾等问题，改善了当地民生。百姓感佩他的功绩，立了遗爱碑。

开元五年（717年），宋璟在随同玄宗巡视东都洛阳时，行至崤谷，因为山高，道路狭窄，车骑拥堵，迟迟不能往前行进。玄宗非常生气，当即下令，要将河南府尹李朝隐和负责旅途事务的知顿使王怡撤职查办。宋璟劝谏说，陛下第一次巡幸如果就因为道路不好治罪两名大臣，很可能会造成各地官员征调大批劳役凿山开路，大兴土木，劳民伤财，损害陛下恤民兴世之明。玄宗听后，冷静下来，最终免去了两人之罪。宋璟此举，尽到了辅佐玄宗之职，也体现了他时刻为百姓考虑、体察民情的高贵品质。

2. 有脚阳春

神龙元年，宋璟迁任礼部侍郎。这年冬天，以张柬之为首的朝臣发动神龙政变，杀死了张易之、张昌宗兄弟，逼迫武则天退位，传位于太子李显，是为唐中宗。中宗李显非常赞赏宋璟的忠直，继位之初即诏命宋璟兼任谏议大夫，不久又擢升为黄门侍郎。神龙政变后，武三思在韦皇后和昭容上官婉儿的帮助下，位列宰相，形成了一个以韦氏为首的武、韦专政集团，朝廷大权尽皆落入韦皇后和武三思之手。武三思以私事请托于宋璟，遭到严词拒绝。宋璟警告武三思说："你如此飞扬跋扈，干预朝政，难道不记得当年吕产、吕禄的可悲下场吗？"

神龙二年（706 年），京兆人韦月将上书中宗，指斥武三思"潜通宫掖，必为逆乱"。武三思气急败坏，唆使手下爪牙诬陷韦月将大逆不道，罪在不赦。中宗李显遂下令将韦月将处死。宋璟拍案而起，请求查实案情以后再作结论。中宗怒不可遏，申斥宋璟说："朕已决定斩首，尔还有何话可说？"宋璟寸步不让："人言皇后与三思有私情，陛下不查清案情便匆匆问斩，臣恐会招致天下人议论。"中宗愈发愤怒不已。宋璟面无惧色："请先诛臣，不然，终不奉诏。"面对宋璟的刚毅不屈，中宗无可奈何，不得不做出让步，免除了韦月将死刑，发配岭南。宋璟也因此被挤出朝廷，外放为贝州刺史，后又转历杭、相二州，迁任洛州长史。其无论任职何处，都"政清毅，吏下无敢犯者"。

唐隆元年（710 年）六月，临淄王李隆基联合姑姑太平公主，在长安城发动唐隆政变，杀死了韦皇后、安乐公主，彻底剿灭了韦氏集团，少帝李重茂被迫禅位于叔父李旦，是为唐睿宗，立李隆基为太子。睿宗召宋璟入朝，拜为吏部尚书、同中书门下三品。宋璟一改朝廷长期以来任人唯亲的积习，提出了用人"虽资高考深，非才者不取"的准则，并且不顾太平公主等人的反对和阻挠，罢去昏庸官员数千人，朝廷面目为之一新。

由于太平公主在唐隆政变中立下大功，又深受睿宗李旦的宠爱与信赖，在朝野的势力迅速膨胀起来。太平公主野心勃勃，欲做"武则天第二"，而要达到这个目的，必须首先除掉横亘在前进道路上的最大障碍，她认定这个最大障碍就是太子李隆基。于是，太平公主联合各派政治势力，千方百计谋害太子李隆基。眼看李隆基的太子地位岌岌可危，宋璟焦急万分，联合宰相姚崇密奏睿宗，请求采用调虎离山之计，将太平公主与武攸暨安置到东都洛阳，以阻止其阴谋的进一步实施，保护太子不受侵害。

宋璟因此惹怒了太平公主，被贬为楚州刺史，后又转历魏、兖、冀三州，调任河北按察使，迁幽州都督，兼御史大夫。不久，转任国子祭酒，兼东都留守。一年以后，调任京兆尹，复拜御史大夫，后又出为睦州刺史，转广州都督。"广州旧俗，皆以竹茅为屋，屡有火灾。璟教人烧瓦，改造店肆，自是无复延烧之患，人皆怀惠，立颂以纪其政。"（《旧唐书·宋璟传》）朝野盛赞宋璟为"有脚阳春"。这是对官吏施行德政的颂词。典出五代王仁裕《开元天宝遗事·有脚阳春》："宋璟爱民恤物，朝野归美，时人咸谓璟为'有脚阳春'，言所至之处，如阳春煦物也。"

四、隋唐时期的明德人物

（一）充满传奇色彩的李靖

在历史的滚滚长河中，有些人物以其非凡的才华和高尚的品德，如金子般熠熠生辉，李靖便是其中之一。他的一生，犹如一部波澜壮阔的史诗，充满了传奇色彩。

李靖（571年—649年），今陕西三原人，是唐朝初年著名的军事家、政治家。李靖出生于一个显赫的家庭，自幼便展现出过人的才智和胆识。他勤奋好学，博览群书，不仅精通兵法战略，还具备深厚的文化素养。然而，他并没有因此而骄傲自满，反而更加谦逊低调，不断追求进步。

李靖的军事才能尤为突出。他善于运用兵法，能够准确判断敌情，制订出切实可行的战略计划。在多次战役中，他指挥若定，屡建奇功，为国家的统一和安定立下了赫赫战功。他的军事成就不仅赢得了皇帝的赞赏和百姓的敬仰，更在后世传为佳话。

公元618年，李渊在长安称帝，创立唐朝。就在同一年，中华大地上称帝的人有十多位。因此李渊面临的第一重任就是平定天下。在此过程中，追随二皇子李世民的李靖南征北战、屡建奇功，迅速在唐军中显露头角。在李靖的率领下，一支唐军东进攻打洛阳，目标是在洛阳城称帝又不愿臣服于唐的王世充。攻城战役刚刚打响，盘踞于湖北荆州、一直对北方虎视眈眈的后梁国君萧铣乘机偷袭唐军的后方，觊觎唐领地湖北宜昌一带。如果宜昌失守，后梁军队便可长驱直入直捣长安。情势紧急之下，李渊将李靖紧急回调，命其驻守四川奉节，随时准备阻击萧铣，固守长安。宜昌守城唐军溃败后，李靖的防守压力顿时急增。奉节守卫战打响之初，面对数倍于己方兵力的后梁军队，李靖的守军几度失守，李靖差一点儿因贻误战机被李渊下令处斩。幸而，在最后一次决定生死的守卫战中，李靖赤膊上阵，带领八百将士冲锋陷阵，一举击溃了后梁军队，并俘获了对方近万人，谱写了中国历史上以少胜多、以弱胜强的一次经典之战。奉节捷报传到长安，正在焦急等待战况的李渊喜出望外，激动地说道："果然是使过优于使功，李靖能够戴罪立功，要给予嘉奖。"李渊还提笔亲书给李靖，信中说："旧事不再提，旧往不再咎。"李靖再接再厉，一鼓作气攻打后梁，仅用了不到两个月时间就灭掉了萧铣的溃军。后梁是当时割据南方实力最强的国家，除掉后梁，唐向南、向东统一全国的形势顿时明朗。而李靖对此功不可没。

除军事才能外，李靖还具备高尚的品德。他忠诚国家，孝敬父母，关爱百姓，以身作则，严于律己，为官清廉，为民请命。他的品德和行为，赢得了人们的广泛赞誉和尊敬。他的才华和品德，不仅是他个人的荣耀，更是中华民族的骄傲。他用自己的实际行动诠释了什么是真正的英雄和楷模。

（二）贴心大管家长孙无忌

长孙无忌（594年—659年），字辅机，河南洛阳人，鲜卑族，唐朝宰相、外戚，隋朝右骁卫将军长孙晟之子，文德皇后之兄。作为唐代的杰出政治家和辅佐唐太宗的重要谋士，长孙无忌就像一位贴心的大管家，时刻关心着国家的兴衰和人民的福祉。

贞观年间功臣济济，就才能而论，长孙无忌在谋臣猛将、良宰贤相中绝对算不上突出，但他却位居凌烟阁二十四功臣之首，他不仅是太宗的心腹，且受托辅佐高宗，成为唐初政治史上的特殊人物。这取决于他在关键时期、关键问题上发挥了扭转乾坤的决定性作用。长孙无忌与妹妹一同在舅父高士廉家中长大，受到很好的文化教育，高士廉早在李渊父子太原起兵之前，就发现李世民是个非常之人，把长孙无忌的妹妹嫁与李世民，后来李世民做皇帝，册封长孙氏为皇后。长孙无忌的年龄与李世民相仿，二人从小交往友善，妹妹嫁给李世民后，两人关系更加亲密。

在玄武门事变中，长孙无忌称得上是首功之人。在酝酿政变时，他态度坚决，竭诚劝谏；在准备政变时，他日夜奔波，内外联络；在政变之时，他不惧危难，亲至玄武门内。所以唐太宗至死不忘长孙无忌的佐命之功，临死前仍对大臣们说："我有天下，多是此人之力。"

李世民即位后，拜长孙无忌为宰相，在一些重大事务上发挥了重要的作用。在立太子问题上，他力挺李治获得成功，唐太宗临终前，将辅佐李治的重任托付于长孙无忌和褚遂良。高宗即位后，立即拜长孙无忌为太尉，兼检校中书令，知尚书、门下二省事，长孙无忌辞去了知尚书省事，但仍任太尉同中书门下三品。唐高宗即位初年，实际执政的是长孙无忌。长孙无忌忠实执行唐太宗的遗训，继续推行贞观政治，贯彻均田令，社会经济进一步繁荣发展。高宗永徽年间，唐朝在政治、经济、文化、法律、军事各方面都比贞观时期有所发展，被史家誉为"永徽之治"，常与"贞观之治"相提并论。

长孙无忌的勤勉精神也是人们所称道的。他对待工作兢兢业业，一丝不苟，无论是处理政务还是辅佐皇帝，都能够尽心尽力、尽职尽责。他时刻关注国家的各项事业和百姓的生活状况，积极解决各种问题和矛盾，为人民创造了一个安定和谐的社会环境。

（三）仁爱诗圣杜甫

杜甫出身于官员之家，算起来是官三代。他的祖父杜审言是当时的著名诗人，曾经在中央和地方都做过官，父亲杜闲曾经做过县级官员。杜甫的母亲去世很早，但因为家境不错，父亲和姑母对他照料有加，他的青少年时代过得很惬意。

杜甫从小好学，记忆力超强，七岁就能作诗，但一直相当顽皮，运动能力超强，"忆年十五心尚孩，健如黄犊走复来。庭前八月梨枣熟，一日上树能千回"。年纪稍长，到处游荡。十九岁时，出游山西。二十岁时，漫游吴越（今浙江、江苏），五年后回洛阳参加科举，落榜后即去漫游齐赵（今山东、河北）。约在三十岁时，暂返洛阳，与父亲当过司农少卿的杨姑娘结了婚。三十二岁时，杜甫在洛阳遇到李白，不久又遇到高适，于是结伴游梁宋（今河南开封、商丘），后来李、杜又到齐州（今山东济南），分手后又遇于东鲁（今山东兖州）。

杜甫说自己的旅游生涯，"放荡齐赵间，裘马颇清狂。春歌丛台上，冬猎青丘旁。呼鹰皂枥林，逐兽云雪冈""思吴胜事繁""越女天下白""论交入酒垆""已具浮海航"，总之是令人羡慕的生活，"快意八九年，西归到咸阳"，直到三十五岁那年才回家安居和追求功名事业。

杜甫于二十四岁那年第一次参加科举考试，"忤下考功第"，文章不合时宜而落榜。三十六岁时，再次参加朝廷临时增设的恩科考试，权相李林甫制造了"野无遗贤"的盛世假象来奉承皇帝英明，参加者无一人中试。长辈离世，儿女出生，杜甫不得不负担起家长的责任。为了实现"致君尧舜上，再使风俗淳"的理想，为了保住"奉儒守官"家族的面子，为了活命养家，杜甫只好到长安求职，"朝扣富儿门，暮随肥马尘"，奔走权贵之门而毫无结果。在长安漂泊十年，没有谋到一官半职，终于一家陷入贫困，"卖药都市，寄食友朋"，靠卖药和朋友救济养家糊口。三十九岁时，杜甫成为预备干部；四十三岁时，才成为右卫率府胄曹参军，一个看守甲仗兵器、管理门禁锁钥的八品官。

但当这个仅能解决酒钱的小官，很快就因为安史之乱叛军攻占长安而结束了。杜甫历尽艰险，逃出城外，千里投奔唐肃宗，当上了左拾遗，可不久又因为替打了败仗的将领说话，被皇帝贬出京城做地方小吏，但微薄的俸禄在战乱、天灾、物价飞涨中无法糊口，一年后只好弃官；跟家小团聚，找了个地方去隐居，去了后却发现根本没法活，全家差点饿死，只好翻山越岭去了成都，暂得安居，并因当高官的朋友关照，获得了检校工部员外郎的官职。

梁启超《情圣杜甫》中称杜甫为"情圣"，"因为他的情感的内容，是极丰富的，极真实的，极深刻的。他表情的方法又极熟练，能鞭辟到最深处，能将他全部完全反映不走样子，能像电气一般一振一荡地打到别人的心弦上"。

杜甫对朋友非常重情义。他为朋友流泪、担忧，与李白的故事历来传为美谈。杜甫十分同情穷苦百姓。"穷年忧黎元，叹息肠内热。""安得广厦千万间，大庇天下寒士俱欢颜，风雨不动安如山。呜呼！何时眼前突兀见此屋，吾庐独破受冻死亦足。"他对下层社会的歌姬舞女也充满柔情，数有诗咏，欣赏其才艺，尊重其人格，同情其遭遇，而不居高临下或举止猥琐。

杜甫对妻子儿女、兄弟姐妹的亲情极其动人。"露从今夜白，月是故乡明。有弟皆分散，无家问死生。寄书长不达，况乃未休兵。""烽火连三月，家书抵万金。""痴儿未知父子礼，叫怒索饭啼门东。""今夜鄜州月，闺中只独看。遥怜小儿女，未解忆长安。""妻儿待我且归去，他日杖藜来细听。""问法看诗忘，观身向酒慵。未能割妻子，卜宅近前峰。"

杜甫心地善良，对弱小动物都有感情，否则写不出这些句子："留连戏蝶时时舞，自在娇莺恰恰啼。""泥融飞燕子，沙暖睡鸳鸯。"

杜甫后半生不得志，总体上是相当穷困的。在成都时，因为常到朋友那里蹭饭，朋友们纷纷躲避，"一饭迹便扫"。王倚请病后的杜甫吃了顿饭，杜甫感激地专门做了一首诗《病后遇王倚饮赠歌》，详细叙述，最后感慨："但使残年饱吃饭，只愿无事常相见。"杜甫也有点财产，《曲江三章》其三说"杜曲幸有桑麻田"，《闻官军收河南河北》诗的自注说"余田园在东京"，《秋日夔府咏怀奉寄郑监李宾客一百韵》诗中说"两京犹薄产"，虽不够富裕生活，或距离当时生活地太远而不能用上，但好的时候还能接济朋友。

（四）唐宪宗赦免韩愈

韩愈在与唐宪宗的交锋中死里逃生，再写奏折与之和解。韩愈给唐宪宗写了一篇宣战书一样的奏章，气得皇帝暴跳如雷，一定要杀韩愈。由于宰相求情，唐宪宗决定让群臣一起讨论此事。满朝文武都被韩愈的气势震撼，清一色站在韩愈一面为他求情，这是唐宪宗始料未及的。

不过即使如此，唐宪宗还是气呼呼地说："愈言我奉佛太过，我犹为容之；至谓东汉奉佛之后，帝王咸致夭促，何言之乖剌也？愈为人臣，敢尔狂妄，固不可赦！"

没多时，这篇《谏迎佛骨表》已人尽皆知，出于对韩愈的钦佩，也出于对儒家传统文化的维护，皇亲国戚们也站到了韩愈一面为他说话。终于，唐宪宗抵不住大家的求情，高抬贵手，放了韩愈一条生路，把他流放到了潮州，用韩愈自己的话来说就是："一封朝奏九重天，夕贬潮州路八千。"

到了潮州后，韩愈再次给唐宪宗上书，不过这次不是极尽讽刺，也不是严词苛责，而是把自己在潮州的境遇奏禀皇帝。

文章开篇，先对唐宪宗的宽大处理表示感激："既免刑诛，又获禄食，圣恩宽大，天地莫量，破脑刳心，岂足为谢！"随后韩愈用自己生动的文笔描述了一下潮州不堪的环境："臣所领州，在广府极东……过海口，下恶水，涛泷壮猛，难计期程，飓风鳄鱼，患祸不测。州南近界，涨海连天，毒雾瘴氛，日夕发作。臣少多病，年才五十，发白齿落，理不久长。加以罪犯至重，所处又远恶，忧惶惭悸，死亡无日。"潮州的为官环境经过韩愈这样一说，唐宪宗起了恻隐之心，对身边的大臣说："愈前所论是大爱朕，然不当言天子事佛乃年促耳。"于是，就把韩愈内调为袁州刺史了。至此，韩愈与唐宪宗的纠葛也就结束了。

五、明德范畴诠释

（一）"温"

"温"的初文为"昷"。"昷"字由胎儿在母腹子宫之中表示温暖之义，而后增皿形繁化，或者表示更加保温之义。其后再增水旁，除去表示河流名称之外，则更表达如水般的温柔、仁爱、和善。除形容客观事物的温度之外，在中华文化中，"温"则更表示我们所特别欣赏和推崇的一种类于母性光辉的合和心性以及由此而形成的一种性格，一种对待外部世界的友好宜人的态度。①

"温"在孔子学说中有多种表述法。"温"是一种态度。一个人面对纷繁多变的外在世界，总要做出自己的反应。孔子教导人们要有较为得体的应变方式，"过"与"不及"都是失准的行为。因此"温"又是行为的准则，这种准则要求内质与外在表现的高度和谐与统一，"质胜文则野，文胜质则史，文质彬彬，然后君子"。孔子把表里不能如一的人称为盗贼式的小人，用他的

---

① 赵逸之:《"温""良"文字文化学意义疏证及〈论语〉用例分析》，载《中国石油大学胜利学院学报》2019 年第 2 期。

话说则为"色厉而内荏，譬诸小人，其犹穿窬之盗"。孔子寻求的是"一以贯之"之道，因而待任何事物都要"温"。就拿谏上来说，孔子喜欢的是讽谏，而不是强谏。就是对待父母，"事父母几谏，见志不从，又敬不违，劳而不怨"。与人强舌利嘴地力辩，孔子认为是"佞"，为不仁，是"温"的对立面，与良好用心不合，是为警策。

"温"用于行为准则中又可表述为"和"，"和"也即是"恰切"。"温和"即为"恰切、得体、有节制"之意。有子发挥孔子学说，表述为："礼之用，和为贵。"孔子曾曰："故君子之音，温柔居中，以养生育之气……小人之音则不然，亢丽微末，以象杀伐之气。中和之感，不载于心；温和之动，不存于体。"（《孔子家语·辩乐解》）对"君子之音"的褒奖显然是出于对"温和"的称许。"温"用于政，也可称为"和"，即"宽猛相济"，《孔子家语》记载，郑国子产生了病，便对子太叔说："我死后，您肯定执掌国政。只有有德的人才能用宽大政策使百姓服从，其次就不如采用严厉政策了。火猛烈，百姓看到就害怕，所以很少有人被烧死；水柔弱，百姓轻视而在其中嬉戏，这样溺死的人很多。因此宽大政策实行起来是不容易的。"子产死后，太叔不忍心实行严厉政策，而是务行宽大。结果郑国境内发生了许多抢掠盗窃的现象。太叔感到后悔，说："我早点听他老人家的话，就不至于到目前这个地步。"①

"温"作为一个明德范畴，更多见于孔子日常的言行记载之中。子路好勇，孔子言其"无所取材""野哉""小人"，视那些尖刻而好语出刺人之徒为"直而无礼则绞"，投之以鄙视的目光。为人又不可无端愤怒，如果"一朝之念"，必将"忘其身，以及其亲"，孔子认为这是一种极为糊涂的表现，应该经常做出自我批评，以消除那些无形的怨恨与恼怒。君子与人处，有"和"也有同，但不可全同，故"和而不同"者为君子，"同而不和"者则为小人。行事说话要分清场合，在别人发怒生气时应主动"避色"，不做冒失鬼。在天

---

① 许兴宝:《"温良恭俭让"精神实质的重新审视》,载《西北第二民族学院学报（哲学社会科学版）》1999 年第 4 期。

人关系上，孔子强调恰切把握二者的关系，"不怨天，不尤人，下学而上达"，自然地昭示至深之道。人生还在于寻找合适的朋友，孔子力倡与言行合乎中庸的人去交往，只有在无法选择时才与那些狂狷者聊为一处。平日里，孔子是"温"的典范。据记载，阳货数次逼问孔子，孔子只以极有分寸的口吻在末尾做出回答，态度总是温和柔顺。丰厚的学养使孔子做到不轻许他人也不肆口否定别人，如对"仁人"的论定总是持有"不知其仁也"的保留态度，并且对表现各异的人进行有区别的评价，使孔门群人各有所终，且心悦诚服，结成和谐的整体。

"温"这一美德，自古以来便承载着人际和谐与友善的深刻内涵。在当下社会，随着科技的不断进步和文化的多元化发展，"温"的内涵得到了更为丰富和多元的诠释。"温"的品质在儒家道德体系中占据重要地位，它体现了温和敦厚、善良道德的生活态度。

首先，"温"表现为一种平和的心态。在快节奏、高压力的现代生活中，拥有"温"美德的人能够保持内心的宁静与平和，不为外界的风吹草动所动摇。他们懂得如何调整自己的情绪，以冷静、理智的态度面对生活中的挑战和困境。在生活中，对人保持温和的态度，是了解一个人品格的重要标志。如"和颜悦色""和蔼可亲""温文尔雅"等成语，都赞扬了"温"这种品德。

其次，"温"体现在对他人的关心和尊重上。具有"温"美德的人，懂得倾听他人的声音，尊重他人的观点和选择。他们不会因为自己的优越感或偏见而歧视或伤害他人，而是以包容和理解的态度对待每一个人。这种关心和尊重，不仅有助于建立良好的人际关系，还能够营造出一个充满爱与和谐的社会氛围。"温"指的是温和敦厚，这种态度最能表现中庸之道。它体现了人与人之间相处的和谐与平衡，不偏激，不极端。

再次，"温"还表现为对自然和社会的关爱与尊重。在环境问题日益严重的今天，具有"温"美德的人能够关注环境保护和可持续发展，积极倡导低碳生活、绿色出行等环保理念。他们深知人类与自然是和谐共生的关系，因此会尽自己所能去保护这片赖以生存的家园。同时，他们也积极参与社会公益事业，为弱势群体提供帮助和支持，用实际行动践行社会责任。

综上所述，"温"作为明德范畴，在现代社会中也具有重要价值和意义。它不仅是个人品德修养的重要方面，更是社会和谐稳定的重要保障。我们应该积极培养和践行"温"美德，以平和的心态、关爱他人的态度以及尊重自然和社会的行为，共同构建一个更加美好的世界。

（二）"良"

"良"是衡量一个人的"心灵美"与"行为美"及行事处世能力高下的综合指数。孔子立君子的标准是较为全面的，虽然在一个人身上不可日日遍得君子之美，但在天长日久的诸多行事中，在与诸人相配合的过程中，总应或多或少地体现出作为君子的某些高贵品德。孔子在分散论理、集中论事、惯常行为中实践着自己倡导的人格境界，完善着心目中企盼的人生美学理论。就内在心灵而言，人必须爱人，且有博爱精神和仁慈善良心理。"厩焚。子退朝，曰：'伤人乎？'不问马。"这是孔子"爱人"的典型记载。"爱人"精神体现在对待父母即为"孝"，对兄长则为"悌"，孔子对此有过无数次申述，并说："三年无改父之道，可谓孝矣"，给予了一定量的规定。对待父母应该"生，事之以礼；死，葬之以礼，祭之以礼"，"为孝，子为父隐，亦不为过"。而对那些孝心不实的"今之孝者"，只视作"能养"者而已，持以批评的态度。孔子还拿《尚书》中的"孝乎惟孝，友于兄弟，施于有政"来教学生和执政者，可见其良苦用心。对待他人的不幸，孔子力倡要寄以同情之心，对那些"临丧不哀"者，孔子坚持"吾何以观之哉"的态度。孔子还同情那些生活上贫困的人，并有解囊之举。《论语·雍也》记：原思任孔子家的总管，孔子给他小米九百斤（升），他不肯受，孔子说："毋以与尔邻里乡党乎。"孔子对弟子更是十分慈爱，"颜渊死，子哭之恸"，自称为这样的贤者伤心是值得的。他还能一视同仁地对待所有的受教育者，倡导"有教无类"，深受社会欢迎。有若把同情百姓的思想继承下来，在哀公面前力陈："百姓足，君孰与不足？百姓不足，君孰与足？"对于普通人，孔子总是"乐道人之善""成人之美，不成人之恶"。对于朋友，孔子总是"乐多贤友"，他认为"居是邦也，事其大夫之贤者，友其士之仁者"，并鼓励人们要"见善如不及，见不善如探汤"，自然，无端陷害他人不可取，孔子将此表述为"君子可逝也，不可陷也；可欺也，不可罔也"。对待朋友，甘愿救死扶伤，不问代价。《论语·乡党》记孔子的朋友死亡，没有负责收敛的人，他便承担一切治丧料理事务。即使对无关紧要的人，孔子也强调"己所不欲，勿施于人"，不做伤天害理之事，包括对鸟兽也不可捕尽杀绝，严守"钓而不纲，弋不射宿"之规矩。①

"良"作为一种美好的品质，自古以来便被视为道德的基石。在新时代背景下，我们更应当坚守"良"这一美德，将其作为价值追求和行为准则。

首先，"良"德体现为善良之品。具有"良"之明德的人，内心深处充满着对他人的关爱和善意。他们乐于助人，见义勇为，在他人遇到困难时能伸出援手。这种善良之心不仅温暖了他人，也传递了正能量，让社会充满爱与温暖。

其次，"良"德表现为正直之品。正直是人格魅力的体现，也是社会公正的保障。具有"良"德的人，坚守正义、秉持公道，不会因私欲而偏袒或徇私。他们敢于直言不讳，敢于面对挑战，用自己的行动捍卫真理和正义。这种正直之品不仅赢得了他人的尊敬和信任，也为社会树立了良好的道德风尚。

再次，"良"德表现为诚实之品。诚实的人能够保持真实、坦诚的态度，不欺骗，不虚伪；具备"良"德的人通常具有强烈的责任感，能够在工作和生活中承担起自己的责任，不推脱，不逃避；一个具有"良"德的人通常会遵守法律法规和道德规范，不做违法乱纪的事情；在处理事务时，他们能够公正无私、不偏不倚，不受个人情感的影响；具有"良"德的人通常具有积极向上的态度，能够在面对困难和挑战时保持乐观、坚韧不拔的精神；具有"良"德的人通常乐于帮助他人，关心他人的需要，并愿意为他人付出自己的时间和精力。

---

① 许兴宝：《"温良恭俭让"精神实质的重新审视》，载《西北第二民族学院学报（哲学社会科学版）》1999 年第 4 期。

最后，"良"德还体现为守信之品。诚信是人际交往的基础，也是商业合作的基石。具有"良"德的人，诚实守信，言行一致，不会因一己私利而背信弃义。他们重视承诺、尊重契约，用自己的信誉和口碑赢得了他人的信赖和支持。这种诚信之德不仅有助于建立良好的人际关系和商业合作，也为社会的稳定和繁荣奠定了坚实的基础。

在新时代背景下，我们面临着各种挑战和机遇。坚守"良"德，不仅有助于提升个人的道德修养和品质，更能够为社会的和谐稳定和繁荣发展贡献自己的力量。因此，我们应该将"良"作为价值追求和行为准则，不断提升自己的道德素养和品质水平，共同构建一个更加美好的社会。

本章思考题：

1. 简论隋唐时期的明德文化。
2. 试论韩愈的明德思想。
3. 试论李翱的明德思想。
4. 简论唐诗中的明德文化。

第十章
宋元时期的明德文化

宋元时期是中国历史上由分裂走向统一的重要时期。名满天下的宋元理学，是以儒学为主，对儒、释、道文化的整合，也是从哲学高度对儒家明德理念的重新论证。宋元时期的哲学也好，宋词元曲也罢，都是儒家明德理念的载体，本身就是明德文化的存在形式。

一、宋元时期的社会状况

（一）政治状况

唐朝以后，中原地区相继出现了后梁、后唐、后晋、后汉、后周五个朝代，史称"五代"，也就是从朱温代唐算起，到赵匡胤受禅代周为止，实计53年。另有"十国"的全部结束，其中有六国是在北宋建立之后覆亡的，太平兴国四年（979 年），宋太宗赵光义攻灭以太原为都的北汉政权，结束了"五代十国"的分裂与混乱局面。宋朝如凤凰涅槃般崛起，带来了秩序与稳定，并以文化繁荣和经济昌盛著称，为中国社会注入了新的活力。元朝的统一，促进了文化的交流与融合，为中国历史增添了浓墨重彩的一笔。

宋朝为了加强中央集权，采取了一系列措施，如重文轻武的政策，以及通过分散地方权力来强化中央对地方的控制。在中央采取分化事权、削弱相权的办法，如设立枢密院掌管军事，三司使掌管财政，从而分割宰相的权力；地方上则派文臣担任各地州县的长官，知州实施三年一换的制度，同时设置通判以分知州的权力。这些措施大大强化了中央集权，有效地预防了内部动乱，巩固了国家的统一和安定。然而，也带来了一些负面影响，如制度过于僵化、权力分割过细导致的行政效率低下，以及因循守旧的政治风气。此外，还造成了官僚机构膨胀和军队不断扩充，形成了冗官、冗兵和冗费的局面，为北宋埋下了积贫积弱的祸根。

元朝设立中书省掌管全国的行政事务，枢密院负责全国的军事事务，而御史台则负责监察事务。此外，元朝还实行了行省制度，这一制度下，如山东、山西和河北被称作"腹里"，直接隶属于中央的中书省。这一制度体现了中央对地方行政管理的创新发展，有效地管辖了全国。

（二）经济状况

1. 经济重心南移

宋元时期，北方战乱频繁，导致经济活动受到严重干扰。相反，南方相对稳定的社会环境为经济发展提供了有利条件。因此大量人口南迁，为南方带来了丰富的劳动力和先进的生产技术。到南宋时期南方完全取代了北方的经济中心地位，特别是江南地区，其经济发展水平逐渐超过了北方。

为了适应南北经济的交流和贸易的需要，宋元时期交通运输业得到了显著的发展。特别是水路运输，由于南方水系发达，河流众多，为水路运输提供了便利条件。这不仅促进了南北商品的流通，也加强了各地之间的经济联系。经济重心的南移推动了商品经济的进一步发展。南方城市如临安等逐渐成为商业中心，吸引了大量商人和手工业者聚集。这不仅促进了城市的繁荣和发展，也推动了商品经济的进一步繁荣。这一演变不仅彰显了南方经济的活力和潜力，更标志着中国古代经济地理格局的重大转变。

2. 农业、手工业、商业显著发展

这一时期，农业、手工业、商业都得到了显著的发展。宋代更是出现了商业革命，海外贸易也异常发达。

宋元时期，农业生产得到了显著的发展。由于经济重心南移，江南地区的农业生产尤为繁荣。水稻种植技术得到了提升，双季稻甚至三季稻的种植成为可能，大大提高了粮食产量。此外，经济作物如茶叶、棉花、桑蚕等的种植也日渐普及，为手工业和商业的发展提供了丰富的原材料。农业发展催生了农产品的交易，农民将农产品出售获得收入，商人则通过买卖农产品获取利润。这种交易活动为经济带来了活力，促进了生产者和消费者之间的交流和贸易。

纺织、陶瓷、造纸等手工业部门技术进步明显，产品质量和产量均有大幅提升。纺织业显著发展，特别是以家庭为单位的纺织业在民间非常发达。北宋时，丝织业逐渐形成江浙和四川两个中心。蜀地丝织品"号为冠天下"。南宋时，随着棉花种植的推广，棉纺织业逐渐普遍起来。丝织技术有新的提高。苏州、杭州、成都三个著名的官营织锦院，各有织机数百台，工匠数千人，规模宏大，分工细致，丝织品种类繁多，产品精致美观。宋朝的陶瓷业也取得了长足进步，景德镇陶瓷就是在这个时期开始发展起来的，并逐渐享誉世界。"街市制"的兴起促进了各种服务行业和手工业的发展。人们对茶叶、陶瓷等贵重物品的需求增加，反映了商业的繁荣。北宋都城汴梁的街市景象，如《清明上河图》所描绘的那样，生动地展示了当时商业的繁华。

3. 经济蓬勃发展

宋朝经济达到了封建社会的巅峰，被誉为中国历史上经济最繁荣的时代之一。都市经济蓬勃发展，市场繁荣活跃。各大城市成为商业中心，宋朝时期开封人口超过一百万，是名副其实的国际大都市。十万以上人口的城市还有洛阳、杭州、扬州、成都、广州、福州、应天府。其时，欧洲最大城市也不过十几万人口。根据历史学家的测算，宋朝的人均 GDP 在当时处于世界领先地位。

随着北宋商品交换的发达，货币流通量也明显增加。随着市集的兴起和货币经济的发展，商品交换变得更加频繁和便捷。北宋时期还产生了中国也是世界上最早的纸币——"交子"。纸币给贸易带来方便，海外贸易也在这个时期开始起步，尤其是南宋时期，海上丝绸之路的贸易活动日益频繁。水路交通的发达为商品流通提供了便利，京杭大运河的疏浚和海上航线的开辟进一步促进了南北经济的交流和区域经济的发展，开辟了"海上陶瓷之路"，成为当时最发达的海洋国家，不仅推动世界贸易，也把宋代的印刷、火药、指南针这三大发明传入欧洲。

为了给商业贸易提供金融支持，宋元时期金融市场也逐渐形成规模，出现了类似于现代银行的金融机构。私人金融机构如交子所、质库等也提供贷款和货币兑换服务，丰富了金融市场的层次。

元朝通过海上丝绸之路进行经贸往来的国家和地区由宋代的五十多个增加到一百四十多个。海路到达非洲海岸，陆路往来直抵西欧，统一的环境为地区间的交往创造了前所未有的便利条件，史称"适千里者，如在户庭；之万里者，如出邻家"。

（三）文化状况

1. 儒学与理学的兴起

宋元时期，儒学发展到理学阶段，其正统地位进一步稳固。理学家们将儒学上升到天理的高度，使其哲学化、思辨化。理学在宋元时期兴起的原因主要有以下几点：

政治原因。随着北宋的统一，为了加强中央集权，维护封建统治秩序，地主阶级需要一种更为精细、更为系统的哲学思想来为其统治提供理论支持。理学正是在这一背景下应运而生，它强调道德伦理，倡导三纲五常，符合地主阶级的利益和需求。

经济原因。宋元时期，封建经济得到了进一步发展，地主阶级对农民的剥削加重，社会矛盾日益尖锐。理学通过强调内心的道德修养和对外在行为的规范，试图缓和阶级矛盾，维护社会稳定。

文化原因。理学是对先秦以来儒家思想的继承和发展，同时吸收了佛教、道教等思想元素，形成了更为完善、系统的哲学体系。理学家们通过阐述天理、人欲等概念，将儒家所提倡的伦理道德提升到了哲学高度，使得理学成为当时社会的主流思想。

士人阶层的推动。宋元时期的士人阶层对理学的发展起到了重要推动作用。他们通过讲学、著书等方式传播理学思想，使得理学在知识分子中广泛流传，并逐渐影响到整个社会。

科举制度。科举制度在宋元时期得到进一步发展，成为选拔官员的主要途径。理学作为当时社会的主流思想，自然也被纳入科举考试的内容。这使得士人们更加注重对理学的学习和研究，从而推动了理学的兴起。

科技发展。宋元时期是传统科技大发展的时期，中国的科技水平在当时世界上处于领先地位。例如，活字印刷术、火药和指南针等技术的传播，对世界科技、文化、军事和航海等领域都产生了重要影响。在农业技术方面，利用悬圃的方法解决了滨海、河流两岸滩涂土地的耕种难题；在纺织业方面，发明了自动返梭机、踩碾机等机械设备，提高了生产效率。这一时期的科技进步不仅促进了农业和工业的发展，也改善了人们的生活。《农桑辑要》系统总结了农田、水利、生产工具等方面的经验，对农业发展起到了积极的推动作用。宋元时期的科技成就不仅对中国产生了深远影响，也对世界文明的发展做出了重要贡献。

2. 文学艺术的繁荣

宋词和元曲在这一时期达到了繁荣的顶峰，市民化、多元化的文学成为文化发展的新特点。

宋词以其深沉内省、情感抒发的特点而被赋予了独特的内涵，强调个体情感和自然意境，具有极高的文学地位和艺术价值。题材上十分广泛，包括爱情、离别、自然景物等，风格多样，既有婉约的柔情，也有豪放的激情。艺术手法上，宋词善于运用比喻、拟人等修辞手法，以及细腻的心理描写，营造出深邃的艺术境界。

元曲承接了唐诗宋词的严谨格律，且比两者更具口语化，所以使得元曲的受众范围更广，元曲表情达意，更加注重外在表现和戏剧性，通过多样的艺术手法和才子佳作，表现出风格多元、形式多样、戏剧性强、寓意深刻的特点。它的文学艺术价值主要体现为完整的艺术形式、多样的剧场形态和丰富的历史叙事。元曲的题材更加贴近社会生活，常以戏剧性的故事情节吸引观众。其风格明快、直率，艺术手法上善于运用夸张、讽刺等，将社会现象和人物性格刻画得入木三分。同时，平民文化的兴起也促进了"俗文化"的发展，如白话小说和戏剧艺术的流行。

二、宋元时期的明德思想

宋元时期的张载关学和程朱理学无不是对"明德"的哲学论证。他们的学说在很大程度上强调了明德的重要性，即人应当通过不断地学习和自我完善来提升自己的道德修养。

宋元时期的文学艺术无不是对"明德"的承载和传播。以宋词、元曲和名画为代表，无不是对现实伦理生活的反映，也无不表达了对高尚品质、清雅情操的赞颂和追求。这些艺术表达以简洁、含蓄和意境深远而著称，体现了艺术家们对道德美和崇高精神境界的追求。

宋元时期的科学技术也是探索精神、创新精神、时代精神、民族精神等"明德"内涵的体现。而且活字印刷术的发展促进了书籍的广泛传播，使得更多人有机会接触和学习儒家经典，从而提升了整个社会的文化素养和道德水平。同时，宋元时期的医学、天文学、数学等领域也取得了重要进展，这些成就不仅体现了人类对自然世界的探索精神，也间接促进了社会道德和人文精神的提升。

（一）张载关学与明德

张载（1020 年—1077 年），字子厚，凤翔郿县（今陕西眉县）人。世称横渠先生，尊称张子，北宋哲学家、教育家、关学创始人。

张载生于官僚家庭，少年时就喜欢读书。除了儒家经典，还阅读了大量的佛教和道教的书。嘉祐二年（1057 年），中进士，先后任祁州司法参军、丹州云岩县令，后迁任著作佐郎、崇文院校书等。因与王安石政见不同，在弟张戬上书批评王安石而被贬官之后，辞职归乡。随后创建了横渠书院，边授徒边著书，渐渐创立了自己的思想体系和"关学"学派。著有《正蒙》《横渠易说》《经学理窟》等，其中的"横渠四句"广为流传："为天地立心，为生民立命，为往圣继绝学，为万世开太平。"

关学是北宋及以后长期流行的一个重要哲学派别，由张载在关中地区创立并广泛流传开来，具有与宋代二程洛学、周敦颐濂学、王安石新学、朱熹闽学齐名的地位，它们都是宋代儒学的主流，对中国传统文化和哲学思想产生了深远影响。

张载关学中的明德思想主要体现在以下几方面。

1. "天人合一" 思想

天人关系问题也是中国哲学史上较早提出，并长期论辩的一个重大问题。张载在《西铭》中说："民吾同胞，物吾与也。"意思是民为同胞，物为同类。泛指爱人和一切物类。张载的"天人合一"思想是其哲学体系中的重要组成部分，这一思想体现了张载对于人与自然、人与宇宙关系的深刻理解。张载认为天地万物都有一个根本的道，人作为天地间的一种存在，也要遵循这个根本的道。他主张人应当通过学习和修养，与天地万物"合一"，以达到泛爱万物的崇高境界。

张载认为，"万物皆有理"（《张子语录·语录中》），"万事只一天理"（《经学理窟·诗书》），"循天下之理之谓道，得天下之理之谓德"（《正蒙·至当》）。气有阴阳、善恶、正偏、清浊、刚柔、缓速、通塞等自然和道德的属性。他说："阴阳气也，而谓之天；刚柔质也，而谓之地；仁义德也，而谓之人。……阴阳天道，象之成也；刚柔地道，法之效也；仁义人道，性之立也。……阴阳其气，刚柔其形，仁义其性。"（《横渠易说·说卦》）这样，就把气、理、性、仁、和、道、德这些哲学和伦理学的范畴联系起来了，也把人的世界观、价值观、道德观联系起来了。简单说，就是把天道与人道统一起来了。就是说，人类的伦理原则和道德规范，本质上是对"天道""地道""人道"，即自然界运动规律、社会发展规律和人生成长规律的转化和体现。

2. "气" 本论思想

张载在中国哲学史上比较完备地论述了"气"的本体性，创立了比较系统的"气一元论"哲学体系。在宇宙观上，张载认为宇宙万物的始基是气，万物都由气生成。他说："凡可状，皆有也；凡有，皆象也；凡象，皆气也。"（《正蒙·乾称》）而"太虚"则是气的本然状态。"太虚无形，气之本体。……其聚其散，变化之客形尔。……太虚不能无气，气不能不聚而为万物，万物不能不散而为太虚。"（《正蒙·太和》）张载把"太虚之气"视为宇宙的本体，这一关于世界的物质统一性和物质永恒性的思想，是对中国唯物主义哲学的重要贡献，并对后世唯物主义哲学的发展影响深远。因此，明确张载创立的"关学"是宋明哲学的一个重要流派——唯物主义的"气学",而非唯心主义的"关中理学",这是非常重要的问题。

张载认为宇宙间的一切都是由"气"构成的,"气"是构成万物的基本物质,宇宙万物都是由气聚合而成的不同形态,人也是万物中的一物。这一观点在当时是极具创新性的,因为它打破了之前以"理"或"道"为本体的传统观念,提出了一种唯物论的宇宙观。并且指出,"气"有聚散、动静之变,万物由此而生灭。这种对宇宙本质的探讨,不仅深化了人们对自然界的认识,也为后来的哲学家提供了新的思考角度,开辟了古代朴素唯物主义哲学的新境界。

"太虚之气"是张载哲学的最高范畴。有人把"太虚"与"气"割裂开来,认为"太虚"先于或高于"气",这就为否定张载哲学的"气"本论找到了依据。其实,太虚与气是不可分的,就像物质与时空不能分开一样,没有离开时空的物质,也没有离开物质的时空。同样道理,没有离开太虚的气,也没有离开气的太虚。这一观点体现了张载对宇宙本质的独特理解,即宇宙万物皆源于"气"。张载认为,"气"是构成宇宙万物的物质基础,是一种抽象的物质形态。这种物质形态包含阴阳二气的对立统一关系,并在其交互运动中产生了人和万物。这一理念明确地将物质置于意识之上,体现了唯物主义的根本立场。这种理解与唯心主义的"理"本哲学形成鲜明对比,后者认为意识、精神或观念是世界的本原。

张载通过"气"的概念来解释宇宙和万物,否定了唯心主义中意识决定物质的观点。因此,张载哲学与唯心主义的"理"本论哲学是有根本区别的。张载还提出了气无生灭的物质永恒论,认为"气"是永恒存在的。这种永恒性不仅强调了物质的持久性,也进一步巩固了其唯物主义立场。同时,"气"虽然是无形无质的,但它作为有形有质万物的根源,具有明确的物质性。

3. 辩证法思想

张载从"气"是万物本原的思想出发,论述了万物的运动和变化。在这方面,他吸收了《周易》中关于阴阳变化的思想,这是对古代辩证法思想的继承和发展。《易说》是张载研究《周易》的著作,大约成书于宋仁宗嘉祐元年(1056年),这年张载三十七岁,提前进京城考进士,考试时间为嘉祐二年元月，三月殿试礼部中进士，被授职祁州司法参军。主考官为翰林学士欧阳修。应该就是在进京考进士前后的一段空闲时间里，张载"以易为体"，讲易于京师，说明这时他已经对周易有了较深刻的研究和理解。就在讲易期间，张载见到前来拜访的程颢、程颐，并一起讨论易学精要。这说明张载已经很有学术声望。早在进京科考的两年前，即宋仁宗皇祐五年（1053 年）八月到至和元年（1054 年）期间，张载就受当时驻守于长安的北宋著名政治家文彦博之邀，讲学于长安学宫。

张载在《易说》中，已经发展了《易经》中的阴阳运行说和汉唐以来的"元气"生化说，形成了"太虚者，气之体"的思想，以"太虚之气"说取代阴阳说和元气说而形成了气本论。《易说》中还提出了"一物两体"的辩证法思想和"穷神知化"的认识论思想。很显然，这都是对《易传》中"太极""阴阳"等哲学范畴的继承和发展。《易传·系辞上》："易有太极，是生两仪。两仪生四象，四象生八卦。"汉代易学家马融、郑玄等认为，太极为宇宙生成的渊源，是宇宙的开始，其质料的构成为"元气"。马融说："《易》有太极，谓北辰也。太极生两仪，两仪生日月，日月生四时，四时生五行，五行生十二月，十二月生二十四气。北辰居位不动，其余四十九转运而用也。"张载以对《周易》的深入研究为基础，创立了以"太虚之气"为本体论基点，以辩证思维为认识论和方法论特点，以"为天地立心，为生民立命，为往圣继绝学，为万世开太平"为崇高使命的古代辩证唯物主义哲学体系。

4. 人性论思想

张载将人性划分为"天地之性"和"气质之性"。天地之性代表了人的本性，它源自天，是至善无恶的；而气质之性则是由个体在后天环境中形成的，可能受到私欲的影响，因此是善恶相混的。这种划分不仅解释了人与人、人与物之间的差异性，而且为后天的道德修养提供了理论基础。

张载从"万物有性""人物有性""性者万物之一源"的共同性、共通性出发，而得出"性"与"天道"合一的观点，并反复做了论证。《中庸》把天命与人性，即天道与人性合一，得出"诚者天之道也，诚之者人之道也"的"天人合一"论。这对张载有重要影响。他沿着《中庸》的思维路径继续前进，也肯定"诚"是"性"与"天道"合一的最高境界。张载说："天人异用，不足以言诚；天人异知，不足以尽明。所谓诚明者，性与天道不见乎小大之别也。义命合一存乎理，仁智合一存乎圣，动静合一存乎神，阴阳合一存乎道，性与天道合一存乎诚。"（《正蒙·诚明》）① 他又说："儒者则因明致诚，因诚致明，故天人合一，致学而可以成圣，得天而未始遗人。"（《正蒙·乾称》）张载认为，诚明就是肯定天道与人性的同一性。如果不承认人的作用就是天的作用，便不是诚；如果不承认知天与知人的统一性，便不是明。张载的天人合一思想不仅具有深刻的理论意义，还具有重要的实践意义。他主张人们应该通过道德修养来实现人道与天道的融合，最终达到天人合一的境界。这一思想对于指导人们的行为准则、提升个人道德修养以及构建和谐社会都具有积极的指导作用，也能激发人们对人与自然和谐共生关系的思考，为现代生态文明建设提供有益的哲学依据。

张载认为，"天地之性"即人的本性，是善的；"气质之性"则指的是人对物欲的渴望，是善恶相混的。要想重归"人性之善"，必须经过后天的道德修养才能完成。他还认为，人性的善恶并非固定不变，而是可以通过后天的努力和修养发生转变。他强调了道德实践的重要性，认为通过道德修养可以使人的天地之性得以彰显，从而去除气质之性中的恶，达到更高的道德境界。

张载认为，性与天道合一，天道即天理，所以性即天理，这就是人的本然之性，故称"天地之性"。这个性是与天合一的、先天的、久大的、至善的，是体现天理的。但是，由于每个人生下来之后，禀受阴阳二气，各人的身体条件、特殊形体也各不相同，这种各人的具体的本性就叫"气质之性"。它既有善的一面，也是恶的来源。他说："形而后有气质之性，善反之则天地之性存焉。故气质之性，君子有弗性者焉。"意思是，由于人生来就具有这二重"性"，所以，人们只要善于反省自己，就能够保存其善的"天地之性"，作为"君子"来讲，是不应该以气质论性，而要以天道论性。

张载以"天地之性"与"气质之性"解决人性善恶问题，得到朱熹的赞扬，他说："此起于张、程。某以为极有功于圣门，有补于后学，读之使人深有感于张、程，前此未曾有人说到此。……故张、程之说立，则诸子之说泯

---

① 《张载集》，中华书局 1978 年版，第 20 页。

矣。"（《朱子语类》卷四）这就是说，这二重人性论不仅对圣人之门立了大功，对后学有好处，而且是对长期以来关于人性善恶之辩论的终结。

张载对道德教育、道德修养、道德境界，以及知与行，即理论与实践的关系等，也都有自己的深刻论述和独到见解。限于篇幅，这里不再详述。

总的来说，张载关学不仅深化了人们对宇宙自然的认识，更是对一系列道德问题的哲学论述。张载关学中的明德思想，是他个人的学术成就，更是中华民族的宝贵文化遗产。我们应该珍视这份遗产，传承和发扬关学精神，为建设更加美好的社会而贡献力量。

（二）二程的明德思想

二程，即程颢、程颐兄弟，是北宋时期的著名理学家。他们的理学思想在中国哲学史上占有重要地位，创立了以"理"为最高范畴的哲学体系和明德体系，将"理"作为宇宙万物的本原和规律，来解释自然界和人类社会的万事万物，尤其是对儒家道德原则和规范的哲学论证。二程的理学思想不仅深化了人们对事物的认识，还为中国传统明德思想提供了坚实理论基础。

二程将"理"或"天理"视作哲学的最高范畴，认为理无所不在，不生不灭，不仅是世界的本原，也是社会伦理生活的最高准则。他们提出"天者理也"的命题，将不可捉摸的天拟人化，成为绝对本体而衍生出宇宙万物。二程认为"天理"是宇宙万物的本原和最高准则。它不仅是自然界的法则，也是人类社会道德原则和规范的最终依据。天理具有至高无上的绝对性和终极意义，是世间万物存在和发展的根本依据。在二程看来，天理是真实无妄、充实自足的，因此可以立本，可以独立流行。这种真实无妄的天理，构成了宇宙万物的本体。

1. 诚

"诚"在二程的理学中具有极高的地位。他们认为，"诚"是修身、齐家、治国、平天下的基石。只有秉持真诚的态度，才能洞察世间万物的本质，实现个人完善和社会和谐。这一思想强调了真诚、诚实的重要性，对于培养个人的道德品质、构建诚信社会具有深远指导意义。二程将"诚"视为天理的实质性要求。他们认为，"诚"是天理的真实体现，只有真诚无妄的态度才能洞察世间万物的本质，实现与天理的合一。换句话说，"诚"是达到天理境界的必要条件。在二程的明德思想中，"诚"与"天理"是相互关联的，二者相辅相成，共同构成了其哲学体系的基础。

2. 天人合一与理性主义世界观

他们强调人与自然的和谐统一，认为人应尊重自然、顺应自然。倡导理性主义，主张遇事不走极端，以理性的态度看待和处理问题。他们推崇理性、秩序和规律，鼓励人们以理性的态度和方法去认识和改造世界。这一思想体现了对自然的敬畏和对人类行为的理性约束，对于实现人与自然的和谐相处具有重要意义。

3. 人性论

在人性观上，二程把人性分为"天命之性"和"气质之性"，认为天命之性是"天理"的体现，它至善无恶，具体内容是仁义礼智信等封建道德规范；气质之性乃气禀所至，它是恶的渊薮。因此，他们把封建道德说成"天理"所定，先天地存在于人性之中，认为人作为宇宙的一部分，必须遵循天理。人的道德修养和行为规范都应以天理为准则。通过修身、齐家、治国、平天下的实践过程，人们可以逐渐领悟天理的奥妙，实现与天理的合一。这种合一不仅能让个人完善，也是社会和谐与稳定的基础。

4. 道德修养论

在道德修养方面，二程主张"存天理，去人欲"，认为道德修养的目的是去除人的私欲，恢复天理的本来面目。他们提倡通过格物致知的方式来认识天理，即通过研究事物来认识其背后的天理。倡导"中、正、诚、敬、恕"的处世准则。其中，"中"指不走极端；"正"包含正心、正志、正气；"诚"是修身之本；"敬"是成事之本；"恕"是对他人的宽恕和包容。这些原则体现了二程对个人品德和行为规范的要求。他们提出"一德立而百善从之"的观点，强调道德修养的重要性。认为每个人都有成圣的可能，即通过道德修养达到道德高尚、人格健全的境界。这一思想鼓励人们不断提升自我，实现个人品德的完善。另外，二程也强调"公、德、仁、顺、和"的治国理念。"公"指为公的理念；"德"包含治政者要有德以及以德教化天下；"仁"指为政者要仁爱、行仁政；"顺"指治国理政要顺从自然规律、顺应民心；

"和"强调和谐稳定的社会秩序。

5. 中庸之道

二程非常推崇中庸之道，深谙中庸之精髓，对其推崇备至，认为这是人类社会的理想状态。中庸之道强调平衡、和谐，避免走向极端，在政治、道德、文化等方面，二程都主张追求中庸之道，以实现社会的稳定和谐。中庸意在寻求一种微妙的平衡与和谐，秉持中道而行。在政治舞台上倡导公正与平和，在道德层面强调内外兼修，倡导人们以适度的态度和行为来处事。

二程的理学思想对中国哲学、文化、道德和政治等方面都产生了深远的影响。以下是一些主要的影响：

二程的天理观念、人性论、道德修养论、格物致知等思想，被后来的理学家如朱熹等进一步发挥和完善，形成了更为系统、完整的理学体系。宋明理学因此成为中国封建社会后期的官方哲学，对中国社会和文化产生了深远影响。

二程强调天理、道德和人文修养，对中国文化产生了积极影响。他们提倡的"存天理，去人欲"的道德修养观念，强调人的内在修养和道德品质的提升，影响了中国传统文化中的道德观念和价值取向，对中国传统文化中的道德观念产生了深远影响。此外，他们的思想也促进了中国文化的内敛性和自我完善性，推动了中国文化的发展和传承。

二程强调君主道德修养对政治的重要性，提倡仁政和尊贤重才。这些思想对中国封建社会的政治制度和政治文化产生了积极影响。一些君主和政治家受到二程思想的影响，注重自身的道德修养和政治实践，推动了中国封建社会的政治稳定和发展。

二程强调读书人道德修养和学识的重要性，对中国教育和科举制度产生了影响。他们的思想使得科举考试更加注重对儒家经典的考查和理解，推动了儒学教育的普及和发展。同时，他们的思想也影响了中国教育的目标和内容，使得教育更加注重德育和人文素质的培养。二程的理学思想强调社会秩序和道德规范的重要性，对中国社会的稳定和和谐产生了积极影响。

二程思想被后来的哲学家和思想家借鉴和吸收，对中国哲学的发展产生了重要推动作用。例如，二程的理学思想不仅在中国产生了影响，还传播到了东亚的韩国、日本等地。在这些地区，二程的理学思想被接受并发展，形成了一些具有地方特色的理学学派，对东亚文化的发展产生了重要影响。

二程理学确实存在根本缺陷，主要体现为客观唯心论。二程理学认为存在一个客观的"天理"，这个"天理"是宇宙万物的本原和准则。这种观念将某种客观精神或原则置于物质世界之上，认为它是先于并独立于物质世界而存在的本体，这与客观唯心主义的基本观点相吻合。二程把人性分为"天命之性"和"气质之性"，认为"天命之性"是至善无恶的，体现了作为宇宙本原的"天理"。这种将道德准则本体化的做法，进一步强化了其客观唯心主义的立场。二程理学强调"天理"的先验性和绝对性，却相对忽视了物质世界的现实性和多样性。这种倾向导致了对物质世界的忽视和与现实生活的脱节。在二程看来，人心与道心的对立即是"人欲"与"天理"的对立。这种对立观念在一定程度上割裂了人的自然欲望与社会道德规范之间的联系，体现出一种对现实世界的片面理解。二程理学将封建道德规范视为"天理"的具体化，先天地存在于人性之中，从而把封建道德绝对化。这种做法不仅忽视了道德的历史性和阶级性，也限制了人们对道德规范的批判性思考。通过强调"上下之分，尊卑之义，理之当也"，二程理学进一步巩固了封建社会的等级制度，体现了其保守性的一面。

总而言之，二程的理学及其明德思想在中国历史上具有重要的地位和影响，不仅奠定了宋明理学的基础，还促进了儒学的复兴与创新，并影响了后世的伦理道德观念。同时，它也推动了中国哲学的思辨性发展，为中国哲学的繁荣与进步做出了重要贡献。

（三）朱熹的明德思想

朱熹（1130年—1200年），字元晦，号晦庵，是我国南宋时期著名的理学家、思想家、哲学家。他出生于福建尤溪，自幼丧父，后随母定居崇安（今福建武夷山市），并在此接受教育。朱熹，十九岁考中进士，曾任江西南康知府、福建漳州知府、浙东巡抚，做官清正有为，对书院建设有着重要贡献。朱熹著述甚多，有《四书章句集注》《太极图说解》《通书解说》《周易读本》《楚辞集注》，后人辑有《朱子大全》《朱子集语象》等。其中《四书章句集注》成为钦定的教科书和科举考试的标准。

宋朝庆元二年（1196 年）十二月，"党禁"正式发生。朝廷权贵对理学掀起了一场史所罕见的清算，效法北宋元祐党籍的故技，开列了一份五十九人的伪逆党籍，名列党籍者都受到了不同程度的处罚。朱熹被斥为"伪学魁首"，位列黑名单之中的第五位，有人竟提出"斩朱熹以绝伪学"。朱熹以伪学罪首落职罢祠，朱子门人流放的流放，坐牢的坐牢，遭到严重打击。庆元五年（1199 年），朱熹被各种疾病困扰。庆元六年（1200 年）入春以后，朱熹足疾大发，病情恶化。朱熹生命垂危，左眼已瞎，右眼也几乎完全失明。朱熹却以更旺盛的精力加紧整理残篇，唯一的愿望就是将自己生平的所有著作全部完稿，使道统后继有人。三月初九，七十一岁的朱熹在血雨腥风的"庆元党禁"运动中去世。十一月，朱熹葬于建阳县黄坑大林谷，参加会葬者仍然有近千人之多。

理学以研究儒家经典的义理为宗旨，即所谓义理之学。作为宋代理学的集大成者，朱熹的理学思想在中国哲学史上占有举足轻重的地位。朱熹理学思想的核心观点主要体现在对"理"的阐释上。他认为，"理"是宇宙万物的本源和准则，是一种超越自然和社会的普遍原理。这种"理"既包含了自然法则，也涵盖了道德伦理。在朱熹看来，"理"是先天存在的，人类应该通过修养来发现和遵循这个"理"，以达到个人和社会的和谐。

朱熹的明德思想主要体现在以下几个方面：

1. 理气论

朱熹继承并发展了二程的理气学说，认为"天下未有无理之气，亦未有无气之理"，"理"与"气"是相互依存、不离不杂的关系。他提出"理气一体浑成"的观点，强调理与气共同构成了这个世界。理是世界的本原和根据，是形而上之道，而气则是形成事物的形质之体的根源，是形而下之器。二者相辅相成，共同作用于万物的生成与变化。

《朱子语类》卷九十五中提到"天地之间，有理有气。理也者，形而上之道也，生物之本也；气也者，形而下之器也，生物之具也"。他主张"理在先，气在后"，但这并不意味着理在时间上先于气存在，而是指理是逻辑上、形而上学的优先。他认为万物都是由理和气共同构成的，理是万物的本质和规律，而气则是构成万物的材料，"理"被视为永恒不变的，具有先验性，是万物的本原和规律，而"气"则是不断变化的，是构成事物的具体材料。理主导并寓于气中，通过气的聚散变化来显现万物。

关于理与气的先后问题，朱熹认为"理与气本无先后之可言。但推上去时，却如理在先，气在后相似"。意思是，从逻辑上看，理在气先，但从具体事物的生成过程来看，理与气又是同时并存的。他主张理在事先，即理是决定万物生成和变化的根本。这种理气相依的观念构成了朱熹哲学体系的基础。因此，理气论是朱熹哲学体系的核心范畴之一，它不仅解释了宇宙万物的本原和生成过程，还为人的道德修养和社会伦理提供了哲学基础。通过理气论，朱熹构建了一个庞大而精细的哲学体系，对中国哲学思想产生了深远影响。

2. 格物致知论

朱熹认为，要认识天下之理，必须通过格物致知的方法。所谓格物，就是接触事物并深入研究其原理；致知则是通过格物来获得知识和智慧。他强调"即物穷理"，认为只有通过实践和经验，才能真正理解事物的本质和规律。朱熹认为"所谓致知在格物者，言欲致吾之知，在即物而穷其理也"，"格物"即是研究、探索事物的本质和规律，而"致知"则是通过格物来获得知识和智慧。他强调，要想获得真正的知识，就必须接触事物并深入研究其原理。

朱熹认为"盖人心之灵莫不有知，而天下之物莫不有理，惟于理有未穷，故其知有不尽也"。格物致知的目的在于认识世界、了解事物的本质，并以此来指导人们的道德实践。他认为"是以大学始教，必使学者即凡天下之物，莫不因其已知之理而益穷之，以求至乎其极。至于用力之久，而一旦豁然贯通焉，则众物之表里精粗无不到，而吾心之全体大用无不明矣"，意思是，只有真正了解了事物的本质，才能做到知行合一，实现道德完善。朱熹认为人的本性是善的，但在现实生活中常常受到各种干扰和诱惑，导致心性的不纯和道德的败坏。因此，他提出了格物致知、诚意正心、修身齐家治国平天下的修身方法，强调通过心性修养和道德实践来达到内在与外在的和谐统一。

3. 存天理，灭人欲

朱熹认为人易被物欲所迷惑，耽于生理享受，一旦过分，就会危害社会，颠覆秩序。这种人欲一方面来自对"礼"的不重视，另外也是因为气禀之性不高，不知节制。天理与人欲往往一线之隔，就看个人是否遵守社会公认的道德规范。推而广之就论及义与利。义是人心中固有，体现为君子言行的东西，而利则是小人的自私自利。他认为义利问题关乎社会运行，极为强调坚守义理，摒弃利欲。这也就是众所周知的"存天理，灭人欲"。他要求人们摆脱物质欲望的束缚，唤醒心中天理，发扬每个人天然的至善美德。朱熹认为可以通过求仁、复礼、持敬、加强内心修养等来灭人欲。此外，朱熹还非常注重教育的德育功能，认为教育的目的是培养具有高尚品德和修养的人才。他强调"明人伦"，提倡尊师重道、注重礼仪等传统美德。在教育方法上，他注重因材施教、循序渐进等原则，强调实践与理论相结合的重要性。

4. 德育思想

朱熹的理学思想将传统儒学推向了一个新的阶段，使其更加系统化和理论化。他非常注重教育的德育功能，认为教育的目的是培养人的品德和修养。提出"小学教以事，大学教以理"的理念，这一思想将教育划分为小学阶段注重具体事务和实际经验的教学，以及大学阶段注重理论知识和学术思想的教学。这种划分有助于根据学生的发展阶段提供相适应的教学内容，促进了教育的全面性和针对性。朱熹推崇"格物致知"的教育理念，即通过观察和实践来认识事物的本质，从而获得真知。这种方法鼓励学生主动探索和实践，培养了他们的观察力和思考能力，使学习变得更加深入和有效，强调学生的自主学习和批判思考能力的培养。他提倡教师与学生之间应相互信任、相互尊重，建立起良好的师生关系，从而激发学生的学习热情和主动性。朱熹的教育思想推动了中国传统教育的发展。他提出以儒学为基础，注重实用性和灵活性，推动了我国古代教育制度的改革。他的思想促进了教育制度的完善和发展。同时，他的思想也影响了科举考试的内容，使儒家经典成为科举考试的重要依据，从而进一步推动了儒学在社会中的传播和影响力。同时，他的读书法和教育思想也被后世广泛采纳和传承。朱熹通过对儒学的重新诠释，使其更加系统化和哲学化，从而推动了儒学的复兴。他的《四书章句集注》成为后世儒学的经典教材，对儒学教育产生了深远的影响。朱熹强调"存天理，灭人欲"的道德修养方法，提倡通过克制私欲来恢复和彰显人的本性。

这种道德伦理观念在当时社会得到了广泛认同和践行，有助于提升整个社会的道德水平。朱熹的明德思想融合了儒、释、道等多家思想，形成了独特的理学思想体系。

5. 历史影响

朱熹的理学思想被统治者重视和利用。在官方哲学中占据了重要地位，成为统治者维护封建秩序和加强中央集权的思想武器。通过宣扬天理、人伦等观念，朱熹理学帮助统治者巩固了封建统治秩序，稳定了社会局面。

朱熹的理学思想成为科举考试的重要内容，推动了科举制度的发展和完善。这不仅为统治者选拔了一批批忠诚且有能力的官员，同时强调道德修养和人格完善，这有助于提升官员的道德感和使命感，使他们更加忠诚于国家和人民，从而更好地履行自己的职责。在朱熹理学的影响下，宋元时期的政治制度进行了一系列的改革。例如，朱熹理学对宋元时期政治产生了多方面的积极影响，不仅巩固了封建统治，还提供了治国理政的理论基础。朱熹的理学思想和明德思想传播到日本、韩国等地区，对东亚文化的发展也产生了重要的影响。

总而言之，朱熹理学及其明德思想以理气论关系为基础，通过格物致知的方法来认识天下之理，并注重人性修养和德育功能。他的思想对中国传统文化和教育产生了深远影响，被誉为中国思想史上的巨匠之一。朱熹通过创办书院、讲学等方式传播其思想，为中国的教育事业做出了重要贡献。他的学说在当时及后世都产生了广泛影响，被视为儒家思想的重要代表人物之一。

（四）元代理学与明德

元代是中国历史上一个重要的时期，对于中国古代哲学，特别是理学的发展起到了积极的推动作用。元代的统治者对学术的发展持有较为开明的态度，允许各种学派并存，这为理学思潮的延续提供了有利环境。这个时期，理学逐渐成为统治阶级的正统思想，对社会文化和政治生活产生了深远影响。

元代理学以道自任，接续道统。元代的理学家们既要保持对元代政统的认同，也要让统治者保持对儒家文化的认同。因此，他们大多以接续道统为己任，致力于弘扬儒家文化。这一特点使得元代的理学与政治有着密切的关系，成为当时官方哲学的重要组成部分。此外，元代的理学家们还非常注重实用和务实。他们提倡经世致用，强调学术研究与社会现实相结合。这种务实的学风使得元代的理学更加贴近社会现实，也更容易被广大民众接受。

元代的理学还出现了一种"合会朱陆"的趋势。也就是说，元代的理学家们不再局限于朱熹或陆九渊的某一家之说，而是综合两家的思想，取长补短。这种综合的趋势也反映了元代理学的开放性和包容性。

元代的理学家们不仅对宋代的理学概念进行了深入探讨，还提出了一些新的观点和思想，在整个理学发展史上占有重要地位。

1. 赵复、许衡的理学思想

赵复、许衡是元代理学家的代表人物。他们在推动元代理学发展方面做出了重要贡献。他们通过讲学、著述等方式传播理学思想，使得理学在元代得到了广泛传播和应用。

（1）赵复的理学思想。据《宋元学案》和《元史》的记载，赵复，字仁甫，德安（今湖北安陆）人。学者称为江汉先生。1235年蒙古军攻德安，他被俘，被杨惟中释之，并随杨去燕京（今北京）。杨惟中幼时父母在蒙古与金国的战争中遇难，因机缘巧合，他被成吉思汗的三子窝阔台收养。杨惟中"知读书，有胆略"，二十岁时就奉命出使西域三十多个国家，"宣畅国威，敷布政条"。既是大汗养子，又有勇有谋有功绩，杨惟中自然深受器重，后来更是接替耶律楚材，以中书令行使宰相职权，在任期间敢作敢为，治绩显著，"天下畏其勇而怀其仁"。杨惟中和元初政治家、理学家姚枢建太极书院，请赵复讲授程朱之学。时姚枢、许衡、郝经、刘因等皆从其学，至此，程朱之学在北方才开始广为传布。赵复曾作《传道图》《伊洛发挥》《师友图》等。

赵复强调理学的正统传承，他认为自己是在继承和发展程朱理学的思想。在元初，赵复被看作将程朱理学从南方传到北方的关键人物，这一传承不仅体现在学问上，更体现在理学的道统观念上。他遂被称为元代"理学北上第一人"。

赵复认为理学的宗旨或目的在于实现王道理想。他主张以圣贤授受的"十六字心传"为君子之学，即求得圣人之心法。坚持程朱理学的道统论，并通过《传道图》等作品来表明自己的道统观念。他将儒家道统划分为不同的阶段，并强调每个阶段都有其独特的贡献和传承。这体现了赵复对于理学内核的深刻理解，并以此为指导思想来推动理学的传播与发展。

同时，赵复强调君子在于求得圣人之心，不应以功利为累。他认为，为学之道在于加强自身的道德修养，通过自我达到成圣成贤的目标。这种思想体现在他的《希贤录》中，该书以伊尹、颜渊为榜样，引导学者在自身修养上下功夫。

在理学方法上，赵复主张简易直截，即直求圣人之心，不旁骛他求。他认为，理学的真谛在于心得，而非繁杂的学问。这种简易直截的路径，使得他的理学思想更加贴近实践，易于为人们所接受和理解。

赵复对于程朱理学在我国北方的传播起到了承上启下、继往开来的重要作用。他的出现，填补了北方理学传播的空白，为后来的理学家提供了宝贵的学术资源和思想启示。同时，他也为理学在元代的兴盛奠定了基础，推动了理学与政治的结合，使得理学成为元代社会的正统思想。

（2）许衡的理学思想。许衡，字仲平，号鲁斋，怀州河内（今河南沁阳）人，后为避战乱，许衡父母才迁居到新郑。许衡性嗜学。从元初政治家、理学家姚枢处得到二程及朱熹的著作，认真研习，以行道为己任。宪宗四年（1254 年），忽必烈召为京兆提学，及即位，授国子祭酒。至元二年（1265年），命议事中书省，乃上疏言事。谓"北方之有中夏者，必行汉法乃能长久"，并指出欲使"累朝勋旧改从亡国之俗"，阻力必大。多奏陈，然其言多秘，世罕得闻。又定朝仪、官制。拜中书左丞，改授集贤大学士兼国子祭酒，选蒙古子弟教之。又领太史院事，与郭守敬修《授时历》成。以疾归，卒谥文正。许衡的著作有《读易私言》《大学直解》《大学要略》《中庸直解》等。

许衡在理气论上继承了朱熹的理本论，认为理是宇宙的本原，形而上之理是本体，形而下之物则是理的产物。他强调"有理而后有物"，认为事物的存在和发展都受到理的支配。许衡说："天即理也，有则一时有，本无先后。有是理而后有是物。"他认为理在气先，理决定物的存在和发展。许衡还认为，由理（道）生出的阴阳二气具有造化发育万物的关键作用。他阐述道："凡物之生，都是阴阳之气合；凡物之死，都是阴阳之气散。"这表明他认同世间一切具体事物都可以从阴阳消长中得到解释。阴阳二气的消长合散过程实际上就是天地万物生长代谢的总过程。

在心性问题上，许衡直承程朱理学的人性观，认为人禀赋天理即天命之性，人性本善。然而，由于人禀气有清浊之不同，故又有气质之性。为了恢复人的本善之性，许衡提出了"存养"和"省察"的修养方法。他认为通过静时的存养和动时的省察，可以使"气服于理"，从而复见天理。此外，他还提出了"反身而诚""尊德性"等自省自思的认识和修养方法，认为这样就可以尽心、知性、知天。许衡主张"反身而诚"等，这些理念在元代社会中得到了广泛认可和应用。许衡还主持了元初国学，对程朱理学传播和朱陆思想合流起到了重要推动作用。

2．元代理学的特点和影响

元代理学的特点。（1）注重实学与务实。元代理学家不仅关注"天理"与"人理"的探讨，还强调理论与现实的结合。他们不仅从理论上探讨道德修养，还在日常生活和社会实践中践行这些理论。元代理学家承袭了南宋理学家提出的"格物致知"思想，认为通过对具体事物的研究和理解可以达到对天理的认识，同时重视实事求是的务实精神。（2）人文关怀与社会责任。元代理学强调个人道德修养与社会伦理的统一，主张通过教育和道德教化来实现社会的和谐与稳定。理学家们不仅强调个人的自我修炼，还倡导士人应该肩负社会责任，关心民生疾苦。许多元代理学家深入地方，倡导基层治理中的道德规范和人伦秩序。例如，许衡等理学家强调社会道德建设和正义，在地方治理中倡导廉政、关怀百姓、解决社会矛盾。（3）宗教与理学的交融。元代理学家们常借用佛教和道教的某些理念来解释儒学思想，以充实其道德修养的内涵和功能。理学家许衡认为，"天人合一"不仅是儒家思想的精髓，也与佛教的"天道"有相通之处，这种宗教与儒学的融合，引发了一些新的伦理问题思考。（4）元初理学面临统治者的多重考验，但儒学的价值和作用得到了重视和支持，使理学在元代得以延续和传播。同时，元代理学并非一味地承袭前人的思想，而是注重实学与务实，强调"格致诚正"，体现了对社会现实的关怀和人文责任的承担。这些特点不仅丰富了理学自身，也对元代社会和文学产生了重要影响。

元代理学的影响。（1）学术传承与发展。元代理学家们对宋代理学进行了深入的研究和传承，推动了理学思想的进一步发展。他们不仅对朱熹等前人的理论进行了阐释和发挥，还提出了许多新的观点和思想，为后世的学术研究提供了丰富的资源和启示。（2）官方哲学的确立。在元代，理学逐渐成为官方哲学，对当时的政治、文化和社会生活产生了重要影响。元代的统治者们对理学思想给予了高度的重视和支持，使得理学在元代得到了广泛的传播和推广。这种官方哲学的地位也影响了后世对于理学的认知和态度。（3）实用主义的倾向。元代理学家们注重实用和务实，提倡经世致用，强调学术研究与社会现实相结合。这种实用主义的倾向对后世的学术研究和社会实践产生了积极影响，推动了学术与现实的结合，使得学术研究更加贴近现实、服务社会。（4）对明清学术的影响。元代的理学思想对明清时期的学术发展产生了重要影响。明代的王阳明心学就是在元代理学的基础上发展起来的，而清代的学术思想也受到了元代理学的深刻影响。元代理学中的一些重要概念和观点，如"天理""人心"等，在明清时期得到了进一步的阐发和探讨。（5）对东亚文化的影响。元代的理学思想不仅在中国产生了重要影响，还传播到了日本、韩国等东亚地区，对当地的文化和思想产生了深远影响。

（五）元曲中的明德思想

元代理学思想不仅通过理论著作和学术传播影响了元代的政治和社会伦理，还渗透到文学创作中，如关汉卿的《窦娥冤》和王实甫的《西厢记》，这些经典作品中，都渗透和表达了元代理学明德观的深刻意蕴。

1. 《窦娥冤》中的明德思想

元代著名剧作家关汉卿的《窦娥冤》，是《感天动地窦娥冤》的简称。该剧剧情取材于东汉"东海孝妇"的民间故事。一位穷书生窦天章为还蔡婆婆借给他的银子，不得已将女儿窦娥抵给蔡婆婆做童养媳，没过几年窦娥的夫君早死。蔡婆婆向赛卢医索要借款，却险些被赛卢医害死，幸得张驴儿父子相救。张驴儿要蔡婆婆将窦娥许配给他，窦娥始终未同意。张驴儿就将毒药下在羊肚汤中要毒死蔡婆婆，结果却误毒死了其父。张驴儿反咬一口诬告窦娥毒死了其父，昏官桃杌最后做成冤案将窦娥处斩，窦娥临终发下"血染白绫、天降大雪、大旱三年"的誓愿。窦天章最后科场中第荣任高官，回到楚州睡觉时窦娥托梦与他，诉说自己的冤情。最终窦天章为窦娥平反昭雪。《窦娥冤》是中国著名悲剧之一，是一出具有较高文化价值、广泛群众基础的传统名剧，约有八十六个剧种都改编、演出过此剧。

《窦娥冤》通过生动的故事情节和深刻的人物刻画，揭示了正义与不公的对立，体现了强烈的伦理和道德诉求。作品以"冤屈"为核心主题，表现了对道德正义和伦理秩序的强烈呼唤。主人公窦娥的冤屈并非普通的法律案件，而是一种道德伦理上的反叛，作品对天理和人伦的强调体现了理学思想对伦理道德的重视。窦娥深明大义，体现了理学强调的内省和道德修养。她在面对极端不公时坚守内心正义的形象，反映了理学思想中的理性和道德自律。

天理与人伦的冲突。《窦娥冤》通过窦娥的冤屈故事，深刻展示了天理与人伦的冲突，并呼唤正义的回归。窦娥虽被误判为死罪，但在牢狱中她心存正义，信守天理。她在面临不公和恶法时，始终坚信天理的存在和最终得到伸张，表现出理学思想对天理的尊崇和信仰。窦娥的冤屈不仅是法律上的不公，也是伦理和社会秩序的错乱。剧中通过描写小人贪婪、官吏腐败等现象，揭示了社会人伦的失范和道德的沦丧。作品通过这些对比，表达了元代理学明德观对人间正道和人类正义的追求。

道德自律与内省。剧中窦娥的言行充分体现了理学对个人道德修养和内省的强调。窦娥虽身处困境，但始终保持内心的纯洁和信仰。她拒绝屈服于恶行和威胁，表现出超凡的道德自律和坚贞不屈的性格。理学提倡个人自我修养和内心的道德纯洁，窦娥的形象正好契合了这一思想。剧中窦娥对自身命运的内省和对天理的执着，表现了理学中的"内省"思想。她通过自我反思，不断寻找心灵的安慰和对天理的坚信，这种内在的修养和反思体现了元代理学对人生美德的重视。

社会责任与人文关怀。《窦娥冤》不仅关注个体命运，还通过叙述窦娥的冤屈，传达出对社会公正和人文关怀的呼唤。关汉卿通过窦娥受冤屈的故事，对官场腐败、社会不公进行了深刻批判。这种批判精神契合了理学对明德理想和社会正义的追求。窦娥作为受害者，她的痛苦不仅引发了剧中人的同情，也唤起了观众的共鸣。元代理学的人文关怀在这里得到了具象化的体现，通过对窦娥遭遇的描绘，进一步强调了社会公正和明德价值。

命运与伦理的抉择。《窦娥冤》还探讨了在面对命运和伦理抉择时的行为准则，这也是元代理学思想的重要一环。在面临生死抉择时，窦娥选择捍卫自己的清白，而不是屈服于恶势力，这种选择是一种高尚的明德行为。元代理学强调人在伦理困境中的道义选择，窦娥的行为正是这种思想的体现。尽管遭遇了巨大不幸，窦娥并未向命运屈服，而是通过自己的明德行为与命运抗争，这种行动体现了元代理学对命运无常的接受和对道德坚守的选择。

对理学思想的艺术表现。关汉卿通过艺术手法，将元代理学思想深刻融入剧情和人物，使得理学思想以更加生动和具体的形式呈现出来。诸如窦娥被错判而带来的"三桩誓愿"不仅是情节的高潮，更是对天理昭彰的象征性表达。飞雪、亢旱等自然现象作为天理昭彰的象征，进一步强化了作品中理学信仰和明德主题。通过对窦娥及其他人物的对比，剧作突出展示了道德自律和伦理失范的差异，使元代理学的明德观鲜明地表达出来。

《窦娥冤》作为元代文学的经典之作，借助生动的剧情和深刻的人物刻画，成功地将元代理学的明德观念融入其中。通过窦娥的悲剧命运，作品深刻揭示了正义与不公的冲突、个人的道德修养、对社会责任和人文关怀的强调，以及对命运的抗争和伦理选择。关汉卿通过富有艺术的表现手法，使元代理学思想得以生动体现，既增强了作品的文学价值，也深刻表达了对社会和人类命运的思考。

2. 《西厢记》中的明德思想

元代著名剧作家王实甫的《西厢记》，是《崔莺莺待月西厢记》的简称，全剧叙写了书生张生与相国小姐崔莺莺，在侍女红娘的帮助下，冲破孙飞虎、崔母、郑恒等人的重重阻挠，终成眷属的故事。书生张生上朝赶考路经河中府，在普救寺巧遇前相国之女崔莺莺，二人一见钟情。张生寄居寺内西厢，与莺莺一墙之隔，互相和诗，彼此有情，却无法相见。后来，叛将孙飞虎兵围普救寺，要抢莺莺为妻。崔母惶急之下向寺内僧俗宣布：能退贼兵者，愿以女妻之。张生挺身而出，写信给友人白马将军杜确，杜确领兵前来解围，救了崔氏一家。事后崔母悔婚，令张生与莺莺以兄妹相称。莺莺侍女红娘仗义相助，先教张生隔墙弹琴，打动莺莺，又为他们传递情诗。莺莺约张生后花园相会，见面后又突然变卦，并有斥责之言。张生病倒书斋，莺莺这才决定以身相许，终于在书斋幽会成亲。崔母发现后，拷问红娘，红娘据理力争，并谴责崔母有过错。崔母无奈，允许二人婚配，但要张生立即赴考。长亭送别，二人恋恋不舍。张生考中状元后荣归河中，终于获得美满婚姻。

《西厢记》作为元代杂剧的代表作，不仅以其优美的唱词和对白、鲜明的人物形象以及跌宕起伏的故事情节而著称，更在其中蕴含了丰富的思想内涵，包括元代盛行的理学思想及其明德观。无论张生的忠厚善良、崔莺莺的知书达理，还是其他人物的性格特点，都受到了元代理学思想及其明德观的影响。剧中的爱情波折和理学思想的冲突相互交织，推动了故事情节的发展。例如，张生与崔莺莺在追求爱情的过程中所遇到的种种困难和挑战，都与他们内心的理学观念形成了鲜明的对比和冲突。王实甫在《西厢记》中通过描绘张生与崔莺莺的爱情故事表达了他对理学思想的批判和反思。他借助剧中人物的形象和故事情节揭示了理学思想在现实生活中的局限性和矛盾性，从而引发人们对传统道德观念的深入思考。

（1）克制欲望。理学强调对个人欲望的克制，以达到道德的完善。在《西厢记》中，张生与崔莺莺的爱情虽然炽热，但他们在追求爱情的过程中也体现出了对欲望的克制。例如，两人初次相见，尽管心生情愫，但都保持了礼数和距离，没有做出逾越规矩的举动。

（2）孝道。孝道是理学思想的重要内容。在剧中，崔莺莺对已故父亲的怀念和对母亲的孝顺，体现了她对孝道的坚守。同时，张生在追求爱情的过程中，也始终考虑到崔莺莺的家庭情况，尊重并体谅她的处境，这也是一种孝道精神的体现。

（3）忠君爱国。虽然《西厢记》主要讲述的是爱情故事，但其中也隐含了忠君爱国的思想。崔莺莺作为大家闺秀，她的美德和品行不仅体现在对家庭的孝顺上，也体现在对国家的忠诚上。而张生虽然身为书生，但也怀揣着报国之志，他的爱情故事中也透露出对国家命运的关切。

（4）知耻。理学强调个人的道德修养和知耻之心。在《西厢记》中，张生在面对爱情挫折时曾感到羞愧和自责，这种羞愧感正是他内心知耻的体现。同时，剧中的其他人物如胡传庆等也在不同程度上表现出了知耻之心。

《西厢记》不仅是一部优美的爱情故事剧作，更是一部蕴含丰富理学思想的文学作品。通过探讨其中的理学思想，我们可以更深入地理解这部作品的思想内涵和文化价值。

三、宋元时期的明德人物

宋元时期是中国历史上文化繁荣、思想活跃的时期，涌现出许多杰出人物。

（一）包拯

包拯（999 年—1062 年），字希仁，庐州合肥（今安徽合肥）人，北宋时期的政治家。以清廉公正、明察秋毫而著称，被誉为"包青天"。在众多传奇的判案故事中，"铡美案"是包拯智慧与正义的集中体现。

包拯自幼聪颖，好学不倦，他在少年时代便以孝行闻名。包拯在宋仁宗天圣五年（1027 年）中进士，被授任为大理评事，出任建昌知县。因父母年迈，包拯请求在合肥附近就职，以更方便照顾父母，为此他改授和州监税。然而，父母依然希望他能够留在身边，于是包拯决定辞去官职，回家专心赡养父母。这段时间，他深感民间疾苦，对法律与公正有了更深刻的理解，为他日后成为一代名臣奠定了基础。几年后，包拯的父母相继去世，他在双亲的墓旁筑起草庐，为父母守丧期满之后，仍不忍离去，这份孝心和追忆之情，深为乡邻所称赞。直到景祐四年（1037 年），包拯才在乡亲们的多次劝慰和鼓励下赴京听选，获授天长知县，正式步入了仕途。赴任后，他勤政爱民，整顿吏治，改革诉讼制度，力求为百姓带来公正与和平。

民间戏剧"铡美案"是包拯任官期间遇到的一宗大案，案件涉及权贵与平民的纷争，背景复杂。当时，有一个名叫陈世美的读书人，赴京赶考后一举成名，被招为驸马。然而，他在成名之后，为了攀龙附凤，竟然隐瞒了已婚的事实，甚至企图杀妻灭子。受害者秦香莲，带着一双儿女，千里迢迢来到京城寻夫，却遭到了陈世美的冷酷拒绝。秦香莲的冤情传到了包拯的耳中，他决定亲自审理此案。在审理过程中，包拯面对的不仅是陈世美的抵赖和权贵势力的阻挠，更有来自宫廷的压力，但他凭借智慧和坚定的正义感，逐步揭开了案件的真相。他巧妙地设计，让陈世美在公堂上无法自圆其说，最终不得不承认自己的罪行。包拯在查清案情后，顶着巨大的压力，毅然决定依照大宋律法，用铡刀铡了陈世美。这一判决，不仅为秦香莲母子伸张了正义，也让百姓看到了法律面前人人平等的希望。

包拯的公正和勇气，赢得了百姓的极高评价和敬仰。包拯在任期间还处理了许多疑难案件，他的智慧和公正为百姓所传颂。同时，他在任端州知府时，整顿吏治，深受百姓爱戴。他主持公道，为民申冤，所到之处，民众无不对其肃然起敬。包拯的智慧和正义感，使他成为历史上著名的清官，赢得了"包青天"的美誉。

端砚是中国四大名砚之一，距今已有一千三百多年的历史，因出产于唐代初期的端州而得名。最初的端砚纯粹是文人墨客书写的实用工具，石面上无任何图案花纹装饰。后来经过精工细雕，逐渐得到达官贵人和帝王将相的赏识，宋朝开始把端砚列为贡品。包拯在端州任上命令工匠只按照上贡朝廷的数目制造砚台，一年过去，他没有拿一块端砚回家。这种清廉自律的精神也为后人所传颂。

包拯公正廉洁、立朝刚毅、不附权贵、铁面无私、英明决断，敢于替百姓伸张正义，故有"包青天"及"包公"之名，京师有"关节不到，有阎罗包老"之语。后世将他奉为神明崇拜，认为他是奎星转世，民间传其为黑面形象。

（二）苏轼

苏轼（1037 年—1101 年），字子瞻，号东坡居士，世称苏东坡，北宋时期著名的文学家、书法家、画家和政治家。

苏轼出生于眉州眉山（今四川眉山），他的父亲苏洵是一位文学家，对他寄予厚望。苏轼从小聪明过人，学识渊博，对文学、历史、哲学都有深入的研究。嘉祐二年（1057 年），苏轼进士及第，开始了他的仕途生涯。他历任多个官职，包括凤翔府判官、杭州通判、密州知州、徐州知州等。在任期间，他勤政爱民，关心百姓疾苦，致力于兴修水利、减轻赋税等利民措施。同时，他也与许多文人墨客交游唱和，留下了大量珍贵的诗文作品。

然而，苏轼的仕途并非一帆风顺。他因"乌台诗案"下狱，后被贬谪到黄州、儋州等地。在这些困境中，他并未消沉颓废，而是将更多的精力投入文学创作。他的诗文风格豪迈奔放，意境深远，充满了对生活的热爱和对自由的向往。同时，他也深入研究佛家、道家的思想，形成了自己的思想体系。

苏轼在文学、书法、绘画等领域都有卓越的成就。他被誉为"唐宋八大家"之一，诗文作品对后世影响深远。他被誉为"宋四家"之一，书法作品具有极高的艺术价值。他的绘画作品以墨竹、怪石等题材为主，风格独特，深受后人喜爱。

除文学艺术方面的成就外，苏轼还是一位杰出的政治家和水利专家。他提出了许多有益于国家和百姓的政治主张和建议，并亲自参与治理水利等民生工程。他的政治智慧和实干精神得到了后人的高度评价。苏轼还与美食有不解之缘，被称为美食家。他不仅对食物颇有研究，还亲手创制了一些菜肴，其中最有名的莫过于"东坡肉"。这道菜以肥而不腻、色香味俱佳而著称，至今仍是杭州和眉山等地的名菜之一。据说，这道菜是苏轼在黄州时，为了提高当地猪肉的知名度而创制的。他将猪肉炖煮至烂，色泽红亮，造型似红烧肉，但却更加酥烂入味，深受当地人喜爱。不仅如此，他还将自己的美食心得记录在《东坡志林》等著作中，为后世留下了丰富的饮食文化遗产。

苏轼的一生充满了传奇色彩。他不仅在文学上有着卓越的成就，还在政治和美食等方面留下了让世人津津乐道的事迹。苏轼集文豪、政客与美食家的多重身份于一身背后是以文史哲和儒释道为基础的明德文化。他的杰出贡献与人生美德是融为一体的，人们对他的不断赞颂，本质上是对其一生功绩和美德的赞颂。

（三）王安石

王安石（1021 年—1086 年），字介甫，号半山，抚州临川（今江西抚州临川区）人，北宋时期的政治家、文学家、思想家、改革家。他自幼聪慧过人，酷爱读书，对知识的渴求与日俱增。他年少时博览群书，积累了深厚的文化底蕴，为日后的文学创作和政治生涯打下了坚实基础。在二十二岁时，他成功考中进士，正式步入仕途，开启了传奇的一生。

在初入仕途的日子里，王安石历任扬州签判、鄞县知县、舒州通判等。他勤政爱民，致力于改善民生，深受百姓爱戴。在此期间，他积累了丰富的基层工作经验，对国家的治理有了更深刻的理解。

宋仁宗末年，王安石深感国家积贫积弱，需要进行全面改革。他撰写了《上仁宗皇帝言事书》，详细阐述了自己的改革理念，主张对宋初以来的法度进行全面革新。然而，当时这一主张并未得到朝廷的采纳。神宗即位后，王安石受到重用，升任参知政事，后更是官至宰相。他得以实施自己的变法主张，推出了一系列新法，包括均输法、青苗法、农田水利法、免役法、市易法、方田均税法、保甲法、保马法等。这些新法旨在富国强兵，提高国家财政收入，同时改善民生。

王安石变法有效地加强了中央政府的控制力，提高了国家的治理效率，促进了经济的发展，为中国经济史上的"宋代经济"奠定了基础。同时，通过教育改革，提高了官员的素质和能力。但由于用人不力及执行出现偏差，变法也带来一些负面效果，如"民苦于役"等现象。此外，朝廷内部的"新旧党争"也使得变法受到不少朝臣的非议。最终，在神宗支持下新法仍基本推行，但随着神宗的去世和保守派司马光的当政，新法被逐一废止。

尽管王安石的变法理念富有远见，但在实施过程中遭到了保守派的强烈反对。面对重重阻力，他依然坚持自己的信念和理想。然而，由于新法在实施过程中出现诸多问题，王安石在 1074 年和 1076 年两度被罢相。元祐元年（1086 年），保守派得势，新法皆废，王安石郁然病逝于钟山，享年六十六岁，赠太傅。绍圣元年（1094 年），获谥"文"，故世称王文公。

王安石不仅是一位杰出的政治家和改革家，还是一位文学巨匠。他的散文雄健峭拔，语言简练明快，具有强烈的艺术感染力。他的诗歌则擅长说理与修辞，意境深远。作为"唐宋八大家"之一，他的作品如《泊船瓜洲》中的"春风又绿江南岸，明月何时照我还"等诗句广为传诵，成为中国古代文学的瑰宝。

王安石的生平充满了传奇色彩和奋斗精神。他的一生是对理想、对国家、对人民的忠诚与担当的写照。他的政治智慧和文学才华共同构成了他独特而伟大的人生篇章，他无愧于一位明德人物的称号。

（四）岳飞

岳飞（1103 年—1142 年），字鹏举，相州汤阴（今河南汤阴）人。他出生在一个普通的农家，自幼丧父，但在母亲的教育下成长为一个有胆有识的青年。岳飞不仅是一位杰出的军事家和战略家，还是南宋"中兴四将"之首，他重视人民抗金力量，缔造"连结河朔"之谋，主张黄河以北的民间抗金义军和宋军互相配合，以收复失地。

岳飞生活的南宋时期，金朝频繁袭扰南宋边境。岳飞坚决主张抗金，并多次率领军队与金军交战，取得了辉煌的战绩。例如，在绍兴四年（1134年），他成功收复了襄阳六郡，为南宋的稳定立下了汗马功劳。此外，在绍兴十年，岳飞挥师北伐，收复了郑州、洛阳等地，大败金军于郾城、颍昌等地，使金军一败涂地。

这位南宋的杰出将领，是中国历史上深受人们敬仰的英雄。他的一生，可以说是对"尽忠报国"这四个字的最好诠释。在抗击金军的战争中，岳飞始终坚守着"尽忠报国"的信念。他率领的岳家军，以严明的纪律、高昂的士气，多次打败金军，为南宋稳定立下了赫赫战功。他的事迹和精神，不仅在当时广为传颂，更为后世所铭记和敬仰。

然而，在朝廷中，有一个名叫秦桧的官员，他虽有一定的才华，但心术不正。他看到岳飞声名鹊起，心中不禁生出了妒忌和不满。秦桧暗中与金朝勾结，企图削弱岳飞的势力。岳飞并不知情，他依然坚守在前线，为了国家的安危而奋战。他的忠诚和勇敢感动了无数士兵和百姓，他们纷纷加入岳飞的队伍，共同抵抗外敌。然而，秦桧的阴谋渐渐浮出水面。他开始散布谣言，诬陷岳飞有谋反之心。朝廷中一些不明真相的官员被秦桧蒙蔽，开始对岳飞产生怀疑。岳飞得知这些谣言后，并没有选择逃避或反驳，而是更加坚定地投入战斗。他相信，只有用实际行动来证明自己的清白和忠诚，才能打破这些谣言。然而，秦桧并没有就此罢休。他继续策划更大的阴谋，企图一举除掉岳飞。终于，在一次战斗中，岳飞被秦桧陷害，被朝廷以"莫须有"的罪名杀害，时年只有三十九岁。

岳飞的死讯传来，南宋朝廷上下一片哗然。士兵们痛哭流涕，百姓们自发地为岳飞举行祭奠活动。他们深知，失去了一位伟大的英雄和国家的栋梁，而秦桧的罪行也终于被揭露出来。人们纷纷唾弃他的名字，他的罪行被永远钉在了历史的耻辱柱上。

岳飞虽然离世已久，但他的精神永远激励着后人。他的忠诚和报国精神成为中华民族的宝贵财富。每当国家危难之际，总会有像岳飞一样的英雄挺身而出，为国家的繁荣昌盛而努力奋斗。秦桧的故事也警示着后人：背叛国家和人民的人终将被历史唾弃。只有那些真正为国家和人民利益而奋斗的人才能名垂青史、流芳百世。

"尽忠报国"不仅是对岳飞忠诚、勇敢和担当的品质的赞誉，更是他一生的真实写照。这四个字，既体现了岳飞对国家、对民族的深沉情感，也展现了他为国家和民族的利益不惜牺牲一切的决心和勇气。"尽忠报国"的精神，不仅体现在岳飞的军事成就上，更体现在他的人格魅力和道德风范上。他忠诚于国家，忠诚于民族，始终保持着一颗赤子之心。他的清廉自守、刚正不阿的品格，为后世树立了楷模。

四、明德范畴诠释

"心"与"性"，是中国哲学史和伦理思想史上的两个重要概念。它们都是明德范畴，并常常相互关联。儒、释、道都对"心"与"性"有自己的理解。在宋元理学中，"心"通常是指人的主观意识、思维活动和情感体验的中心。它不仅是认知的源泉，还是情感、意志和道德判断的发源地。"性"在宋元理学中，通常是指人的天性、本质或本原性质。它被认为是人出生时就具备的，决定着一个人的道德发展潜力和方向。

（一）"心"

在儒家思想中，"心"通常指的是人的内在精神世界，包括情感、意志和认知等方面。儒家强调"心"的修养和教化，认为通过内心的修炼可以提升人的明德品质。例如，孟子提出"四心说"，即恻隐之心、羞恶之心、辞让之心和是非之心，这些都是人内在的美德。

在道家思想中，"心"则更多地与自然规律和自由相联系。道家主张顺应自然、无为而治，认为通过摒弃杂念、回归自然，就可以达到内心的平静和自由。这种内心的平静和自由也被视为一种美德。

"心"具有主动认知和思考的能力，能够对外界事物进行感知、理解和判断。"心"是情感的寓所，能够体验喜怒哀乐等复杂情感。"心"具备对善恶、是非进行道德判断的能力。"心"的美德体现在其能够保持清静、明澈，不被私欲蒙蔽，从而能够做出正确的道德选择和判断。如朱熹所强调的"格物致知"，就是通过修炼"心"来认识和理解世间万物，最终达到"明明德"的境界。这里的"心"就是认知和理解世界的主体，通过不断的修炼和提升，"心"的美德得以彰显。心学派如陆九渊、王阳明等强调内心的直觉和反省。他们认为，通过静心反省，可以去除私欲，恢复"心"的本来面目，从而做出正确的道德判断和行为选择。这显示了"心"在道德判断和自我提升方面的美德。

"心"的明德范畴，还有以下内涵：

（1）仁心。在儒家思想中，仁是一种基本美德，而仁心则是指仁爱之心。仁心表现为对他人的关爱、同情和尊重，以及愿意为他人着想和付出的精神。拥有仁心的人能够体察别人的需要和感受，从而在行为上表现出善良和慈悲。

（2）静心。静心是指内心平静、无杂念的状态。在道家和佛家思想中，静心被视为达到更高境界的必要条件。通过静心，人们可以超越世俗的纷扰，洞察事物的本质，从而实现内心的自由和宁静。静心也是一种美德，因为它要求人们克制自己的欲望和冲动，保持内心的平和与稳定。

（3）知心。知心是指对自己内心的了解和把握。在儒家思想中，知心被视为修养的重要一环。通过了解自己的内心世界，人们可以更好地认识自己、把握自己的情感和意志，从而做出更明智的选择和决策。知心也是一种美德，因为它要求人们勇于面对自己的内心，敢于正视自己的弱点和缺陷。

（二）"性"

"性"通常是指人的本性或天性，但也有人在后天意义上讨论"性"的问题。唯心论者多在先天意义上讨论人性善恶问题；唯物论者则多在后天意义上讨论人性善恶问题。"性"的美德体现在纯净、善良和向善的倾向上。一个拥有美德之性的人，会自然而然趋向于善良和道德行为，无须外在的强制和诱导。

在儒家思想中，孟子提出的"性善论"，就是先天意义上的。他说："仁义礼智根于心"，就是强调人的本性是善良的，由于后天受复杂社会环境的影响，人的善良本性可能暂时迷失，但只要通过适当的教育、引导和修养，这种善良的本性就能够得到充分的发现和展现。所以，"性"是美德的源泉，它蕴含了人向善的潜力和动力。程朱理学强调通过修炼和克制私欲来彰显人性中的天理。他们认为人的本性是善良的，是由天理赋予的，但需要通过后天的修养来去除私欲的遮蔽，恢复本性的光明。例如，一个人在面对诱惑时能够坚守道德原则，不为私欲所动，这就是"性"中明德的体现。

在道家思想中，"性"更多地与自然规律和自由相联系。道家认为人的本性是自然无为的，只有顺应自然才能保持本性的纯真和美好。因此，"道法自然"成为道家明德观的核心原则。

"心性"合一也是儒家和道家都强调的理念。他们认为"心"与"性"是相互依存、相互影响的，只有内心修炼和顺应本性相结合，才能达到真正的道德境界和人生境界。在这种境界下，人的行为和思想都符合美德的标准，体现出高尚的品质和风范。

当然，还可以进一步扩展"心"与"性"范畴的内涵：

（1）性善。性善论是儒家思想中关于人性的基本观点之一。它认为人的本性是善良的，只是由于受后天不良环境的影响，人们才可能产生恶行。因此，性善论强调通过教育和修养来发扬人的善性，克制恶性。性善作为一种美德范畴，要求人们相信并努力实践人性的善良本质。

（2）性清。性清是指人的本性清澈、纯净，没有受到世俗污染的状态。在道家和佛家思想中，性清被视为一种理想状态，人们应该努力保持本性的纯真和美好。性清也是一种美德范畴，因为它要求人们坚守自己的本心，不受外界的诱惑和干扰。

（3）性柔。性柔是指人的本性具有柔顺、温和的特点。在儒家思想中，性柔被视为一种美德，因为它强调人与人之间的和谐与包容。拥有性柔的人能够与他人和睦相处，化解矛盾，促进社会的和谐稳定。

　　总而言之，"心"和"性"在宋元理学中构成了明德的核心范畴。它们不仅揭示了人的内在本质和道德修养的路径，还为我们提供了一种理解和追求美德的视角和方法。"心"与"性"范畴的内涵非常广泛深刻。这些美德范畴相互交织、相互影响，共同构成了中国传统明德观的丰富内涵。通过深入理解和实践这些美德范畴，人们可以不断提升自己的道德品质和精神境界。理学家们曾借助理欲、心性、理气、道器等范畴，精致辨析，将人的道德存在、伦理特性和价值尊严提升到了宇宙本体的形上位置。视人为天地万物的价值主体，并抽象地证实了"天地之性人为贵"的儒学信念。与此同时，如何协调人伦关系、规范宗法秩序、强化群体意识、提高群体智慧和力量以化解各种灾害，从而达到政通人和的目的，也成为传统学术的基本问题。理学的这一主体精神，深深地根植于中华民族的生存环境及其价值理想之中。以天下为己任、以天地为己心的情怀，正是宋元理学家主体精神的体现。

本章思考题：

　　1. 张载关学中的明德思想。

　　2. 程朱理学中的明德思想。

　　3. 从宋词元曲看明德文化。

第十一章
明清时期的明德文化

　　明清，是对明朝和清朝的合称。明朝（1368 年—1644 年），由明太祖朱元璋所建。初期建都南京，明成祖朱棣迁都北京。传十六帝，共计 276 年。清朝（1616 年—1912 年），是中国历史上最后一个封建王朝，共传十二帝，初称后金。从努尔哈赤建国起，总计 296 年。从皇太极改国号为清起，国祚 276 年。从清兵入关，建立全国性政权算起为 268 年。

　　在明清 540 多年间，明德文化的总体特点是以理学和心学为理论依据，也就是真正实现了以儒为主，吸收佛、道的"三教"融合。作为封建社会意识形态的道德思想体系走向了成熟，同时对人们思想和行为的约束性也达到了极致。东林党事件反映了知识分子的道德追求和独立意识。明清时期的很多戏剧、小说等文艺作品，都成为传播当时明德观念的文化载体。明末清初，也曾出现过以李贽、顾炎武、王夫之、戴震等为代表的道德启蒙运动。

一、明清时期的社会状况

（一）政治状况

1. 在改革政治体制中加强皇权

明朝初期，中央政治结构承袭元制，实行中书省宰相负责制，中书省是辅佐皇帝处理政务的机构，也是中央政令的最高机构，宰相权力极大。后来为加强皇权，防止分权，中央废除中书省和宰相制，设立六部由皇帝直接统领，并挑选文人作为殿阁大学士直接协助皇帝批阅奏章，充当顾问。决策机构体系重新架构，决策权进一步集中，政务处理高度程式化。明朝设立厂卫特务机构，严刑厉法，强化多种组织形式的监察制度，以加强对臣民的控制，维护社会安定，同时采取减免赋税、严惩贪腐官员等一系列举措。这些改革在一定程度上严明了法纪，但过分严苛的刑罚也使官员人人自危，不利于人才的挖掘和利用。明朝还设立了内阁制度和宦官制度，也是为了进一步加强皇权，但导致后期宦官掌权，祸乱朝野。自永乐以后，明朝历代皇帝主要施行休养生息的政策，仁德治国，精简机构，在稳定明朝统治方面起到了一定积极作用。

　　明朝中后期，政治昏暗，奸臣当道。明宪宗时为加强特务统治，成化十三年（1477年）于东厂之外增设西厂，与东厂及锦衣卫合称厂卫，用太监汪直为提督，其权力超过东厂，活动范围自京师遍及各地。由于西厂横行不法，王室奢侈而官吏贪污盘剥，加上自然灾害，人民处于饥寒交迫、水深火热之中。这一时期政治制度层面的问题日益暴露，核心问题在于中央权力机构失控，进而引发社会资源的严重流失，这不仅限制了国家职能的有效发挥，更对上层建筑的稳固构成了威胁。为了应对这一局面，改革思潮成为主导力量，政治活动均围绕着改革这一核心展开。同时，明朝的众多关键制度也在此阶段经历了显著的变革和调整。这一时期，张居正面对官场弊政百出，官员贪赃枉法，皇权被削弱，开始进行改革，采取改革措施加强皇权，改变内忧外患的局面，在澄清吏治、改进税制、增辟财源、兴修水利和整顿军事等方面，都取得了一定的成效。张居正辅政的十年，是他力推改革、励精图治的黄金时期。在内政管理上，他坚决推行考成法，精简政府机构，裁撤冗员，使行政效率大幅提升。在政治体制上，他严惩贪官污吏，整肃朝纲，改革体制，这一系列举措共同促成了明朝的繁荣与中兴，史称"万历中兴"。张居正勇担改革重任，不计个人荣辱得失，即使面临生死考验也从未动摇。他展现出的勇于担当、敢于面对困难，以及承受屈辱与误解的精神，体现了他的高尚品质，这也是他能够担负起治理国家、管理百官重任的重要思想支撑。在掌握大权后，张居正始终将拯救国家和民众作为自己的首要任务。他勇于在重重阻力中整顿朝纲，改革吏治，整顿驿站，精简官员，纠正学风，加强边防，重新丈量土地，为已经满目疮痍的明朝注入了一股清新活力。经过十年的努力，他成功推动了"万历新政"，为国家的繁荣与发展注入了新的活力。然而，随着改革的深入，推行变革的执政者与固守既得利益的势力之间的冲突日益尖锐，改革内部亦暴露出深刻矛盾。在张居正离世后，反对改革的政治对手对他进行了清算。他的家庭因此受到牵连，家属被禁锢于家中，最终导致十余口人因饥饿而逝，他生前的官位和荣誉也被无情剥夺。

清沿明制，在中央设军机处加强中央集权，用督抚制、保甲制管理地方，加强基层管理；同时设理藩院管理少数民族事务，以满汉合一为基础，主张满汉一家，加强了对全疆域的控制，为统一多民族国家做出重要贡献；以官僚制度为主要特征，清朝统治维系近三百年，其政治制度的核心仍然是君权至上。

军机处是清朝的中枢权力机关，这个机构并不是从清朝刚建立就存在的机构，而是后来的新增机构。它设立于雍正七年（1729 年），为了解决用兵西北时的军务处理，雍正帝设置军机房，后来更名为"办理军机处"。军机处是皇帝个人的秘书机构，军机大臣直接听命于皇帝，辅佐皇帝处理政务，拟写、传达皇帝旨意。他们通过议复机制深刻影响了清朝中央的最高决策过程。军机处设立的主要目的是加强皇权，提高行政效率，确保军事机密不泄露。这是清代中枢机构的重大变革，提高了行政效率，但也标志着清代君主专制达到顶峰。在高度集权的体制下，清朝进入全盛时期，开创了中国历史上有名的"康乾盛世"。

2. 社会矛盾凸显

明朝中后期，国家内忧外患，财政困难，军队衰弱，民生困苦，社会矛盾逐渐尖锐。明朝政府实行的严苛赋税政策和处罚制度，以及官员的贪污腐败，给农民阶层带来了沉重负担。同时，陕北地区连年旱荒，天灾人祸不断，外族入侵和内部战乱频发，进一步加剧了社会的动荡和不安。国家逐渐由盛转衰，社会矛盾进一步激化。这些因素共同促使了农民起义的爆发。

李自成，原为闯王高迎祥部下的闯将，勇猛有识略。李自成果敢善战，有勇有谋，极具战略眼光，在军中不断积累威望和实力，后成为"闯王"。起义军提出"均田免赋""平买平卖"等口号，赢得广大农民群众支持。崇祯十四年（1641 年）起，一批受过良好教育的知识分子加入农民军，在他们的建议下，李自成完善自身建制，治理占领区，颁布一系列政策法令，采用平民化口号宣传，起义军在李自成的领导下，逐渐壮大，成为农民战争中的主力军，李自成的农民起义迎来了鼎盛期。崇祯十七年（1644 年）正月，李自成建立大顺政权，年号永昌。同年三月十九日（4 月 25 日），攻克北京，推翻明王朝，明思宗朱由检自缢于煤山，至此明朝灭亡。但起义军领导集团腐败，又不能根据阶级状况调整政策，在军事上、政治上和政策上都有失误，李自成农民起义迅速进入衰落期。吴三桂引清兵入关，联合进攻农民军，李自成迎战失利，退出北京。后率军在河南、陕西等地继续抗击清军。1645 年 5 月 17 日，李自成在湖北通城县遭到当地乡勇误杀，起义彻底失败。李自成起义对明朝政权的打击是致命性的，直接导致了明朝的灭亡。

清朝实行土司制度，推动改土归流。土司制度是元、明、清王朝在少数民族地区设立的地方政权组织形式和制度。"土司"又称"土官"，是由中国古代中央王朝任命和分封的地方官，"世官、世土、世民"是其重要特点，即世袭的政治统治权，辖区土地的世袭所有权及对附着在土地上的农民的世袭统治权。清朝时期通过这一改革，朝廷成功消除了深入管理和全面开发土司地区的障碍，使得外来人口得以大量涌入改土归流地区。这一举措不仅促进了地区间的交流与融合，也为构建一个统一、多民族的国家做出了重要贡献。

清朝中期出现的"康乾盛世"，标志着国家已经进入鼎盛时期。然而，晚期的清王朝统治腐朽残酷，官场中充斥着贪污受贿、营私舞弊的行为。这种腐败现象严重削弱了清朝的统治基础；剥削残忍，农民的赋税繁重，不堪重负，地主阶层与农民之间的矛盾愈发尖锐，地主剥削农民的情况屡屡出现，造成了社会不公和民怨。封建社会的陋习如高利贷、税收不公等导致了广大农民的贫困，人民的生活条件极为艰苦。这种民生困苦最终引发了大规模的农民起义。这些起义军的涌现并非偶然，这些内忧外患使得清朝的鼎盛时代逐渐走向终结，而清朝的统治者仍旧沉浸在天朝上国的美梦中。此时根深蒂固的儒家思想已无法改变日益复杂的社会环境，加之频繁的自然灾害，百姓生活苦不堪言，这进一步动摇了儒家思想的统治地位，也预示着封建统治已岌岌可危。

（二）经济状况

1. 社会生产力发展

明初，由于灾荒和战争，人口锐减，经济倒退，人民生活极端困苦，大量土地无人耕种，成为荒地。为恢复农业生产，发展经济，朱元璋即位后，采取轻徭薄赋的政策，恢复社会生产。奖励农业活动，鼓励开垦荒地，减免赋税，严惩贪官。这极大激发了农业生产的积极性。除此之外，他还开展了长达数十年的人口迁移，将人口从稠密地区有计划地向人口稀疏地区转移，均衡人口与土地资源，开垦荒地，安置流民，维护社会稳定。为进一步加强对土地的管理和控制，在地方确立里甲制，配合赋役户籍登记和《鱼鳞图册》的施行，将土地精准丈量，记录图册，使征收赋税有了依据。这一举动虽是直接为了方便征收赋税，但等于官方承认了农民对自由开垦土地的所有权。农业得以发展，社会逐渐稳定。朱棣即位后，在中原各地鼓励垦种荒闲田土，实行迁民宽乡、督民耕作等方法以促进生产，并推行赈济等措施，防止农民破产，保证了赋役征派。永乐时期，明朝国力达到鼎盛。通过这些措施，明初小农社会支撑起来的国家机器较为稳定。

明朝中期的经济革新聚焦于对赋役制度的深度调整，力求探寻更为高效的税收体系。万历年间，张居正所推动的改革则主要聚焦于优化吏治和财政的整顿，以强化国家的治理效能和经济基础。他实施土地清查，清丈田粮，推进统一以白银作为财政计量单位，抑制豪强地主的势力；通过改革赋役制度，赋役合一，推行"一条鞭法"法，重新制定统一税率。这有效减轻了农民负担，促进了社会的公平与稳定。张居正改革不仅具有显著的重商主义色彩，推动了商业和贸易的发展，同时也显露出财政分权意识的萌芽，为明朝乃至后世的财政管理体制改革提供了重要启示和借鉴。

清朝在发展社会经济方面采取了积极政策。康熙废除了圈地令，并下令将原先圈占的土地归还给农民，这一举措有效遏制了贵族的经济扩张势头，极大地促进了农业生产的恢复和发展。雍正放宽了垦荒起科的年限，并规定垦荒有成绩者，根据开垦土地的数量，给予不同级别的官职。这一政策极大地激发了人们垦荒的积极性，使全国大部分荒地得到了有效的开垦和利用。乾隆时期，农业生产的发展尤为显著，不仅粮食产量普遍提高，而且高产作物得到了广泛种植。这得益于农田水利的兴修和精耕细作技术的推广，使得单位面积的产量有了显著的提高。到了乾隆中期，耕地面积显著扩大，人口数量激增，国库充盈，整个社会经济迈上了一个新的台阶，达到了空前的繁荣，整个社会经济在这一时期呈现出了前所未有的繁荣景象。

在明清时期，文化领域也涌现出一大批具有划时代意义的著作。徐光启的《农政全书》详尽总结了中国古代的农学成就，为后世农业研究提供了宝贵资料；宋应星的《天工开物》则系统记录了中国手工业的精髓，展示了古代工匠的卓越技艺……可以说，明清时期的生产力发展已经达到了传统社会的巅峰状态。除此之外，西方传教士也给中国带来了西方的科学技术，推动了中西方的交流。

2. 商品经济发展

明成祖朱棣为巩固边防和海防，决定将政治中心从南京迁至北京。迁都的举措打破了之前南方强势、北方相对落后的经济局面，使得南北方的经济发展更为均衡。为了优化物资运输，朱棣下令疏浚了京杭大运河，此举极大地推动南北物资交流，运输效率大大提高，并且带动了运河两岸商业贸易的蓬勃发展。朱棣还实行积极的外交策略，自 1405 年开始派郑和下西洋，宣扬国威，耀兵异域，与各国进行政治经济来往。郑和七次下西洋，造访了三十多个国家和地区，加强了明朝与中亚各国乃至非洲地区的商业联系，极大地促进了中国与亚非国家之间的友好关系。这一创举充分展现了中华民族不畏艰难、勇往直前的英雄气概和博大胸怀，弘扬了中华民族勇于探索、不断进取的精神。

明清时期农业、手工业进一步发展，商品经济与城市经济空前繁荣。这一时期，商业集镇涌现，资本主义萌芽悄然出现，随之而来的是一个新的社会阶层商人的崛起。明朝中后期，由于地域间经济差异和粮食生产状况的不均衡，粮食开始呈现出区域间的流动，粮食生产逐渐趋向专业化和商业化。这促使不少地主和贵族开始将资金投入工商业，从而催生了以徽商、晋商、闽商、粤商等为代表的商帮的形成。自明朝中叶起，商税在国家财政中的占比持续增长，成为国家财政收入的关键组成部分。商业资本的兴起无疑为商品经济的深入发展和资本主义的萌芽提供了助力。

清朝的商品经济在多个方面均取得了显著发展，这些发展共同推动了清朝经济的繁荣和社会的进步。在"惠商"政策的推动下，商品经济发展势头迅猛，很快就超过了明朝最高峰，向近代化转型。农业方面出现了商品化的趋势，大量的农产品进入市场。长途贩运贸易繁荣。商业城镇大批崛起，数量远超明朝。清朝初期，全国形成了十大商帮，其中以晋商和徽商为代表。

清朝对外实行闭关锁国政策。顺治时期，清朝颁布了"禁海令"，严格限制海外贸易和人民出海。清朝在台湾设立行政建制后，曾短暂放开宁波、漳州等地作为对外通商口岸，但随后又收紧政策。1757年，清朝规定由朝廷特许的"广州十三行"统一经营对外贸易，进一步限制了贸易的自由度和范围。闭关锁国政策在一定程度上对西方殖民侵略起到了自卫作用，保护了封建社会自给自足的自然经济。然而，这一政策严重阻碍了对外贸易、思想文化、科学技术的交流，使中国丧失了与西方第一次和第二次工业革命接轨的机会，拉大了与世界的距离。

（三）文化状况

1. 文化专制不断加强

为了进一步强化对民众的思想控制，明清两朝的统治者推行了一系列政策加强统治，使中国古代的文化专制在明清时期达到顶峰。文字狱是明清两代文化专制的重要表现。明清时期，大兴文字狱，打击异端、排斥异己以维护统治。朱元璋开始了以文字罪人的先例，以此来打压异己。清朝的文字狱更为极端。清朝的文字狱持续了一个多世纪，其频繁和激烈程度不断升级，无论是发生的频率还是规模，均达到了历史前所未有的高度，整个思想文化领域都笼罩在浓厚的皇权专制阴影之下，知识分子人人自危，不敢议论社会时政问题，只得埋首书籍。

明清选拔官吏沿用科举制度。八股取士的命题范围局限于四书五经，规定用八股文来阐发经义。考试答题时的文体，严格划分为八个部分，所以称"八股文"。应考者不能发挥个人见解，知识分子的思想和才华都被严格禁锢。明清两代八股取士占据了主导地位。这种人才选拔机制以严格的形式和内容要求，以及重形式轻实质的倾向，严重束缚了知识分子的思想和创造力，导致了学术文化的僵化和社会发展的滞后。明清时期，学术专制也不断加强，历代君主十分重视对文史典籍的把控，采用大举编书的方式筛选书籍，以禁锢人的思想。例如明成祖命人编写《永乐大典》，清代乾隆下令修纂《四库全书》等。这些举措和成果，都是明清时期中央集权在文化上的体现。文化专制在明清两代盛行，极大地禁锢了人们的思想，严重妨碍了思想文化的繁荣，在客观上延缓了中国社会的近现代化进程。

2．理学走向僵化

明清两代以程朱理学统御天下，将理学崇奉为官方哲学，进一步强化思想文化控制。程朱理学自南宋成为正统思想后，在思想文化领域一直占据统治地位。明朝朱元璋明确规定，科举考生的文章必须严格以朱熹的思想为准。清朝沿袭了明朝的思想文化，仍然选用理学教化民众，控制社会思想文化。康熙曾说朱熹的作品是"天地之正气、宇宙之大道"。康熙以程朱理学为治国之本，主持编辑了《朱子大全》颁布天下。乾隆在主张编纂《四库全书》期间，提出"训饬诸臣精研理学"，对所有图书进行审查，借机割裂焚毁不符合其思想的书籍。这些政策体现了明清两朝对理学正统地位的坚定维护。运用政治权力确保理学的权威性，巩固其作为官方意识形态的地位。然而，这种极端的做法也限制了学术的自由发展，阻碍了不同思想之间的交流与碰撞，从而在一定程度上加剧了理学的僵化和封闭。

程朱理学将儒家的伦理道德和信仰理念加以改正和利用，提出了一系列更有利于维护君主统治的封建礼教标准和道德行为规范，适应了专制统治者的需要，在维护社会稳定、教育人们知书达理、塑造人的社会责任感和民族气节等方面发挥了积极作用。但同时，理学强调的"三纲五常""存天理，灭人欲"等封建道德思想，无非是服务于统治者加强对民众的管理，将其教化成为顺应上意、方便管理的顺民，极大束缚了人的思想，压制了人的自然欲望，使得社会缺乏创新和活力，阻碍了社会的进步和发展。

3. 文化出现多元化趋势

商人群体的出现及城市市民群体的迅速增大，形成了独特的商业文化。明清商业文化的兴盛表现在商帮的形成及发展，徽商、晋商、闽商、粤商等商帮积累大量财富，影响力日盛。然而，在封建制度的背景下，明朝的商业活动呈现出明显的政治色彩。商人纵使富甲天下，社会地位却低，因此他们常"贾而好儒"，借助与权贵合作、与官僚资本联手经营或购买官职等手段来保障自己的商业利益。这种结合使得明朝的商品经济不可避免地带有浓厚的封建色彩，这也是中国资本主义萌芽发展缓慢的一个重要原因。因此，明清时期的商业文化仍以儒家思想为指导，讲求"义利观"，追求"诚信"。商业文化的空前发展也在一定程度上冲击了长久以来以"士农工商"为价值排序的观念，商人的地位有所提高，"重商"意识有所抬头。

自16世纪新航路开辟以后，一些西方国家也在尝试接触中国，一些外来文化也有传入。以晚明耶稣会传教士利玛窦为代表的西学东渐，使中西文化在冲突中融合。利玛窦是最早将西方科技知识传入中国的传教士之一，他带来了西方的科技知识，在中国宣传天文学、兵工学、数学和地理学，丰富了中国的科学文化。他为东西方文化的交流做出了巨大贡献，被誉为"西学东传第一人"。利玛窦的访华打开了人们的视野，为后世的中西文化交流奠定了坚实的基础，有利于中国传统文化向近代的转型与进步。

清朝以满汉合一为基础，主张满汉一家，形成了统一的多民族文化，为构建一个统一、多民族共荣的王朝做出了重要贡献。明清两朝都重视对少数民族地区的管治，如明朝的土司制度和清朝的理藩院。理藩院是清朝掌管蒙古、西藏、新疆、四川各地少数民族事务的机构，也负责处理对俄罗斯的外交事务。

二、王守仁的"心学"和明德思想

王守仁（1472 年—1529 年），字伯安，别号阳明，浙江绍兴府余姚县（今属宁波余姚）人，因曾筑室于会稽山阳明洞，自号阳明子，学者称之为阳明先生，亦称王阳明。弘治十二年（1499 年）中进士，历任刑部主事、贵州龙场驿丞、庐陵知县、右佥都御史、南赣巡抚、两广总督等职，晚年官至南京兵部尚书、都察院左都御史。因平定宸濠之乱军有功而被封为新建伯，隆庆年间追赠新建侯。

王守仁于五十四岁时，辞官回乡讲学，在绍兴、余姚一带创建书院，宣讲"王学"，并在天泉桥留心学四句教法：无善无恶心之体，有善有恶意之动。知善知恶是良知，为善去恶是格物。嘉靖七年十一月二十九日（1529 年 1 月 9 日），王守仁因肺病加重逝于江西南安府大庚县青龙港（今江西大余县境内）舟中。临终之际，弟子问他有何遗言，他说："此心光明，亦复何言！"隆庆时追赠新建侯，谥文成。万历十二年（1584 年）从祀于孔庙。

王守仁是明代著名哲学家，精通儒家、道家、佛家思想，是陆王心学（南宋陆九渊、明代王守仁）的集大成者，在中国哲学史和宋明理学史上都占有重要地位。其学术思想传至中国、日本、朝鲜半岛以及东南亚。

明朝初年，程朱理学受到统治者青睐。程朱理学将儒家思想与佛教的灭欲论，以及道家的哲学与思辨精神结合起来，构造了内容更加丰富、理论更加完整的新儒学体系。从孔孟出发，论证君主制秩序的永恒性，适应了封建统治者的需要，因此程朱理学得以一统天下。至明朝中叶，当时社会动荡不安，政治腐败，程朱理学作为官方哲学已经失去了往日的活力，日趋僵化保守。在这样的历史背景下，王阳明不满于程朱理学的疏远空泛，于是在继承南宋陆九渊"心学"的基础上，将其发扬光大，创造了属于自己的思想体系，也使明代心学随之而起。

（一）心即理

王守仁认为"心即理"，从而肯定了人的主体性地位。他强调本心求理，认为人的本心是宇宙万物的根源和本质，内心的真实想法与外在事物的本质规律是相互贯通的。他强调"致良知"，把传统伦理道德说成是人生而具有的"良知"。他主张"知行合一"，反对知行脱节，认为知识和行动是密不可分的，真正的知识必须通过实践来验证和深化。

"心即理"是王守仁哲学的核心思想。他认为，"心"是万物的本源，也是产生天理的本体。也就是说，社会道德规范不是根源于"天理"，而是根源于"人心"。可以说，"心"是"理"本源，而不能说"理"是"心"的本源。他强调内心的直观认识和道德感悟，认为人的本心就是宇宙万物的根源和本质，求理要靠本心。人心与天理是一体的，不可分割。换言之，理不在人心之外，而就在人心之中。这种思想强调了人的主观能动性和内心直觉的重要性。一切从本心出发就是对天理的贯彻。

王守仁继承了陆九渊的思想，又在此基础上有所发展。他从自身出发，提出了更为具体的"心"与"理"的内涵。王阳明早年提出"身之主宰便是心，心之所发便是意，意之本体便是知，意之所在便是物"。"心"在王守仁的理论中是主观意识的体现，它代表了人的内心世界、感知能力以及道德判断，涵盖了人的意识、情感和道德观念的综合概念。首先，心是指个人的本心，是身体的主宰；身体各部位之所以能发挥作用是受心的指使。王阳明所说的"理"，是客观原则，代表了客观存在的规律、道德准则以及宇宙间的普遍法则。"理"是指所有人必须遵循的社会规范和道德标准。其次，"心"也是"理"的所在，可以明辨外界是非善恶。因此，人无须向外物去求理，而应该向自己的内心去寻求，也就是"心外无物""心外无理"。"理"是通过"心"来显现和理解的。没有"心"的存在，"理"就失去了被认知和领悟的主体。"心"的存在是"理"能够存在的最根本前提。同时，"理"也是"心"能够正确运作的必要条件。因为"心"的活动需要遵循一定的规律和准则，这些规律和准则就是"理"。只有当我们内心的活动符合"理"的要求时，我们的行为才是道德的、正当的。"理"的存在对"心"的运作有引导和规范的作用。王阳明的"心即理"命题的背后是他追求圣人之道的写照。在具体的道德实践中人要求得"理"，就必须向内心去探求。

（二）致良知

致良知是王守仁心学的核心命题。"良知"是道德和伦理的合一，是人心本有的善良和智慧，是人的道德标准和行为准则。王守仁认为，通过致良知，人们可以认识到自己的本性和道德责任，从而做出正确的选择和行动。良知是"心"的本体，而"心"是"理"的所在，可以说，良知就是"心"，就是"理"。王守仁也直接说"良知"就是天理。良知构成了宇宙根本法则、人类社会的道德原则。在道德判断中，"良知"象征着公平与善，是判断是非善恶的标准。对于所有人和事的评判，都应以"良知"为准则，与其相符的即为善良、公正与正义的，反之则为邪恶、不公与不义的。人们的行为及行为主体均应致力于扬善除恶，以"良知"为行动指南，力求达到"良知"所要求的高尚境界。

王守仁认为，人皆可以"致良知"，"良知"是一种与生俱来的存在。在每个人的内心深处都潜藏着这份"良知"，且这种良知在每个人身上都是相同的。不论个体的品行如何，其内心都保有这份"良知"，人天生具备这份"良知"，即人天生就蕴含着善的根源。因此，从本质上讲，圣人与普通人并无本质上的差异。只要每个人都能依循自己内心的"良知"，脚踏实地、勤勉不懈地生活，那么每个人都可以成为圣人。

那么，如何达到良知呢？王守仁说"欲修其身者，必在于先正其心也"。要想认知和践履"良知"，就要做到"为善而去恶"。只要人们不违背自己的"良知"，并依照它来切实行动，就能够为善去恶。因此，每件事物的"理"都可以通过良知致得。"致良知"就要追求世间至高的"善"与"理"。然良知是天赋的，但由于人天生的"良知"很容易被个人欲望蒙蔽，即"致良知"的能力不同，且这种能力并不是先天就获得的，这就使得"良知"不能自动发挥作用。因此，个体必须通过道德实践的学习探索，来克制欲望，通过不断地求知和实践，逐渐去除私欲和杂念，恢复内心的光明和良知，以实现去恶存善的目标，让"良知"能够更完整、更自然地展现出来。这种在社会实践行动中学习探索的过程就是"致良知"的过程。

致良知的过程，就是对心灵的净化，使其回归本原的光明，进而完善个人的道德人格，以达到至圣至贤之境。在这个过程中，人们必须严格遵循内心的"良知"行事，不能有任何偏差。如果因为个人私欲而导致行为与"良知"相悖，那么就无法实现"致良知"的目标。"致良知"的理念核心在于追求个体道德人格的完善，它着重强调了道德主体在自我完善过程中的主观能动性。因此，王守仁的致良知说不仅突显了道德主体在主观能动性上的价值，还倡导在日常生活实践中不断实践良知，以完善自我、发展自我，最终实现其理想人格的追求。"致"在这里可以理解为"实践"或"行动"，王守仁所提出的"致良知"思想，正是将"知识"与"行动"紧密结合，从而引出了"知行合一"的哲学理念。

（三）知行合一

王守仁的"知行合一"是指认识与实践是相互关联、相互促进的。在王守仁的理论中，"知"主要指人的思想认识和伦理知识，尤其是关于道德的认识和知识。而"行"则是指人的道德践履和实际行动。他主张知行是一个功夫的两面，知中有行，行中有知，知和行虽然不同，但又不可分割。

知为行之始，行是知之成。知外无行，知则必行。王守仁强调，知识是行动的基础和指导思想，而行动是知识的体现和完成。知与行是相互依存、相互转化的关系。只有真正理解事物的本质和规律，才能做出正确的行动；同时，通过行动的实践，也可以进一步加深对知识的理解。一般来说，道德修养可通过为学习、立志、躬行、自省四种实现路径。① 王阳明主张的"知行合一"的实现路径也可从这几个方面加以说明。

（四）立志为学

王守仁认为，"知行合一"的关键在于立志。"志"是一个人努力的方向和目标，人无志不立，立志是人能做出道德行为、成就一番事业的前提和开

---

① 王海明：《新伦理学》，商务印书馆 2001 年版，第 644 页。

端。立志为学不是一蹴而就的，而是一个持续不断的过程。它要求一个人始终保持对学习的热情和兴趣，不断追求更高的境界。

王守仁的最高目标是达到"圣人"的境界。成圣必先立志。但只有"志"是不够的。若要求得圣人之学就必须向内探究，这个过程王守仁称为"为学"。所谓为学，是要在德性的培育与发展过程中，通过文化教育和道德教育，促进道德素质的提升与完善。此外，"为学"更在于对"天理"的深刻领悟。若想要探寻"圣贤之学"的真谛，只需在学习的实践中感悟并追寻最纯粹的"理"。知识的学习和礼法的教育，实际上只是人们追寻"理"的途径和手段。王守仁强调，学问的追求必须专心致志，精益求精。要以严谨的态度，全神贯注地投入对"理"的探究，探寻内心的"良知"，直至回归心灵最本真、最完整的初始状态。在这个过程中，一个人需要不断学习、反思、实践，不断提升自己的能力和素质。立志为学的最终目标是成为有道德、有知识、有智慧的人。这样的人不仅能够为社会做出贡献，还能够实现自己的人生价值。

（五）省察克治

省察克治是王守仁提出的修身养性方法。该方法的核心在于通过自我反省和检查来发现、克服和整治自己思想和行为中的不良倾向，坏的念头、毛病和习惯。

省察是了解和认识自己的过程。通过反省检查自己，是修身养性的基础。"良知"先天存在于人的内心，人在道德实践中应发挥自己的主观能动性，依照内心的"良知"来比对和检查自己的"知"与"行"，去除心中恶的念头，改掉自己的坏习惯。克治是修正自己、完善自己的过程，是达到内心平和和良好状态的关键。反省内心是心学修炼的重要手段。他主张通过自我观察和反省，了解自己的内心状态，发现自己的缺陷和错误，从而加强自我意识和自我控制能力。王守仁强调，要通过具体的道德实践来锻炼人的意志，丰富人的感性经验，并增强"省察克治"的能力，这样，内心的"知"便能够外化于行，将"知"的圆满状态显化出来，践行圣人的行为准则，最终达成圣人所追求的道德境界。

（六）躬身践行

王守仁强调"知行合一"的目的，是要把道德要求落实到人的行动中。王守仁认为，知和行从根本上不同，但又不可分割。知与行应该同步进行，相互促进。知为行之始，行是知之成。在求知的过程中，需要不断地将所学知识运用到实践中去检验和深化理解；同时，在实践过程中也要不断总结经验，提升对知识的认识。在这里，王阳明强调的是"知""行"不可分离的关系。这一思想深刻揭示了"知"与"行"之间的紧密关系，强调了实践在知识转化和深化过程中的关键作用。

王守仁认为，人要想"成圣"，必须时刻涵养心性，以清晰明觉地洞察自己的本真之性。同时，还需以明觉自察的态度，切实履行人生的道德义务。这正是知行合一的深刻体现。行动不能缺乏正确的指导思想，因此行动与认知紧密相连；而知识也不能脱离实践的检验，故认知与行动相互依存。

王守仁深刻论述了"躬身践行"的重要性，他明确指出，知识唯有在实践的检验下才能转化为真正的智慧。判断一个人是否真正达到了致良知的境界，关键在于观察他是否切实地"躬身践行"了所悟之道。因此，"行"不仅是检验"知"的唯一尺度，更是深化和完善"知"的途径。在实践的过程中，"知"不断地得到验证和升华，最终转化为"真知"。这种从"知"到"行"，再从"行"反馈到"知"的循环，构成了"知"与"行"相互促进、相辅相成的完整过程，由此才能真正实现"知行合一"。

三、东林党事件与明德

明末东林党及其骨血——复社与宦党、浙党、齐党、楚党、昆党、宣党之间的复杂斗争，经历了万历（泰昌）、天启和崇祯三朝，长达半个世纪，历史上称为东林党争。最先以浙党势力较大，浙党首领沈一贯、方从哲都先后出任内阁首辅，在朝当政。后经"梃击案""红丸案""移宫案"三案之后，光宗朱常洛即位，东林党因拥立有功而势力大盛。浙党落败，转而投效阉宦首脑魏忠贤。可以说，东林党争既是重大学术和政治事件，也是重大道德事件，因为与此相关者的行为都是在一定道德观念指导下发生的。

（一）产生背景

明朝中期以后，政治日益败坏，封建压榨导致人民不断起而反抗。面对政治经济困难，万历元年（1573 年），首辅张居正开始进行改革，在澄清吏治、改进税制、增辟财源、兴修水利和整顿军事等方面，都取得了一定的成效。明神宗十岁即位，由张居正辅政；他年长以后，对于张居正专断朝政和限制他追求声色奢侈，感到不堪忍受。万历十年（1582 年）张居正卒，明神宗亲政，张居正的许多新政很快被废除了。明神宗亲政时期，以皇帝、宦官、王公、勋戚、权臣为代表的封建统治阶级势力，操纵朝政，政治黑暗，军事衰败，财政拮据，而苛征暴敛益形繁重，人民反抗事件也层出不穷。由于明朝国力渐衰，崛起于关外的满洲人也逐渐不服明朝中央政府的管辖，以至成为对明朝的威胁。

面临这种国事日非的形势，一些知识分子发出了关心国事、改革弊政的呼声。顾宪成是无锡人，时人称为泾阳先生或东林先生。他直言敢谏，和一些正直的官员经常对朝廷的错误决策有所非议。顾宪成因争立皇太子事引起明神宗的反感。万历二十二年（1594 年），朝廷会同推荐选任内阁大学士，顾宪成提名的人，都是明神宗所厌恶的，从而更触怒了明神宗，竟被削去官籍，革职回家。

顾宪成回到家乡，决定从事讲学活动，同时宣扬他的政治主张。恰好在无锡有一所宋朝学者杨时曾经讲过学的东林书院，他就同弟弟顾允成倡议维修。顾宪成在士大夫中声望很高，得到许多地方人士以至常州知府、无锡知县的资助和支持，在万历三十二年（1604 年）修复了这所书院。同年十月，顾宪成会同顾允成、高攀龙、安希范、刘元珍、钱一本、薛敷教、叶茂才（时称东林八君子）等人，发起东林大会，制定了《东林会约》，规定每年举行大会一两次，每月小会一次。

（二）主要过程

所谓东林党人，其实并无固定的章程和严密组织，他们的政治态度和主张，往往是通过个人的活动表现出来的。概括起来，大致是：强烈要求改变宦官专权乱政的局面，主张"政事归于六部，公论付之言官"，使天下"欣欣望治"；竭力反对皇帝派遣矿监、税使到各地进行疯狂掠夺、横征暴敛，主张既重视农业，也重视工商业，要求惠商恤民、减轻赋税、垦荒屯田、兴修水利；反对屡见不鲜的科举舞弊行为，主张取士不分等级贵贱，按照个人才智，予以破格录用；加强在辽东的军事力量，积极防御满洲贵族的进攻。东林人士讽议朝政、评论官吏，他们要求廉正奉公，振兴吏治，开放言路，革除朝野积弊，反对权贵贪赃枉法。这些针砭时政的主张得到当时社会的广泛同情与支持，同时也遭到宦官及其依附势力的激烈反对。两者之间因政见分歧发展演变形成明末激烈的党争局面。反对派将东林书院讲学及与之有关系或支持同情讲学的朝野人士笼统称为"东林党"。

东林学派兴起，标榜气节，崇尚实学，对于扭转士风起了积极的作用。他们在讲学中经常触及社会现实问题，议论如何改变政治腐败、民不聊生的状况。高攀龙曾经指出："此时民不聊生，大乱即将来临。"顾宪成也感到，危机四伏的政治形势已如同"抱柴于烈火之上"；他认为，在朝廷做官的不考虑朝政，在地方做官的不留心民生，隐退乡里的不关心世道，都是不足取的。他们把读书、讲学同关心国事紧紧地联系在一起。

东林书院既讲学又议政，吸引着许多有志之士，包括一些因批评朝政而被贬斥的官吏。他们不顾路途遥远，纷来沓至，人数之多，竟使东林书院的学舍都容不下。一部分在朝任职的正直官员，也同东林讲学者遥相应和。东林书院实际上成了一个舆论中心，这里的人们逐渐由一个学术团体形成为一个政治派别，从而被他们的反对者称为"东林党"。那时所谓的"党"，不同于近代的政党，既没有固定的章程，也没有严格的组织形式，而是指政治见解大致相同、在政治活动中经常结合在一起的一批人。

当顾宪成等人在东林书院讲学议政，逐渐聚合成一个带有政治色彩的

"东林党"的时候，另一批官僚，也逐渐形成按籍贯划分的几个"党"派。它们是山东籍的齐党、湖北籍的楚党、浙江籍的浙党、安徽籍的宣党、江苏籍的昆党，而以浙江籍的浙党声势较大。浙党首领沈一贯、方从哲先后出任过内阁首辅。他们在当权期间，依附皇室、勋戚，交结宦官，不断排斥官员；齐、楚、浙、宣、昆等党的重要人物都官居要职。他们为牢固地保持自己的权位，以攻击东林党为首务，东林党人则一再抓住对方的弊端加以参劾，于是出现了历史上有名的明末党争。

东林党与对立各派之争，围绕着是否拥立朱常洛（明神宗长子）为皇太子这条主线，在"梃击案""红丸案""移宫案"三案中激烈争斗，其间，双方都利用京察制度作为打击对方的手段。

在围绕皇位继承权进行争斗的同时，东林党人同反东林各派展开了尖锐的权力之争。这表现在许多方面，主要是争"京察"。京察是明代考核京官的一种制度，规定六年一次，称职者奖励或晋升，不称职者处罚或斥退。争京察就是争朝廷的人事大权。万历三十三年（1605年）的京察，由东林党人、吏部侍郎杨时乔主持。他在京察中提出要处分的人，有几个是首辅沈一贯的党羽。沈一贯的党羽钱梦皋等人受到包庇，未遭处分，而杨时乔反被严旨斥责。不过，东林党人和其他一些朝臣一再奏劾沈一贯遍置私人、欺上瞒下，沈一贯也被迫谢病不出，于次年退休。万历三十九年（1611年）京察时，东林党人、大学士叶向高主持朝政，这一次，齐、楚、浙、宣、昆等党一些人物被罢了官。但在南京则出现了另一种局面。原来明成祖在永乐十九年（1421年）从南京迁都北京以后，仍在南京保留了一套中央官署。这次在南京主持京察的，是齐、楚、浙党方面的官员，他们排斥了所有支持东林党领袖李三才的东林党一派的人。万历四十五年（1617年）京察时，方从哲秉政，齐、楚、浙等党多居要职，于是又排斥了东林党人。终万历一朝，东林党人大部分时间不掌握朝政，所以在京察中基本上处于不利的地位。他们支持熹宗继位后，才受到重用。天启三年（1623年），东林党人叶向高是首辅，赵南星则以左都御史身份参与主持京察，他痛斥齐党亓诗教、楚党官应震等人，坚决罢了他们的官。

东林学派以东林书院为阵地，通过讲学、论辩、研讨、撰文、出书，对王阳明"心学"及王学末流在道德修养和认识论方面宣扬的种种虚、空、玄的主张和说教进行猛烈的抨击和批判，从而推动了实学思潮的高涨。他们主张"知辅行主"，意为做人不能大谈空论，要有自身想法和实际行动。尽管东林书院和我国古代其他书院一样，讲学和学术研究的主要内容也是儒家经史著述，但其不论在内容上、形式上和方法上都针对性、实用性较强，强调从实际出发，注重讲实学，办实事，有实用，求实益。这一点在东林书院的组织管理、规章制度、讲学和学术研究的内容、方法，以及关于东林讲学活动情况和顾宪成、高攀龙等东林领袖生平言行的记载中，都有比较清楚的反映。诸如《东林书院会约仪式》第一条强调，会讲属业余自愿性质，所以参加会讲的通知不必要求每个人都来参加。第三条规定，举行会讲时，主持会讲的会主由大小会公推产生，根据实际需要，由不同学者担任。第五条规定，每次会讲推举一人讲《大学》《论语》《中庸》《孟子》即"四书"中的一段内容，然后大家"有问则问，有商量则商量"。第十一条强调要尽量简化与会学人之间的交拜手续，不搞烦琐的礼节和形式主义。

（三）结局评价

由于东林党人以开放言路指责朝政，触动天启年间专权的大太监魏忠贤，魏忠贤开馆纂修《三朝要典》，在霍维华的基础上纂辑万历、泰昌、天启三朝有关"梃击案""红丸案""移宫案"三大案的档案资料，打击东林党，同时编造《东林点将录》等文件上报朝廷，天启五年（1625 年），明熹宗下诏，烧毁全国书院。次年，东林书院被拆毁。东林党人也遭到打击，杨涟、左光斗等许多著名的东林党人都遭到魏忠贤及其党羽的杀害。天启七年（1627 年），明思宗即位，魏忠贤被贬南直隶凤阳府看守皇陵，后魏忠贤畏罪自杀，阉党成员被革职下狱乃至处死，自此，阉党集团被彻底剿灭。正因此，其他东林党人才免遭打击。崇祯二年（1629 年），明思宗下令为遭到迫害的东林党人恢复名誉，并下诏修复东林书院。

东林党人号称"清流"，影响着天下的舆论。上述皇位继承权之争和京察之争，都是统治阶级内部的权力之争。但是，这并不能湮没东林党人在这些斗争中力图革新朝政、反对统治集团中最反动腐朽势力的进步作用。由于东林党人威胁到其他非东林党人的利益，许多非东林党的官员也纷纷以地域为单位，以高官为领袖，结成帮派，一时朝中宣党、浙党、楚党、齐党林立，他们联合起来打击东林党人。斗争由原来的阁部之争和门户之争逐渐演变为党派斗争，规模进一步升级，性质更加严重，影响也更加恶劣，明代政争急剧恶化，进入一个前所未有的新时代。东林党人代表了当时江浙商人和地主豪强的利益，反对朝廷向工商业者收税，并借着明思宗清除魏忠贤势力的时机，取消或降低了海外贸易税、矿税、盐税、茶叶税等税种的税负，使得明末的财政收入来源更加单一，朝廷的税收来源更加依赖于普通的农民，再加上当时各种天灾不断，造成了大量农民破产，形成大量流民，直接导致了明末的农民大起义。

东林党争既是一起历史事件，又是一种文化现象。它虽然发生在晚明时期，但无论对当时还是后世都产生深远影响。如果说党争无补于时政，那么东林党只是无心之失，不应受到过多的责备。相反，其他朋党包括阉党处处与东林为敌，加重了朝政的紊乱，破坏了正常的统治秩序，使国政在非良好的状态下运行，因此他们应负主要责任。东林学派在政治、经济、思想文化方面提出了一系列革新的思想主张，反映了新兴市民阶层要求自由发展经济、文化的呼声，成为早期启蒙思想的先驱。东林党人提出的改革举措有利于生产力的发展，有利于人民生活水平的提高，有利于社会风气的好转，是符合历史前进方向的。东林党人表现出来的士大夫的耿直、勇敢、刚毅，为了理想临危不惧、视死如归的明德精神万古流芳，是中华民族优良传统中的瑰宝，是值得后人敬仰的。

四、明清小说中的明德思想

（一）明末文学的娱性和俗化

明末文学不仅仅是一个封建末世的文学，由于其身处的特殊历史时段，它也成为中国古代文学发展的重要转变期。它后劲惊人，一摆前中期复古的泥淖，跟随着明末经济、思想的节拍，各方面都呈现出生机勃勃的样貌。可以说，由于孕育它的母体的独一无二，明末文学个性鲜明又无可复制。

一是娱人娱己。心学强调本心，使明末文人趋向内省。他们尊重自我个性，开始以全新的眼光去观察社会人生。听从自我、张扬个性，成为此朝文人的追求。因为发现自我，所以敢于否定权威，正视传统中泯灭的个体价值。李贽言："就其力之所能为，与心之所欲为，势之所必为者以听之，则千万其人者，各得其千万人之心，千万其心者，各遂其千万人之欲。是谓物各付物。"人人皆有欲望，人人皆有个性，顺从个性，追求自我欲望的满足，并无不妥，"若肯听其并育，则大成大，小成小，天下更有一物之不得所者哉！"人的自然本性是天经地义的，自我个性是应该受到尊重的。在这种思想导向下，明末作家普遍个性散漫不羁，他们大多奇情淡泊，不慕仕进，同时深研佛理，诗情曼妙，于方内方外各行其意，自去自来毫无凝滞。他们在解放自身的同时，对文学创作也有了一些不同的看法。

明末文学尤其注重文学的娱情功能。文人适逢乱世，身不由己，"天劳我以形，吾逸吾心以补之；天厄我以遇，吾亨吾道以通之"。文人之道，亦即著书立言，不过此时"立言"已经失去了诱惑，著书自娱开始成为明末文人的普遍心态。明末产生了大量的小品文，《媚幽阁文娱》《清睡阁快书》《广快书》《清闲供》《快书》《文娱》《谐丛》等，从命名皆可见其自娱目的。郑元勋《媚幽阁文娱》自序："吾以为文不足供人爱玩，则六经之外俱可烧。六经者，桑麻菽粟之可衣可食也。文者奇葩，文翼之，怡人耳目，悦人性情也。若使不期美好，则天地产衣食生民之物足矣，彼怡悦人者，则任益而并育之，以为人不得衣食不生，不得怡悦而生亦槁，两者衡立而不偏绌。……但念昔人放浪之际，每著文章自娱。"华淑《闲情小品》自序："长夏草庐，随兴抽检，得古人佳言韵事，复随意摘录，适意而已，聊以伴我闲日，命曰《闲情》。"

自我标榜，不落他人窠臼；解颐一笑，洒然浇自己块垒。明末文人为文正如其为人一样，在融入市井的同时，创作上兼顾到自我抒发与娱乐大众两个指向。这种文学创作特征，正是明末思潮熏陶中形成的士人放诞潇洒人格的文字投射，闪耀着那个时代特有的自信光彩。

二是俗化倾向明显。明代文学因为受众广泛，尤其注重其通俗性，力求能融入市井，为人所广泛接受。这种倾向与白话小说的兴起相关，早在《三国志通俗演义》中，书名即突出了"通俗"二字。到了明末的白话短篇小说，作家对通俗性有了更自觉的追求。绿天馆主人《古今小说叙》："宋人通俗，谐于里耳。天下之文心少而里耳多，则小说之资于选言者少，而资于通俗者多。"明末文学的俗化倾向，首先体现在通俗化的语言风格上。诗文本是庙堂文学，此时也沾染了活泼的民间风气。这种风气发端自明中期，"自宣正至成弘后。中原又行《锁南枝》《傍妆台》《山坡羊》之属"。除了语言的通俗化，内容题材也有通俗化的趋势。以往的诗文题材不外乎怀古惜今、触景伤情、歌以明志等，以抒情性为主，较少关心世俗生活。而明末的诗文，却处处洋溢着生活的热情。就连崇尚孤行静寄的竟陵派文人，笔下诗文也经常饶有生活意趣。如钟惺的《江行俳体》："村烟城树远依依，解指青溪与翠微。风送白鱼争入市，江过黄鹄渐多矶。家从久念方惊别，地喜初来也似归。近日江南新涝后，稻虾难比往年肥。"情调淡雅，却生机勃勃，一种水乡的风土人情扑面而来。小说题材更是趋向家常化。小说家们终于注意到历史烟尘、巍峨朝堂、仙境鬼蜮外的平常生活，并通过平中见奇的理论辩证推动了题材转移的步伐。

这种俗化倾向还表现在文学的精神意趣层次上。文学向来是文质彬彬，在精英文化分子的手中，成为抒情言志的工具，就算是为了消愁解闷，也是不离高雅情趣。而在明末时期，连审美趣味也不复古雅，艳情文学忽然大行其道，各种艳情小说"谈牡说牝，动人春兴"。《金瓶梅》后，明末蜂拥出现了《僧尼孽海》《闹花丛》《浪史》《昭阳趣史》《玉妃媚史》等小说，从命名即可见其笔墨之浪荡。这些作品与当时的社会风气、思想文化密不可分，也受市民审美水平和文人本身低级情趣的影响。《金瓶梅》中性爱文字尚是有其劝惩意旨，而之后有些小说的性爱描写，纯是为了写性而写性，以迎合市民的某些低俗趣味。

明末文学的俗化倾向，只是在一个维度上的考察。事实上，明末是雅俗文学交融的时期。明代的民歌是经过文人加工过的；白话短篇小说发源自市井，在越来越多文人的创作下，开始有一些严肃的社会人生思考，亦不乏诗情画意的场景描绘；元杂剧到了明末，更是呈现出明显的雅化倾向，尤其是徐渭《四声猿》之后，短剧成为文人寄托孤愤的舞台。雅俗文学正是这样互相影响、互相渗透，在双方面作用推动演进下使得明末文学焕发出独有的生动气息。

（二）清初文学的土壤和个性

顺治后期，明清易代的总体局势基本稳定，虽然各地零星战火硝烟不息，但朱姓衰亡、异族入主的事实已不容更改。满族控制了庞大中华土地的政治核心地带，继明朝之后建立了统一的多民族国家。对一个游牧民族来说，控制这样一个文化历史悠久、政治经济发达、意识形态复杂多变的国家，是极具挑战性的事情。要想真正立足，他们只能继承明朝的一系列国家制度和统治手段。明末清初的学风继续演化，儒学内部的争论开始相对平息并达成共识。对理学的扬弃成为大势所趋，实学风气开始兴起。士人的分化则预示着政局稳定和文坛稳重风气的到来。

清初文学的整体创作局面相当繁盛，无论是诗文词领域，还是小说戏曲领域，都取得了丰硕成果。经历了易代伤痛的作家，以及成长于清朝的士人，都燃起了创作热情。对易代以后的作家来说，正是易鼎之灾带来的强烈心灵刺激与生活变化，令他们如鲠在喉，产生了倾诉与表达的欲望。同时，文学反思的成熟，督促着他们探索清代文学的发展出路；清初日渐稳固的思想文化秩序，也越来越深刻地渗入清初文学的表现风格之中。这些因素的此消彼长互相牵制影响，使清初文学呈现出了动态的个性展现。

学人以强烈的自觉从事文学创作，完成了自明清之际开始的文风扭转工作。由于走出了复古的泥潭，强调真性情与现实表现，诗歌摆脱了明末那种纠结于个人细微纤弱情感或者嘲风弄月的狭小境界，以正大刚健、悲远苍凉的意境一洗明末诗文的颓气。在通俗文学领域，作家也以各自的创作探索，实现了对小说戏曲具体技巧的提升。清初作家在创作时，融入了自身的充沛情感与个性，使清初文学带有炽烈的社会责任感和深邃的生命悲剧感。改朝换代对他们而言是锥心之痛，但他们普遍感觉到这是个文学发展的契机。他们坚持发展变化的文学史观，强调作家个人的驾驭及对现实生活的敏感，这就与明代的复古拉开了差距。

步入清初社会，他们的生活发生了翻天覆地的变化。他们或是抗争或是顺从，或是新朝士人的无从选择，最后都要毫无意外融入清代社会。清初文学的社会责任感，是士人儒家明德情怀的展现，其生命悲剧感，则是他们无助心态的自然流露。社会责任感拓展了文学的外在表现，生命悲剧感则深化了文学的内在体验。社稷忧思和生命悲歌相映照，形成了清初文学深广的美学境界。

（三）世情小说中的"情"与"理"

明末清初的中长篇世情小说较少，代表性的作品有《醒世姻缘传》《续金瓶梅》《林兰香》。《续金瓶梅》主要叙写人物托生再世，以了前世因果报应之事。思想意旨上主要侧重义和惩恶扬善的表达，而较少涉及"情""理"的描写。《醒世姻缘传》则淋漓尽致地表达了对"理"的蔑视，尽管这种表达主要采用的是一种消极的话语。《林兰香》则通过重点勾勒燕梦卿婚后的行事轨迹，深刻体察了她命运悲剧的一生。而造成这种悲剧的一个重要的原因，则是她过于顾"理"而失"情"。此外，一些拟话本世情题材小说篇章也有着浓厚的布道意识，宣扬忠孝节义，体现了明末清初这一特殊历史背景下文人对情欲放纵思潮的反思和统治者要求重建封建伦理纲常的意识。

《醒世姻缘传》，署名"西周生"。对作者的真实姓名，研究者做过不同的推断，但都缺少真实依据。全书一百回，描写的是一个冤冤相报两世姻缘的故事，时代上起明英宗朱祁镇正统，下至明宪宗朱见深成化以后。头二十二回为前世姻缘，第二十三回起为今世姻缘。

《醒世姻缘传》笔下的封建伦常关系几乎全部颠倒、失序，主要表现为以下两点：

一是君不君，臣不臣。这一点主要见于前世姻缘部分。君不君方面，虽因该书作者囿于讳君之恶的传统观念，写得不明显，然而故事开端写明英宗由于宠信宦官王振，导致"土木之变"，由至高无上的君主变为一介囚徒，其对英宗不君的嘲讽已隐含其中。臣不臣的方面，作者主要写了大太监和晁思孝两个不忠的官员形象。前者权倾朝野，干涉朝政，倚势欺人；后者唯唯诺诺，不忠不义，失道败德。例如，书中几次描写王振飞扬跋扈："话说太监王振虽然作了些弥天的大恶，误国欺君，辱官祸世，难道说是不该食他的肉，寝他的皮么？依我想将起来，王振只得一个王振，就把他的三魂六魄都做了当真的人，连王振也只得十个没卵袋的公公；若是那六科给谏、十三道御史、三阁下、六部尚书、大小九卿、勋臣国戚合天下的义士忠臣，大家竖起眉毛，撅起胡子，光明正大，将出一片忠君报国的心来事奉天子。行得去，便吃他俸粮，行不去，难道家里没有几亩薄地，就便冻饿不成？定要丧了那羞恶的良心，戴了鬼脸，千方百计，争强斗胜的去奉承那王振做其？……却不知怎样，那举国就像狂了的一般，也不论甚么尚书阁老，也不论甚么巡抚侍郎，见了他，跪不迭的磕头，认爹爹认祖宗个不了！"而晁思孝在危急关头不是直言进谏，而是弃主自保，行贿官员不说，对官职好坏也是挑挑拣拣。

二是父不父，子不子。孝本是子女对父母应尽的道德义务。孟子说："富，人之所欲，富有天下，而不足以解忧；贵，人之所欲，贵为天子，而不足以解忧。人悦之、好色、富贵，无足以解忧者，惟顺于父母，可以解忧。"（《孟子·万章上》）但《醒世姻缘传》的人物不仅连基本的孝心都没有，反而对父母极尽刻薄，甚至辱骂相加。

再看以《林兰香》为例的女性悲剧。像《金瓶梅》《平山冷燕》等书一样，《林兰香》的书名也是由书中女主人公的名字连缀而成。"林"指林云屏，"兰"指燕梦卿，"香"指"任香儿"。全书共六十四回，由清朝"随缘下士"编辑，作者不可考，小说从明仁宗洪熙元年（1425 年）写到嘉靖八年（1529 年），横跨一百多年的时间，是一部以明代勋臣世家盛衰变迁及夫妻关系为题材的作品。不同于以往才子佳人小说大团圆式的格局，《林兰香》打破窠臼，突破了古代小说劝诫、教化的大团圆模式，书中描写了顾"理"失"情"导致的女性悲剧。而这个悲剧主要集中和体现在燕梦卿身上。小说叙述者在多个场合强调燕梦卿的德行及其如何赢得他人的认同，这种社会认同无疑给燕梦卿始终坚持儒家伦理一个重要的动力。先是不遗余力地突出燕梦卿在做人方面几乎是完美的，她集孝女、贞妇、贤妻等多种身份于一身。但是，她的生活哲学并没有赢得耿朗的认同和爱慕，反而是猜忌冷落，本来就疑心重重的耿朗见到堂弟耿服手中的扇子上有燕梦卿的笔迹时就更加疏远燕梦卿，尽管燕梦卿承受这么多误解和猜忌，但由于受儒家正统伦理思想影响过深，她对丈夫始终顺从和无私地付出。

（四）艳情小说中的"情"与"理"

明末清初文人对晚明的纵欲思潮进行了反思，程朱理学也重新受到统治者的重视而浸透到社会生活的各个角落，社会上节烈风气盛行。明王朝用程朱理学来进行两性关系的控制。官方还制定了严厉的措施，惩罚那些不守贞节的女性。寡妇再嫁也成了被谴责的对象。另一方面，明末清初又是艳情文化发展的高峰时期。第一种原因是明末清初的改朝换代，造成了社会各个方面尤其是思想文化领域的极大混乱；第二种原因是清朝的统治者忙于在政治领域和民族领域整合，以奠定统治基础，这种严厉的统治理念并没有严格执行。所以，在小说和文学创作的领域里，有了一定的空白，艳情小说便无拘无束，泛滥成灾。另外，知识分子在末世来临或者朝代更替的时候，出于本能的责任感，或者揭露不良的社会风气，或者表达对生命本身的茫然和焦虑，同样影响了艳情小说的创作。这种禁欲与纵欲并存的内在矛盾激发出种种光怪陆离的现象，并影响到艳情小说中的情理描写和矛盾呈现。以欲为情，情理矛盾成为艳情小说书写的一种常见状态。

五、明德范畴诠释

（一）"廉"

礼义廉耻，被称为"国之四维"，对于维护国家的稳定，发挥着不可忽视的作用。管子曰："国有四维，一维绝则倾，二维绝则危，三维绝则覆，四维绝则灭。倾可正也，危可安也，覆可起也，灭不可复错也。何谓四维？一曰礼，二曰义，三曰廉，四曰耻。礼不逾节，义不自进，廉不蔽恶，耻不从枉。故不逾节则上位安，不自进则民无巧诈，不蔽恶则行自全，不从枉则邪事不生。"（《管子·牧民》）在美德的广阔天地中，"廉"与"耻"无疑占据了举足轻重的地位。它们既是个人品行的基石，也是社会和谐的保障，体现了人类对于高尚道德的追求与坚守。

廉，即清廉、廉洁，意味着在道德和行为上的清白与正直。在个人层面，廉者能够坚守自己的道德底线，不为物欲所动，不为权势所屈，始终保持一颗清明之心。在社会层面，廉者能够以身作则，为社会树立清廉的榜样，推动社会风气的净化。廉洁不仅是对个人品德的考验，更是对社会公德的维护。例如，历史上的包拯、海瑞等清廉官员，他们的事迹激励着一代又一代人追求清廉正直。

（二）"耻"

耻，即羞耻心，是人类道德情感的重要组成部分。耻感使人明辨是非，知荣知辱，懂得在道德上约束自己。一个人有羞耻心，才能自觉遵守社会道德规范，不做违背良心和道德的事情。羞耻心还能促使人在犯错误后勇于承认并改正，实现自我提升和超越。在美德体系中，耻感是个人品德的试金石，也是社会道德建设的重要支撑。

廉耻的传统美德自管仲提出以来传承千年，具有与时迁移、应物变化的特点，都是顺应中国社会发展和时代前进的要求而不断吐故纳新的。不论朝代如何更迭、时代如何发展，礼义廉耻都深刻地融入人们的生活。社会主义核心价值观是礼义廉耻的另一种表达方式，与人们的衣食住行息息相关，无时无刻不在影响着人们的一言一行。

"廉"与"耻"在美德范畴体系中互为补充、相互促进。廉者因为有羞耻心而更加坚守道德底线，耻者因为有廉洁之心而更加珍视自己的名誉。两者共同构成了个人品德的完整体系，也为社会道德建设提供了坚实的支撑。

作为中华民族优良道德传统的主要内容，倡导礼义廉耻，强调谦恭礼让、克骄防矜，是为了突出道德对完善主体修养的作用。道德是区别人与动物的标志，也是人立足社会的重要条件。自身的修养、精神的充实、内在的气度都在定义一个人的品质。公民的基本道德修养既是从礼义廉耻这种基本、重要的道德规范中对已有社会主义道德体系的具体化，又是从公民道德建设方面对已有社会主义道德体系的完善。身为中华儿女有责任和义务继承和发扬以礼义廉耻为代表的优秀道德。只有加强对人民群众礼义廉耻的教育，包括社会主义荣辱观教育，正确对待传统文化，才能增强人民群众的自信心和自豪感。

本章思考题：

1. 王守仁心学中的明德思想。

2. 从东林党事件看明德文化。

3. 从明清小说看明德文化。

第十二章
中国近代的明德文化

　　中国近代史是指从 1840 年鸦片战争爆发到 1949 年中华人民共和国成立的中国历史。在这一时期，中国人民饱受帝国主义侵略和封建主义压迫，中国的社会性质变为半殖民地半封建社会。为了反抗帝国主义侵略和封建主义压迫，中国人民先后掀起了反帝反封建的旧民主主义革命和以中国共产党为领导推翻"三座大山"的新民主主义革命。五四运动是旧民主主义革命与新民主主义革命的分水岭。

　　中国近代的明德文化体现了新的时代特点。一是西方的道德文化开始传入中国，并对中国传统的明德观念形成严重冲击；二是帝国主义列强连续不断对中国发动侵略战争，并强迫中国政府签订了一系列不平等条约；三是封建统治阶级走向腐朽没落，与帝国主义勾结起来压迫中国人民。这些时代特点对人们的道德观念产生了深刻影响，使得人们的明德观念出现了分化和矛盾。也就是说，围绕如何处理文化上和道德上的古今中西矛盾，中国人的立场和主张出现复杂化。随着新文化运动和新民主主义革命的发展，道德革命、革命道德和道德重建，逐渐成为时代主题。

一、中国近代的社会状况

（一）社会性质发生变化

1840 年鸦片战争爆发之前，中国的封建社会已经延续了两千多年。

在中国封建社会，地主土地所有制占主导地位。封建统治阶级从皇帝、贵族、官僚到一般地主拥有全国大部分土地，而占人口绝大多数的农民只拥有很少土地。农民租种地主土地，向地主交纳高额地租。封建政权还向农民征收各种苛捐杂税和摊派徭役。农民没有任何政治权利，生活极端贫困。

中国封建社会实行高度集权的君主专制制度。社会结构是族权和政权相结合的封建等级制度。其核心是宗法家长制，突出君权、父权、夫权。

中国封建社会儒家思想居于正统思想。儒家还与佛教、道教相互融合，共同为维护封建统治服务。封建统治者也吸收法家思想，推行严刑峻法，以加强专制统治。

中国封建社会的经济、政治、文化，巩固和维系了封建社会的稳定和延续，也使其前进缓慢甚至迟滞，并造成不可克服的周期性的政治经济危机，包括不断兴起的农民起义和改朝换代。

17 世纪以后，欧洲进入资本主义社会，其政治、经济、科技、文化等都出现了巨大变化和快速发展，而中国仍然停留在封建社会，这就导致了社会发展的阶段性落后，这也是被动挨打的原因之一。

1840 年的中英鸦片战争以清政府的失败而告结束。1842 年 8 月 29 日，清政府与英国签订了中国近代史上第一个不平等条约《南京条约》。此后，西方列强蜂拥而来，通过发动侵略战争，强迫中国签订了一系列不平等条约，破坏了中国领土主权、领海主权、关税主权、司法主权等，并一步一步控制了中国的政治、经济、外交和军事。由于西方列强入侵和封建政府的腐败，中国逐步沦为半殖民地半封建社会，国家蒙辱、人民蒙难、文明蒙尘，中华民族遭受了前所未有的劫难。这种半殖民地半封建社会，是一种从属于资本主义世界体系的畸形社会形态。

半殖民地半封建的社会性质，决定了近代中国社会的主要矛盾是帝国主义和中华民族的矛盾、封建主义和人民大众的矛盾。这个主要矛盾贯穿中国半殖民地半封建社会的始终，并对近代中国社会的发展变化起着决定性作用。近代中国的旧民主主义革命和新民主主义革命，就是在这一主要矛盾日益激化的基础上发生和发展起来的。

随着近代中国社会性质的改变，社会阶级关系也发生了深刻变动，不仅原有的地主阶级、农民阶级发生了变化，还有工人阶级、资产阶级、小资产阶级等新的阶级产生出来。新兴的工人阶级是近代中国最革命的阶级。

面对苦难，中国人民和中华民族奋起抗争，以百折不挠的精神，进行了一场场反帝反封建的革命斗争。正因为如此，争得民族独立、人民解放，实现国家富强、人民幸福，就成为中国人民必须完成的革命任务；实现中华民族伟大复兴也成为中国人民和中华民族的伟大梦想。

（二）封建帝制走向终结

1894 年甲午战争后，世界列强争先恐后地夺取侵华权益，迅速形成了瓜分中国的局势。戊戌变法、洋务运动等救亡图存的政治运动都走向失败，以孙中山为代表的革命党开始为中华民族寻找新的出路。

1894 年 11 月，孙中山在檀香山建立了兴中会。1896 年广州起义失败后，孙中山被清廷通缉，遭香港当局驱逐出境，流亡海外。同一年，清政府与沙俄签署了以日本为假想敌的《中俄密约》，日本政府恐慌，开始扶持中国内部的反清势力，戊戌变法失败后，日本政府开始支持孙中山为代表的革命党，从这段时间开始，孙中山把革命党的活动基地设在了日本。1905 年 7 月，孙中山、黄兴、陈天华等 70 余人在东京集会，决定成立中国同盟会，作为全国的革命领导中心。兴中会、华兴会、光复会以及其他小团体的成员陆续加入。同年 8 月，孙中山在留学生欢迎会上发表了《中国应建设共和国》的演说，并召开中国同盟会成立大会，孙中山被推为总理，黄兴被推为执行部庶务。11 月，同盟会机关报《民报》出版，孙中山在发刊词中首次提出以民族、民权、民生为核心内容的三民主义。

日俄战争结束后，日本计划独霸中国。为了给自己争取时间，同时遏制其他列强在华吞食过多利益，日本改变了对待清政府与革命党的态度，不再支持孙中山革命活动，取消了对孙中山长达十几年的政治庇护，查封了同盟会会刊《民报》。

为了避免革命，安抚和拉拢资产阶级，清政府面对如火如荼的革命形势被迫做出一些开明的应对。1908 年 8 月，清政府颁布《钦定宪法大纲》，规定大清帝国万世一系，同时宣布预备立宪以九年为期，使得人们对君主立宪信心大增。然而在 1911 年 5 月清政府发布的内阁官制中，皇室依然把持大权，这让立宪派看清了清政府的真面目，开始转向革命阵营。因此，辛亥革命逐渐孕育成熟。

关于辛亥革命，学界有两种观点。第一种是广义的定义，认为辛亥革命是从 1894 年兴中会成立开始，一直到清政府彻底被推翻，其间进行的一系列以推翻清政府为目的的革命运动，统称为辛亥革命。第二种是狭义的定义，认为辛亥革命是指 1911 年 10 月 10 日武昌起义到 1912 年元旦孙中山就职中华民国临时大总统这一段时间所发生的革命事件。

1910 年，英法德美四国银行团逼清政府订立借款修路合同。1911 年 5 月 9 日，清政府为了向四国银行团借款用来镇压革命，不惜出卖国家主权，将铁路收归国有，且大肆派兵屠杀保路人士，全国人民彻底看到清政府卖国求荣的本质。1911 年 10 月 10 日，总指挥蒋翊武、参谋长孙武等人在湖北武昌起义，为辛亥革命打响了第一枪。掌控武汉三镇后，成立了湖北军政府，并推举黎元洪为都督，改国号为中华民国，并号召各省民众起义响应辛亥革命。起义的胜利，逐步使清朝走向灭亡，并建立起中华民国，在中国历史上具有里程碑意义。

1911 年 10 月 14 日，即武昌起义后的第四天，清廷下诏起用袁世凯。1912 年 1 月 1 日，中华民国南京临时政府举行就职典礼，孙中山正式就任中华民国临时大总统。同时，袁世凯一面与革命党谈判，一面联合段祺瑞等北洋将领逼迫清朝皇室退位。1912 年 2 月 12 日清晨，六岁的皇帝溥仪在养心殿举行最后一次朝见仪式，颁发逊位诏书。次日，孙中山主动提出辞呈，并按照约定向临时参议院推荐袁世凯接任。4月1日，孙中山正式卸去临时大总统职务。随后，临时政府和临时参议院迁往北京。

辛亥革命作为一场以反对君主专制制度、建立资产阶级共和国为目标的民主革命，意义重大，影响深远。第一，辛亥革命彻底推翻了中国两千多年的封建帝制，使民主共和观念深入人心。正因为如此，当后来袁世凯、张勋等人先后再次复辟帝制时，社会舆论和人民群众都自发地坚决反抗。第二，辛亥革命使人们冲破了封建思想的束缚，开始审视自己，追求民权，不再相信"君权神授"，而是开始真正作为"中国人"来审视自己。而且，孙中山等人在传播民主思想的同时，还使西方的进化论、天赋人权学说、共和政体和自然科学也得到传播。他们通过宣传天赋人权学说，让人们理解到人权的意义和自由、平等的含义。第三，辛亥革命除旧创新，让中国社会面貌焕然一新，不仅为后来的新文化运动和五四运动的到来创造了先声，而且还为马克思主义在中国的传播创造了环境，打开了大门。第四，辛亥革命提升了中国的国际地位。自鸦片战争以来，中国社会就开始被帝国主义侵略势力沉重打压，而辛亥革命推翻了"洋人的朝廷"，帝国主义再也找不到能够完全控制中国社会的统治工具，中国社会中的民主革命势力，力图自己寻找中国发展的道路。第五，辛亥革命对越南、印度尼西亚等亚洲国家反对殖民主义的斗争起了推动作用，在亚洲的历史上也是一次伟大的转折。

（三）五四运动带来曙光

1919年爆发的五四运动，是中国近代史上一个划时代的事件。五四运动的直接导火索，是巴黎和会上中国外交的失败。

1914年至1918年的第一次世界大战终于结束。1919年，包括中国在内的战胜国在巴黎召开和会，意在重新安排世界秩序。但这是由英法美意四巨头掌控的和会，战败国德国在战前取得中国山东胶州湾的权益成为中日争执的焦点。中国代表在和会上提出废除外国在中国的势力范围、撤退外国在中国的军队和取消"二十一条"等正义要求，但巴黎和会无视中国也是战胜国之一，拒绝了中国代表提出的要求，竟然决定将德国在中国山东的权益转让给日本。

此消息传到中国后，北京学生群情激愤，学生、工商业者、教育界和许多爱国团体纷纷通电，斥责日本的无理行径，并且要求中国政府坚持国家主权。在这种情况下，和会代表提交了关于山东问题的说帖，要求归还中国在山东的德租界和胶济铁路主权，以及要求废除"二十一条"等不合法条约。但结果，北洋政府屈服于帝国主义的压力，居然准备在《协约国和参战各国对德和约》上签字。

1919 年 5 月 1 日，北京大学的一些学生获悉巴黎和会拒绝中国要求的消息。当天，学生代表就在北大西斋饭厅召开紧急会议，决定 5 月 3 日在北大法科大礼堂举行全体学生临时大会。5 月 4 日下午，北京高校的 3000 多名学生代表冲破军警阻挠，云集天安门，打出"誓死力争，还我青岛""外争国权，内惩国贼"等口号，并且要求惩办交通总长曹汝霖、币制局总裁陆宗舆、驻日公使章宗祥，学生游行队伍移至曹宅，痛打了章宗祥，并火烧曹宅，引发"火烧赵家楼"事件。

1919 年 5 月 7 日，长沙各学校学生举行"五七"国耻纪念游行，游行队伍被张敬尧派军警强行解散。5 月 11 日，上海成立学生联合会。5 月 14 日，天津学生联合会成立。广州、南京、杭州、武汉、济南的学生和工人也给予支持。5 月中旬，北京学生联合会派邓中夏到湖南联络，向毛泽东、何叔衡等介绍北京学生运动情况，并商讨恢复和改组湖南学生联合会问题。5 月 19 日，北京各校学生同时宣告罢课，并向各省的省议会、教育会、工会、商会、农会、学校、报馆发出罢课宣言。天津、上海、南京、杭州、重庆、南昌、武汉、长沙、厦门、济南、开封、太原等地学生，在北京各校学生罢课以后，先后宣告罢课，支持北京学生的斗争。

6 月 3 日，北京数以千计的学生涌向街道，开展大规模的宣传活动，被军警逮捕 170 多人。学校附近驻扎着大批军警，戒备森严。湖南长沙的第一师范、湘雅医学校、商业专门学校等二十所学校学生举行总罢课。6 月 4 日，逮捕学生 800 余人，此间引发了新一轮的大规模抗议活动。

1919 年 6 月 5 日，上海工人开始大规模罢工，以响应学生。自此，运动的中心也由北京转到了上海。6 月 6 日，上海各界联合会成立，反对开课、开市，并且联合其他地区，告知上海罢工主张。通过上海的三罢运动，全国二十二个省一百五十多个城市都有不同程度的反映。6 月 11 日，陈独秀等人到北京前门外闹市区散发《北京市民宣言》，声明如政府不接受市民要求，"我等学生、商人、劳工、军人等，惟有直接行动，以图根本之改造"。陈独秀因此被捕。各地学生团体和社会知名人士纷纷通电，抗议政府的这一暴行。面对强大社会舆论压力，曹、陆、章相继被免职，总统徐世昌提出辞职。6 月 12 日以后，工人相继复工，学生停止罢课。6 月 28 日，中国代表没有在和约上签字。

五四运动具有以辛亥革命为代表的旧民主主义革命所不具备的一些特点。主要是：第一，五四运动表现了反帝反封建的彻底性；第二，五四运动是一次真正的群众运动；第三，五四运动促进了马克思主义在中国的传播及其与中国工人运动的结合；第四，五四运动是由学生先发起，由工人扩大的坚决的反帝运动，是无产阶级领导的新民主主义革命；第五，五四运动是新民主主义革命阶段的开端。

五四运动是一次彻底地反对帝国主义和封建主义的爱国运动，是中国新民主主义的开始；青年学生起了先锋作用；中国无产阶级开始登上政治舞台；传播了马克思主义；为中国共产党的建立准备了条件，让中国人民从此看到了曙光。

五四运动，孕育了以爱国、进步、民主、科学为主要内容的伟大五四精神，其核心是爱国主义精神。爱国主义是我们民族精神的核心，是中华民族团结奋斗、自强不息的精神纽带。只有高举爱国主义的伟大旗帜，中国人民和中华民族才能在改造中国、改造世界的拼搏中迸发出排山倒海的历史伟力。五四运动的主力是青年学生和工人阶级，他们不畏强暴的爱国精神、为人间正道和人类正义而战斗的精神，永远值得人们学习和发扬。

二、洋务派的"中体西用"

1840 年第一次鸦片战争以后，清朝内外交困。统治集团内部一些较为开明的官员主张利用西方先进的生产技术,强兵富国,摆脱困境,维护清朝统治。这些官员被称为"洋务派"。洋务派在中央以恭亲王奕䜣、文祥为代表;在地方以曾国藩、李鸿章、左宗棠、张之洞为代表。从 19 世纪 60 年代到 90 年代,他们在得到慈禧太后的默许后掀起了一场"师夷长技"的洋务运动。

洋务运动中,采用西方先进技术,创办了一批近代军事工业(如安庆内军械所、江南制造总局)和民用工业(如汉阳铁厂、湖北织布局),还进行了筹划海防(如建立北洋、南洋、福建三支海军)、创办新式学堂(如京师同文馆)、派留学生出国等活动,这是洋务派的主张在经济、军事、教育等方面的体现。

本来以慈禧太后为代表的顽固派对洋务派的活动是很不满的,但经受两次鸦片战争打击和国内人民起义的冲击,清朝统治者感到了生存危机。曾国藩、李鸿章等人也尝到了利用西方坚船利炮镇压农民运动的甜头,所以他们决定学习西方的先进军事技术。而西方人也希望清廷中出现一批能和他们打交道的人。曾国藩等人的出现,使他们觉得自己的想法有了落脚点,所以把希望寄托在他们身上。被洋人吓破了胆的慈禧太后丝毫不敢得罪洋人,而曾国藩、李鸿章等人有洋人撑腰,所以她并不敢对他们轻举妄动。更重要的是,慈禧太后也希望早日把太平天国运动镇压下去以巩固自己的统治,而且她在夺取清朝最高统治权的过程中也得到过西方国家的支持或默许,因此并不敢轻易得罪西方国家。因此,在洋务运动没有威胁到自己的利益时,慈禧太后采取了默许的态度。

(一)"中体西用"的内涵

"中学为体,西学为用"即"中体西用",是洋务派的指导思想。主张以中国伦常经史之学为原本,以西方科技之术为应用。早期改良派曾提出"主以中学,辅以西学"的口号,主要目的是鼓励人们向西方学习,反对顽固守旧。到了 19 世纪末,发生了尖锐激烈的旧学与新学、中学与西学之争。守旧的封建顽固派坚决反对西学,对西方资本主义国家的一切事物都采取仇视和排斥态度。而资产阶级维新派则积极提倡西学,认为中国不但应当学习西方国家的科学技术，更要效仿他们的议院制，改革封建君主专制制度。张之洞于 1898 年 5 月出版了《劝学篇》，强调"中学为内学，西学为外学；中学治身心，西学应世事"。表面上是要"新旧兼学"，实际上是站在旧学、中学一边，反对接受西方资产阶级政治学说。他在《劝学篇·设学》中提出，"中学为体"，是强调以中国的纲常名教作为决定国家社会命运的根本；"西学为用"，是主张采用西方资本主义国家的近代科学技术，效仿西方国家在教育、赋税、武备、律例等方面的一些具体措施，举办洋务新政，以挽回清王朝江河日下的颓势。

洋务派主张在维护清王朝封建统治的基础上，采用西方造船炮、修铁路、开矿山、架电线等的自然科学技术，以及文化教育方面的具体办法来挽救统治危机。"体"的意思是主体，主要是指在核心理念、价值观和道德原则方面；"用"的意思是功用，主要是指在行为方法、工具和产品等方面。

（二）"中体西用"的启蒙性

中体西用思想起到了解放思想的作用。随着西学范围的不断扩大，西学为用的主张不再视为离经叛道，"用夷变夏"不再是中国思想界争论的主要问题之后，是否应该对中国封建政治制度及其意识形态这个"体"进行某些改变以适应资本主义经济因素的发展，就成为人们关注和思考的主要问题。不过，后来的维新派和革命派突破了洋务派"中体西用"论的框框，主张学习欧美国家的政治制度和思想观念，甚至主张用暴力革命推翻清王朝，建立资产阶级共和国。

中体西用思想包含了强化民族意识的内容。中体西用原则号召人们加强民族团结，抵抗侵略，保卫中华。每当涉及中国命运和中国在世界中的位置时，人们总不免提起中体西用。没有中体作为纽带，中国文化是难以为继的。

中体西用给人们以新的思想启示，即学习西方的东西，必须结合中国的实际。洋务运动后，结合本国实际学习外国的东西，已经逐渐成为人们所遵循的法则。维新派在主张君主立宪的同时，提出"保国保种保教"的口号。在封建专制统治和顽固守旧思想占据主导地位的历史条件下，中体西用是当时可行的过渡性模式。

中体西用为西学的传播打开了方便之门。虽然中学是体，但西学既然已经为用，它就堂而皇之地进入了传统框架，取得了合法地位，从而有利于打破国民拒斥外来新生事物的心理障碍。于是，在"用"的招牌下，西学大量涌入。伴随着西学传播，中国的面貌发生了巨大变化。君主立宪制、民主共和制等政治理论也被引入中国，并与中国文化交融，从而产生出中国自己的近代政治思想。

（三）"中体西用"的必然性

中体西用是那个时代经济结构的产物。洋务运动前夕的中国，是一个自然经济普遍的社会。在这样的社会要建立起"西体"是不行的，因为还不具备西方式的制度所赖以存在的经济基础，传统的"中学体用"还按照自身的逻辑运作着，但是，面对鸦片战争后西方列强的严峻挑战，不引进西学，则国将不国，在这种情势下，"中学为体，西学为用"思想便产生了。

中体西用也是洋务经济的需要。洋务经济乃是一种以政府为依托、以集权为特征的官僚经济。无论从资金、技术、市场诸方面，都离不开政府。它是靠政府之力，集中纳税人手中的钱财，解决兴办洋务的经费。它是靠政府之力引进技术、调拨资源的经济。政府支撑是洋务经济存在的前提。这样，维护政府所代表的传统制度，就成了洋务运动的天职。正是这种既要举办洋务，又要依赖政府的经济现实，决定了"中体西用"的必然性。

中体西用还是洋务派自存的一种需要。兴办洋务是前所未有的开创性事业，不是一帆风顺的，既有资金之难措，又有技术之难备，还有习惯势力障碍，更有顽固派之攻击与责难，真是举步维艰。唐山至胥各庄的铁路通车，顽固派提出机车轰鸣会震动皇陵，洋务派不得不一度用马匹来牵引车厢。办天文算学馆，顽固派又说这是以夷变夏，是废弃中国的封建统治秩序。这些在今天看来无须驳斥的奇谈怪论，在当年却是极具分量，可置人死地。甚至连洋务派也不得不称这些谬说"陈义甚高，持论甚正"。这样，洋务运动为能够顺利进行下去，在引进传播西学的时候，维护中体就非常必要了。不如此，洋务派就无以自存。总之，中体西用作为中西文化接触后的最初结合方式，有其历史必然性。

三、历史变革中的明德人物

（一）晚清名臣曾国藩

曾国藩（1811 年—1872 年），字伯涵，号涤生，湖南湘乡人，是中国近代史上一位极具影响力的重要人物。他与李鸿章、左宗棠、张之洞并称为"晚清四大名臣"，是洋务派的重要代表人物。他的一生，不仅对晚清的政治、军事、文化有重要影响，而且留下了丰富的思想和道德遗产。

1．思想体系

曾国藩的思想体系深受儒家文化的影响，他结合自身的实践经验，形成了一套独特的政治、教育和道德修养等方面的思想。

政治思想：曾国藩的政治思想主要体现在"忠君爱国"和"以德治国"上。他认为，作为臣子，必须忠诚于君主，为国家尽忠职守。同时，他主张以德治国，强调官员的道德修养和以身作则的重要性。他认为，只有官员自身具备高尚的道德品质，才能有效地治理国家，赢得民众的信任和支持。

教育思想：曾国藩的教育思想主要体现在他强调的"学以致用""知行合一"理念上。他认为，教育的目的是培养有用之才，而不是单纯地传授知识。因此，他强调学生要注重实践，将所学知识运用到实际生活中去。同时，他注重培养学生的道德品质，认为只有具备高尚道德的人才能成为社会的栋梁之才。

道德修养：曾国藩的道德修养思想主要体现在他提出的"诚""敬""静""谨""恒"等五个方面。他认为，诚是为人之本，只有真诚待人才能赢得他人的信任；敬是对待他人和事物的态度，要始终保持敬畏之心；静是保持内心的平静和冷静，不被外界所干扰；谨是做事要谨慎小心，不犯错误；恒是坚持不懈地追求目标，不轻易放弃。这些道德修养理念不仅贯穿了曾国藩的一生，也对其他人产生了重要影响。

2. 曾国藩家教思想

曾国藩是中国近代坚守并践行儒家"修身、齐家、治国、平天下"信条的典型代表，他的家教思想受中国传统文化、湖湘文化和自家家风的传承影响。

曾国藩的高祖应贞（字元吉）终生以勤劳致富，常常告诫子孙"勤俭立身""耕读保家"。其曾祖父竞希克勤克俭。祖父玉屏（字星冈）年轻时游逛懒惰，但却"幡然悔悟"，后来一直天未明就起来做事，农活做得特别好。曾玉屏治家极严，他创立了一些家规，要求家人必须遵守，他要求家人谨行八件事：读书、种菜、饲鱼、养猪、早起、洒扫、祭祖、敬亲睦邻。他还经常教训自己的子孙"君子在下则排一方之难，在上则息万物之器""以懦弱无刚为大耻，故男儿自立，必须有倔强之气"。

曾国藩把家训归结为"早扫考宝书蔬鱼猪"。早扫，指早起和扫除；考，指祭祀祖先；宝，指睦邻，要做到邻里之间"患难相顾"；书，指读书明理；蔬、鱼、猪也就是种菜、养鱼、养猪。他把此作为家训的内容之一，教育诸弟及子侄，并希望世世代代守之。曾国藩严格要求自己，给自己订出了"不晚起，勤打扫，好收拾"的戒条，也要求家中子弟皆以"贪睡，晚起"为戒，以"早起，洒扫"互勉。在曾家大院的正屋中厅悬挂着曾国藩手书的《曾家八本家训》："读古书以训诂为本，作诗文以声调为本，事亲以得欢心为本，养生以少恼怒为本，立身以不妄语为本，治家以不晏起为本，居官以不要钱为本，行军以不扰民为本。"

（1）修身进德的思想。曾国藩非常注意人格修炼，人格修炼对他事业很有帮助。一是诚，即为人表里一致，一切都可以公之于世。二是敬，即敬畏，内心不存邪念，持身端庄严肃有威仪。三是静，即心、气、神、体都要处于安宁放松的状态。四是谨，即不说大话、假话、空话，实实在在，有一是一，有二是二。五是恒，即生活有规律，饮食有节，起居有常。

曾国藩坚持记日记，以此对自己的言行进行检查、反思。他不断给自己提出严格要求，包括要勤俭、要谦虚、要仁恕、要诚信、知命、惜福等，力图将自己打造成圣贤。这是曾国藩一生所追求的目标，也是他对诸弟及子侄的要求。曾国藩一生事业成功，注重修身进德是重要原因。

曾国藩对子女的教育非常严格，虽然他常年在外做官、带兵、打仗，但家信未尝间断，温言细语，言传身教，谆谆诱导，勤劳俭朴，知书达理，不求做官发财，不以优越地位自居。这些都可以看出一个人的品德、心态、价值观和思想境界。例如，他于咸丰十一年三月十三日写给两个儿子的家书《谕纪泽纪鸿》中说："余自从军以来，即怀见危授命之志。丁、戊年在家抱病，常恐溘逝牖下，渝我初志，失信于世。起复再出，意尤坚定，此次若遂不测，毫无牵恋。自念贫窭无知，官至一品，寿逾五十，薄有浮名，兼秉兵权，忝窃万分，夫复何憾！惟古文与诗，二者用力颇深，探索颇苦，而未能介然用之，独辟康庄。古文尤确有依据，若遽先朝露，则寸心所得，遂成广陵之散。作字用功最浅，而近年亦略有入处。三者一无所成，不无耿耿。……吾教子弟不离八本、三致祥。八者曰：读古书以训诂为本，作诗文以声调为本，养亲以得欢心为本，养生以少恼怒为本，立身以不妄语为本，治家以不晏起为本，居官以不要钱为本，行军以不扰民为本。三者曰：孝致祥，勤致祥，恕致祥。吾父竹亭公之教人，则专重孝字。其少壮敬亲，暮年爱亲，出于至诚，故吾纂墓志，仅叙一事。……处兹乱世，银钱愈少，则愈可免祸；用度愈省，则愈可养福。尔兄弟奉母，除劳字俭字之外，别无安身之法。吾当军事极危，辄将此二字叮嘱一遍，此外亦别无遗训之语，尔可禀告诸叔及尔母无忘。"

（2）勤俭持家的思想。曾国藩认为，持家应以孝悌、勤俭为主。他将孝悌看作修身、齐家的主要内容，即孝敬老人，与邻居和睦相处。勤俭是传统美德，曾国藩教诫诸弟及子侄，要"勤俭自持，习苦习劳"，并将勤与俭列居为"八德"的内容。曾国藩三十岁时，做了一件青缎绸褂，于庆贺及新年时穿，穿了三十年，还如同新的一般。

（3）读书治学的思想。曾氏家族提倡半耕半读，非常强调读书的重要性。曾国藩认为读书可以变化气质，勉励诸弟及子侄奋发读书，愿他们为"读书明理之君子"。1834 年 11 月，他中举之后，在经过睢宁时，向易作梅借了一百两银子。易作梅以为他有急用，就借给他，谁知曾国藩路过南京，把这笔款全部买了书，还把衣服送去典当，换钱来买书。他认为学习是必须长期坚持的事情，非经刻苦努力、持之以恒不能成功。他坚持终生学习的理念，至今仍有教育意义。

（4）"自概"的思想。曾国藩在家书中说"管子云：'斗斛满则人概之，人满则天概之。'余谓天之概无形，仍假手于人以概之"。概为何物？装粮的量具为"斗"，斗里装满粮食后，要用一条木片把它刮平，这个木片就是"概"。概就是铲平的意思。要想免遭"人概"，须"事前自概之"。如何"自概"呢？就是自我约束。曾国藩的自概之论包括三个方面的内容：一是盈满亏损，极盛至衰的自然法则；二是以史为鉴；三是主张自概。要做到自概，第一要廉、谦、劳；第二要求缺概盈。

3. 曾国藩思想在当今社会的启示

曾国藩强调立志、孝悌、仁爱、谦虚谨慎和勤劳节俭等品质。在现代社会，这些品质依然是个人成功和社会和谐的重要基石。曾国藩认为立志是成就大业的根本，教育子弟要自立自强，从小树立远大的理想和抱负。这对于当代年轻人来说，意味着要有明确的人生目标和职业规划，不断提升自我，为社会做出贡献。

曾国藩在家庭教育思想上主张爱之以德，不姑息，强调勤劳、节俭、自立的重要性。在当今社会，家庭教育往往过于注重学业成绩，而忽视了品德教育。曾国藩的教育思想提醒家长，应注重培养孩子的品德和自立能力，使之成为有责任感和有道德的公民。

曾国藩在道德教育思想上倡导的"仁、义、礼、信、勤、俭、忠、廉"等传统美德，在现代社会仍有重要价值。这些美德是构建和谐社会的重要元素。通过弘扬这些传统美德，可以提升公民的道德水平，促进社会文明和进步。

曾国藩倡导"经世致用"，强调道德修养与经世致用相结合。这意味着教育和道德建设应与实际生活紧密结合，培养具有实践能力和创新精神的人才。这种思想鼓励人们将道德修养转化为实际行动，为社会发展做出贡献。

曾国藩的一生充满了传奇色彩和深刻文化内涵。我们从他的身上可以看出中华优秀传统文化，尤其是明德文化的价值和魅力。

（二）变法名人梁启超

梁启超（1873 年—1929 年），字卓如，号任公，别署饮冰室主人，广东新会人。童年的梁启超，家境并不甚好，但梁启超勤奋学习，十二岁就高中秀才。他在《夏威夷游记》中写道："余自先世数百年，栖于山谷。族之伯叔兄弟，且耕且读，不问世事，如桃源中人。余生九年，乃始游他县。生十七年，乃始游他省。犹了了然无大志。梦梦然不知有天下事！余盖完全无缺，不带杂质之乡人也。"

梁启超凭借过人之天资和勤奋，十七岁就中了举人。当时的主考官为贵阳李端棻，因为喜爱这位青年才俊，打破门当户对的阶层壁垒把自己的妹妹许配给梁启超。

1. 变法的先锋

此时恰逢洋务运动晚期，洋务派历时三十余年建立军事工业，研制武器装备，组建新式军队，开办新式学堂，派遣留学生，翻译外国书籍。一时之间，清王朝好像枯木逢春迎来了重生，但这并不能挽救一个摇摇欲坠的清王朝。甲午中日战争一役，北洋海军全军覆没，一下子戳破了清王朝强弓弩末、弱不禁风的真面目，也标志着洋务运动的失败。然洋务运动并非毫无意义，作为仅存成果的一项，各式各样的新式学堂和西学思想悄然间改变着彼时中华大地的一批有志青年，以及洋务派与一些开明士绅。这些人公开倡言学习西学，即极力为西方文化传播争一席之地。他们通过洋务实践，逐步加深了对西学的认识，深感不知西学无以富强。一些开明之士将学习西学视为实现自强之道。由单纯提倡学习西方军事技术和船炮制造等技艺发展到学习外国语言文字、科学技术，还包括了世界地理、历史、国际法乃至商业、贸易等社会科学。更重要的是，越来越多的有志之士开始逐步认识到西学的科学价值和社会作用，将其由技艺上升到为学的地位，同时将其与中学并列。有的甚至提出"学以致用为贵，本无中西之殊"的命题。不过，在当时条件下，洋务派所提倡的还只是主张在不触动中学原有地位的前提下引进西学。大致说来，还是采取了"中学为体，西学为用"的方案，为西学的传播创造了条件。洋务派以创办学堂为主，兼及派遣留学生和组织翻译机构，目的在于培养洋务运动所需的科技类实用人才。

1891 年康有为在广州长兴里万木草堂开门讲学，梁启超在此结识了这位至关重要的老师兼学友。1895 年梁启超再次赴京会试期间，协助康有为发动在京应试举人联名请愿的"公车上书"。维新运动期间，梁启超表现活跃，曾主北京《万国公报》（后改名《中外纪闻》）和上海《时务报》笔政，又赴澳门筹办《知新报》。他的许多政论在社会上产生了很大影响。

1898 年 6 月 11 日，清朝光绪皇帝颁布了"明定国是"诏书，戊戌变法从此正式开始。变法共持续了 103 天，史称百日维新。戊戌变法是在光绪帝的支持下由康有为、梁启超等维新派人士领导的一场政治改革。梁启超作为戊戌变法的重要领导者，在变法失败后，曾写下大量文字材料记述和反思变法的著述，对后人研究和评价戊戌变法产生了重要影响。

梁启超所主张的国家赋税征收必须以有利于人民为基本原则来执行，要坚持实行轻税、平税政策，他坚决反对与民争利的观点。梁启超主张的是一种将社会经济发展置于首位的治国理念。该思想对发展工商业有着极大的促动作用。在当时半殖民地半封建社会的环境中，有利于激励国人奋起抵挡"内忧外患"，了解西方文化，避免思想狭隘，并助推中国教育的发展。梁启超认为，改革势在必行，而且必须以"激进"的改革运动才能起到效果。在梁启超看来，李鸿章、张之洞等人所主持的洋务运动之所以影响力较弱，就是因为他们所采取的改革手段太过"温和"，缺乏"激进"的魄力。梁启超将康有为的思想转化成为自己的思想，想努力唤起国人的爱国热情，也试图唤醒沉睡的国人努力救国。梁启超的维新思想便在这种动荡的社会环境中显现出来。

戊戌变法失败后，梁启超流亡日本，与康有为分道扬镳，自此走上了改良派的道路。梁启超在不少论著中深刻反思变法全过程，他认为变法本身没有错，错误之处在于没有将变法主张贯彻下去，除旧而不布新，变法而不变人，再加上维新派仰仗的光绪皇帝并无实权，同时遭遇守旧官僚的反对，才使变法难以成功。梁启超还认为，近代中国必须以建设性姿态适应近代世界的一体化进程，一方面必须结合中国实际学习西方先进事物，另一方面又必须认清近代世界政治经济体系的不平衡性和西方列强的侵略本性，对西人保持高度警惕。在梁启超维新变法思想的影响下，时务学堂培养了许多资产阶级改良运动的骨干，其中包括著名将领蔡锷。在流亡日本初期，梁启超还促成了一系列政治活动。他接触了大批日本政治家与社会活动家，努力争取他们的支持，试图借助外界政治力量来改变"皇上幽囚，志士惨戮"的局面，迫使慈禧太后还政于光绪皇帝，释放被捕的维新人士。

梁启超在踏上日本国土之时，对日语一窍不通，这给他的工作、生活和读书学习都造成了很大困难。经过半年多的刻苦努力，梁启超基本攻克了语言关，可以顺利阅读当地的报刊和书籍。通过博览群书，梁启超汲取了日本翻译自西方的政治、经济、思想、文化等大量知识。他曾在《论学日本文之益》一文中说："哀时客既旅日本数月，肆日本之文，读日本之书，畴昔所未见之籍，纷触于目，畴昔所未穷之理，腾跃于脑。如幽室见日，枯腹得酒，沾沾自喜，而不敢自私，乃大声疾呼，以告同志曰：我国人之有志新学者，盍亦学日本文哉。"[①]

梁启超在日本流亡期间积极开展办报活动，将报刊作为进行政治宣传和斗争的工具，围绕着变法图强、君主立宪、民主共和等重大政治问题积极发声。1898年12月，梁启超在横滨创办了《清议报》旬刊。这份报纸反映了梁启超流亡日本后的思想主张。但是，梁启超也通过这份报纸大量介绍西方资产阶级政治学说，使得许多中国人获取了不少有关西方的先进知识，影响深远。《清议报》启迪民智、倡导民权的言论也为孙中山的革命事业制造了舆论。1902年2月8日，《清议报》报馆遭受火灾，被迫停刊后又在横滨创办了日后产生极大影响的《新民丛报》。在该报的创刊号上，他讲明了三项办报宗旨：（1）本报取《大学》新民之义，以为欲维新吾国，当先维新吾民。中国

---

① 梁启超：《论学日本文之益》，见《饮冰室合集》第1册文集之四，中华书局1989年版，第80页。

所以不振，由于国民公德缺乏，智慧不开，故本报专对此病而药治之，务采合中西道德，以为德育之方针，广罗政学，以为智育之本源。（2）本报以教育为主脑，以政论为附从。但今日世界所趋，重在国家主义之教育，故于政治，亦不得不详。唯所论务在养吾人国家思想，故于目前政府一二事之得失，不暇沾沾词费也。（3）本报为吾国前途起见，以国民公利公益为目的。持论务极公平，不偏于一党派，不为灌夫骂坐之语，以败坏中国者，咎非专在一人也。不为危险激烈之言，以导中国进步，当以渐也。《新民丛报》为半月刊，遇朔望日发行，至 1907 年停刊，发行了六年多的时间。专栏包括图画、论说、学说、时局、政治、史传、地理、教育、宗教、学术、农工商、兵事、财政、法律等。该报出版后一时风行，最高发行数达 14000 册。

梁启超在流亡日本期间接受的思想主要是近代日本以及西方近代资产阶级的各种学说，其基本政治立场还是属于资产阶级维新改革派，虽然他曾短暂地赞同过民主共和，但是随着以孙中山为代表的资产阶级革命派势力的不断强大，梁启超又回到了原来的立场上。他以《新民丛报》为阵地，利用其舆论优势，集中反对以孙中山为代表的革命党人的主张。而革命派也利用他们的机关报《民报》进行回击。双方主要围绕要不要进行种族革命，即要不要推翻清政府，要不要进行民权革命，即要不要建立民主共和国，要不要进行社会革命，即要不要"平均地权"、解决土地问题等展开了激烈论战。虽然梁启超在政治上逐步站在了革命派的对立面，但是他对旧有腐朽势力的批判以及对资产阶级启蒙思想的传播起了很大作用，在思想文化领域的影响不可磨灭。

2. 成功的教育

梁启超在跌宕起伏、颠沛流离的人生中，不但培养出了徐志摩、蔡锷这样的弟子，还被公认为清华四大导师之一。梁启超一生养育了九个子女，三人成为中国科学院院士，其他六人也是各个领域非常优秀的人才，成就了近代史上有名的"一门三院士，九子皆才俊"的佳话。

梁思成作为梁启超的长子，1901 年出生在东京，当时他父亲正受清廷的追捕，被迫流亡于日本。1912 年清朝垮台后，梁启超一家才回到中国。梁思成的一生受父亲的影响很大。父亲卓越的理想和高尚的道德品质以及对儿子的关怀，塑造了后来杰出的建筑学家梁思成。

梁思成在宾夕法尼亚大学就读时收到了父亲寄的一本古书——《营造法式》，作者是宋徽宗的工部侍郎李诚。《营造法式》是北宋京城宫殿建筑的营造手册，是北宋官方颁布的一部建筑设计、施工的规范书。梁启超在寄给儿子前，曾亲自仔细阅读过这本书，他在给梁思成的信中这样评价道："一千年前有此杰作，可为吾族文化之光宠也。"梁思成在收到书后首先感受到的是巨大的惊喜，可随之就是莫大的失望和烦恼。原来这部巨著，竟如天书一般，无法看懂。然而他已看到，父亲为他打开了一扇研究中国建筑史的重要大门。后来，梁思成每天到故宫上班，向故宫的老工匠求助，以故宫为样本，并遍访实测宋、辽、金实物，互相印证，终于将晦涩难解的中国古代重要建筑巨著弄懂弄通。最终成为中国近代建筑之父，1948年任中央研究院院士，参与了人民英雄纪念碑、中华人民共和国国徽等的设计。

从1910年到1930年，梁启超把子女思成、思永、思忠、思庄送往国外学习，这期间与他们有密切的书信来往，写了400余封家书。梁思顺是梁启超的长女，既是父亲的助手，又是弟妹们的领班，她去加拿大后，成为弟妹们联系的核心，因此梁启超的信多先寄到思顺处再由其他子女传阅。从《梁启超家书》中的话语，我们可以窥见梁启超的教子经验。

在1928年5月13日《致梁思顺》的信中，梁启超说："庄庄今年考试，纵使不及格，也不要紧，千万别要着急，因为他本勉强进大学。……你们弟兄姊妹个个都能勤学向上，我对于你们功课绝不责备，却是因为赶课太过，闹出病来，倒令我不放心了。"当时女儿梁思庄刚到国外学习，一时无法适应，梁启超在信中写道："至于未能立进大学，这有什么要紧，'求学问不是求文凭'，总要把墙基越筑得厚越好。"可见梁启超关注的是孩子的基础是否牢固，而所谓的成绩和分数，不过是表面的东西。

通达、健强的人生观，是保持乐观的要诀。"我有极通达、极健强、极伟大的人生观，无论何种境遇，常常是乐观的。"梁启超认为，给孩子树立通达、健强的人生观，比教育他们学具体的知识更为重要。这种通达、健强的人生观能让孩子在逆境中保持乐观的态度，帮助他们战胜困难。

梁启超特别关注子女们人格道德品质方面的修养，希望自己的子女都具有"不惑""不忧""不惧"的君子德行，养成健全的人格、良好的习惯，无论遇到何事都能有睿智的判断、坚定的信念和勇敢不惧的精神。梁启超注重把自己的爱国情怀传给子女们，在家书中，他常教育孩子们要把个人努力和对社会的贡献紧密联系在一起，以报效祖国。梁氏九个子女中七个留学海外，皆学有所成，却无一例外都回到祖国，体现了爱国家风的良好传承。

3. 诠释"中华民族"及其精神

1902 年，梁启超首先使用了"中华民族"的概念。据有人考证，这是"中华民族"一词在中国近代史上最早的公开应用。梁启超不仅最早使用了"中华民族"的概念，而且详细诠释了其内涵。

其一，道中庸，重和谐。梁启超称之为"我国民之中庸妥协性"。他指出：中国人无论是对于个人，对于社会，还是对于自然界，最能为巧妙的顺应，务使本身与环境相妥协。此中国人一种特别天才也。缘是之故，中国人强调"礼让为国"，即讲包容，道中庸，重和谐。故含纳种种民族、种种宗教，而皆相忘于江湖，未或龃龉破裂。梁启超强调国人善于与环境和谐相处，实际上是从哲学层面肯定了中国文化及其民族精神中的"中和"理念。

其二，重统一与团结。梁启超认为，中国很早就形成统一的多民族国家的历史进程。"春秋战国之交，是我们民族大混合大醇化时代"，"在这种时代之下，自然应该是民族的活精神尽情发露"，即表现为一种以汉民族为主体，多民族相互融合的历史过程。也唯其如此，重统一与团结形成了中华民族精神中的一大优长。梁启超以为这集中体现在三方面：一是国民思想之统一。这是指学术进步所引起的国人共同精神与价值取向的形成："统一者谓全国民之精神，非攘斥异端之谓也。"汉以后，此种思想统一固然以孔子为中心，但又不尽然，它实符合了此前的诸子百家之思想，故渐成为包括宇宙观、人生观、价值观在内的"一种有体系之国民思想"。二是追求国家政治之统一。在中国漫长的历史上，统一的时间长，纷争割据的时间短，"虽有纷争割据，恒不及百数十年，辄复合一"。这说明国人有追求国家政治统一的深厚情结。三是珍惜各民族间的团结。梁启超说，中国数万万同胞，能数千年团结一致，立于世上，实为世界奇观。"我坚强之国民性，经二千年之磨炼，早已成为不可分之一体。""我们自古以来，就有一种觉悟，觉得我们这一族人像同胞兄弟一般，拿快利的刀也分不开。""这便是我们几千年来能够自立的根本精神"。梁启超主张"大民族主义"，同时也是近代第一个明确提出了"中华民族"概念的人，他强调四万万同胞一家亲，无疑是强调中国各民族之间的坚强团结。

其三，重道德。梁启超认为，各国皆重道德，但以中国为甚。数千年来国人心中有三种观念，根深蒂固：一是"报恩"。人生在世，无论有何聪明才智，都不可能无所待于外而能自立，故其一生直接间接受恩于人者，实无量无极。中国人看重这一点，于父母、家庭、社会、国家多心存报恩之思，尤其"报国之义重焉"。西方社会那种绝对的个人主义，"吾国人所从不解也"。报恩之义，联系过去与现在，个人家庭、社会与国家，产生极大的民族凝聚力。二是"明分"。梁启超认为，不能将"明分"简单视为阶级与不平等。社会分工无限，需个人分任，分工协作。"人人各审其分之所在，而各自尽其分内之职，斯社会之发荣滋长无有已时"，反之，"必至尽荒其天职，而以互相侵轶为事，则社会之纽绝矣"。作为中国文化传统的"明分"精神，强调立足现有地位，求渐进于理想的地位，中国之组织"所以能强固致密搏之不散者，正赖此矣"。三是"虑后"。中国文化重现实，同时又最重将来。"夫各国之教祖，固未有不以将来为教者矣。然其所谓将来者，对于现世而言来世也，其为道与现社会不相属。……我国教义所谓将来，则社会联锁之将来也。"梁启超认为，"报恩""明分""虑后"三种观念作为"中国道德之大原"，将社会的过去、现在与未来有机衔接起来，将个人、家庭、社会与国家有机衔接起来，不仅有助于中国社会稳定发展，也彰显了中国重道德的民族精神。

其四，重爱国。梁启超早在《中国魂安在乎》一文中指出，"中国魂"的核心应是爱国心与自爱心。他极力赞美郑和、郑成功等历史上的爱国者，并作《中国殖民八大伟人传》，以期高扬国人的爱国精神。晚年的梁启超更是明确肯定，中国人是世界上特别讲爱国主义的国民，他说："我民之眷怀祖国，每遇国耻，义愤飙举，犹且如是，乃至老妇、幼女、贩夫、乞丐，一闻国难，义形于色，输财效命，惟恐后时。以若彼之政象，犹能得若此之人心，盖普世界之最爱国者，莫中国人若矣。呜呼！此真国家之元气而一线之国命借以援系也。"当时的中国，政治如此黑暗，民生如此困苦，但国人不分男女老幼贫富贵贱，却能一如既往，输财效命，共赴国难，这充分印证了"中国魂"的核心正是国人的"爱国心"。

其五，重人文，向往人类大同。梁启超叫作"世界主义"，或是超越国家界限的"文化理想"。他说，中国的伦理强调修身、齐家、治国、平天下，它以个人为起点，以天下世界为终极国家与家族等，都仅被认为是"进化途中的一过程"，故最乐道的是"天下一家""四海兄弟"。梁启超坚信中华民族数千年生生不息，自有其壮阔善美的国魂即民族精神在。这也成为他一生追求救国，虽历千辛万苦而矢志不渝的重要精神支柱。

（三）革命先驱孙中山

孙中山（1866年—1925年），名文，字载之，号日新，又号逸仙，又名帝象，化名中山樵，伟大的爱国主义者，中国民主革命的先驱，中华民国的缔造者，三民主义的倡导者。

孙中山于1866年11月12日生于广东省香山县（今广东中山）翠亨村。孙中山原在香港学医，并成为西医医师。鸦片战争后，孙中山目睹中华民族有被西方列强瓜分的危险，决定抛弃"医人生涯"，进行"医国事业"。孙中山早期受郑观应改良思想影响，后看清了清政府的腐败，决心推翻清王朝，建立民主共和国。1894年11月24日，孙中山在檀香山创立兴中会。后将总部设在香港，同时在广州和檀香山设立分会。1905年成立中国同盟会。辛亥革命后被推举为中华民国临时大总统（任期为1912年1月1日—1912年4月1日）。1925年3月12日，孙中山因病在北京逝世。

民族主义思想是改良派梁启超首先倡导的，这面旗帜后来被以孙中山为代表的革命派越举越高。孙中山在领导兴中会期间，反清的革命组织华兴会、光复会等革命团体纷纷建立，并逐渐聚集到日本。为了推翻清政府这个强大的敌人，各革命派意识到革命党人必须团结起来，迫切需要一个有威望的领袖，组织建成统一的政党。在留日学生中颇有影响的宋教仁提议让孙中山担任这个领袖，得到大家的赞同。1905 年孙中山来到日本，与黄兴、宋教仁、陈天华等人一起讨论组党，将兴中会、光复会、华兴会等合并共建同盟会。中国第一个资产阶级性质的革命政党——同盟会建立，这就为后来的辛亥革命做了组织和干部的准备。

1. "三民主义"与"五权宪法"

孙中山立足于中国实际，结合西方社会思潮，创造了三民主义理论，为新中国的未来勾画了一幅理想蓝图。1903 年，孙中山在为东京军事训练班所写的训词中首次完整地提出了三民主义的基本内容："驱除鞑虏、恢复中华、创立民国、平均地权。"1905 年同盟会机关报《民报》发刊词把孙中山的思想归纳成民族、民权、民生的三大主义。但孙中山在这 800 多字的发刊词中，并未具体阐释"三民主义"的详细内容。一年后，在东京举行的《民报》发行一周年纪念大会上，面对六七千听众，孙中山在题为《三民主义与中国前途》的演讲中，第一次系统陈述了他的建国思想。

关于民族主义。孙中山说："民族主义，并非是遇着不同族的人便要排斥他，是不许那不同族的人来夺我民族的政权。……民族革命的原故，是不甘心满洲人灭我们的国，主我们的政，定要扑灭他的政府，光复我们民族的国家。"[①] 在当时的历史条件下，同盟会把民族主义放在第一位，有其必然性。但是，作为资产阶级革命的民族主义毕竟不同于会党农民的狭隘民族主义。孙中山也逐渐认识到这一点，他特别澄清"民族主义"绝不是单纯的种族复仇，也不是一些小革命团体和一些革命党人所持有的单纯的"种族革命"，"我们并不是恨满洲人，是恨害汉人的满洲人"。他更是在以后的文章和演说中极力加以辩解。以后甚至提出了"五族共和"这一含有各民族平等团结思

---

① 孙中山:《在东京〈民报〉创刊周年庆祝大会的演说》,见《孙中山选集》,人民出版社 2011 年版,第 85—86 页。

想的口号。

关于民权主义。孙中山认为，这是政治革命的根本。中国数千年来都是君主专制政体，这种政体不是平等自由的国民所能承受的。要去这政体，不是专靠民族革命就可以成功的。这有政体不好的原故，不做政治革命是断断不行的，而政治革命的结果是要建立民主立宪政体。① 在如何实行民主政治方面，孙中山在演讲中已经提出"五权分立"的思想。他说："尚有一问题，我们应要研究的，就是将来中华民国的宪法。……兄弟历观各国的宪法，有文宪法是美国最好，无文宪法是英国最好。英是不能学的，美是不必学的。英的宪法所谓三权分立，行政权、立法权、裁判权各不相统，这是从六七百年前由渐而生，成了习惯，但界限还没有清楚。后来法国孟德斯鸠将英国制度作为根本，参合自己的理想，成为一家之学。美国宪法又将孟氏学说作为根本，把那三权界限更分得清楚，在一百年前算是最完美的了。一百二十年以来，虽数次修改，那大体仍然是未变的。但是这百余年间，美国文明日日进步，土地财产也是增加不已，当时的宪法现在已经是不适用的了。兄弟的意思，将来中华民国的宪法是要创一种新主义，叫做'五权分立'。"② 除了行政权、立法权、司法权三权外，孙中山增加了两项：考选权和纠察权。所以叫"五权分立"。孙中山解释，考选权本是中国创始的，将来中华民国宪法，也必须设立独立机构，专掌考选权，他希望借此"可以除却盲从滥选及任用私人的流弊"；至于纠察权，则"专管监督弹劾的事"。

关于民生主义。他说："社会问题在欧美是积重难返，在中国却还在幼稚时代，但是将来总会发生的。到那时候收拾不来，又要弄成大革命了。革命的事情是万不得已才用，不可频频伤国民的元气。我们实行民族革命、政治革命的时候，须同时想法子改良社会经济组织，防止后来的社会革命，这真

---

① 孙中山：《在东京〈民报〉创刊周年庆祝大会的演说》，见《孙中山选集》，人民出版社2011 年版，第 87 页。

② 孙中山：《在东京〈民报〉创刊周年庆祝大会的演说》，见《孙中山选集》，人民出版社2011 年版，第 92 页。

是最大的责任。"① 可见，孙中山是有相当远见的一位革命者，对欧美工业革命以后贫富日益悬殊的社会问题也看得十分透彻。他认为，问题的根本在于没有解决土地问题，文明进步、地价日涨造成富者日富、贫者日贫。因此，他设想民生主义的具体内容，就是核定地价，增价归公。

"三民主义"和"五权宪法"构成了革命者，尤其是孙中山的政治思想体系。它们的提出，使革命派有了比较完整的理论基础和革命纲领，而且深深地影响了此后半个多世纪的中国命运。

2. "二次革命"与挽救共和

晚清王朝像一只千疮百孔的破船，随时都有被革命怒涛吞没的可能。1911 年 10 月 10 日，推翻清王朝的武昌起义爆发，这就是著名的"辛亥革命"。革命党在南京建立临时政府，各省代表推举孙中山为临时大总统，1912 年 1 月 1 日，孙中山在南京宣布就职，组成中华民国临时政府。可是，当孙中山回到阔别十六年的祖国时，国内形势十分复杂，清政府起用实力派人物袁世凯，以图苟延残喘，形成南北对峙的局面。在此形势下，孙中山表示，只要袁世凯能推翻君主，赞成共和，大总统一职愿与相让。他基于对民主共和制度的信念，认为若此目标得以实现，并不介意个人地位。由此可见其大公无私的政治胸襟，堪称中国历史开始进入一个新时代的标志性举动。

1912 年 4 月 1 日，孙中山辞去临时大总统，由袁世凯接任。当时孙中山认为以推翻专制帝制、建立共和政体为主要目标的政治革命已经成功，余下的任务是民众尽快摆脱贫困，早日使国家富强，所以他辞任后，很快就投入积极倡导经济建设的各项工作。可是，袁世凯上台后，最先企图拉拢并利用宋教仁，表示希望宋教仁出任内阁总理，遭婉拒。袁世凯又企图金钱收买，1912 年 10 月宋教仁离京南下参加国会议员竞选，袁世凯赠予 50 万元的支票，宋教仁不为所动，将支票退还。袁世凯极为恼怒，在宋教仁南下后，派爪牙监视。1913 年 3 月 20 日，在同盟会基础上组建的国民党的实际负责人、代理

---

① 孙中山：《在东京〈民报〉创刊周年庆祝大会的演说》，见《孙中山选集》，人民出版社 2011 年版，第 88 页。

理事长宋教仁，因国民党在首届国会选举中获得绝对多数，动身从上海赴京准备依法组建责任内阁，在上海火车站遭枪手暗杀。这就是震惊全国的"宋教仁被刺案"。

在此情况下，孙中山决定率领革命党人，为维护辛亥革命民主共和的成果，与袁世凯开战，史称"二次革命"。但由于国民党内意见分歧，事情一再拖延，直到袁世凯获知情报并先下手为强，先后发布命令免去李烈钧、胡汉民、柏文蔚都督职务后，国民党内部始同仇敌忾。7月上旬，孙中山在上海召开党务会议，决定兴师讨袁，发动"二次革命"。7月12日，李烈钧在江西湖口打响了"二次革命"的第一枪，江西宣布独立。紧接着，江苏、安徽、上海、广东、福建、湖南、重庆相继宣布独立。15日，黄兴就任讨袁军总司令，加入战团。而黎元洪则表示服从中央，遂使北洋军可取道京汉路进攻江西、湖南。由于实力悬殊，不到两个月，"二次革命"即告失败。

1915年12月12日，袁世凯自命洪宪皇帝，上演了复辟帝制的丑剧。孙中山组织革命党人在全国各地陆续发起武装起义，掀起全国规模捍卫共和的"护国运动"。袁世凯最终在全国上下一致反对声中郁郁而终。随后，盘踞徐州的军阀张勋趁乱进驻北京，拥立清朝末代皇帝溥仪继位复辟，并强令解散国会。皖系军阀首领、号称"北洋之虎"的段祺瑞眼看利用张勋排挤竞争对手的目的达到，于是立即率军入京，结束这场复辟闹剧，重新登上国务总理宝座，掌握了北京政府的实权。

段祺瑞虽然反对复辟，是号称"再造共和"的功臣，却不容他人染指自己掌握的权力，不仅拒绝恢复当初被袁世凯废除的《临时约法》，也不同意重新召开国会。一些国会议员选择南下，与身在广州的孙中山会合，1917年8月底已陆续到达91人，由于不足法定人数，遂举行非常会议，决议成立中华民国军政府，选举孙中山为海陆军大元帅；9月10日，孙中山在广州正式就任中华民国军政府海陆军大元帅。他在就职宣言中明确宣布广州革命政权的职责是：戡定内乱，恢复约法。然而，由于没有自己的军队，孙中山处处被动，西南军阀实际上并不完全听他调动。深感无力的孙中山愤然辞去大元帅一职。他在离别电文里指出"吾国之大患，莫大于武人之争雄"。此后的两年半时间里，孙中山从一个热血沸腾的革命者变成了一个冷静的写作者，他把自己多年的思考与实践付诸笔端，完成了由《孙文学说》《实业计划》《民权初步》三部分构成的《建国方略》，这是孙中山构建的资产阶级共和国的蓝图，也是他一生为之奋斗的理想目标。孙中山对国家的未来充满了乐观的想象，但这些就像他一直未能完成的革命一样，成了他未能实现的梦。1922 年夏天，他试图再次北伐，改变割据与混战的局面。粤系军事将领陈炯明认为既然南北政府都无力统一，全国不如实行联省自治，结果被一次性免掉了三个职务。对此，陈炯明选择了公然背叛，直接炮轰孙中山的住所。之后的五十五天，孙中山以永丰舰为依托，指挥数量不多的效忠于自己的海军，与叛军对峙激战。陈炯明的背叛让孙中山开始重新审视自己与南方新旧军阀的关系，但这并没有摧毁他将革命进行到底的意志，他是一个彻底的、不曾有过丝毫动摇的革命者。

3. "三大政策"与发起北伐

1922 年 8 月，脱离险境后的孙中山回到上海，这个夏天，孙中山与苏俄和新生的中国共产党迎面相逢。次年 1 月，孙中山决意彻底扫除陈炯明这个威胁，最终将其赶出了广州。孙中山决定不再赴任总统，而是以大元帅之名继续推动中国革命。他的目标已不再只是北方军阀，而是南北一切军阀。

1924 年 1 月 20 日至 30 日，中国国民党第一次全国代表大会在广州举行。这次会议确立了联俄、联共、扶助农工三大政策，第一次国共合作的统一战线正式建立。6 月，黄埔军校成立，孙中山终于有了属于自己的军队。曾与孙中山共患难的蒋介石出任校长，留法归来的周恩来任政治部副主任。9 月，孙中山发表北伐宣言，表示此战之目的不仅在推倒军阀，尤其在推倒军阀所赖以生存之帝国主义。10 月，被孙中山的精神所鼓舞，有着"布衣将军"之称的爱国将领冯玉祥发动北京政变。然而，就在孙中山北上，准备与志同道合者共谋大业的时候，在赴京途中，他再次病倒了，1925 年 3 月 12 日，中国民主革命的伟大先驱孙中山在北京病逝，享年五十九岁。

革命尚未成功，同志仍须努力。革命成为孙中山一生的志业，也成就了他一生的荣光。对于中国未来的光明，他始终充满期待。先生逝世后，中国共产党人坚持继承先生的革命精神，毛泽东曾把"三民主义纲领""统一战线政策""艰苦奋斗精神"并称为孙中山先生"留给我们的最中心最本质最伟大的遗产"。

四、革命文化中的明德文化

党的二十届三中全会公报指出："必须增强文化自信，发展社会主义先进文化，弘扬革命文化，传承中华优秀传统文化。"我们认为，中华优秀传统文化中有明德文化，中国革命文化和社会主义先进文化中也有明德文化。革命文化是革命实践的产物。中国近代的革命运动，包括旧民主主义革命、新民主主义革命和社会主义革命。我们在此所说的革命文化，主要是指以新民主主义革命和社会主义革命为实践基础的文化。

正如历史上的法哲学是对法律现象的解释和论证一样，历史上的道德哲学，即伦理学也是对道德现象的解释和论证。但是，马克思主义哲学和伦理学产生以后，不但以解释世界为使命，而且以改造世界为使命。在道德意义上改造世界，就合乎逻辑地提出了道德革命、革命道德和道德重建的问题。

（一）中国革命与革命道德

1. 中国革命实践创造了中国革命文化

中国革命实践是指，在中国共产党领导下，为完成新民主主义革命和社会主义革命的任务而进行的一切军事、政治、经济、文化活动的总和。中国革命文化是在革命实践的基础上产生的，反过来也服务于革命实践。中国革命文化是包括革命理论、革命精神、革命道德、革命文艺、革命教育、革命宣传、革命文物等在内的文化体系。其中革命道德是革命文化的重要组成部分，它既是一种相对独立的道德思想、道德规范和道德活动现象，又广泛渗透和存在于革命文化和革命实践的各个方面。

2. 中国革命文化与红色文化是统一的

学术界对红色文化的时间界定有三种观点：一是指从中国共产党成立到中华人民共和国成立，即新民主主义革命时期的进步文化；二是指中国共产党成立近百年来，包括革命、建设和改革开放在内各个时期的先进文化；三是指马克思主义产生以来，包括国际共产主义运动史和中国革命史在内的进步文化。

学术界对红色文化的内容界定有两种观点：一是在广义上指"红色的"物质文化、精神文化、制度文化、行为文化的总和。一是在狭义上仅指革命、建设和改革时期的革命精神、理想信念、道德纪律等非物质形态的文化。

孔润年教授认为："红色文化是马克思主义与中国革命实践相结合的产物，是对中国新民主主义革命时期，由中国共产党人、先进分子和人民群众共同创造的革命历史、革命精神和革命文艺等的形象表述。它彰显着马克思主义的先进性、真理性，是中国共产党领导的革命运动和革命历史的综合体现，内涵非常丰富，而且具有鲜明的民族性、时代性和大众性。红色文化作为一种历史文化资源，主要包括物质文化遗产和非物质文化遗产两个方面。其中物质文化遗产表现为遗物、遗址等革命历史遗存与纪念场所；非物质文化遗产表现为革命理想、革命理论、革命实践、革命精神、革命文艺、革命传媒、革命英雄、革命道德、革命纪律等。"[①]

"红色文化"与"革命文化"是完全一致的关系。红色是中国共产党和中国革命的颜色，象征着千百万烈士的鲜血和生命，血的颜色是鲜红的，红色的本质是革命，革命的精髓是斗争。中国的新民主主义革命、社会主义革命和建设都是通过艰苦卓绝、不屈不挠的斗争取得成功的。21 世纪的社会主义复兴，同样需要这种斗争精神。

用"红色"代表"革命"，也与中华民族的文化心理有很大关系。红色代表吉祥与喜庆。红色是自古至今老百姓最喜欢的颜色。在中国人眼里，红色是喜庆之色、高兴之色，是吉祥之色，是发达之色，是阳刚之色，是坚强之色。所以，只要是喜庆之事，都离不开红色；没有了红色，便少了喜庆的气氛。红色也代表勇气。军人每每看到猎猎红旗，无不热血沸腾，英勇杀敌。红色不仅是现代中国国旗的颜色，也是中国古代旗帜的颜色。中国的军事家

---

① 孔润年：《论新时代的文化建设》，陕西人民出版社 2018 年版，第 46 页。

和将领们深悟红色对战争的作用，所以他们用红旗凝聚军心，鼓舞斗志，激发勇气，召唤勇往直前、不畏牺牲的精神。红色还代表成功、光荣和美丽。在汉语里，"红"经常是成功的象征，事业开头顺利叫"开门红"，运气非常好叫"走红运"。红色也代表光荣，"金榜题名"是红榜，表彰先进人物要戴大红花。人们喜欢红色，便赋予了"红"以美的含义。最重要的是红色代表革命，回顾中国共产党领导人民闹革命、打天下的光辉历程，组建的第一支军队命名为"红军"，等等。

3. 中国革命道德是明德文化的新形态

中国革命文化中的革命道德，是一种新型道德现象，是明德文化的新形态。它对中国共产党人、中国革命军队和中国革命群众产生了巨大的激励、规范和引领作用，为中国革命的胜利做出了巨大贡献，它在社会主义革命、建设和改革时期，仍然具有重要价值。"中国革命道德是马克思主义同中国革命与建设的伟大实践相结合的产物，是马克思主义伦理思想在中国的新发展。中国革命道德是中华民族的优良道德传统在新的历史时期的继承和发展，是中国古代优良传统道德的新的升华和质的飞跃。中国革命道德萌芽于1919年五四运动前后，发端于中国共产党成立以后的蓬蓬勃勃的伟大工人运动和农民运动，经过土地革命战争、抗日战争、解放战争，以及社会主义革命和建设的长期发展，逐渐形成并不断发扬光大。中国革命道德，以实现社会主义和共产主义的崇高理想为最终目的，以全心全意为人民服务为宗旨和核心，以集体主义为基本原则，高举爱国主义与国际主义相结合的旗帜，形成了无私奉献、顽强拼搏、艰苦奋斗、勤俭节约等革命精神。中国革命道德是中华民族及其宝贵的精神财富，是当代中国时代精神的重要体现。"①

（二）革命道德中的个人美德

1. 具有"信仰共产主义"的革命理想

中国共产党人的革命理想与革命道德是联系在一起的。正如邓小平所指

---

① 罗国杰总主编：《中国革命道德》，中共中央党校出版社1999年版，"编者的话"第2页。

出:"我们在新民主主义革命时期,就已经坚持用共产主义的思想体系指导整个工作;用共产主义道德约束共产党员和先进分子的言行;提倡和表彰'全心全意为人民服务','个人服从组织','大公无私','毫不利己、专门利人','一不怕苦、二不怕死'。现在已经进入社会主义时期,有人居然对这些庄严的革命口号进行'批判',而这种荒唐的'批判'不仅没有受到应有的抵制,居然还得到我们队伍中一些人的同情和支持。每一个有党性、有革命性的共产党员,难道能够容忍这种状况继续下去吗?"①

　　1917 年俄国十月社会主义革命的胜利,对李大钊是个极大的鼓舞和启发,他顺应时代需要,率先在中国大地上高举起马克思列宁主义的旗帜,在五四运动期间,1919 年 5 月 11 日,李大钊发表了《我的马克思主义观》一文,认为马克思主义是我们时代的真理,是"拯救中国的导星"。他说:"我所理想的'少年中国',是由物质和精神两面改造而成的'少年中国'。"他所说理想的中国,实际上就是一个社会主义的中国,只是当时还没有科学的语言把它表达出来。1918 年 4 月,毛泽东、蔡和森、萧子升等发起成立了新民学会。同年 6 月,毛泽东在湖南第一师范毕业。8 月,为组织新民学会会员赴法勤工俭学,毛泽东和萧子升等 24 名青年乘火车从长沙到达北京。10 月,经毛泽东的老师杨昌济介绍,毛泽东认识了时任北京大学图书馆主任的李大钊。征得时任北大校长蔡元培的同意,他被安排在北大图书馆当助理员,负责每日新到报刊和阅览人姓名的登记工作,每月工资为八块银圆。虽然生活清苦,但他因工作关系有机会与李大钊接触和请教与马克思主义有关的问题。他也能参加由李大钊发起成立的研讨马克思主义的学生组织的活动,并结识了许多名流学者和有志青年。这段时间,毛泽东开始了解十月革命和马克思主义。1919 年春,因母亲病危毛泽东从北京回到湖南,4 月,经人介绍到长沙修业小学任教,此后,他经常与李大钊、邓中夏、罗章龙及很多进步青年保持联系,逐步树立了共产主义的坚定信仰。

①《邓小平文选》第 2 卷,人民出版社 1994 年第 2 版,第 367 页。

2．具有"一不怕苦，二不怕死"的革命精神

邓小平曾经强调指出："毛泽东同志说过，人是要有一点精神的。在长期的革命战争中，我们在正确的政治方向的指导下，从分析实际情况出发，发扬革命和拼命精神，严守纪律和自我牺牲精神，大公无私和先人后己精神，压倒一切敌人、压倒一切困难的精神，坚持革命乐观主义、排除万难去争取胜利的精神，取得了伟大的胜利。搞社会主义建设，实现四个现代化，同样要在党中央的正确领导下，大大发扬这些精神。如果一个共产党员没有这些精神，就决不能算是一个合格的共产党员。不但如此，我们还要大声疾呼和以身作则地把这些精神推广到全体人民、全体青少年中间去，使之成为中华人民共和国的精神文明的主要支柱，为世界上一切要求革命、要求进步的人们所向往，也为世界上许多精神空虚、思想苦闷的人们所羡慕。"①

1928年2月，革命烈士夏明翰在《就义诗》中写道："砍头不要紧，只要主义真。杀了夏明翰，还有后来人。"革命烈士方志敏说："我们是共产党员，当然都抱着积极奋斗的人生观，绝不是厌世主义者，绝不诅咒人生，憎恶人生，而且愿意得脱牢狱，再为党工作。但是，我们绝不是偷生怕死的人，我们为革命而生，更愿为革命而死！到现在无法得生，只有一死谢党的时候，我们就都下决心就义。只是很短时间的痛苦，碰的一枪，或啪的一刀，就完了，就什么都不知道了！我们常是这样笑说着。我们心体泰然，毫无所惧，我们是视死如归！"②毛泽东在《为人民服务》中说："人总是要死的，但死的意义有所不同。中国古时候有个文学家叫做司马迁的说过：'人固有一死，或重于泰山，或轻于鸿毛。'为人民利益而死，就比泰山还重；替法西斯卖力，替剥削人民和压迫人民的人去死，就比鸿毛还轻。张思德同志是为人民利益而死的，他的死是比泰山还要重的。"③

革命英雄王杰在他的日记中写道："干革命是要吃苦的。革命的道路是崎岖不平而又险阻的。革命前辈在革命的道路上，已为我们树立了光辉的榜样。

---

①《邓小平文选》第2卷，人民出版社1994年第2版，第367—368页。
②《方志敏全集》，人民出版社2012年版，第100页。
③《毛泽东选集》第3卷，人民出版社1991年版，第1004页。

我们是革命的接班人，有什么理由畏惧困难，逃避艰险呢！我们青年人要象疾风中的劲草，岁寒时的松柏，经得起艰难困苦的考验，勇敢地担当起建设社会主义的重担。"①

3. 具有不怕困难，勇毅前进、不懈奋斗的顽强革命意志

1945 年 10 月 17 日，毛泽东在《关于重庆谈判》一文中说："我们要承认困难，分析困难，向困难作斗争。世界上没有直路，要准备走曲折的路，不要贪便宜。不能设想，哪一天早上，一切反动派会统统自己跪在地下。总之，前途是光明的，道路是曲折的。"②

张太雷说："不过个个革命党人应当知道革命进行的道路不是直线的而是曲线的；虽然我们知道反革命势力是往下落的，革命的潮流是向上涨的，但是涨与落的线决不是直的，在这落与涨的线上尚有一起一伏，一扬一抑。"③邓小平在南方谈话中也说："我坚信，世界上赞成马克思主义的人会多起来的，因为马克思主义是科学。它运用历史唯物主义揭示了人类社会发展的规律。封建社会代替奴隶社会，资本主义代替封建主义，社会主义经历一个长过程发展后必然代替资本主义。这是社会历史发展不可逆转的总趋势，但道路是曲折的。……一些国家出现严重曲折，社会主义好像被削弱了，但人民经受锻炼，从中吸收教训，将促使社会主义向着更加健康的方向发展。因此，不能惊慌失措，不要认为马克思主义就消失了，没用了，失败了。哪有这回事！"④

4. 具有"对党忠诚、热爱祖国、不负人民"的革命品质

革命英雄雷锋在他的日记中写道："今天我入了党，使我变得更加坚强，思想和眼界变得更加开阔和远大。我是一个共产党员，人民的勤务员。为了全人类的自由、解放、幸福，哪怕高山、大海、巨川，为了党和人民的事业，

---

① 解放军报编辑部编:《王杰日记》1964 年 2 月 3 日,人民出版社 1965 年版,第 30 页。
②《毛泽东选集》第 4 卷,人民出版社 1991 年第 2 版,第 1163 页。
③ 张太雷:《张太雷文集》,人民出版社 2013 年版,第 261 页。
④《邓小平文选》第 3 卷,人民出版社 1993 年版,第 382—383 页。

就是入火海进刀山，我甘心情愿，头断骨粉，身红心赤，永远不变。"① 无数革命先烈和英雄人物，突出的革命品质就是对党忠诚、热爱祖国、不负人民。这也是我们党战胜各种困难，不断夺取革命胜利的根本保证。

5. 具有实事求是的革命态度

贯穿于毛泽东思想各个组成部分的立场、观点和方法，是毛泽东思想的活的灵魂，它们有三个方面，即实事求是、群众路线、独立自主。习近平指出："实事求是，是马克思主义的根本观点，是中国共产党人认识世界、改造世界的根本要求，是我们党的基本思想方法、工作方法、领导方法。不论过去、现在和将来，我们都要坚持一切从实际出发，理论联系实际，在实践中检验真理和发展真理。"② 毛泽东思想对中国国情的科学认识，对中国革命道路的科学认识，对新民主主义革命总路线的科学概括，我们党领导中国革命不断从胜利走向胜利，这一切都是坚持实事求是思想方法和领导方法的结果。实事求是、理论联系实际，在实践中检验真理和发展真理，不仅是以毛泽东为代表的中国共产党人的思想方法、工作方法和领导方法，而且是一切革命者都应该具备的革命态度和优良品质。

（三）对人间正道和人类正义的追求

1. 走好人民幸福、国家富强和民族复兴的人间正道

人间正道，就是指人世间的正确道路。走好人间正道，可以体现在国家层面，也可以体现在各种社会群体和个人的层面。中华民族有五千多年的文明史，创造了灿烂的中华文明，为人类文明进步做出了重大贡献。1840 年鸦片战争以后，由于西方列强入侵和封建统治腐败，中国逐步沦为半殖民地半封建社会，国家蒙辱、人民受难、文明蒙尘，中华民族遭受了前所未有的劫难。为了实现中华民族的伟大复兴，中国共产党不断探索马克思主义同中国实际相结合的路径。以毛泽东为主要代表的中国共产党人逐渐认识到，面对

---

① 《雷锋日记选》，人民出版社 1973 年版，第 14 页。

② 习近平：《在纪念毛泽东同志诞辰 120 周年座谈会上的讲话》，人民出版社 2013 年版，第 15 页。

中国的特殊国情，不能教条式地对待马克思列宁主义，必须从中国实际出发，实现马克思主义中国化。正是在马克思主义与中国实际相结合，与中华优秀传统文化相结合的过程中，才找到了实现人民解放、国家富强和民族复兴的人间正道。我们今天要走好人民幸福、国家富强和民族复兴的人间正道，就不能走老路，更不能走邪路，而要走好守正创新、向上向善的光明大道。

2. 反对霸权、强权和野蛮，捍卫体现共同价值的人类正义

对人类正义的追求，首先要体现为对全人类共同价值的认同和践行。2015 年 9 月 28 日，习近平在出席第七十届联合国大会一般性辩论时指出："和平、发展、公平、正义、民主、自由，是全人类的共同价值，也是联合国的崇高目标。"全人类共同价值是全人类共同利益和文明发展规律的体现。为了捍卫和践行这些共同价值，就必须反对霸权主义、强权政治和反人道的野蛮行径，倡导建立人类命运共同体。我们倡导的人类正义当然包括我们自己在内。因此，人类正义既要体现在处理国际关系的原则和外交政策之中，也要体现在国家的改革和发展之中。天下为公、世界大同，是中国人民的一贯理想。这一理想在新时代的体现，就是要倡导建立人类命运共同体。世界大国和地区大国的行为，对国际秩序和人类正义有举足轻重的影响力。因此，世界大国和地区大国应该为其他国家做出榜样。联合国及其常任理事国，更肩负着维护人类正义的神圣使命。每个国家及其领导人都应该加强团结、协调和配合，共同为建设美好世界做出贡献！

（四）认识历史规律，把握发展趋势

要正确把握现在，就必须了解过去和展望未来，也就是要站在把握事物发展规律和发展战略的高度看问题。人类社会总是要向前发展的，我们虽然应该珍视传统文化，借鉴前人的经验和智慧，但也必须学习先进文化，努力走在时代前列。社会潮流，浩浩荡荡，顺之者昌，逆之者亡。社会潮流是不断变化的，过去反传统是一种潮流，现在推崇传统又是一种潮流。道德潮流是社会潮流的分支，也是文化潮流的一部分。自 1840 年鸦片战争以后，道德没落、道德革命和道德重建，构成了近代中国道德潮流的三个阶段。道德革

命与革命道德，是两个不可混淆的重要概念。道德革命只是中国革命的一个组成部分。革命道德是在革命实践中产生发展起来的理想信念、道德标准和奋斗精神的总和。道德革命和道德重建，是不同时代、不同民族、不同阶级、不同阶层的道德观的冲突和整合过程。"我们正面临着马克思主义道德观、中国传统道德观和西方流行道德观的'三足鼎立'和激烈交锋之中。任何自以为是，排除其他的观点都行不通，只有立足中国特色社会主义改革和建设的伟大实践，采取'融合中西，贯通古今，多元一体，整合创新'的立场、观点和方法……才能顺应规律，把握战略，搞好道德重建。"① 我们要在习近平文化思想指导下，推动道德等文明交流互鉴研究。要深入研究交流互鉴对人类文明发展进步的重要作用，研究中华文明在兼收并蓄中不断发展演变的历史进程和内在规律，研究当今世界文明交流交融面临的问题和挑战，研究全球文明倡议的丰富内涵及实践价值，研究坚守文化主体性和推动文明交流互鉴之间的关系。

本章思考题：

1. 从洋务派的"中体西用"看明德文化。
2. 曾国藩的明德思想述评。
3. 从梁启超和孙中山的人生看明德文化。
4. 怎样理解革命文化中的明德文化？

---

① 孔润年：《宝鸡地域的中华文化》，陕西人民出版社 2015 年版，第 254 页。

附：《明德文化概论》学习参考书

一、文献类参考书

《马克思恩格斯全集》第1—50卷，人民出版社1956—1985年版。

中共中央马克思恩格斯列宁斯大林著作编译局编：《马克思恩格斯选集》第1—4卷，人民出版社1995年第2版。

《毛泽东选集》第1—4卷，人民出版社1991年第2版。

《习近平著作选读》第1卷，人民出版社2023年版。

《习近平著作选读》第2卷，人民出版社2023年版。

《中共中央关于加强社会主义精神文明建设若干重要问题的决议》，人民出版社1996年版。

中共中央宣传部宣传教育局组织编写：《〈公民道德建设实施纲要〉学习读本》，学习出版社2001年版。

《中共中央关于深化文化体制改革推动社会主义文化大发展大繁荣若干重大问题的决定》，人民出版社2011年版。

《中共中央关于全面深化改革若干重大问题的决定》，人民出版社2013年版。

《中共中央关于进一步全面深化改革推进中国式现代化的决定》，人民出版社2024年版。

二、中国伦理文化类参考书

罗国杰主编:《伦理学》,人民出版社 1989 年版。

魏英敏主编:《新伦理学教程》,北京大学出版社 1993 年版。

唐凯麟编著:《伦理学》,高等教育出版社 2001 年版。

周中之主编:《伦理学》,人民出版社 2004 年版。

章海山、张建如编著:《伦理学引论》,高等教育出版社 1999 年版。

江畅:《德性论》,人民出版社 2011 年版。

陈瑛主编:《中国古代道德生活史》,中国社会科学出版社 2012 年版。

肖群忠:《孝与中国文化》,人民出版社 2001 年版。

肖群忠:《君德论——〈贞观政要〉研究》,甘肃人民出版社 1995 年版。

唐凯麟、王泽应:《20 世纪中国伦理思潮问题》,湖南教育出版社 1998 年版。

王泽应:《义利并重与义利统一——社会主义义利观研究》,湖南人民出版社 2001 年版。

孔润年:《伦理学基本问题新探》,陕西人民出版社 2008 年版。

孔润年:《伦理文化的人格透视》,中国社会科学出版社 2010 年版。

孔润年:《文化建设的伦理审视》,中国社会科学出版社 2015 年版。

孔润年:《社会转型期的伦理探索》,陕西人民出版社 2005 年版。

孔润年:《应用伦理学纲要》,三秦出版社 2001 年版。

孔润年:《宝鸡地域的中华文化》,陕西人民出版社 2015 年版。

孔润年:《论新时代的文化建设》,陕西人民出版社 2018 年版。

孔润年、夏国英:《中国传统道德论史纲》,三秦出版社 2002 年版。

孔润年、张波:《关学宗师——张载哲学的思想光辉》,陕西人民出版社 2014 年版。

王磊主编:《周秦伦理文化概论》(第三版),陕西师范大学出版总社 2016 年版。

黄明理、徐贵权编著:《伦理学原理新论》,江西人民出版社 2005 年版。

雷昀、雷希:《道德的起源》,云南人民出版社 1999 年版。

甘绍平:《伦理智慧》,中国发展出版社 2000 年版。

李培超:《自然与人文的和解》,湖南人民出版社 2001 年版。

俞可平：《社群主义》，中国社会科学出版社1998年版。

刘湘溶：《生态伦理学》，湖南师范大学出版社1992年版。

温克勤、任健雄、李正中等主编：《管理伦理学》，天津人民出版社1988年版。

张怀承：《中国的家庭与伦理》，中国人民大学出版社1993年版。

邱仁宗：《生命伦理学》，上海人民出版社1987年版。

王正平主编：《教育伦理学》，上海人民出版社1988年版。

万俊人：《寻求普世伦理》，商务印书馆2001年版。

李德顺：《价值论》，中国人民大学出版社1995年版。

王玉樑：《21世纪价值哲学：从自发到自觉》，人民出版社2006年版。

陈瑛、温克勤、唐凯麟等：《中国伦理思想史》，贵州人民出版社1985年版。

朱贻庭主编：《中国传统伦理思想史》，华东师范大学出版社1989年版。

李鹏程：《当代文化哲学沉思》，人民出版社1994年版。

朱伯崑：《先秦伦理学概论》，北京大学出版社1984年版。

唐凯麟、张怀承：《六经责我开生面——王船山伦理思想研究》，湖南出版社1992年版。

王泽应：《现代新儒家伦理思想研究》，湖南师范大学出版社1997年版。

钱焕琦主编：《教育伦理学》，南京师范大学出版社2008年版。

王志刚：《地方高校发展访谈录》，陕西人民出版社2014年版。

叶陈刚主编：《企业伦理与文化》，清华大学出版社2007年版。

杨文丰：《科学伦理与文化沉思》，上海教育出版社2007年版。

陈胜云：《文化哲学的当代发展》，江西人民出版社2007年版。

司马云杰：《文化价值哲学三部曲：价值实现论》，安徽教育出版社2011年版。

任仲文主编：《觉醒·使命·担当——文化自觉十八讲》，人民日报出版社2011年版。

任仲文主编：《传承·开放·超越——文化自信十八讲》，人民日报出版社2011年版。

胡惠林主编：《文化产业概论》，云南大学出版社2005年版。

孙英春：《跨文化传播学导论》，北京大学出版社 2008 年版。

惠鸣：《文化强国：理念与实践》，社会科学文献出版社 2013 年版。

林庆：《行政文化与伦理研究》，中国社会科学出版社 2011 年版。

马云驰、白斯木：《互联网的文化与伦理价值》，中国民主法制出版社 2011 年版。

祝成生：《和谐文化与伦理秩序的当代重建》，群众出版社 2008 年版。

章金萍主编：《商业文化伦理》，中国人民大学出版社 2013 年版。

雷德志主编：《中华民族传统美德概论》，陕西人民出版社 1996 年版。

王志刚：《发展地方高校科学研究的理论与实践》，高等教育出版社 2004 年版。

王志刚：《地方高校特色建设访谈录》，陕西人民出版社 2007 年版。

三、西方伦理文化类参考书

石毓彬、杨远：《二十世纪西方伦理学》，湖北人民出版社 1986 年版。

李莉：《当代西方伦理学流派》，辽宁人民出版社 1988 年版。

万俊人：《萨特伦理思想研究》，北京大学出版社 1988 年版。

罗国杰、宋希仁：《西方伦理思想史》，中国人民大学出版社 1988 年版。

周辅成编：《西方伦理学名著选辑》上、下卷，商务印书馆 1987 年版。

周辅成主编：《西方著名伦理学家评传》，上海人民出版社 1987 年版。

苗力田主编：《亚里士多德全集》第 8 卷，中国人民大学出版社 1994 年版。

［苏］А. И. 季塔连科主编：《马克思主义伦理学》，愚生、重耳译，上海译文出版社 1981 年版。

［荷兰］斯宾诺莎：《伦理学》，贺麟译，商务印书馆 1983 年版。

［英］休谟：《人性论》上、下册，关文运译，商务印书馆 1980 年版。

［英］弗兰西斯·培根：《培根论人生》，何新译，上海人民出版社 1983 年版。

［英］亚当·斯密：《道德情操论》，樊冰译，山西经济出版社 2010 年版。

［英］伯特兰·罗素：《伦理学和政治学中的人类社会》，肖巍译，中国社会科学出版社 1992 年版。

［英］玛丽·沃洛克：《一九〇〇年以来的伦理学》，陆晓禾译，商务印书馆 1987 年版。

［英］摩尔：《伦理学原理》，长河译，商务印书馆1983年版。

［英］亨利·西季威克：《伦理学方法》，廖申白译，中国社会科学出版社1993年版。

［英］威廉·葛德文：《政治正义论》，何慕李译，商务印书馆1980年版。

［法］卢梭：《论人类不平等的起源和基础》，李常山译，商务印书馆1962年版。

［法］让－保罗·萨特：《存在主义是一种人道主义》，周煦良、汤永宽译，上海译文出版社1988年版。

［法］托克维尔：《论美国的民主》，董果良译，商务印书馆1989年版。

［德］斯宾格勒：《西方的没落》，吴琼译，上海三联书店2006年版。

［德］康德：《实践理性批判》，邓小芒译，人民出版社2004年版。

［德］康德：《道德形而上学原理》，苗力田译，上海人民出版社1986年版。

［德］黑格尔：《法哲学原理》，范扬、张企泰译，商务印书馆1961年版。

［德］叔本华：《作为意志和表象的世界》，石冲白译，商务印书馆1982年版。

［德］马丁·海德格尔：《存在与时间》，陈嘉映、王庆节译，生活·读书·新知三联书店2006年版。

［德］马克斯·韦伯：《新教伦理与资本主义精神》，于晓、陈维纲等译，生活·读书·新知三联书店1987年版。

［德］弗里德里希·包尔生：《伦理学体系》，何怀宏、廖申白译，中国社会科学出版社1988年版。

［德］恩斯特·卡西尔：《人论》，甘阳译，上海译文出版社1985年版。

［法］阿尔贝特·史怀泽：《敬畏生命》，陈泽环译，上海社会科学院出版社1996年版。

［美］约翰·罗尔斯：《正义论》，何怀宏、何包钢、廖申白译，中国社会科学出版社1988年版。

［美］A.麦金太尔：《德性之后》，龚群、戴扬毅等译，中国社会科学出版社1995年版。

［美］丹尼尔·贝尔：《资本主义文化矛盾》，赵一凡、蒲隆、任晓晋译，生活·读书·新知三联书店1989年版。

［美］塞缪尔·亨廷顿：《文明的冲突与世界秩序的重建》，周琪、刘绯、张立平等译，新华出版社 2010 年版。

［美］塞缪尔·亨廷顿：《文化的重要作用——价值观如何影响人类进步》，程克雄译，新华出版社 2010 年版。

［美］L. J. 宾克莱：《理想的冲突》，马元德、陈白澄、王太庆等译，商务印书馆 1983 年版。

［美］约瑟夫·弗莱彻：《境遇伦理学》，程立显译，中国社会科学出版社 1989 年版。

［美］罗伯特·诺齐克：《无政府、国家与乌托邦》，何怀宏等译，中国社会科学出版社 1991 年版。

［美］弗兰克·梯利：《伦理学概论》，何意译，中国人民大学出版社 1987 年版。

［美］艾·弗罗姆：《爱的艺术》，李健鸣译，商务印书馆 1987 年版。

［美］路德·宾克莱：《二十世纪伦理学》，孙彤、孙南桦译，河北人民出版社 1988 年版。

［美］弗兰克纳：《伦理学》，关键译，生活·读书·新知三联书店 1987 年版。

［美］J. P. 蒂洛：《伦理学——理论与实践》，孟庆时、程立显、刘建等译，北京大学出版社 1985 年版。

［美］查尔斯·L. 斯蒂文森：《伦理学与语言》，姚新中、秦志华等译，中国社会科学出版社 1991 年版。

［美］J. N. 芬德莱：《价值论伦理学》，刘继译，中国人民大学出版社 1989 年版。

［美］成中英：《文化·伦理与管理》，贵州人民出版社 1991 年版。

四、中国传统文化类参考书

《尚书》《礼记》《诗经》《周礼》，《十三经注疏》本，中华书局 1980 年版。

高亨：《周易大传今注》，齐鲁书社 1979 年版。

杨伯峻编著：《春秋左传注》，中华书局 1981 年版。

《国语》，上海古籍出版社 1978 年版。

杨伯峻译注：《论语译注》，中华书局 1980 年版。

杨伯峻编著：《孟子译注》，中华书局 1960 年版。

王先谦：《荀子集解》，中华书局 1988 年版。

陈鼓应注译：《庄子今注今译》（最新修订重排本），中华书局 2009 年版。

陈鼓应：《老子注释及评介》（修订增补本），中华书局 2009 年版。

吴毓注：《墨子校注》，中华书局 2006 年版。

戴望：《管子校正》，《诸子集成》第 5 册，中华书局 1954 年版。

梁启雄：《韩子浅解》，中华书局 1960 年版。

许维遹：《吕氏春秋集释》，中华书局 2009 年版。

司马迁：《史记》，中华书局 1959 年版。

朱熹：《大学中庸论语》，上海古籍出版社 1987 年版。

刘文典：《淮南鸿烈集解》，中华书局 1989 年版。

苏舆：《春秋繁露义证》，中华书局 1992 年版。

黄晖：《论衡校释》，中华书局 1990 年版。

杨伯峻：《列子集释》，中华书局 1979 年版。

王弼著，楼宇烈校释：《王弼集校释》，中华书局 1980 年版。

葛洪：《抱朴子》，上海古籍出版社 1990 年版。

《陶渊明集》，中华书局 1979 年版。

王利器：《颜氏家训集解》（增补本），中华书局 1993 年版。

司马光：《家范》，内蒙古人民出版社 1999 年版。

王通：《文中子中说》，上海古籍出版社 1989 年版。

韩愈：《韩昌黎集》，商务印书馆 1958 年版。

李翱：《李文公集》，四部丛刊本，商务印书馆。

脱脱等：《宋史》，中华书局 1977 年版。

李觏：《李觏集》，中华书局 1981 年版。

周敦颐：《周敦颐集》，中华书局 1990 年版。

张载：《张载集》，中华书局 1978 年版。

姜国柱：《张载关学》，陕西人民出版社 2001 年版。

程颢、程颐：《二程集》，中华书局 1981 年版。

《苏轼文集》，中华书局 1986 年版。

朱熹:《朱文公文集》,四部丛刊本,商务印书馆。

黎靖德编:《朱子语类》,中华书局 1986 年版。

朱熹:《四书章句集注》,中华书局 1983 年版。

陆九渊:《陆九渊集》,中华书局 1980 年版。

《陈亮集》,中华书局 1974 年版。

《叶适集》,中华书局 1961 年版。

王守仁:《王阳明全集》,上海古籍出版社 1992 年版。

《传习录》,广州出版社 2001 年版。

李贽:《焚书·续焚书》,中华书局 1975 年版。

吕坤:《呻吟语》,岳麓书社 1991 年版。

沈善洪主编:《黄宗羲全集》,浙江古籍出版社 1986 年版。

王夫之:《张子正蒙注》,中华书局 1975 年版。

王夫之:《尚书引义》,中华书局 1976 年版。

王夫之:《周易外传》,中华书局 1977 年版。

王夫之著,谷继明、孟泽宇校注:《周易内传校注》,中国社会科学出版社 2021 年版。

唐甄:《潜书》,中华书局 1963 年第 2 版。

颜元:《颜元集》,中华书局 1987 年版。

戴震:《东原集》,中华书局 1980 年版。

龚自珍:《龚定庵全集类编》,中华书局 1991 年版。

《魏源集》,中华书局 1976 年版。

《曾国藩全集》,岳麓书社 1993 年版。

《谭嗣同全集》,生活·读书·新知三联书社 1954 年版。

梁启超:《饮冰室合集》,中华书局 1989 年版。

本社编:《章太炎全集》第 3、7 卷,上海人民出版社 1984 年版。

《孙中山全集》第 2、3、6、9 卷,中华书局 1982—1986 年版。

罗国杰主编:《中国传统道德》简编本,中国人民大学出版社 1995 年版。

罗国杰总主编:《中国革命道德》,中共中央党校出版社 1999 年版。

后　记

　　我们编写本书的总体思路和目的是，按照"史论结合、理实结合、纵横结合、继创结合"的方法论原则，把对明德文化的理论研究与历史考察结合起来，把对大学生的明德文化教育与人文素质教育结合起来，服务于人才培养、科学研究、文化传承创新，落实"立德树人"根本任务，不断提高文化育人水平和人才培养质量。

　　本书编写过程中，由王志刚主编，白秦川、孔润年副主编负责总体设计、队伍组建、召开课题启动和阶段性推进会、完成导言、第一至三章撰稿、全书统稿等工作。其余各章撰稿人分别为：第四章"上古时期的明德文化"——豆阿敏、徐凯；第五章"夏商周时期的明德文化"——武美好、刘恒涛；第六章"春秋战国时期的明德文化"——党淑敏、王婉菲；第七章"秦汉时期的明德文化"——贺伶辉、康娜；第八章"魏晋南北朝时期的明德文化"——冯诗淇、宏莹；第九章"隋唐时期的明德文化"——惠斌、张启云；第十章"宋元时期的明德文化"——杨帆、王君涛；第十一章"明清时期的明德文化"——高翠茹、景怡欣；第十二章"中国近代的明德文化"——李维维、吴梦茜。

我校马克思主义学院的领导和教师，对本书编写、评审、出版等都做出了重要贡献，后续还要以他们为主体开设这门特色文化课，在此表示感谢！

对关心支持本书编写的学校领导，对陕西师范大学和西北大学参与本书审稿的四位专家教授，我们深表感谢！陕西师范大学出版总社雷永利总编辑、王东升、崔胜强、王丽敏编辑为本书出版付出了辛勤劳动，在此一并表示感谢！

由于我们水平有限，疏漏和偏误在所难免，欢迎广大读者批评指正，以便将来进一步修改完善。

本书编写组

2024 年 9 月